大学生心理健康教育

主　审　杨　聪
主　编　王　玲
副主编　贺　莎　冉丑龙
　　　　刘　敏　王　蓉

中国林业出版社

内容提要

本书根据大学生的心理特点，有针对性地编写心理科学和心理健康的基本知识与维护心理健康的基本技能和技巧，帮助大学生树立心理保健意识，掌握心理调节技巧，完善自我人格发育，正确处理大学中遇到的挫折与压力、恋爱与人际交往、网络成瘾、学习困难、轻视生命等现实问题。教材每章通过有趣的心理体验活动、内容丰富的拓展阅读以及课后习题让学生融会贯通，在实践中掌握理论知识，并学会主动运用心理知识来解决自身成长遇到的心理问题。

图书在版编目(CIP)数据

大学生心理健康教育/王玲主编．—北京：中国林业出版社，2019.5(2022.1 重印)
ISBN 978-7-5219-0093-4

Ⅰ．①大…　Ⅱ．①王…　Ⅲ．①大学生—心理健康—健康教育—高等学校—教材　Ⅳ．①G444

中国版本图书馆 CIP 数据核字(2019)第 109248 号

中国林业出版社

策划编辑：尤高峰
责任编辑：张　佳　童仁川　孙源璞
电　　话：(010)83143561

出版发行　中国林业出版社(100009　北京市西城区德内大街刘海胡同 7 号)
E-mail：thewaysedu@163.com　　电话：(010)83143500
网　　址　edu.cfph.net
经　　销　新华书店
印　　刷　河北京平诚乾印刷有限公司
版　　次　2020 年 1 月第 1 版
印　　次　2022 年 1 月第 3 次印刷
开　　本　787mm×1092mm　1/16
印　　张　16.5
字　　数　380 千字
定　　价　40.50 元

PREFACE

前言

世界卫生组织曾经提出过这样一个黑色的预言：21世纪将是心理障碍的时代，它将取代生理疾病而成为危害人类健康的大敌。在日常生活中，各类事件的发生难免会给人们造成心理困惑或心理障碍。随着社会竞争愈加激烈，在充满机遇与挑战的新时代背景下，人才的竞争归根结底是能力和心理素质的竞争。这种能力最主要的是指学习的能力，即对已有知识的重组和改造能力及对未知知识的探索学习能力，实则是一种创造学习能力；也包括适应能力与生存能力，即适应复杂多变的社会的能力，能及时调整与环境的关系，找到最佳结合点；还包括与人合作的能力、应对各种冲突和压力的能力，等等。这些能力的提高又都有赖于心理素质的提高，需要大学生具备充分的自我认识、协调的人际关系、合理的情绪调控力、较强的耐挫力。而这些能力的培养恰恰就是心理健康教育课的教育目标。因此，我们组织编写了《大学生心理健康教育》一书。本书依据《教育部办公厅关于印发〈普通高等学校学生心理健康教育工作基本建设标准（试行）〉的通知》（教思政厅〔2011〕1号）文件精神，根据大学生的心理特点，有针对性地编写心理科学和心理健康的基本知识与维护心理健康的基本技能和技巧，帮助大学生树立心理保健意识，掌握心理调节技巧，完善自我人格发育，正确处理大学中遇到的挫折与压力、恋爱与人际交往、网络成瘾、学习困难、轻视生命等现实问题。教材每章通过有趣的心理体验活动、内容丰富的拓展阅读以及课后习题让学生融会贯通，在实践中掌握理论知识，并学会主动运用心理知识来解决自身成长过程中遇到的心理问题。

《大学生心理健康教育》的编者都是奋战在一线教学的心理工作者，他们将自己丰富的教学实践经验和工作心得融合在这本教材中。本书共分十章，由王玲（陕西国防工业职业技术学院）编写第一章、第二章、第三章；冉丑龙（陕西国防工业职业技术学院）编写第四章；刘敏（陕西国防工业职业技术学院）编写第五章、第六章；贺莎（陕西国防工业职业技术学院）编写第七章、第九章；王蓉（陕西国防工业职业技术学院）编写第八章、第十章。本书由杨聪（陕西国防工业职业技术学院）主审，由王玲任主编，贺莎、冉丑龙、刘敏、王蓉任副主编。

能够顺利完成《大学生心理健康教育》这本书的编写，非常感谢各位编者的辛苦付出，大家从最初的收集资料、整理思路到后来一次次不厌其烦地修改，都是为了让本教材更加完美、更加充实。同时还要感谢中国林业出版社的大力支持。另外，本书在编写过程中参考了部分著作成果，因篇幅有限未能一一注明，在这里谨向原作者表示歉意。
由于时间仓促，编者水平有限，书中难免有不足和疏漏之处，恳请广大读者提出宝贵意见和建议。

CONTENTS

目录

第一章 大学生心理健康概述 /001

第一节 心理学概述 ……001
第二节 健康与心理健康 ……007
第三节 大学生的心理健康教育 ……016

第二章 大学生的自我意识 /029

第一节 自我意识概述 ……030
第二节 大学生的自我意识 ……035
第三节 自我意识的塑造 ……045

第三章 大学生的人格发展 /052

第一节 认识人格 ……053
第二节 大学生人格的形成与发展 ……062
第三节 塑造大学生健康人格 ……072

第四章 大学生的情绪管理 /078

第一节 认识情绪 ……078
第二节 大学生的情绪 ……087
第三节 大学生情绪的自我调节 ……092

第五章 大学生的挫折应对 /105

第一节 挫折心理概述 ……106
第二节 大学生常见挫折类型与成因 ……113
第三节 大学生挫折应对方法 ……120

第六章 大学生的人际交往 /133

第一节 人际交往心理概述 ……135
第二节 大学生人际交往问题 ……139
第三节 大学生人际交往调适方法 ……145

第七章 大学生的恋爱心理 /155

第一节 当爱情来敲门 ……156
第二节 大学生恋爱心理特征与存在问题 ……160
第三节 恋爱中的学习与成长 ……168

第八章 大学生的学习心理 /179

第一节 学习概述 ……180
第二节 大学生学习能力的培养 ……189
第三节 大学生常见的学习心理困扰及问题调适 ……197

第九章 大学生的网络心理 /207

第一节 互联网与大学生 ……207
第二节 大学生的网络心理 ……213
第三节 大学生网络成瘾问题及调适 ……220

第十章 大学生的生命教育 /235

第一节 生命与生命教育 ……235
第二节 生命危机与创伤概述 ……242
第三节 大学生心理危机干预与心理咨询 ……248

参考文献 /257

第一章

大学生心理健康概述

案例导读

一女生觉得一走到教室门口，全班同学都在看她，不敢进教室，视教室如地狱。

一学生英武剽悍，争强好斗，常令同学惧之。一日，号啕大哭，痛诉内心的虚弱和孤独。

一优秀学生干部，早出晚归，忙学习忙工作，似乎很充实。她却告诉心理老师，紧张的人际关系令她窒息，恨不得在地上挖个洞，把自己藏起来。

一品学兼优的“三好”生，因为在一次晚会上唱歌跑了调，引起同学的哄笑，便觉得无地自容而自杀。

人们不禁要问，今天的大学生怎么啦？学习一些心理学知识，了解一下大学生的心理特点及影响他们心理健康的因素，或许能找到一些答案。

第一节　心理学概述

一、心理学的发展

“心理学”一词来源于希腊文，意思是关于灵魂的科学。灵魂在希腊文中也有气体或呼吸的意思，因为古代人们认为生命依赖于呼吸，呼吸停止，生命就完结了。随着科学的发展，心理学的对象由灵魂改为心灵。

德国著名心理学家艾宾浩斯（H. Ebbinghaus，1850—1909）曾这样概括地描述心理学的发展历程：“心理学有一个漫长的过去，但只有短暂的历史。”

数千年来，人类一直以非正规的方式对自身行为进行着观察，并试图从哲理角度加以解释，但是直到1879年冯特在德国莱比锡大学建立的世界第一个心理实验室，记录小球撞击桌面到人类意识到撞击的反应的时间差异。这是第一次用定量的自然科学的方法研究人类心理活动，关注人类意识活动的基本过程，使当时处于“神学的奴婢、哲学的附庸”位置的思辨的心理学正式纳入了科学实验的轨道，从而使心理学从近代的哲学、生理学、神学中脱颖而出，成为一门正式独立的科学。

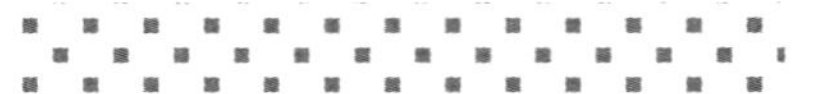

冯特的历史功绩是使心理学从旧哲学中独立出来，从此开辟了科学的一个新领域——心理学。他所开展的对感觉、知觉和注意等基本心理过程进行的实验研究，开创了实验心理学这个分支科学。冯特在心理科学实践上的历史贡献还在于为心理科学的开创及发展造就了一代新人，因此被誉为“近代心理学第一人”，称为“心理学之父”。

心理学刚开始独立发展时期，出现了很多学派纷争，人们很难对各种复杂的心理现象进行全面揭示。比较有影响力的学派有构造心理学、机能主义心理学、行为主义心理学、格式塔心理学和精神分析心理学。

到了20世纪30年代，有些学派萎缩了，有些学派发展了，新行为主义和新精神分析学派成为两个比较有影响力的学派。20世纪50年代以来，人本主义心理学继认知心理学和生理心理学之后成为当今心理学的“第三股思潮”。人本主义心理学以罗杰斯和马斯洛为代表，该流派认为，心理学应该关注人自身的内在价值，关注人的尊严；认知心理学以心理学家奈瑟为代表，又称之为信息加工心理学，将人的心理过程类比为计算机的信息加工过程来研究；生理心理学探讨的是心理活动的生理基础和脑的机制。

还应该指出，二战以后心理学的研究中心是在美国，其他国家多是学习和借鉴美国的心理学。近些年来已经出现了从本国实际出发研究心理学的倾向，这种倾向先是出现在欧洲，接着出现在亚洲。

随着人们对心理现象的研究逐渐深入，最新的技术工具的广泛应用，心理学在当代的发展呈现出了内部不同流派相互融合，外部跨行业交叉拓展的发展趋势，它的影响也早已超越心理学和精神医学的界限，渗透到哲学、人类学、美学、文学、教育学等人文科学之中。

二、人的心理本质

心理不是在所有生物身上都有的，心理只存在于有神经系统的动物身上：单细胞动物虽有趋利避害的能力，但是这也只能视为一种感应性，而不能叫做心理过程。由此可见，从无脊椎动物发展到环节动物才产生了心理（最基础的心理——“感觉”产生），之后的有脊椎动物则拥有更高级的心理过程，但是要注意的是，灵长类的动物虽和人相似，但是不具备认识事物本质和事物之间联系的抽象能力，亦即它们没有“思维”这一能力，人亦是因为思维的能力才使得人的心理发展到最高阶段。

人的心理是大脑对客观世界能动的主观反映，是社会的产物。客观事物通过作用于我们的感觉器官被大脑变成映像，进而产生了人的心理，并且，只有在社会中心理的发展才具有人的心理的性质。

无论人的心理多么复杂多样，它的本质都是共同的。科学地理解人的心理的实质，是学习心理学必须首先明确的基本观点。心理活动尽管是人人具有并为大家所熟悉的，但是对它的实质却有各种说法。例如，有人把心理看成是虚无缥缈的、至高无上的灵魂活动的结果；有人则庸俗地认为人脑产生心理如同肝脏分泌胆汁一样；还有人认为心脏是心理活动的器官，理由是人的情绪平静时心脏跳动正常，情绪激动时心脏跳动加快。以上种种观点都是不正确的。关于心理活动的实质及特点的科学观点是：心理是脑的机能，即任何心理活动都产生于脑，所有心理活动都是脑的高级机能的表现；心理是大脑对客观现实的主观反映，即所有心理活动的内容都来源于外界，是客观事物在脑中的主观反映。

1. 心理是脑的机能

生理心理学和神经生理学研究表明，动物在进化中产生了神经结构这一物质基础之后，就有了心理机能；而且随着进化，动物愈高等，脑的结构愈是复杂化，心理活动亦相应愈发展和复杂。

随着脑的发育和复杂化，心理也相应发展。人在出生时，虽然已经具备了人所特有的解剖生理机制，为以后的心理发展提供了可能性，但还没有成熟。只是随着脑的发育成熟，心理活动才丰富起来。如脑的重量变化，新生儿为390克，8～9个月的婴儿为660克，2～3岁的幼儿为900～1011克，6～7岁的儿童为1280克，9岁的儿童为1350克，12～13岁的少年的脑平均重量已经和成人差不多了，达到1400克。随着脑的重量的增加，人的心理也由最初的听觉、视觉发展起来，逐渐产生了知觉和表象，后来又产生了言语和思维；而无脑畸形儿生来就不具有正常的脑髓，因而不能产生思维，最多只能有一些最低级的感觉，如关于饥渴的内脏感觉等。这些都证明了大脑的先天发育与健全是人的心理发生与正常发展的物质基础。脑的生理研究证明，任何一种心理活动都和脑的一定部位有关。临床观察发现，任何脑部位的损伤，在其生理机能变化的同时也发生心理变化。现在，我们已能用脑电图来记录脑中产生的生物电流从而判断人的心理状态的变化。例如，人在思维的时候，大脑会发生脑电波的变化。人脑受到损伤，就不能进行正常的心理活动；脑的某一部分受到损害，与之相应的某种心理活动就会受到阻碍。例如，大脑的额叶损坏就会引起智力的降低和性格的破坏，使一个本来温和宁静、有理智的人变成粗野急躁、不能自制的人。以上表明：脑是心理的器官，心理是脑的产物、脑的机能。离开脑这一物质基础，任何心理现象都不会发生。

2. 心理是大脑对客观现实的主观能动的反映

物种进化、个体发育、生理研究、临床观察都说明心理活动是脑的高级机能的表现，任何心理活动都产生于脑。但是脑不能独立地产生心理，必须在客观事物作用于它时，才能实现反映机能、产生心理。

（1）人的心理是在人的活动过程中，通过人与客观现实相互作用产生和发展的。人脑产生心理是自生自发的吗？不，人脑不是从母胎里就自然地带来了心理活动的。如果一个人脱离了社会生活，失去了社会实践的机会，是不可能有心理活动的。

【案例】

1920年10月，一位印度传教士辛格（Singh J. A. L.）在印度加尔各答的丛林中发现两个狼哺育的裸体女孩。大的女孩约8岁，小的1岁半左右。据推测，她们可能是在半岁左右时被母狼带到洞里去的。辛格给她们起了名字，大的叫卡玛拉（Kamala）、小的叫阿玛拉（Amala）。在孤儿院里，人们对她们进行了身体检查，发现她们身体的生物系统是正常的，但是营养不良。

人们还发现这两个狼孩虽然长得与人一样，但一切生活习惯都同野兽一样，不会用双脚站立，只能用四肢走路。她们害怕日光，在太阳下，眼睛只开一条窄缝，而且不断

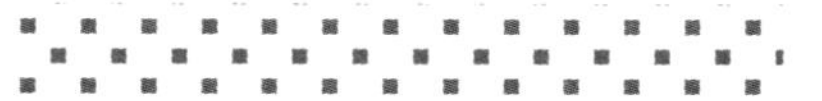

地眨眼。她们习惯在黑夜里看东西。她们经常白天睡觉，一到晚上则活泼起来。每夜10点、1点和3点循例发出非人非兽的尖锐的怪声。她们完全不懂语言，也不发出人类的音节。她们两人经常动物似地蜷伏在一起，不愿与他人接近。她们有触觉过敏症状。她们不会用手拿东西，吃起东西来真的是狼吞虎咽，喝水也和狼一样用舌头舔。吃东西时，如果有人或有动物走近，便呜呜作声去吓唬人。在太阳下晒得热时，就张着嘴，伸出舌头来，和狗一样喘气。她们怕火和水，不肯洗澡，也不肯穿衣服，并随地便溺。卡玛拉对阿玛拉很依赖，她们像小狗一样相互依偎睡在一起。她们被领进孤儿院后，辛格夫妇异常爱护她们，耐心抚养和教育她们。总的来说，小的阿玛拉的发展比大的卡玛拉的发展快些。进了孤儿院两个月后，当她渴时，她开始会说"bhoo(水，孟加拉语)"，并且较早对别的孩子的活动表现兴趣。遗憾的是，阿玛拉进院不到一年，便死了。卡玛拉流了眼泪，而且两天两夜不吃不喝。辛格博士下了很大功夫使卡玛拉"恢复人性"，但进展非常缓慢。进院后16个多月卡玛拉才会用膝盖走路，两年后，卡玛拉终于学会了直立，但需要有人扶着。

1926年她能够单独直立行走，但是不会跑，她想走快时，需要四肢并用。卡玛拉用了25个月才开始说第一个词"ma"，4年后一共只学会了6个单词，7年后增加到45个单词，并曾说出用3个单词组成的句子。但她直到死还没真正学会说话。在她生命的最后三年中，卡玛拉喜欢并开始适应人类社会了。她能照料孤儿院幼小儿童了。她会为跑腿受到赞扬而高兴，为自己想做的事情(例如解纽扣儿)做不好而哭泣。这些行为表明，卡玛拉正在改变野孩的习性，显示出获得了人的感情和需要进步的样子。但在智力上，在刚被发现(2岁)的时候，她的智力只相当于6个月的婴儿；快到15岁的时候，相当于2岁婴儿；卡玛拉17岁那年死于伤寒热病，智力只相当于三四岁的孩子的水平。

在大脑结构上，这个狼孩和同龄人没多大差别。一个10岁儿童的大脑在重量和容量上已达成人的95%，脑细胞间的神经纤维发育也接近完成。只是因为狼孩长期脱离人类社会，大脑的功能得不到开发，所以智力才低下。

由此可见，尽管卡玛拉有人脑这一物质基础，但她长期生活在狼群里，失去了在人类社会生活环境中劳动及与人交往的机会，因此就不会有人的正常心理功能。

人类长期的生活实践证明：在现实的社会生活实践活动中，只有外界的事物作用于感觉器官，感觉器官把外界的刺激作用传达到脑，并引起脑的生理活动，人才能产生和发展心理活动。感觉、思维、意志、兴趣等一切心理都是客观世界对人的影响通过脑的活动而产生的反应。离开了客观现实对脑的作用，离开了由此而引起的脑的反应活动，就谈不上心理的产生。例如，简单的吃饭、喝水，也是由于机体的物质需要通过头脑而知觉到饥渴和饱足的心理活动。又如，"举头望明月，低头思故乡"的诗情画意，乃是月亮和故乡的客观景物通过诗人李白的头脑，引起回忆和想象而反映出来的思想感情。总之，心理意识是客观世界的反映，客观世界是心理意识的源泉。

(2)心理活动是人对现实的一种主观反映。心理活动是人主动地、有选择地对外界事物反映的结果。客观事物是心理的源泉，脑的机能在于反映客观事物并在头脑中形成主观的印象。现实中有老虎，脑中才有老虎的印象；现实中有牡丹花，脑中才有牡丹花的印象。实质上，人的情感、兴趣、信念、能力、性格等，也都是客观世界的反映，只是反映形式不同而已。

人脑对客观世界的反映不像录音机和录像机那样直接地复写。人的心理意识具有主观能动性。其特点表现在以下两个方面：①人们已有的知识经验、个性特点和当前心理状态等在反映事物中起重要作用，它们影响着反映过程，使反映过程带有个人主观特点，形成人与人之间的个别差异。例如对同一事物，不同的人会有不同的评价，即使同一个人对同一事物在不同的时间、地点、条件下也会有不同的反映。②人的心理活动对自己的行为，对实践活动有支配和调节作用。马克思说过："……蜜蜂建筑蜂房的本领，使人间的许多建筑师感到惭愧。但是，最蹩脚的建筑师从一开始就比最灵巧的蜜蜂高明的地方，是他在用蜂蜡建筑蜂房以前，已经在自己的头脑中把它建成了……"[1]这说明人不像动物那样消极被动地去适应环境，仅仅满足生物本能的需要，人能在知识、经验、需要、动机、愿望的推动下，按照计划和方案，有目的地改造自然，改造社会，创造物质财富和精神财富，满足自己的各种需要。

三、心理学的内涵

心理学是研究人的心理现象及其发生发展规律的科学，它的主要研究内容包括心理动力、心理过程、心理状态、心理特征四个方面，这四个方面既相互独立又相互联系。

1. 心理动力

心理动力决定个体对现实世界的认知态度和对活动对象的选择与方向，它主要包括动机、需要、兴趣和世界观等心理成分。

(1)动机。人的各种活动，都是在一定的动力推动下进行的。这种推动人进行活动，并使活动朝向某一目标的动力，就是人的活动动机。它使个体产生一定的行为并指向特定的对象，并在活动的过程中不断调节行为的强度、持续时间，最终达到预定的目标。

(2)需要。它是个体进行活动的基本动力，是个体积极性的源泉。人有生理的需要，也有社会的需要；有物质的需要，也有精神的需要。人有了需要就会产生求得需要满足的动力(即动机)，并产生相应的行为。

(3)兴趣。它是一个人对事物、世界好奇而进行探索认知的需要，促使一个人产生探索认知的行为。

(4)世界观。它是个体对客观世界的总体看法与基本态度，决定一个人行为的基本方向。

2. 心理过程

心理活动过程包括认知过程、情绪(情感)过程和意志过程三个方面，它们从不同的角度能动地反映着客观事物及其相互关系。

(1)认知过程。认知过程是个体认识世界、获取并运用知识的过程，包括感觉、知觉、记忆、思维和想象等。人对客观世界的认识始于感觉与知觉，将感觉与知觉所获得

[1]马克思. 资本论(第1卷)[M]. 北京：人民出版社，1975:202.

的知识经验贮存在人们的头脑中,并在需要时再现出来,这就是记忆。人不仅能直接感知个别、具体的事物,认识事物的表面联系和关系,还能运用头脑中已有的知识经验去间接地、概括地认识事物,揭露事物之间的本质联系和内在规律,这就是思维。人对客观事物在脑中形成的形象进行加工改造,从而产生新形象的过程,即为想象。

(2)情感过程。在认识客观世界的同时,人还会对事物产生一定的态度,引起满意、喜爱、厌恶、憎恨等主观体验,这就是情绪(情感)。它是人对客观事物是否符合自己的需要而产生的态度体验。凡是符合人的需要的客观事物,就会使人产生积极肯定的情绪,反之则产生消极否定的情绪。

(3)意志过程。人和动物不同的是,人不仅能认识世界并对之产生肯定或否定的情绪,而且能调节自己的活动并有目的、有计划地改造世界。心理学把人自觉地确定目的并为实现目的而克服困难、有意识地支配和调节自己行为的心理过程,叫做意志过程,它表现为激励个体去从事达到目的所必需的行为和抑制与预定目的不相符合的行为这两个方面。

上述三者在现实生活中总是紧密联系、相互作用的。一方面,认知决定人的情绪和意志,“知之深,爱之切”,认识到学习的重要性才会坚定意志付出努力;另一方面,情绪和意志又影响人的认知,如“情人眼里出西施”就是情绪对认知的影响,坚强的意志能调动人认知的积极性,并取得良好的认知成效。情绪可以加强或减弱意志,而意志也可以控制情绪。

3. 心理状态

心理状态是人的心理活动在一段时间里出现的相对稳定的持续状态,其持续时间可以是几个小时、几天或更长一些的时间。它既不同于动态的心理过程,也不同于静态的心理特征。例如:在感知活动时可能会出现聚精会神或漫不经心的状态;在思维活动中可能会出现灵感或刻板状态;在情绪活动时可能会产生某种心境、激情或应激的状态;在意志活动时可能会出现犹豫或果敢的状态,等等。

人反映客观现实的心理活动,总是由注意状态相伴随。注意作为一种比较积极的心理状态,使人的心理活动指向和集中在一定的对象上,并使人对被注意的事物进行清晰的反映。没有注意的作用,人就无法清晰地认识事物,也无法准确而迅速地完成各种活动。

4. 个性心理特征

个性心理特征是人们在长期的认知、情绪和意志活动中形成的、稳固的、经常出现的心理特性,主要包括能力、气质和性格。

(1)能力是指人顺利地完成某种活动所必须具备的心理特征,体现着个体活动效率的潜在可能性与现实性。

(2)气质是指表现在人的心理活动动力方面的特征,如心理活动速度、强度、稳定性、灵活性等,这些特征与生俱来,很少受个人活动的目的、动机和内容的影响。

(3)性格是人对现实的稳固的态度和习惯化的行为方式。气质与性格有时也统称为人格。正是这些心理特征,使一个人的心理活动与其他人的心理活动彼此区别开来。

人的心理系统的上述四个方面总是彼此密切联系、相互作用的，反映了心理现象的发生、发展过程及其规律。

人内在的心理与外在的行为有着密切的对应关系，我们不仅可以根据所给予的刺激来预测人的行为，也可以根据所表现出来的行为来推测人的心理。因此，心理学家在研究人内在的心理现象时，往往也研究人外在的行为反应，并通过探讨心理与行为的关系，来全面准确地理解人的心理活动及其规律。因此，心理学有时也叫做行为科学，即通过对行为的客观记录、分析和测量来揭示人的心理现象的规律性。

心理学除了研究人的意识外，还研究人的无意识。人的绝大多数活动是有意识支配的，也有一些是无意识的（如笔误、做梦等）。通过对意识和无意识的研究，能更全面地把握人的心理现象。

人的心理活动结构如图1-1所示。

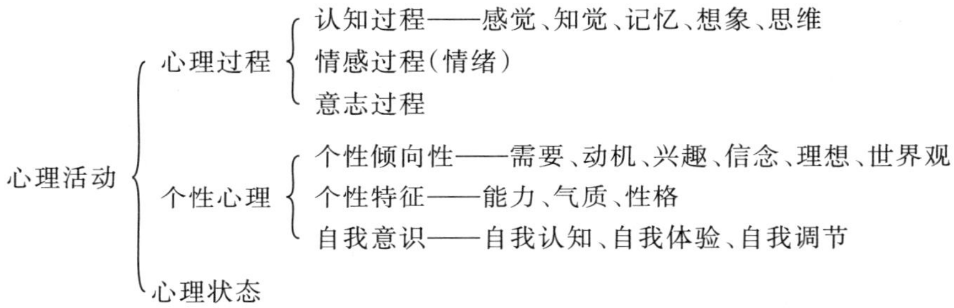

图1-1 人的心理活动结构

心理过程、个性心理和心理状态是既有区别又密切联系的。个性心理和心理状态是在个体的心理过程中形成和表现出来的；反过来认知、情感和意志活动也受个性心理和心理状态的影响和制约。个性心理和心理状态之间也有密切联系。个性心理是个体经常、稳定的特征，心理状态是相对可变的、流动的。如果某类心理状态（如漫不经心）经常出现，并且持续时间越来越长，那么这种心理状态就会转化为这个人的个性心理（粗心大意的人格特征）。个性心理也会影响心理状态，如内向、顺从的人受到挫折时多半会产生内疚、自责等心理状态，而机灵活泼、自信心强的人对挫折往往是泰然自若。

第二节 健康与心理健康

一、健康

1. 健康的概念

传统的健康观，认为躯体没病就是健康，因此健康问题应该是医生的事，表现在日常生活中，人们也只注重锻炼身体，忽视心理卫生的保健。

中国古代医学中就强调七情(喜、怒、忧、思、悲、恐、惊)失调导致生病。《素问·阴阳应象大论》中说“怒伤肝”“喜伤心”“思伤脾”“忧伤肺”“恐伤肾”,就是指由于七情失调,从而引起阴阳失衡,气血不和,经络阻塞,脏腑功能失常而患病。

随着时代的发展,生活节奏的加快,竞争的加剧,一切不良的精神刺激,不恰当的生活方式、行为和环境因素,都可以导致疾病的发生;许多疾病根源于有害的心理和社会因素。过去从医学的角度来看,引起疾病的原因仅仅是生物的因素,即“生物医学模式”。1977年,美国罗彻斯特大学教授恩格尔提出了“生物–心理–社会医学模式”的最新理论。

世界精神病协会的专家认为,从疾病发展史来看,人类已经从“传染病时代”“躯体疾病时代”进入到“精神疾病时代”。如果说心理卫生在20世纪初的发展是以改善精神病患者的待遇、防治心理疾病为主要目的,那么随着社会的发展以及人类对自身认识的不断深化,人们对健康的概念又赋予了新的含义。

1948年,联合国世界卫生组织(WHO)成立时,在其宪章中开宗明义地指出:健康不仅仅是没有疾病,而是身体上、心理上和社会适应上的完好状态或完全安宁。

1989年联合国世界卫生组织又提出了21世纪健康新概念:“健康不仅是没有疾病,而且包括躯体健康、心理健康、社会适应良好和道德健康。”21世纪人类的健康是生理的、心理的、社会适应与道德健康的完美整合。在这一新概念中,以生理健康为物质基础,并发展心理健康与良好的社会适应,道德健康则是整体健康的统帅。

衡量健康的四个层面(见表1–1):

(1)躯体情况。包括身体发育是否良好,是否有生理疾病或缺陷等,这是健康概念的基础。

(2)心理发展状态。包括是否有心理疾病,是否有持续的、积极的心理状态等。

(3)社会适应程度。包括掌握多少生活知识和技能,是否有正确的生活目标,能否遵守社会生活规则、顺利融入社会群体、承担社会角色、适应社会生活等。

(4)道德文明水平。包括道德认知水平和道德行为状况等,道德健康的最高标准是无私奉献,最低标准是不损害他人。

表1–1　健康的四个层面

<table>
<tr><td rowspan="4">健康</td><td>躯体健康</td><td>人体的结构完整,生理功能正常</td></tr>
<tr><td>心理健康</td><td>在身体、智能及情感上与他人的心理健康不矛盾的范围内,个人心境发展至最佳的状态</td></tr>
<tr><td>道德健康</td><td>在稳定的道德观念支配下表现出来的一贯的符合社会道德规范的行为</td></tr>
<tr><td>社会适应良好</td><td>能胜任个人在社会生活中的各种角色,能立足角色创造性地工作并取得成就,贡献社会,实现自我</td></tr>
<tr><td colspan="2">健康概念四个层面之间的关系</td><td>躯体健康是其他健康的生理基础
心理健康与躯体健康相互作用
以心理健康为基础而发展起来的道德健康高于单纯的心理健康
社会适应良好是心理健康的充分体现,是健康的最高境界</td></tr>
</table>

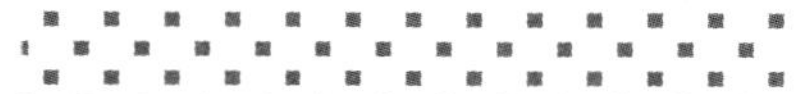

随着社会的进步和医学科学的发展，人们对健康含义的理解越来越深刻，世界卫生组织又提出了健康的十条新内涵：

(1)有充沛的精力，能从容不迫地应付日常生活和工作的压力而不感到过分紧张。

(2)处事乐观，态度积极，乐于承担责任，不论事情大小都不挑剔。

(3)善于休息，睡眠良好。

(4)应变能力强，能适应外界环境的各种变化。

(5)能够抵抗一般性感冒和传染病。

(6)体重适当，身材匀称，站立时头、肩、臀位置协调。

(7)眼睛明亮，反应敏锐，眼睑不发炎。

(8)牙齿清洁、无空洞、无痛感，牙龈颜色正常，无出血现象。

(9)头发有光泽、无头屑。

(10)肌肉和皮肤有弹性，走路感觉轻松。

2. 亚健康

在快节奏的社会里，亚健康话题已经成为人们关注的焦点。生活中时常有人抱怨“有时晚上辗转难眠；睡不安稳，或入睡后惊醒、多梦；经常有不明原因的头痛；经常感觉到莫名的情绪压抑，总觉得心里不舒服；在面对压力与冲突时，内心挣扎着各种声音，让人不知所措；面对目标与理想蓝图，有深厚的无助感与脆弱感；生活在压力、焦虑和紧张之中……”。

“亚健康”和“疾病”究竟意味着什么？我们如何才能将自己调整到健康、快乐的状态？我们可以从自己的身体中得到一些什么样的讯息。传统观念中，人们往往容易物化地看待自己，包括自己的身体。我们将自己视为疾病的受害者，身、心、灵分离。我们对自己的失察，导致了生命不同层面的症状：生理上的亚健康，心理上的压力、焦虑、自恨，无法排遣的孤独感。它更反映在我们的人际关系中，如我们对他人充满了指责、愤怒与抱怨的能量。

“亚健康”这个概念在生理疾病中有，其实在心理疾病中也有，那就是一个人的心理介于健康心理和不健康心理之间，而且更多的时候人们的生理“亚健康”还是由于心理上的“亚健康”引起的。例如，有一部分人整日里心烦意乱，茶不思饭不想，睡不好觉，由于没有及时找出原因而导致体质下降，生理疾病便趁虚而入，这样就导致了大的疾病的产生。

二、心理卫生与心理健康

1. 心理卫生的概念

心理卫生也称精神卫生，它是关于保护与增强人的心理健康的心理学原则与方法。心理卫生不仅能预防心理疾病的发生，而且可以培养人的性格，陶冶人的情操，促进人的心理健康。心理卫生的内容是十分广泛的。不同年龄阶段，有不同的心理特点，心理卫生的内容也不尽相同。人在不同年龄阶段，各有一定的生理特点与心理特点，并且出现与之相联系的心理问题。根据不同年龄阶段的身心特点，有效地预防一些心理冲突的发生，及时地解决一些心理问题是个体心理卫生的主要目标。

心理卫生的思想起源最早可以追溯到古希腊时代，但是现代心理卫生运动却兴起于20世纪初。非常耐人寻味的是，它的发起人和倡导者是曾患精神病的美国人比尔斯(C. Beers)，比尔斯根据自己住院期间和出院后的亲身遭遇，特别是精神病治疗机构对病人的冷漠和虐待，以及公众对于精神病人的偏见和歧视，于1908年出版了著名的《一颗自我发现的心灵》。此书得到了心理学家和社会大众的大力支持并引起了强烈反响，由此开始了一场由美国发轫，最后遍及全世界的心理卫生运动。1908年，世界第一个心理卫生组织——康涅狄格州心理卫生协会成立，1930年国际心理卫生委员会成立，1948年，在联合国教科文组织主持下，成立了世界心理健康联合会(WFMH)。中国的心理卫生运动在20世纪30年代也开始起步，1936年成立了“中国心理卫生协会”，但因抗日战争爆发，实际未开展工作而名存实亡。1985年，一个真正意义上的中国心理卫生协会终于成立，该学会的成立对我国心理卫生事业的发展起到了非常重要的推动作用。

讲究卫生，预防疾病，保持身体健康，这已受到人们的普遍重视。可是，怎样才算讲究卫生？这恐怕在看法和做法上就大不相同了。不少人一提讲卫生就想到注意公共卫生、讲究个人卫生、加强体育锻炼、摄取适量的营养、不吃腐败变质的食物等，这些无疑都是重要的。但是，这样做只能预防显微镜下看到的微生物对人体的侵袭，只能把筋骨肌肉锻炼得更有力量，还不能确保人们的健康。这是因为，人生在世，难免遭受种种矛盾与挫折，因而社会、心理因素也同样危害人的健康。譬如，一个人身强力壮，却理智欠佳，人格异常，不能正常工作和生活，那怎能说他“健康”？所以世界卫生组织把健康的定义修改为：“不但没有身体的缺陷与疾病，还要有完整的生理、心理状态和社会适应能力”。这就是说，人要做到健康，必须体魄健全，身心健康，这种健康才算是真正的健康。怎样做才能达到身心全面健康的目的？中国杰出的心理学家潘菽教授早在40年前就曾指出：“我们因注重身体的健康，故研究生理卫生；我们若要使得心理得到健全的发展，则必须注重心理卫生。”由此看来，心理卫生乃是达到心理健康的手段。

健康的心理状态和完整的社会适应能力与生理卫生是分不开的。由于心理和生理是互相影响的，心理不健康会给生理状态(人的躯体)造成伤害。因此，讲求心理卫生在某种意义上说比生理卫生更为重要。人的心理如果不正常，一方面，会危害人们的躯体健康，甚至造成疾病，特别是各种慢性病，如各种心身疾病；另一方面，一旦人们的心理陷入了反常状态(轻者形成神经官能症或人格障碍，重者形成各种精神病)，人的社会适应能力就会受到破坏，甚至无法进行正常的家庭和社会活动，从而给个人和家庭带来极大的苦恼和不幸，以至给整个社会造成危害。心理卫生的任务是多方面的：一是在青壮年时期防止严重损害社会劳动力的情况出现。精神病病人通常不能自理生活，在激动兴奋状态下还会毁物伤人或者自毁，破坏生产，影响社会。因此，增进人们的心理健康，防止精神病的产生是整个社会面临的任务之一。二是制定培养和锻炼健康“人格”的心理卫生原则和措施。三是根据人生各个不同年龄阶段的不同心理特点(包括婴儿期、儿童期、少年期、青年期、中年期和老年期)，制订出保持各年龄阶段心理健康的一般心理卫生原则和方法。四是提供人们在生活、工作和劳动的各领域中进行活动时所要注意的心理卫生的原则和措施。

总之，心理卫生不仅是个人而且是整个社会都应该关心的问题。因为心理健康与否既与每个人的个体健康发展有关，也与整个家族、整个民族的健康发展有关。随着社会的向前推进，物质文明的迅速提高和科学技术的高速发展，社会中的人际关系就更加复杂，生活的节奏更加紧张，威胁人们的心理健康的因素也越来越多。因此，心理卫生问题也就显得更加复杂而重要。在我国优越的社会主义制度下，人民群众的身心健康问题受到国家和政府的特别关心和重视，为维护和保持人们的心理健康创造了最根本的良好条件。

心理卫生的基本原则如下：

（1）树立正确的人生观。从青年时代起，人的自我意识就开始成熟起来，能够进行自我估价、自我检查与自我督促，并且也能正确评价他人的行为。一个人树立了正确的世界观就能对社会、对人生有正确的认识，就能科学地分析周围发生的事情。保证心理反应适度，防止心理反应失常。

（2）防止与克服心理冲突。主观的要求与客观的限制可能会引起强烈心理冲突或持续的心理冲突。在一定的条件下，能够造成心理疾病。人在生活、学习与工作中，不可避免地要经常发生心理矛盾，但是要控制其强度不宜过猛，持续时间不要过长。有了心理冲突要设法正确解决，不能消极对待。

（3）参加有益的集体活动。一个人如果经常与集体隔离，不与人交往，容易养成孤独的情绪，往往心情抑郁或孤芳自赏，影响心理健康。一个人经常参加有益的集体活动，进行正常而友好的交往，可使人消除忧愁，心胸宽畅，心情振奋，精神愉快。

（4）要有自知之明。要了解自己的长处与短处，了解自己的身体健康与心理健康的状况。经常用心理健康的标准来衡量自己的行为，促进心理健康。办事要根据自己的智力等情况量力而行，切不可设置经过努力而无法达到的目标，否则容易受到挫折，产生心理冲突，以致情绪不安，影响心理健康。

此外保持健康的身体，有规律地生活，改掉不良嗜好，保持乐观的情绪等都是心理卫生的原则。

2. 心理健康的概念

心理健康的概念有广义和狭义之分。广义的心理健康，指一种高效而满意的、持续的心理状态。狭义的心理健康，指人的基本心理活动的过程与内容完整协调一致，保持一种良好的心理状态功能。

在心理学中，心理健康指的是一种持续的相对稳定的心理状态。在这种状态下，个人具有生命的活力、积极的内心体验、良好的社会适应，并能够有效地发挥个人的身心潜力与积极的社会功能。

心理健康的概念中包括了哪几方面的意思？如何来理解心理健康的含义呢？

（1）心理健康的动态性。心理健康既然是对人的心理状态的描述，那么这种所谓健康的心理状态并不是绝对的、一成不变的，而是相对的，会起伏和波动。即便是完全没有任何心理问题的人，其心理状态也不是保持在一个完美或者较为完美的水平上没有变化，而是能够通过不断的调整，将自我的心理状态保持在一个相对稳定、相对较为理想的水平上。

(2)心理健康的平衡性。既然心理健康是动态变化的,而人的心理状态可能随时都会发生一些细小的甚至明显的变化,那么是不是说,当心情落入低谷的时候,我们的心理就处于不健康状态呢?心理健康中的平衡指的是一个人具有调节自己心理状态平衡的能力,即便在某些时候会觉得状态糟糕,但是能够在一定时间内通过自我调节恢复到一个正常的水平,这样的人就是具备心理平衡能力的人。

(3)心理健康的功能性。心理健康的功能性指的是一个心理健康的人,是具备一定的社会功能的,比如,能够正常地与人交流,能够生活自理,能够良好地进行学习、工作。总之,从整体上来看,心理健康的人能够较为良好地应对社会生活,小到穿衣吃饭、与人交流,大到升学、就业等方面,都能够适应良好,这是一个心理健康的人所具备的社会功能。

3. 心理健康的标准

(1)心理健康的标准。近年来,心理健康标准问题一直是人们关注的焦点问题。心理健康的标准是心理健康概念的具体化和操作化,是评价心理健康的一系列准则。心理健康标准问题既是心理健康研究领域中一个十分重要的基本理论问题,也是心理健康教育实践中亟须解决的理论问题之一。但由于心理健康标准问题涉及面既广又复杂,迄今为止,学者们仍未达成一致意见。下面我们将介绍几种心理健康的标准:

第三届国际心理卫生大会提出心理健康的标准是:

①身体、智力、情绪十分协调。

②适应环境,人际交往中能彼此谦让。

③有幸福感。

④在工作和职业中,能充分发挥自己的能力,过着有效率的生活。

中国心理卫生协会副理事长郭念锋在其所著《临床心理学概论》一书中提出,从心理活动强度、心理活动耐受力、周期节律性、意识水平、受暗示性、康复能力、心理自控力、自信心、社会交往、环境适应能力等十个方面判断心理健康的水平。

著名心理学家马斯洛(Maslow)和密特尔曼(Mittelman)曾提出人的心理是否健康的十条标准:

①是否有充分的安全感。

②是否对自己有较充分的了解,并能恰当地评价自己的行为。

③自己的生活理想和目标能否切合实际。

④能否与周围环境事物保持良好的接触。

⑤能否保持自我人格的完整与和谐。

⑥能否具备从经验中学习的能力。

⑦能否保持适当和良好的人际关系。

⑧能否适度地控制和表达自己的情绪。

⑨能否在集体允许的前提下,有限地发挥自己的个性。

⑩能否在社会规范的范围内,适当地满足个人的基本要求。

根据中外心理健康研究者们提出的各种心理健康标准可以看出,界定心理健康的标准一般都是从智力水平、自我认知、情绪状态、意志品质、行为表现等方面提出的。心理健康者与心理不健康者的特征对比见表1-2。

表1-2　心理健康者与心理不健康者的特征对比

指　标	心理健康	心理不健康
智力是否正常	(1)能适应生活环境	(1)不能适应生活环境
	(2)能正常生活、工作、学习	(2)不能正常生活、工作、学习
	(3)智商不低于70分	(3)智商低于70分
情绪是否正常	(1)心情愉悦、有幸福感	(1)心情低落、灰心丧气
	(2)情绪稳定、反应适度	(2)烦躁不安、喜怒无常
	(3)情绪与原因一致	(3)情绪与原因不一致甚至相反
	(4)原因消去,情绪改变	(4)原因已除,情绪仍不能平复
意志是否健全	(1)行为有目的、深思熟虑	(1)行为盲目、轻信武断
	(2)付诸行动、当机立断	(2)优柔寡断、犹豫不决
	(3)善于控制言行	(3)不能控制冲动
	(4)坚持不懈、百折不挠	(4)遇难而退、见异思迁
行为是否协调	(1)思维清晰、符合逻辑	(1)思维混乱、不符合逻辑
	(2)行为有序、语言有条理	(2)行为无序、语无伦次
	(3)言行相符、思维行动一致	(3)言行不一、思维与行为矛盾
	(4)行为反应正常	(4)行为反应过敏或迟钝
人格是否完整	(1)气质、性格、能力均衡发展	(1)气质、性格、能力发展不均衡
	(2)有积极进取的人生观	(2)人生观消极、悲观失望
	(3)需要、愿望、目标、行为统一	(3)需要、愿望、目标、行为相互矛盾
	(4)正直、热情、自信、勇敢	(4)冷漠、自卑、惧怕、自私

(2)大学生心理健康的标准。大学生健康心理学是研究大学生心理健康的形成、发展、变化的规律,以及如何维护和增进大学生心理健康的科学。为了有利于我们更具体、更深入地明确大学生健康心理学的研究对象,我们首先要了解大学生心理健康的标准。

大学生是处于青年中期的、具有一定知识面的特殊群体。参照心理健康的一般标准,我国大学生的心理健康标准有如下八条:

①具有旺盛的求知欲和浓厚的学习兴趣。大学生的智力水平一般都处于优秀水平,学习是大学生活的主要内容。具有健康心理的大学生目标明确,学习热情高,精力旺盛,朝气蓬勃,不畏艰难,孜孜不倦,在学习中经常体验到满足与快乐。而“六十分万岁,多一分浪费”的大学生终日懒洋洋,糊里糊涂混日子,体验不到成功的喜悦。

②具有独立生活的能力。独立生活的能力体现了一个人的生存能力,在竞争的时代,在当今众多选择的面前,要有独立处理自己的生活的能力,要学会自己作决定。不会作决定,则做事唯唯诺诺,缺乏独立性。

③具有正确的自我意识,能悦纳自我。自我意识是人格的核心,是人对自己以及自己与周围世界关系的认识与体验。健康的心理,应该是指自我评价客观,能够接纳自我,不苛求自己,既不妄自尊大而做力所不能及的事情,也不妄自菲薄而甘愿放弃可能发展的机会,自信乐观,理想我和现实我达到完美的统一。著名心理学家张厚粲教授2001年在北京师范大学“5·25”大学生心理健康节开幕式上引用全国政协委员讨论时的一句话:“高就高,不弯腰;矮就矮,有光彩;胖就胖,不走样;瘦就瘦,精神够;老就老,脑筋好;少就少,能创造。”这说明心理健康就是了解自己并悦纳自己。

④具有完整统一的人格品质。人格是个人比较稳定的心理特征的总和,人格完整是指构成人格要素的气质、能力、性格和理想、信念、人生观等各方面均衡发展,不存在明显缺陷,有积极进取的人生观,并以此为中心,有效地支配自己的心理行为。

⑤具有协调和控制情绪的能力,心境良好。良好的心情使人经常保持愉快、开朗、自信、乐观、满足的心情,对生活充满希望。心理健康者在痛苦、忧伤等不良情绪袭来时,善于调整并保持情绪的稳定,保持与周围的平衡。

⑥具有良好的适应和改造环境的能力。对环境的适应和改造的能力,是受一个人的生活态度决定的。心理健康的人,能在环境改变时正确面对现实,对环境做出客观正确的判断,不怨天尤人;能与社会保持良好的接触,使自己的思想、行为与社会协调一致。

⑦具有良好的人际交往能力,人际关系和谐。良好的人际关系是心理健康的润滑剂,人际关系和谐的人有安全感和幸福感。健康的人善于与他人接触,以乐观豁达、宽容理解的心态与人相处,能够正确处理个体与群体的关系,有独立的人格和积极助人的精神。

⑧具有符合年龄特征的心理行为。不同年龄阶段有不同的心理行为,心理健康者应具有与同年龄多数人相符合的心理行为特征,如果严重偏离,就是不健康的表现。

三、心理异常

心理异常,是在大脑生理生化功能障碍和人与客观现实关系失调的基础上产生的对客观现实的歪曲的反映。心理异常一词是对许多不同种类的心理和行为失常状况的统称。其表现可以是严重的,也可以是轻微的,人们在日常生活中常用精神病、变态行为、情绪障碍这样的词来对此加以描述和区分。

心理异常的实质,就是异常心理的原因、机理和心理结构问题。心理异常是大脑的结构或机能失调,或者人对客观现实反映的紊乱和歪曲,既反映了个人自我概念和某些能力的异常,也反映为社会人际关系和个人生活上的适应障碍。

要清晰地判别正常心理和异常心理,不是一件容易的事情。①异常心理与正常心理之间在某些情况下可能有本质的差别,但在更多的情况下,又可能只有程度的不同。②异常心理的表现受多种因素的影响,诸如生物因素、心理状态、社会环境等,所取的角度不一样,标准也就不一样了。③单纯的心理问题目前并没有什么仪器可以检查化验,全靠专业人员的临床经验进行主观判断。

关于心理正常与心理异常,有一个著名的心理健康“灰色”理论,如图1-2所示。

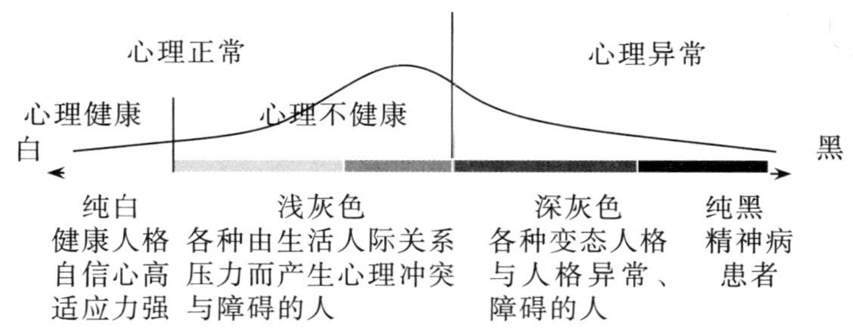

图1-2 心理健康“灰色”理论

目前，最常用的区分心理正常与异常的标准主要有以下几种：

1. 自我评价标准

如果认为自己有心理问题，这个人的心理当然不会完全正常，但一般不可能存在大问题。心理基本正常的人，完全可以察觉到自己心理活动和以前的差别、自己的心理表现和别人的差别。如果认为自己没有心理问题，这并不能证明当事人就正常，具体请看第四个标准。这种自我评价在精神科叫自知力，属于中国精神障碍分类与诊断标准第3版（CCMD-3）的严重程度标准之一。

2. 心理测验标准

心理测验通过有代表性的取样、成立常模样本、检测信度、检测效度和方法的标准化形成测评量表，可以在一定程度上避免专家看法的主观化，但是心理测验也存在误差，目前并不能代替医生的诊断。

3. 病因病理学标准

这种标准最客观，是将心理问题当作躯体疾病一样看待的医学标准。如果一个人身上表现的某种心理现象或行为可以找到病理解剖或病理生理变化的依据，则认为此人有精神疾病。其心理表现被视为疾病的症状，其产生原因归结为脑功能失调。这一标准为临床医师们所广泛采用，但是诊断范围狭小，对于像神经症和人格障碍则无能为力。中国精神障碍分类与诊断标准第3版（CCMD-3）也采纳了病因病理学分类标准。

4. 外部评价标准

人的心理活动总是表现在生活的各个方面，如果大家都认为某个人有问题，一般就是正确的。即使旁边人没有看出来，专业人员也可以通过各种表现判断当事人是不是有问题，专家对症状的分析就形成症状学分类标准，目前的中国精神障碍分类与诊断标准第3版（CCMD-3）主要是按照症状学分类的。

5. 社会适应性标准

在正常情况下，人体维持着生理心理的平衡状态，人能依照社会生活的需要，适应环境和改造环境。因此，正常人的行为符合社会的准则，能根据社会要求和道德规范行事，亦即其行为符合社会常模，是适应性行为。如果由于器质的和功能的缺陷使得个体能力受损，不能按照社会认可的方式行事，致使其行为后果对本人或社会不适应的时候，则认为此人心理异常。这里正常或异常主要是与社会常模比较而言的，在目前的中国精神障碍分类与诊断标准第3版（CCMD-3）之中存在严重程度标准一项，即社会功能。

心理健康水平可分为三个等级(表1-3)。

表1-3　心理健康水平等级

级　别	程　度	表　现	应对方式
一级	一般常态	表现为心情愉快,适应能力强,善于与人相处,较好地完成社会活动,能调整自己的情绪	
二级	轻度失调	不具有同龄人所应有的愉快情绪,和他人相处略感困难,生活自理有些吃力	主动调节或通过专业人员帮助,可恢复常态
三级	严重病态	适应严重失调,不能维持正常的生活和工作	如不及时治疗可能严重,或发展为精神疾病

正确理解心理健康标准,避免四点误区:

(1)以为健康就是身体健康,看不到心理健康是健康的一半。

(2)以为心理健康就是没病,看不到应是完好状态。

(3)以为解决心理问题是难以启齿的事情。

(4)误把偶然异常表现当作心理疾病。

判断心理健康应注意的三条原则:

(1)心理与环境的同一性。心理与环境应相和谐一致。

(2)心理与行为的整统性。知、情、意一致,应以总体经常行为为依据,并不注重个别症状。

(3)人格的稳定性。人都有差异和特色,总体适应且稳定就好。

第三节　大学生的心理健康教育

一、大学生心理健康现状及常见的心理问题

1. 大学生心理健康现状

大学生心理健康已经渐渐成为社会关注的焦点,一些大学生因心理问题休学、退学的例子不断增多,自杀、凶杀等一些反常或恶性事件不时见诸报端。2002年初发生的刘海洋硫酸伤熊事件和2004年初发生的马加爵杀人案,使社会对大学生心理健康的关注达到了高潮。人们不禁要问———现在的大学生怎么了?

(1)大学生心理发展的总体趋势是健康的。目前,我国大学生的心理健康状况是呈中间大、两头小的正态规律分布的。一般来说,人的心理健康状况分为常态、轻度失调(心理健康问题)和病态三种。我国在校大学生心理健康状况还是以常态为主,表现为活泼开朗、精力充沛、求知欲强,对未来充满信心等。但就是这类人群,偶尔有点小情绪,这也是正常的。也就是说,大多数大学生的心理是健康的,这是主流。

(2)大学生心理健康的主要问题是成长和发展中的矛盾。大学生群体中大部分人心理是比较健康的,有一般心理困扰(如恋爱、学习、交往问题)的占20%~30%,对正常

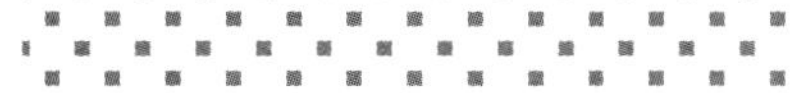

学习生活明显产生影响、有严重困扰的约占7%～8%，患精神疾病的不到1%。绝大部分学生不是心理障碍，而是走向成熟成长过程中出现的心理困扰，如果主动关注、及时调节、加以引导，这些成长中的问题是可以克服的。

（3）各年级学生心理健康存在差异。一年级主要是新生适应不良问题，如对人际关系、生活、学习方法等的不适应。二年级学生的心理问题最多，有人际关系问题、恋爱问题、评定奖学金问题等，心理问题发生率在大学四个年级中最高。三、四年级恋爱情感问题比较突出，考研、就业压力提前，未来规划、职业选择等问题也比较突出。是继续升学还是工作，如何选择领域、职业？高年级同学在思考自己的前途，由此产生困惑。

（4）大学生是心理障碍的高发人群。大学生成长阶段是人生的特殊、迷惘期，大学生正进入成年人的社会角色，但对社会、家庭而言，因其经济不独立，实际仍是“未成年人”，面临学业、就业、学费等压力及人际关系、爱情等成长的烦恼和困惑时，容易角色错位。大学生心理障碍常表现为偏执、自负、多疑、焦虑、冷漠、狭隘与狂妄。近几年来，国内许多大学应用《症状自评量表》（SCL-90）对大学生的心理障碍进行测查，发现该量表测试的十项因子中，除躯体化一项外，其他各项因子都显著高于国内成年人的常模。这些测查结果都认为，大学生是心理障碍的高发群体。在校大学生中出现心理障碍倾向者的比例有30%～40%，其中存在较严重心理障碍的大学生约占学生总数的10%。北京、江苏、江西、山东、广东、上海等省市的一些高校对大学生心理素质状况的跟踪调查表明，大学生中有抑郁、焦虑、社会恐惧、自卑、过分依赖、神经衰弱等心理疾病的人数要高于一般的社会青年，这说明大学生是心理障碍高发人群。2004年2月发生的马加爵杀害四名同学的恶性案件，是大学生心理障碍的极端表现。这些情况表明，我国大学生存在心理问题的形势是严峻的，对于部分学生来说，形形色色的心理问题直接影响他们学业的顺利完成。

2. 大学生常见的心理问题

大学生常见的心理问题主要表为在环境适应问题、学业压力引起的焦虑、人际关系障碍、与恋爱和性有关的心理困扰、与择业求职有关的心理困扰等。

（1）环境适应问题。这种问题在大一新生中较为常见。当代大学生为了在激烈的高考竞争中取胜，几乎全身心投入学习，一旦从中学到大学的环境发生了改变，离开了长期依赖的家长和老师，面对新的集体，新的生活方式，新的学习特点，一些学生出现了独立与依赖的矛盾。有的学生来到这个新的环境后，会发现原先的预期与现实的大学生活存在较大的差距：他们有的在学习上存在困难，有的对专业的满意度不高，有的缺乏独立生活的能力，有的因地域差异而觉得与现实环境格格不入，有的面对内容丰富的大学社团活动不知如何选择，有的在完成进大学的目标后暂时丧失了新的学习和生活目标。总之，由于个体适应能力的差异，其中一些大学新生会出现因环境变化而造成的适应困难，进而情绪低落，出现心理问题。新生的适应问题若未得到及时处理，有可能会发展成较严重的心理问题，如神经衰弱、焦虑症、抑郁症、网络成瘾等。

（2）学习问题。大学生常见的学习问题主要表现为：学习目的问题、学习动力问题、学习方法问题、学习态度问题以及学习成绩问题等。大学期间，学习往往不再如高中阶

段那样得到绝大多数人的重视，目的不明确、动力不足、态度不好构成了学习问题的主要方面。

（3）人际关系问题。如何与周围的同学友好相处，建立和谐的人际关系，是大学生面临的一个重要问题。同高中阶段相比，大学生对人际关系问题的关注程度超过了学习，而人际关系问题也成为大学生心理困扰的主要来源之一。据某市对13所高校进行的一项网上问卷调查结果显示，“人际关系”“就业压力”“学习问题”是导致当代大学生心理压力增大的三个主要因素。其中，66%的大学生表示自己的心理压力主要来自人际关系的处理；有53%的大学生承认，当自己与同学发生矛盾时，不知道该如何化解，少数同学甚至选择用激烈对抗来应对；另外有40%的大学生表示，自己的抑郁情绪源自进入高校前后的心态落差。

人际关系问题常常表现为难以和别人愉快相处，没有知心朋友，缺乏必要的交往技巧，过分委曲求全等，以及由此而引起的孤单、苦闷、缺少支持和关爱等痛苦感受。

（4）恋爱与性心理问题。大学生处于青年中后期，性发育成熟是重要特征，恋爱与性问题是不可避免的。恋爱与性心理问题一般包括单相思、恋爱受挫、恋爱与学业关系问题、情感破裂的报复心理等。由于相当一部分大学生的爱情价值观还不成熟，他们往往凭着自己青春期的冲动，把任何事物都看得很美好，一旦遇到问题，往往没有准备，难以承受。另外，在大学里，常常有这样的现象，同学之间相互影响，比如同宿舍的人都有了男（女）朋友了，但是自己没有，于是形成心理落差，情绪不稳定。有的失恋后长时间沉浸在痛苦的情绪中，无法自拔，荒废了学业，整个人萎靡不振，甚至引发抑郁症等严重的心理问题。值得注意的是，严重的情感失落是大学生自杀的重要诱因之一，必须加以重视。

（5）性格与情绪问题。性格障碍是大学生中较为严重的心理障碍，其形成与成长经历有关，原因较为复杂，主要表现为自卑、怯懦、依赖、神经质、偏激、敌对、孤僻、抑郁等。

（6）求职与择业问题，是高年级大学生常见的问题。在跨入社会时，他们往往感到困惑和担忧。如何选择自己的职业，如何规划自己的生涯，求职需要些什么样的技巧等问题，都会或多或少带来困扰和忧虑。

【案例】

小莉一直是一个品学兼优的学生，平时成绩在班级名列前茅，并在班级里担任班长。她对自己也很自信，感觉考上了自己理想的大学将来就业绝对没问题。前一段时间，她听说就业情况非常不好，就在网上看了许多相关信息，感到非常失望，也很有压力。最近一个月来一直情绪低落，感到前途渺茫，觉得自己如果没能有一份理想的好工作很对不起父母。因此，她开始烦躁不安，总觉得紧张，晚上也总是难以入睡，平时上课注意力不能集中，虽然努力控制，但是还是没什么效果。一周前，开始头疼，去医院做了头部的CT，结果一切正常。有同学建议她去做心理咨询，她一口回绝了。她觉得去做心理咨询的人都是心理有疾病的，自己身体很健康，心理也没问题，不需要做心理咨询。

【分析】

心理健康对大学生的学习、生活具有重要的意义。近几年来，我国的就业形势越来越严峻,很多大学生对未来和前途充满困惑。小莉就因为就业压力而导致心理上出现了一些问题。

(7)神经症问题。长期的睡眠困难、焦虑、抑郁、强迫、疑病、恐怖等都是神经症的临床表现症状。

【案例1】

某高职院校大一女生,刚进入大学的校门,对周围的一切都充满新鲜感。她在一次班级的活动中对同班的一位男同学一见钟情,此后,就一直暗恋这位男生,几乎到了魂牵梦绕的地步,但由于女生特有的羞涩,她不敢对这位男生表白,暗恋的痛苦一直缠绕她,上课的时候她总是不自觉地朝那位男同学的方向望去,无法集中注意力学习,期末考试就要到了,仍然什么都没有学到。一方面她很想走出暗恋的误区,集中精力好好复习;另一方面又控制不住自己的情感去想那个男孩。因此,她总是烦躁不安、失眠。为此,这名女生陷入极端的痛苦之中,变得忧郁而沉闷,只能将美好的心愿寄托在梦境中,梦醒时分,便觉得更加迷茫和痛苦。

【分析】

大学生仍处于青春发育期,对爱情有着懵懂的憧憬和渴望。但这种情感如若得不到正确的疏解,久而久之便会演化为心理问题。因此,大学生应正确对待这份懵懂的情感,慎重处理,可以找同学、朋友、老师倾诉或寻求其他解决的办法,不要一直沉迷于此。同时也要注意自己的学生身份,仍要把学习放在第一位,不要荒废了学业。

【案例2】

某大学大三学生刘某,坐在教室里看书时,总担心会有人坐在身后干扰自己,有强烈的不安全感,以至于只能坐在角落或者靠墙而坐,否则无法安心看书。他对同寝室一位同学放收音机的行为非常反感,有时简直难以忍受,尤其是中午睡午觉时总担心会有收音机的声音干扰自己,从而睡不着觉,因而经常休息不好。但又不好意思跟这位同学发生当面冲突,因为他觉得为这样的小事发脾气,可能是自己的不对。

很长时间都不能摆脱这种心理困境,很苦恼,严重影响了自己的日常生活和学习。在即将毕业时,心中一片茫然,担心找不到理想的工作,有时候也懒得去想这个问题,怕增添烦恼。他学习一般,在班上成绩处于中游,当看到其他同学都在准备考研究生,自己也想考,但是又不能集中精力学习。自卑,缺乏自信,生活态度比较消极,认为所有的一切都糟透了。他家在农村,经济状况一般,认为自己有责任挑起家庭的重担,但又觉得力不从心。

【分析】

刘某在日常学习生活中过于敏感,又不会调整自己的心态,导致心理问题的出现。当代大学生应该正视出现的各种心理问题,及时采取适当方式,如心理咨询等,解决心理问题,预防心理疾病、增强心理健康。

二、影响大学生心理健康的因素

总的来说,人的心理世界与外部的客观世界之间时刻保持着十分紧密的联系,自身身心条件和外部客观条件,同时对一个人的心理健康产生极为复杂的影响和作用,人始终处于由自然环境和社会环境共同构成的庞大系统之中,而这一系统对人的心理健康

的影响也十分复杂，要坚持用系统论的观点来看待这一影响。这些影响因素大致可以分成以下几个方面：

1. 个体内在因素

（1）生理因素。影响大学生心理健康的生理因素主要是指个体的身体健康状况，个体有无身体上的缺陷和疾病，以及身高体重等外显的生理指标是否严重偏离平均水平。例如，一些学生身体有残疾较容易产生自卑心理，临床中常见一些青年学生由于长期长青春痘而感觉自卑甚至抑郁；一些学生由于身材较矮或者太高也会备感压力。一方面，身体外貌的状态会对一个人的心理造成直接影响；另一方面，处于大学阶段的青年人，由于自我意识的高涨对自身身体和外貌的重视，也导致了身体因素对大学生心理健康影响显著。

（2）个人的认知、情感和行为因素。个人的认知风格、情绪和情感的状态以及行为习惯都会对个体的心理健康产生影响。①认知风格也称之为认知方式，是指个体在认知过程中所表现出来的习惯化的行为模式。认知风格与智力无相关或相关不显著（Riding & Pearson，1994；Riding & Agrell，1997），大多是自幼所养成的在知觉、记忆、问题解决过程中的态度和表达方式。认知风格是认知过程中的个体差异，具有跨时间的稳定性和跨情境的一致性，并且具有两极性和价值中性等特点。认知风格种类繁多，如场独立型和场依存型、思索型和冲动型、整体型和分析型。例如，场独立型的学生在处理和解决问题时通常习惯于通过自己的努力和思考来达到目标，而场依存型的学生更多地借助于别人的建议和帮助。②每个人的情绪和情感状态不同，有的人情感细腻，有的人情感粗放。③行为习惯包括一个人的生活习惯、行事风格等。这些都会对个体的心理健康产生影响和作用。

（3）个人的气质和性格因素。

①气质因素。气质是表现在心理活动的强度、速度、灵活性与指向性等方面的一种稳定的心理特征。人的气质差异是先天形成的，受神经系统活动过程的特性所制约。孩子刚一出生时，最先表现出来的差异就是气质差异，有的孩子爱哭好动，有的孩子安静平稳。

气质只能给人们的言行涂上某种色彩，但不能决定人的社会价值，也不直接具有社会道德评价的含义。

气质不能决定一个人的成就，任何气质的人只要经过自己的努力，都能在不同的实践领域中取得成就，但也可能成为平庸无为的人。

气质是人的个性心理特征之一。它是指在人的认识、情感、言语、行动中，心理活动发生时力量的强弱、变化的快慢和均衡程度等稳定的动力特征。主要表现在情绪体验的快慢、强弱、表现的隐显以及动作的灵敏或迟钝方面，因而它为人的全部心理活动表现染上了一层浓厚的色彩。

②性格因素。性格是一个人在对现实的稳定的态度和习惯了的行为方式中表现出来的人格特征，它表现一个人的品德，受人的价值观、人生观、世界观的影响。这些具有道德评价含义的人格差异，我们称之为性格差异。性格是在后天社会环境中逐渐形成的，是人格的核心差异。性格有好坏之分，能最直接地反映出一个人的道德风貌。

影响心理健康的内在因素见表1-4。

表 1-4　影响心理健康的内在因素

	积极因素	消极因素
生理方面	运动 饮食 健康 足月出生 营养良好 定期锻炼 生活规律	注意力缺陷 慢性失眠 慢性疼痛 早产 出生体重偏低 身体疾病 脑神经问题 营养不良 年老体弱
心理方面	有安全感 自尊 情商高 自主 抗逆力强 适应能力强 冲突管理良好 压力适度	情绪控制欠佳 个性偏颇 工作技能欠佳 社交及沟通障碍 自我期望过高 适应能力差 过于内向
行为方面	解决问题能力强 压力应对 压力管理 正向社会行为 生活技能丰富 生活规律	药物滥用 遭遇压力事件 长期失眠 冲动

2. 外在环境因素

(1)家庭环境因素。

①父母亲的心理状态。作为个体生命中的重要他人,父母亲各自的心理状态,包括父母亲的认知、情感和行为等方面的表现,以及父母亲的脾气、性格、人生观、价值观等,对个体心理的发育和健康有着极其重要的影响。

②家庭结构。家庭结构包括家庭成员的结构、家庭成员之间的互动交流模式、家庭能够为个体提供的情感支撑等方面。独生子女家庭、单亲家庭、祖孙同堂等不同的家庭结构,对个体的心理健康会有不同的影响;子女与父母亲之间能否存在有效的、健康的交流模式,对个体的心理健康也具有十分显著的影响;而来自家庭的情感支撑,是维护大学生心理健康的重要保证。纪藕香(2009)的研究表明,婚姻是家庭中的主要关系。本文在对父母关系与儿童青少年心理健康关系的分析中得到启发,将父母之间的不良婚姻关系对青少年的心理健康的影响归结为两点:一是不健康的父母关系会造成孩子的不良人格特征。父母关系好的青少年与父母关系说不清楚的青少年相比,在人格特征上有更多的优越性。二是婚姻关系影响着父母与子女之间的相互作用。婚姻失谐、家庭不和,父母处于心理重压之下,苦闷不安,势必影响亲子关系的质量。

③家庭的经济情况和社会地位。大学生的家庭的经济状况、生活背景，来自农村或者城市等内容，都会间接影响大学生的心理状态。

④父母亲的教养方式。所谓教养方式是指父母在抚养、教育子女的活动中使用的方法和形式，是父母各种教养行为的特征概括，是一种具有相对稳定性的行为风格。

美国心理学家戴安娜·鲍姆林德提出了家庭教养方式的两个维度，即要求性和反应性。要求性指的是家长是否对孩子的行为建立适当的标准，并坚持要求孩子去达到这些标准。反应性指的是对孩子和蔼接受的程度及对孩子需求的敏感程度。根据这两个维度，可以把教养方式分为权威型、专制型、溺爱型和忽视型四种。大量研究表明，父母的教养方式与大学生心理健康具有十分紧密的关系。

国内对父母教养方式的分类也各不相同，最常见的是将父母的教养方式分为放纵型、溺爱型、专制型和民主型。实证研究方面，Parker研究表明了父母的强迫行为、过分控制与青少年心理健康水平较低之间是相关的。Steinberg在对最近12年来青少年与他们父母的研究中使用了不同的方法，已经取得了一些结论，如权威型父母教养方式与青少年大范围内的心理与社会优势有关，正如在童年早期及中期一样。王春莉等对父母教养方式与高中生抑郁情绪做了相关研究分析，得出结论：父母教养方式对子女的焦虑、抑郁情绪有显著影响。

（2）学校环境因素。近年来，大量的心理学研究表明，学校环境对青少年心理健康的影响十分显著，如雷榕等人（2011年）研究学校环境与青少年心理健康之间的关系，发现师生关系的冲突性维度可以预测青少年的心理问题，也就是学生与老师之间的关系是否和谐，是否存在显著的冲突，对青少年的心理健康状况具有十分重要的影响。此外，来自学业以及就业的压力与大学生心理健康的关系也十分密切。

（3）社会环境因素。所谓社会环境，就是指我们所处的社会政治环境、经济环境、法制环境、科技环境、文化环境等宏观因素。社会环境对我们的心理状态乃至人生发展都有重大影响。狭义的社会环境，仅指人类生活的直接环境，如家庭、劳动组织、学习条件和其他集体性社团等。社会环境对人的形成和发展进化起着重要作用，同时，人类活动给予社会环境以深刻的影响，而人类本身在适应和改造社会环境的过程中也在不断地变化。影响心理健康的外在环境因素见表1-5。

表1-5　影响心理健康的外在环境因素

	积极因素	消极因素
家庭环境因素	父母与儿女沟通良好 夫妻关系融洽 来自家人的支持 被重视 被肯定 被尊重 邻里关系好	遭受虐待 被忽视 照顾慢性病患者 家庭暴力 家庭冲突 父母分居或离异 父母有精神疾病 父母滥用药物或酒精 经历丧亲之痛 父母过度保护 兄弟姐妹不和

（续表）

	积极因素	消极因素
学校环境因素	校风良好 校园文化积极 师生沟通良好 同学和朋友的支持	学业失败 同伴欺凌 同伴冲突 恶性竞争 学业压力过大 孤单寂寞没有朋友 学校环境不良
社会环境因素	积极的人际交往 社会参与 志愿者活动 社会支持网络 社会融合 宽容大度 教育与医疗有保障 社会服务完善	低社会阶层 竞争激烈 缺乏教育、住房、医疗条件 贫穷 被歧视 城市化 暴力与犯罪 战争 失业率高 经济状况差 社会治安不佳

3. 早期经验以及个人重大成长经历

影响一个人心理健康的因素除了自身条件和环境条件之外，更直接地是两者的交互作用对人的心理状态的影响，这主要体现为一个人的早期经验以及个人重大成长经历对个人心理健康的重要影响。心理学中精神分析学派的研究不断支持这一论断。

早期经验主要指的是一个人出生以后到三岁左右之前与主要养育者之间的发生的关系和互动，强调的是婴儿在与主要养育者的互动中形成的感受和体验。一个粗心大意的母亲，不能及时察觉婴儿的需求，婴儿会反复体验消极、负面的情绪，长期以来，会将此种情绪内化为一种潜意识的体验，并导致成年后有可能产生心理疾病的症状。重大成长经历包括被遗弃，重要亲人的丧失，以及其他可能造成重大心理创伤的情况。

必须强调的是，影响大学生心理健康的以上因素，并不是平行地对大学生心理健康产生影响，而是不同程度地产生影响。从里到外来说，影响大学生心理健康的最直接因素是大学生自身的生理和心理状态，其次是家庭因素，再次是学校因素，最外层是社会因素。这类似一个球形的系统，越是外围的因素对心理健康的影响越是间接的，是经过内层因素处理和过滤之后发挥作用的。

三、大学生心理发展的特点

1. 心理发展具有阶段性

大学生在校期间的学习、生活可以分为入学适应、稳定发展和就业准备三个阶段，不同阶段的心理状况有所不同。入学适应是迈进大学校门的新生都要经历的第一难关,时间长短因人而异,一般为一个学期左右。处在这一阶段的大学生,面临着从中学生活到大学生活的急剧变化,如环境、角色、人际关系、生活方式和学习方法等方面的变化。这些变化,使大学生原有的心理平衡被打破,内心交织着自信与自卑、轻松与压力。只有积极适应,才能顺利度过这一阶段;否则,就会影响到整个大学时期的学习与生活。如果经过一个学年还不能适应大学生活,说明心理适应能力方面可能有了问题。经过一段时间的调整适应后,大学生进入稳定发展阶段,这是大学生活最主要、最长久的时期,基本持续到大学毕业前夕。这一时期大学生心理发展的特点是专业学习兴趣浓厚、求知欲强烈、兴趣广泛、思维活跃,对自我认识进一步深入,人际交往增多,一些大学生可能还建立了较稳定的恋爱关系。在这一阶段中,大学生也会遇到许多困难和问题,或者出现某种程度的心理障碍,并在面对、解决这些问题或障碍的过程中不断发展和完善自我。大学生活即将结束时(主要是大四),大学生进入了就业准备阶段,这是大学生从学生生活向职业生活的过渡时期。毕业在即的大学生大多面临着毕业设计、论文答辩、求职择业、恋人去向等诸多抉择和思考,因此心理压力和冲突将会不断出现。其中绝大多数同学经过几年的专业学习和心理发展,已具备较为稳定的人生观、丰富的知识、良好的心理自我调控能力,但也有少数学生因在学业或求职中遇到挫折,会产生种种心理问题,或悲观失望,无所适从,或做出毁坏公物、打架斗殴的不当行为。

2. 需要复杂,情感丰富而不稳定

需要是情绪与情感产生的基础,大学生的心理需要复杂多样。既有衣、食、住行等基本生活的需要,又有迫切的交往需要和成就需要,渴望理解和尊重,寻求友谊和爱情。他们还有自我实现和求真、求善、求美的高层次需要。复杂强烈的需要导致大学生的情绪与情感体验丰富而深刻,这使得他们不论在日常生活、学习、交往中,还是从事社会活动时,无不带有浓厚的感情色彩。大学生自我情感体验方面十分丰富,注重独立、自尊和自信;有强烈的民族自尊心和自豪感,有“天下兴亡、匹夫有责”的社会责任感。大学生大多疾恶如仇、善恶分明、正义感强等。但是,由于大学生生理、心理和在社会性上的不平衡,使得他们的情绪和情感具有不稳定因素,突出表现为情绪与情感的波动性特点,即常在两极之间动荡、起伏;时而平静、时而活跃,时而积极、时而消极,时而肯定、时而否定,时而内隐、时而外显。此外,大学生精力充沛、血气方刚,具有勇往直前的气魄。但又有盲目蛮干倾向,尤其是在感受到挑衅和敌意时,容易情绪失控,呈现出冲动性特点。

3. 智力发展存有内在矛盾

智力是多种基本能力的综合,包括观察力、记忆力、注意力、思维力、想象力、创造力等,它的核心是逻辑思维能力。人的智力水平从出生后开始迅速发展,20~35岁时达到顶峰水平。大学生经过十几年的学习训练,到大学阶段,各项智力因素均达到相当高的水平。他们记忆力强、观察敏锐、思维活跃、反应敏捷,表现出强烈的求知探索、开拓创新的倾向。尤为可贵的是,随着知识的拓展、经验的积累和思维能力的提高,大学生不再满足于停留在事物的表层或定论上。而由于知识、经验的局限和认识方式的不足,大学生在分析问题时往往容易钻牛角尖,过于主观片面,得出与事实相去甚远的结论。这是大学生心理与社会性发展尚不成熟的表现之一。

4. 自我意识趋于成熟与完善

自我意识是人对自身及自身与周围世界关系的认识。人的自我意识从儿童期开始发展，到青年期逐步走向成熟。大学生由于生活环境的变化，脱离父母的呵护，开始了独立生活，因而成人感、独立感骤然增强，自我意识进一步发展。他们更多地把目光从外部世界转向自己的内心世界，致力于自我认识、自我体验、自我评价、自我监督和自我约束。他们加强自省、注重对内心的分析和体验，力图了解自己的情感和心理，关心别人对自己的评价，渴望得到尊重和理解。他们十分注重塑造自身形象，并设计出理想中的自我模式，这个时候现实自我与理想自我开始产生区别。大学生的自我意识发展虽正逐步走向成熟与完善，但也容易出现一些偏差，如有时尚不能正确认识自己，往往过高估计，一旦遭遇挫折，又容易产生自卑感。这表明大学生自我意识还没有完善与统一。

5. 爱情需要与性意识进一步发展

随着大学生性生理、性心理的发展，爱情需要与性意识也快速发展起来。他们对异性充满好奇，关注异性。他们追求纯洁美好的爱情，加上大学环境较为宽松，不少学生已开始考虑恋爱问题，并试图建立相对稳定的恋爱关系。据《中国经济生活大调查(2017—2018)》针对18～25岁的在校学生进行了关于“90后”大学生爱情观的专项调查，他们大多数都是“90后”，有些结果还是有些出乎意料。“90后”大学生最看重另一半的温柔、体贴、有家庭观念，在择偶的考虑要素中，他们眼中排在第一位的是温柔、体贴、有家庭观念，超越了颜值、才华，甚至家庭和经济条件。

不少大学生都能合理选择恋爱时机，处理好学业与爱情的关系，并采取文明健康的恋爱方式，使之成为人格完善的契机和美好人生的华章。但也有部分大学生在尚不了解爱情真谛时就匆忙涉足爱河、陷入感情漩涡，影响学业，或者不能慎重处理两性关系，酿成悔恨的苦酒。

总之，当代大学生的心理发展正处在迅速走向成熟而又未真正完全成熟的阶段。这些成熟的方面表现出积极的特点，未成熟的方面则表现出消极的特点，因而往往容易引起各种心理冲突与矛盾。

四、大学生心理健康教育的途径和方法

1. 心理健康的基本原则

(1)客观性原则。客观现实是健康心理教育的源泉，大学生健康心理的培养必须从大学生生活的校园环境、社会背景以及相互之间的关系出发，结合大学生的实际，才行之有效。

(2)发展的原则。一切事物都有产生、增长、变化和进步的过程。大学生在校期间，从带有中学生特点的青年中期到接近成年人的青年后期，是一个发展成长的过程，他们的生理、心理都在迅速地发展，所以必须以发展的原则，分层次、分对象、分特点的进行心理健康教育。

(3)理论联系实际的原则。理论联系实际是每一门学科都应该遵循的原则。健康心理学是一门应用性很强的学科，也是一门年轻的学科，需要在理论上深入探索，不断

总结实践经验，来充实理论、丰富实践的内涵，进一步完善健康心理学这门学科。

（4）系统性原则。心理健康教育是一个系统性工程，从教育的内容、教育的方法、教育的手段等角度来看，各部分都不是孤立的，单靠课堂讲授或心理咨询是远远不够的，要多层次、多形式、多内容地开展心理健康教育。

（5）教育性原则。心理健康主要是为高等学校人才培养服务，为我国的科学技术培养合格的、身心健康的人才。

2. 增进心理健康的途径和方法

（1）实践法。

①通过开设心理健康教育课程和相关课程，以课堂讲授为主，对学生系统地讲授心理健康知识，如“大学生心理卫生学”“大学生心理学”“社会心理学”等课程；定期举办心理健康讲座，有针对性地宣传心理健康知识，如“新生心理适应”“考试心理”“如何走上社会——毕业生心理”等；开设心理训练实践课程，以训练学生心理行为为主，如“大学生行为指导”课程，这些都深受同学们的喜欢。

②通过学校的传媒手段普及心理健康知识。可利用大学生黑板报、校内交流刊物、广播、网络等，宣传心理学知识，造成声势，扩大影响。

③发动学生自我教育、自我保健。成立大学生心理健康教育自助性组织，积极开展丰富多彩的心理健康教育活动，如心理健康教育周，大型心理咨询活动，组织各类宣传活动，校园情景剧大赛，以及开展同龄人帮助，如朋辈心理咨询。

④做好积极的心理干预，建立三级保健网络，即班级（学生保健员）—系级（班主任）—校级（心理中心）之间的联系，定期培训学生心理保健员和班主任，普及心理保健知识，以积极的预防保健为主。

（2）调查法。

①开展新生心理普查，建立新生心理档案，掌握新生心理健康状况，为高校人才培养、德育工作提供依据。特殊的学生要给予跟踪关怀。

②专题调查，如“大学生心理健康现状调查”“贫困生心理状况调查”“大学生睡眠状况调查”“优秀大学生心理健康调查”等，为心理健康教育提供依据。

（3）访谈法。

①做好心理咨询。在帮助学生自我调节的同时，心理压力大的学生可以通过心理咨询的专业帮助，经过交谈、协商、指导、领悟，帮助学生达到自助的目的，走向健康。心理咨询可以采用个别咨询、团体咨询的方法，必要的可进行心理治疗。

【案例】

我是一名大二学生，就读计算机专业。该专业是父母所选，我不喜欢，因此上大学后很少认真上课。后来迷上网络，常通宵上网，成绩每况愈下。辅导员和父母多次找我谈话，叫我珍惜学习时光。道理我都懂，但我管不了自己，不知现在该怎么办？辅导员建议我去心理咨询中心，我半信半疑地去找了心理老师。这位老师没有批评我，而是对我的境遇表示了同情。我向她倾诉了自己的痛苦。老师和我一起分析了我沉溺于网络的原因：一是对专业不感兴趣，在学习中找不到成就感，于是借网络获得了虚幻的满足感；二是看不到改变的可能和对未来的希望，对自己失去了信心，从而更加郁闷，更加迷恋网络，形成恶性循环。通过咨询，我对自己有了更客观的认识，可是怎样改变自己？咨询老师说，要一下子改变自己很困难，首先要接受一个面临很多问题的自己，给自己一个转变的时间和过程。她提醒我不妨先学好目前的专业，将来至少也能在社会上立足，否则连生存都很困难，根本谈不上追求理想。老师还和我一起讨论和制定了一个我认为可行的学习目标和计划，如果学习计划得到落实，作为奖励我可以上网，但必须有时间限制，而且还要就计划完成情况、情绪状况、上网情况与咨询老师定期联系。刚开始的几天我信心十足，学习计划也能基本完成，但时间长了，我又出现了反复的情况。后来心理老师建议我找一位值得信赖的同学经常提醒和监督我，待自己情况好转后再单独行动。慢慢地我发现自己有了转变，每周能固定时间学习了，成绩也不再滑坡，人也变得精神了。我对自己开始有了信心。最重要的是，我从人生的低谷中彻底走了出来。我想，在今后的人生旅途中，我不会再重蹈覆辙。我知道：遇到困难时，消沉、麻痹只会让自己越陷越深，难以自拔，唯有正视现实，接受自己，树立信心，循序渐进，才有希望的曙光。

【分析】

近年来高校中主动寻求心理咨询帮助的学生越来越多，案例中的学生，在遇到问题的时候采取了积极的方法去面对，使自己的问题得以解决，走出了心理困境。

②对新生，在进行心理普查的基础上，约请有关同学了解进校后情况以及周围同学情况，以便给予及时帮助。

③走访年级导师、班主任，针对学生普遍存在的问题，采用开放式的问答方式，开展小型心理健康讲座，帮助学生共同成长。

心理健康教育的途径和方法有很多，要在实践的基础上不断地总结，不断地完善，不断地提高。

五、加强大学生心理健康教育的意义

1. 心理健康对生理健康有重要的影响

《黄帝内经》中就指出“怒伤肝”“喜伤心”“思伤脾”“忧伤肺”“恐伤肾”。现代生理学研究已证明，积极的心理对生理健康具有促进作用。良好的心理状态，能够促进我们生理机能的改善，提高我们对疾病的抵抗力，更重要的是，它能使人们在一种良好的、旺盛的状态下工作、学习和生活，会使我们的生理状态显示出向上的活力，如果能长期保持这种状态，无疑是有益于我们的身体健康的。相反，如果一个人心理长期处于不健康状态，则必然导致生理异常，或发生病变。

2. 心理健康是大学生全面发展的基本要求

一个人心理健康状态直接影响和制约着全面发展的实现。心理健康是良好心理素质的基本要求。心理健康教育的目的是提高大学生的心理素质，培养他们积极乐观的人生态度、百折不挠的意志，提高他们适应社会竞争环境的能力，塑造奋发有为的个性心理品质，促进其心理素质与思想道德素质、文化素质、专业素质和身体素质的协调与全面发展。

3. 心理健康是大学生成才的重要保证

健康的心理是大学生正常学习、交往、生活、发展的重要保证。大学生处于青年期，

青年期是个体走向独立和成熟的关键时期，也是身心发展急剧变化的时期，在人的一生发展中也是关键期。他们开始探寻人生的真谛，对未来充满着憧憬。他们开始尝试、扮演各种社会角色，如家庭角色、学生角色、青年角色、性别角色和职业角色。他们开始扩大自己的社会交往，增强对自己、他人和社会的理解。他们开始形成自己的一整套价值体系和新的认识事物的思维方式。青年期也是人生的危机期，这一时期的情绪骚动、内心冲突等“动荡不安”的特点显著，因而大学生身上较普遍存在着不同程度的各种心理障碍，如焦虑、烦恼、自卑、孤独、忧郁、嫉妒等。这些障碍对于大学生的成才及适应社会是十分不利的。因此，在大学期间，要帮助大学生了解自身的心理特点，促使其自我意识的发展和完善，并提高心理免疫能力，帮助他们走向成熟与独立。

习　题

(1)心理的实质是什么？
(2)人的心理活动过程是怎样的？
(3)健康的定义是什么？心理健康的定义和标准是什么？
(4)加强大学生心理健康的方法有哪些？
(5)加强大学生心理健康教育的意义是什么？

第二章

大学生的自我意识

案例导读

【案例1】

某大学女生，学习成绩在班上第一名，却自卑，看不起自己。在大众场合不敢发言，跟别人交流时总不能恰当地表达自己，尤其是跟老师或陌生人谈话，总觉得十分局促，举手投足不知如何是好，并且脸红得很厉害。很羡慕别的同学在公共场合能够从容不迫，侃侃而谈。强烈希望改变自己，虽然做过很大的努力，但一直得不到明显改观，内心非常苦恼。从高中到大学很少与异性同学交往，别人评价她是个冷漠、孤傲的人。从小养成了以自我为中心的习惯，因此，在成长和交往的过程中，朋友越来越少，慢慢地脱离了群体，把自己封闭起来。后来开始反省自己，自责，觉得都是自己的错。时间一长，发现自己好像已经没有脾气了。不管跟谁发生矛盾，都以为是自己的错，然后深深自责，或者把怨气都闷在心里。总觉得难以与周围的同学建立一种和谐的关系。非常担心毕业后不能适应社会生活。近来更是觉得自己一无是处，极度自卑，没有勇气参加任何活动。

【案例2】

男生小常，来自偏远山区，从小天赋优秀，终于考入某名牌大学。到了学校，与来自全国各地的同学在一起，突然产生强烈的自卑感。他不太会使用计算机，不懂足球和网络游戏，英语发音不纯正。更可怕的是，第一学年自己放弃了很多课外活动，非常认真地学习，可是成绩平平，连奖学金也拿不到……

【案例3】

小英，是一名大二学生，父母均为农民，家境贫困。一直以来，由于家庭贫困，常担心因缴不起学费而辍学。觉得自己学习成绩不太好，没什么优点，不讨别人喜欢。总不相信别人，不愿理会别人，对人冷漠、缺乏热情。多次想退学。几天来，连续几天晚上做相同的噩梦，梦见父亲去世了，从梦中哭醒，连续几天都很伤心，情绪很低落，无法学习。

这些大学生遇到的问题，都说明如何正确看待自我、评价自我对大学生个体发展有着重要的意义。

第一节 自我意识概述

《斯芬克斯之谜》中有这样一个传说，众神居住的地方叫做奥林匹斯山，众神的主神是宙斯，奥林匹斯山上有一块石碑，碑上刻着一句箴言。宙斯想把这句箴言告诉给人类，于是，他派了斯芬克斯来到人间。斯芬克斯把这句箴言化作了一道谜语让人们猜。斯芬克斯来到古希腊著名的城堡拜森克，守候在城堡唯一的井口旁，要求每一位前来打水的人猜这句谜语，凡是没猜中的，斯芬克斯马上把他吃掉。这句谜语给当时拜森克城民带来了前所未有的灾难。谜语：什么东西早上四条腿走路，中午两条腿走路，晚上三条腿走路？谜底：人。箴言：认识你自己。

古希腊德尔菲城那座神庙里唯一的石碑上刻着这样一句铭文："认识你自己"。这句碑铭表达了人类与生俱来的内在要求。这也是古希腊哲学家苏格拉底穷其一生探索的生命命题。宁静的夜晚，仰望深邃的星空，我们经常会扪心自问："我是谁？""在社会中我究竟处于一个什么位置？""我有什么目标？""我如何才能成为理想中的那类人？"等。我们可以将这些自我拷问看做自我意识。自我意识是个体意识发展的高级阶段，是一个人心理成熟和心理健康的重要标志。

大学生自我意识的发展状况，是大学生心理健康的基础，在大学生人格形成和人格结构中占有极其重要的地位。大学生只有比较客观准确地认识自我和了解自我，并对自己持一种接受和开放的态度才有可能发掘出自己的潜能，幸福快乐地生活，才有可能保持心理健康，顺利成长。

一、自我意识的概念

1. 自我意识的概念

自我亦称自我意识或自我概念，是指一个人对自己所持有的观点和看法，是个体对自己存在状态的认知，是个体对其社会角色进行自我评价的结果。在我们的经验中，觉察到自己的一切而区别于周围其他的物与其他的人，这就是自我，就是自我意识。这里所说自己的一切指我们的躯体、我们的生理与心理活动。

自我意识包括三个层次：自我的生理状况（如身高、身材、形态等）、心理特征（如能力、性格、气质、兴趣等）、人际关系（如人己关系、群己关系等）。简言之，自我意识就是指个体对自己及自己与周围环境关系的认识，包括对自己存在的认识，以及对个体身体、心理、社会特征等方面的认识。这种认识是一个多层次、多维度的心理系统，是通过观察、分析外部活动及情境、社会比较等途径获得的。

1890年美国心理学家詹姆斯（William James，1842—1910）在其著作《心理学原理》一书中首次提出"自我"的概念。他把自我区分为主体自我（I）和客体自我（me）。主体自我是指个体的纯粹经验，而客体自我是指经验的内容。客体自我分为三个层次：①物质自我，指个人的身体及其属性；②社会自我，即他人所看到的我；③精神自我，由个人

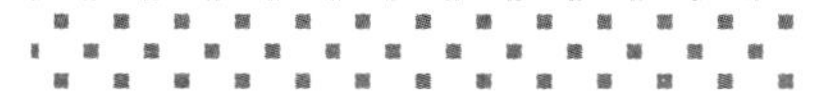

目标、抱负和信念等组成。其中物质自我是基础，社会自我高于物质自我，精神自我处于最高层。

2. 自我意识的社会性

自我意识的形成与发展过程，就是个性社会化的过程。一个人刚出生的时候，只是一个生物体，一个自然人，这个小生命有极大的依赖性，必须得到成人的照顾才能长大成人，产生人的意识。如果个体在生长过程中没有处在人类社会生活中，而在其他动物环境中生活，即使在生理上发展得像一个人的模样，但却未被社会化，就不会具有人的意识。人只有处于人的社会环境中才能成长为“人”，在成长的过程中逐渐产生对周围世界的认识。与此同时，也产生了对自己的认识，即形成自我意识。所以说，一个人通过社会化就形成了“自我”，认识到自己是什么人，有什么特点，自己在与他人的关系中处于什么样的地位和作用等。

3. 自我意识的形象性

自我意识，是从周围人们的期待与评价自己的过程中由主观体验而发展起来的，自己觉察到对方态度与言语中所包含的内容，于是就丰富了自我意识的内容并发生分化，从人们对自己情感与评价的意识发展为自我态度。柯里(1902)把自我意识这一侧面称为“自我形象”。所谓“自我形象”，就是自己了解自己的一切，自己对自己的认识，就像自己站在镜子面前看到自己的一切一样。这面镜子就是社会上其他人对自己的认识和评价。柯里指出：“人与人之间相互可以作为镜子，都能照出他面前的人的形象。”柯里认为，自我意识的形象包括三个因素：①关于被他人看到自己的姿态的自我觉察。②关于他人对自己所作的评价与判断的自我想象。③关于对自己怀有的某种感情——自尊或自卑。

4. 自我意识是主客观的统一

(1)自我意识的客观性。一个人的自我意识如自尊心等，绝不是在封闭着的自我意识中自然而然地形成的，而是在与周围各种各样的人们的接触中，注意他们对自己的态度，想象他们对自己的评价，以此为素材，把它作为一个客观标准而内化到自己的心理结构之中，在这个基础上形成的。也就是说，个体对自己的形象和自己感情的体会是依存于个体和他人的接触，想象他人对自己的判断和评价而形成的。自我意识是社会评价的反映，是社会价值观的反映。

(2)自我意识的主观性。随着年龄的增长，个体在与周围人们尤其是与那些重要人物的交往中，逐渐把他人的判断内化为自己的判断，于是个体就按照自己所想象的他人观点来看待自己。随着时间的推移，个体自我意识的自我态度也慢慢地脱离了他人的评价，成为自律的东西而发挥作用。所以自我意识到了自律阶段就会变得“我行我素”，发挥出主动性和独立性。

总之，自我意识既是客观的，也是主观的，它是主客观的统一。

二、自我意识的结构

一个人的自我意识是多维度多层次的复杂系统，它的形式、内容和组成具有多样性。

(1)从内容上分,自我意识大致包括如下三个方面:生理自我、社会自我、心理自我。

①生理自我。生理自我是个体对自己的身体和生理状况等的意识。

②社会自我。社会自我是个体对自己在社会关系和人际关系中的角色、地位、作用、权利和义务等的意识。

③心理自我。心理自我是个体对自己的心理和行为特征的意识,如对气质、性格、能力、兴趣、态度、理想、心理状态和行为表现等的意识。

(2)从形式上分,自我意识表现为认知的、情感的和意志的(知、情、意)三种形式,分别称为自我认知、自我体验和自我调节。

①自我认知。自我认知是自我意识的认知成分。它是自我意识的首要成分,也是自我调节控制的心理基础,它又包括自我感觉、自我观察、自我概念、自我分析和自我评价。自我分析是在自我观察的基础上对自身状况的反思。自我评价是对自己能力、品德、行为等方面社会价值的评估,它最能代表一个人自我认知的水平。

②自我体验。自我体验是主观自我对客观自我产生的情绪体验,属于自我意识的情感部分,是在自我认知基础上产生的,伴随着自我认识产生的内在感受,反映为对自己的满意状况。主要涉及"我是否接受自己""我是否对自己感到满意""我是否悦纳自己"等问题,主要是一种自我的感受,以自尊、自信、自卑、自怜、内疚、自责、自豪感、成就感等表现出来。

③自我调节。自我调节又称自我控制,是对自身行为、思想和言语的调节、控制,属于自我意识的意志成分。它是指一个人不受外界因素的干扰,能自觉调节自己的情感冲动和行为。它监督、调节人的行为活动,调节、控制对自己以及对他人的态度。主要涉及"我如何控制和指导自己的行为""我如何改变自己""我如何成为理想中的自己"等问题,它包括自主、自立、自我监督、自我控制和自我教育等。自我调节是自我意识中直接作用于个体行为的环节,它是一个人自我教育、自我发展的重要机制,自我调节的实现是自我意识的能动性质的表现。

自我意识的结构见表2-1。

表2-1 自我意识结构

结构 内容	自我认识	自我体验	自我控制
生理自我	对自己身体、外貌、仪表、年龄、所有物等的认识	是否英俊、漂亮、有吸引力、迷人、自我悦纳	追求身体的外表、物质欲望的满足,维持家庭利益等
心理自我	对自己的智力、性格、气质、兴趣、能力、记忆、思维等特点的认识	是否有能力、聪明、优雅、敏感、迟钝、感情丰富、细腻	追求信仰和理想,注意行为符合社会规范,要求智慧与能力的发展
社会自我	对自己在集体中的名望、地位、角色、责任、经济条件等方面的认识	是否自尊、自爱、自信、自豪、自卑、自恋、自怜	追求名誉地位,与他人竞争,争取得到他人的好感等

(3)从自我观念上分,自我意识可分为现实自我、投射自我和理想自我。

①现实自我是个体从自己的立场出发,对自身目前的真实状况的认知,是个体对自己的现实观感,即"真实的我是什么样的"。

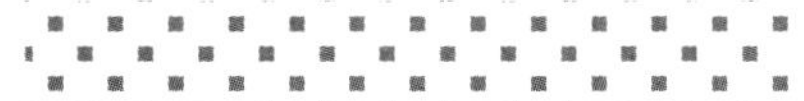

②投射自我是个体想象中他人对自己的看法，是由想象他人对自己的评价而产生的自我观感，即“别人认为我是什么样的”。投射我和现实我的差距过大，个体会感到自己不被别人所理解；理想我和现实我的差距过大，个体会丧失追求自我完善的勇气。这三种类型自我之间的距离和冲突是导致某些心理问题产生的原因。

③理想自我是个体想要达到的完善的自我形象，是个体追求的目标。理想自我指向未来，虽非现实，但对个人的心理和行为的影响很大。一个人理想自我能否实现与现实自我和投射自我的客观准确性密切相关，能正确认识现实自我，并以自我的现实基础和条件为基石设计理想自我，其理想自我实现的可能性将大大提升。

三、自我意识的产生和发展

人的自我意识是在社会交往中，随着语言和思维的发展而发展的。它始于婴幼儿时期，萌芽于少年儿童时期，形成于青春期，发展于青春期，完善于成年期，而青少年阶段是自我意识发展的最重要时期。

自我意识发展的三个阶段：

1. 生理自我

生理自我就是对自己生理属性的意识，是自我意识最原始的形态。它使一个人把自我与非自我区分开来。

人初生时，处于主客体未分化的状态，例如不能区分自己的手指和母亲的乳头、自己的手臂和玩具等。至七八个月，婴儿开始产生自我意识的萌芽，即能意识到自己的身体和外部世界的边界，听到别人叫自己的名字，会知道是在叫自己。至2岁左右，儿童掌握了人称代词“我”，会用“我”来表达自己的意愿，这是自我意识产生的重要标志。

至3岁左右，儿童开始出现羞耻感、占有心和独立意愿，自我意识有了新的发展。这是自我意识发展的第一个飞跃期。但这一时期的幼儿是以自己的身体为中心，并以自己的想法和情绪来认识、投射外部世界的，即他们能够分清“我”与“非我”，却分不清我与物之间的关系，因此客观认识带有强烈的主观性，被认为是生理自我时期，也叫自我中心时期。

2. 社会自我

社会自我是指个人对自己社会属性的认识，包括个人对自己在各种社会关系中角色、地位、权利、义务等的意识。个人在与他人的交往过程中，参加各种社会团体，并在其中扮演各种社会角色，逐渐产生了社会自我。儿童在3岁以后，自我意识发展进入到社会自我阶段，他们从轻信成人的评价逐渐过渡到自我独立评价。

从3岁到青春期是个体接受社会文化、学习社会角色的重要时期。儿童在家庭、幼儿园和学校，通过游戏、学习和生产劳动等方式，逐步掌握了社会规范，形成了各种角色观念，并能有意识地调控自己的心理和行为。在这一时期，儿童通过练习、模仿和认同作用，学会了性别角色、家庭角色和同伴角色等各种角色。虽然这一时期青少年开始积极关注自己的内部世界，能够初步意识到自己的兴趣爱好和气质性格等，并具有一定的自主性和自信心等，但是他们主要是根据他人的观点去认识世界，并根据他人对自己的评价来评价自我，因此被认为是社会自我发展阶段，也叫客观化时期。

3. 心理自我

心理自我是从青春期开始形成和发展的。这时，青少年开始形成自觉地按照一定的行动目标和社会准则来评价自己的心理品质和能力。他们的自我评价越来越客观、公正和全面，且具有社会道德性，并在此基础上形成自我理想，追求最有意义和最有价值的目标。

从青春期到成年的大约10年，是个体的自我意识迅速发展并趋向成熟的关键期。这一时期个体性的成熟和逻辑思维的快速发展等，促使自我意识有了质的变化。由于面临"自我同一性"的危机，即理想我和现实我之间出现了分化和矛盾，促使他们去解决矛盾、追求自我意识的统一。总的来说，这一时期，个体的自我意识发展呈现出如下特点：①个体能从自己的观点出发来认识事物，而不是人云亦云，思想和行为带有浓厚的个人主观色彩；②个体能根据自己所认识的人的特点，如气质性格和身体特征等，强调相应事物的重要性，从而形成自己特有的价值体系；③个体能追求理想目标，出现了理想我；④个体的抽象思维能力大大提高，使自我意识能超越具体的情境，进入精神领域，从而表现出对哲学、伦理学和文学等探讨人生问题的学科的兴趣。

四、自我意识的作用

1. 自尊心与自信心对个人行为的影响

自尊心与自信心中的两个重要成分，其对个人行为有重要的影响。

(1)自尊心的作用。自尊心是自我意识的一个重要成分。自尊心就是尊重自己的人格，尊重自己的荣誉，不向别人卑躬屈膝，不容别人歧视侮辱，维护自我尊严的自我情感体验。所以自尊心也称为自爱心。一个人如果缺乏自尊心，则任何批评与表扬都起不了作用。与自尊心密切相关的是羞耻心。羞耻心总是和上进心、荣誉感联系在一起。羞耻心，就是指由于发现自己在认识上、行为上的不足、缺点和错误而感受到羞愧，受到别人侮辱而感到愤懑。"羞耻之心人皆有之"，羞耻心是产生自尊心的基础，没有羞耻心的人，亦无所谓的自尊心。羞耻心对人的进步与成长有很大关系，一个人如果有了缺点与错误，不以为耻，反以为荣，那么他就无法进步。有自尊心与羞耻心的人，总是有争先进、争上游，不达目的不罢休的好胜心，他们不甘心落后，自觉而主动地遵守纪律，做好本职工作，抓好自身学习，创造性地完成任务。所以说，自尊心与羞耻心是推动人们不断上进的一种动力，是自我意识中重要的可贵品质。

(2)自信心的作用。自信心，是对自己力量的充分估计，它也是自我意识的重要成分。居里夫人有句名言："我们应该有恒心，尤其要有自信心。"自信心是人们成长与成才过程中不可缺少的一种重要的心理品质。一个人如果很自卑，看不到自己的力量，总是认为自己不行，做不好工作，搞不好学习，久而久之会形成一种固定的心理定势，这将会给工作与学习带来消极的影响。苏联教育家苏霍姆林斯基曾说过："不能容许学校里总有一批学生，他们感到自己没有学好，认为自己干什么都不行。"他认为，对学习困难的学生，教师必须使他建立自信心。

2. 自我意识对态度转变具有推动或阻碍的作用

自我意识对个人态度的转变有一定的影响。人们的态度不是一成不变的，它随着客观要求的变化而发生变化。一个人态度是否发生变化，因素十分复杂。其中，自我意识对态度变化起着重要的推动或阻碍作用。

3. 自我意识具有自我控制的能力

个人的自我意识具有自我控制的功能，能控制自己的行为与态度。当客观上要求人们改变其原有的态度时，人们往往不愿意去改变。而不改变其原先的态度又会受到社会舆论的压力，使自己有失“面子”。为此，自我意识会要求自己服从或顺从社会舆论，声称或表现自己的态度已经转变，其实依然“故我”。自我意识的自我控制现象，在生活中比较普遍。

五、形成正确的自我意识的心理意义

一个人的心理发展历程一般都要经历从幼稚到成熟的过程。形成正确的自我意识是心理成熟的标志，对心理健康起着重要作用。

(1)促进社会适应，构建和谐人际关系。大量的心理学实践证明，许多人社会适应不良及人际关系不协调是由于自我意识不健全或不正确造成的。如果一个人对生理的自我、心理的自我和社会的自我认识、体验不正确，尤其是在自我评价及自我概念上与客观的现实差距太大时，就可能造成社会适应不良和人际关系不协调，从而影响人的心理健康。正确的自我意识通过正确的自我评价产生合理的理想自我，并且通过正确认识自己与他人、个体与群体双方不同的地位和需要，采取不同的策略，主动调节人际关系。对己、对人能够知己知彼，从而保持良好的社会适应和人际关系，维护心理健康。

(2)促进自我实现，创造最佳心理质量。健全的自我意识通过合理的自我认识、良好的自我体验、自觉的自我调节和控制，从而促进自我实现，最大限度地挖掘自身心理潜力。按照心理学家马斯洛的观点，自我实现是心理最健康和心理质量最佳的标志。

(3)有助于自我教育和自我完善。当现实的自我和理想的自我不能统一，或在理想的自我实现过程中受到挫折时，有健全自我意识的人能够自省，自觉地寻找其原因。一方面通过自我调节、控制，纠正心理偏差，努力缩小理想的自我与现实的自我的差距；另一方面重新调整认识，形成新的“理想自我”内容，使自己的心理行为个体化与社会化协调、平衡、完善发展。

第二节　大学生的自我意识

一、大学生自我意识的发展特点

1. 自我认识向广度、深度发展

自我认识包括自我感觉、自我观察、自我分析、自我评价等。大学生随着年龄、环境的变化及阅历的增加，自我认识在广度和深度上有明显的提高。从广度上来看，大学新的环境、新的知识、新的目标激发他们对自身以及自身与现实社会的关系进行更深入的探讨和思考。这种对自我的认识不仅涉及生理、心理等一般问题，而且涉及自己在社会

中所处位置、自身价值的特殊性等问题。例如,围绕学习活动而产生的对自己智力与能力的认识;围绕校内外的社交活动产生的对自己外貌、仪表、气质、性格以及社会地位、社会威信的认识;围绕个人未来的前途与发展而产生的对社会角色、社会归属、社会义务、生活价值方面的认识等。从深度上来看,大学生的自我意识和其他青年相比较,更具有理性色彩。系统的科学文化知识的学习,使大学生的抽象思维能力加强;校内外社交活动范围的扩大,使他们对现实社会的认识更为深入;科学理论的学习,使他们认识问题的方法更趋于客观、正确。在大学生活阶段,大学生从明确自己在学校、社会中的角色和地位开始,一直探究到人与社会的关系以及世界观、人生观的确立,自我意识有了新的飞跃。

2. 自我意志指向上的独立性与自主性明显增强

大学生的自我意志指向随着自我认识的深入,其自觉性、独立性和稳定性显著发展,自我调节、控制行为的能力大为增强。主要表现在两个方面:第一,在自我确立行为的目标和规划上,从依附性向独立性发展。多数大学生能较快地适应大学生活和学习,根据自我需要规划学习、工作及其他活动的内容,并能根据主观条件的变化进行调整。第二,在自我执行行动的意志指向上,由盲目性向自主性发展。低年级的大学生往往凭自己的一时冲动去参加一些活动,而对自己参加活动要达到的目的想得不多。进入中年级后,随着生活阅历的增加,自我控制行动的能力逐步增强,对自己的行动能有所选择,对那些自己认为应该参加的活动能够自觉地参与,并能较好地根据行为过程中反馈的信息控制自己在活动中的表现,而且能注意紧扣行动的目的。

3. 自我体验上的丰富性和起伏性

自我体验包括自尊、自信以及义务感、任务感、友谊感等。在大学阶段,由于自我认识和自我意志指向的发展,在自我情感体验上的表现也有相应的特点,主要表现在情感体验的丰富性、深刻性和闭锁性、起伏性等方面。情感体验的丰富性、深刻性是以大学生活内容的丰富和大学生自我认识水平的提高为前提的。例如,有些大学生在社会实践活动中,对中国的国情有了较深刻的认识,意识到自己的社会归属,产生强烈的爱祖国爱人民的责任感。大学生情感体验的深刻性还取决于自我认识的深刻程度,并与生活信念和人格倾向相联系。大学生接触社会的范围更广了,实践经验扩大了,用来要求自己的道德准则越来越高,他们以此来对照自己的行为,必然会产生相应的情感体验。情感体验的闭锁性、起伏性是大学生自我意识发展不够完善的一种表现。由于认识水平和情感表达能力的限制,由于自我意志指向的不稳定性,大学生常处在一种自觉不自觉地以闭锁的方式来处理自我体验的矛盾心理中,有些什么想法不愿向他人倾诉,在情感体验上起伏不定。随着自我认识和自我控制能力的发展,这种起伏性会逐渐降低,渐渐形成一种相对稳定的心境。大学生自我认识、自我意志指向与自我体验的发展,构成了大学生具有时代特征的自我意识状态。这三者相互联系、相互作用。例如,自我认识是自尊、自信和自我控制的前提,自我控制由自我认识和自尊、自信所推动,反过来又增强自我认识和自尊、自信。因此,只有提高自我认识水平,增强意志指向能力,培养健康向上的情感,才能使大学生的自我意识发展达到一个新的水平。

二、大学生自我意识发展规律

大学阶段是自我意识稳步发展的阶段，大学生正处于青少年后期，他们在这个时期要经历生理、认知和社会角色的转变，自我认识、自我体验、自我控制逐渐协调一致，大学生自我意识发展的基本规律表现为：分化—矛盾—统一。

大学生自我意识发展的模式不是直线式的前进，而是螺旋式的上升，即自我意识的发展呈现出：自我分化、自我矛盾、自我统一再到新一轮的自我发展的过程。

1. 自我分化

大学生自我意识的发展是从明显的自我分化开始的。当个体进入青春期后，开始清晰地意识到自己的内心世界的存在。因此，笼统的自我分化为“主体我”和“客体我”，主体我是处于观察地位的“我”，是理想我，是观察者、分析评价者、认同者，“客体我”是处于被观察地位的“我”，是现实我，是被观察者、被分析评价者、被认同者，即由“主体我”来分析、认识“客体我”。正是这种分化过程，促进了个体成为思维和行为的主体，从而为客观地评价他人和自己、合理地调节自己的心理活动和行为奠定了基础。这一时期，可观察到个体有较多的自我观察和自我沉思行为，如写日记和与朋友倾心交谈等。

这一时期，自我意识主要表现为自我概念、自我评价和自我理想的辩证统一。在自我分化认识自我的过程中，自我概念好比“我是什么样的人”，自我评价好比“我这个人怎么样”，自我理想好比“我应该成为什么样的人”。自我概念、自我评价和自我理想的辩证统一就是以自我概念为基础，进行自我评价，进而超越现实的自我，实现自我理想的过程。在自我分化和自我认识的过程中，必然会产生观察者对被观察者反应的一致与否、分析者对被分析者评价的准确与否、知者对被知者的认识贴切与否的问题。于是，自然会出现“主体我”与“客体我”的矛盾斗争，从而造成对自我的肯定或否定的认知。

2. 自我矛盾

自我意识的分化，使大学生开始注意到自己以往不曾留意的许多方面，同时也意味着自我矛盾冲突的加剧。随着自我的分化，个体会发现理想我和现实我之间往往有较大的差距，于是产生内心冲突，引发不安甚至痛苦的体验。这一时期，可观察到个体对自己的评价具有矛盾性、对自我的态度具有波动性，如时而过高评价自己，认为自己很行、很成熟，并因此极为自豪或自信，时而又过低评价自己，认为自己很差、很幼稚，并因此极为自卑。自我体验的情绪变化幅度非常大、频率非常高。这种现象是自我意识发展过程中不可避免的，是正常的。

矛盾性是大学生自我意识发展的一个最突出的特点。这种矛盾性从心理上看根源于他们的心理尚处于从不成熟走向成熟的过渡期，从社会上看则根源于他们尚未真正走向社会，缺乏社会生活经验，尚未取得独立的社会地位和经济地位。大学生自我意识发展的矛盾性表现在许多方面，最主要的是理想我与现实我的矛盾、交往需要与闭锁需要的矛盾、独立性与依附性的矛盾以及自尊心和自卑感的矛盾。除此之外，还有追求成功与避免失败的矛盾、求知欲强而识别力低的矛盾、情感与理智的矛盾和对异性的向往与害怕的矛盾等。下面只探讨四个主要矛盾：

(1)理想我与现实我的矛盾。大学生的抽象逻辑思维能力已发展到高峰,加之他们的情绪体验十分深刻和丰富,导致他们对自己的未来具有丰富的想象力。但是,他们又不得不面对自己的现实状况,譬如,学习成绩不尽如人意、体魄不够强健和社会交往技巧较差等。由于大学生是以群体的形式在大学校园里共同生活和学习,他们远离家长的管束,在一定程度上也较少受学校的约束,所以他们相互之间的影响力很大,表现在情绪上容易相互感染、行为上相互模仿、认识上相互传播,这在一定程度上容易使他们的理想我更加远离现实,加重理想我和现实我之间的矛盾冲突。例如,大学生之间常就一些社会热点问题加以讨论,但由于他们对现实的批判往往过于简单、片面,他们从理想化的角度提出的解决方案常常引不起社会关注,从而加重了他们的失落感。要注意的是,理想我与现实我之间的矛盾对大学生心理的影响是双向的:一方面,它给大学生带来了困惑和苦恼;另一方面,它为大学生的成长提供了动力和方向。在大学阶段,理想我与现实我之间的矛盾冲突是不可避免的,大学生要借此锻炼自己的心理承受力,重新认识和评价自己,寻找理想我与现实我的结合点。

(2)交往需要与闭锁需要的矛盾。根据马斯洛的需要层次理论,人在基本满足了生理需要和安全需要的基础上,会产生归属和爱的需要。大学生基本上可以满足前两种低层次的需要,所以,他们会受交往需要的支配,迫切地希望广交朋友,并能有几个知心朋友,大家彼此倾吐自己的心事,共同交流和探讨人生问题。但是,大学生又有强烈的封闭自己、与人隔绝的需要。这是因为他们的内心向往一种个人的、独特的、自由的状态,希望在这种状态下独自思考和体验人生。大学生如果不能恰当地处理好交往需要与闭锁需要之间的矛盾,就可能会感到自己被朋友占据了、毫无自我,从而萌生失落感,或者感到没有朋友,从而产生孤独感。恰当地处理好交往需要与闭锁需要之间的矛盾,则既能用友情抵御住孤独,又能守住自我内心世界的那份独特和宁静。要做到这一点,关键是:与同学交往要真诚,即敞开心扉,切忌说假话骗人;对同学的困难要主动热情地关心,只有这样才能赢得同学的真情;保留交往的界限,即注意所交的人、场合和时间等因素,掌握好自我暴露的分寸。

(3)独立性与依附性的矛盾。大学生既强烈地要求摆脱父母和老师的约束,独立自主地决定自己的生活、学习的方方面面,又仍在情感上和行为上对家庭、学校存在较大程度的依附。这是因为进入大学以后,大学生的独立意向迅速发展,他们已处于向成人角色的过渡时期;而由于缺乏社会生活经验、仍需要家庭的经济供给以及与父母的感情深厚等原因,他们的依恋、依赖心理仍难以割舍。特别是对那些被父母过多保护、已经习惯于一切都依赖父母的大学生来说,独立性与依附性之间的矛盾会特别突出。要解决这个问题,关键是:增强独立意识;锻炼独立的才能;与父母和老师等建立、保持亲密的联系,但要逐渐增加关系的平等性质。

(4)自尊感与自卑感的矛盾。自尊感是个体能悦纳自己,并尊重自己,对自己抱着肯定的态度。自卑感则是个体对自己不满,对自己持否定的态度。它们是自我体验中的两种相互对立的情感,但是在大学生身上,经常交织在一起。一般来看,大学生的自尊感特别强。这与他们在中学时代相比于其他同学比较突出有关。而进入大学后,与其他同学重新比较,许多人会发现自己的优势不见了,从而感到焦虑、痛苦,自卑感强烈。另外,大学生在这一年龄阶段,往往对自己有着过高的接近完美的要求,一旦发现自己存在某些不足，如容貌不是很突出、身材不是很健美、学习算不上拔尖、家庭背景谈不上显赫和才艺算不上专业等，就容易放大自己的不足，认为自己一无是处。要解决这一矛盾，关键是：学会客观地评价自己的优点，增强自尊心，减少自傲情绪；学会客观地评价自己的不足，增加进取心，减少自卑情绪；不要盲目地与别人比较，增强自信心和耐挫折能力。

3. 自我统一

自我分化为"主体我"和"客体我"的目的是为了达到主体我与客体我的统一。"自我"经过一段时期的矛盾冲突，"主体我"和"客体我"便在新的水平上协调一致，即自我的整合和统一，新的整合和统一主要是通过自我接纳和自我排斥的过程实现的。

自我接纳是对自我积极肯定的心理倾向。自我接纳是以积极的态度正确对待自己的优点和缺点，接受自己的长处和短处；以平常心面对自我现实；能根据自己的能力和条件，确定自己的理想目标。

自我排斥是对自我消极否定的心理倾向，即否定自己、拒绝接纳自己的心理倾向。自我排斥与自我接纳一样，是自我意识发展过程中不可缺少的心理过程，是个体形成良好的心理品质所必要的心理过程。

一般地，个体在经过一段时间的自我矛盾冲突后，自我意识会在新的水平和方向上协调一致，达到自我统一。自我统一意味着主我和客我的统一，自我认识、自我体验和自我调控的统一，自我与外部世界的统一。要达到这种自我统一，需要个体从现实我出发，修正理想我；努力改善现实我，有效地控制自我。因此，它既不是放弃理想我，迁就现实我，也不是扭曲现实我，只顾理想我；它不仅包括认识自我，还包括体验自我和控制自我。

总之，自我统一应该是积极的、健康的统一。当然，由于个体的情况各异，也可能出现自我的消极的、不健康的统一，指个体放弃了理想我或现实我而达到的虚假的统一。虚假的自我统一的现象在青年中也有一定的比例，实际上他们还处于自我矛盾中。

青年期自我的发展经过自我分化，再通过自我接纳和自我排斥等过程之后，自我的发展便得到进一步深化和提高，在新的水平上达到整合统一，形成自我同一感，大多数青年人都能形成并确立自我同一感。

三、大学生自我意识的类型

根据美国著名心理学家埃里克森（Erikson E.）人格发展渐成理论，青少年阶段面临的核心任务和危险是能否发展出自我同一性（self-identity）。

自我同一性的含义是个体对自己的身心特点，如能力、兴趣、理想、价值观、性格特征、交友方式和职业发展等的认识和认可。它是关于个体是谁、个体的价值和个体的理想是什么的一种稳定的意识。每个人在青年时期都在探索并尝试去建立稳定的自我同一性，即自我认同感。该时期的成长危险是自我同一性的混乱（identity diffusion）。意思是个体对自我的认识和发展产生困惑和迷茫，理想我和现实我之间存在剧烈的矛盾冲突，两者不能实现积极的、健康的统一，导致不能确定自我形象和人生目标、情绪体验为焦虑、痛苦，严重的甚至导致人格障碍和精神病。

大学生处在青年中期，他们在自我同一性的探索中主要是确定"我到底是什么人"，

并达到“这就是我”的自我认同。美国心理学家马西亚(James Marcia)在埃里克森关于自我同一性的定义基础上,提出青少年同一性发展的四种情形。它们是同一性达成(identity achievement)、同一性拒斥(identity foreclosure)、同一性分散(identity diffusion)、延期偿付(moratorium)。

(1)同一性达成。同一性达成表明个体考虑了各种实际选项,做出了选择,并实践选择。在结束高中学习生活之前,似乎没有学生能够达到这种情形。跨入大学校门的学生也需要花一定的时间做出决定。对一些成人来说,在他们生命中的某一阶段,也许会达成稳固的自我同一性。之后,还可能放弃前一种同一性,而形成新的同一性。对某一个个体而言,自我同一性一旦达成,也不意味着一成不变。

(2)同一性拒斥。描述的是个体过早地将自我意象固定化,没有考虑各种选择的可能,而停止了同一性的探求。同一性拒斥的青少年往往缺乏主见,遵从他人的目标、价值观和生活方式。这里的他人包括父母、宗教群体等。同一性完成过早的人会显得刻板与肤浅,不会沉思,应变能力差,但很少会忧虑。这类人倾向于与父母保持密切的关系,并采纳父母的价值观。他们喜欢有组织、有秩序的生活,尊重权威。

(3)同一性分散。同一性分散是和同一性拒斥联系在一起的。个体很少“发现自己”,不知道自己是谁,不知道想做什么,没有明确的发展方向。经历着同一性分散的青少年无法成功地做出选择,或者他们会逃避思考问题。缺乏兴趣,孤独,对未来不抱希望,或者可能很叛逆。他们宁可塞着耳塞听音乐或睡觉,也不愿意接触父母和老师。

(4)延期偿付。关于青少年在各种选择中的思想斗争过程,埃里克森用了一个“延期偿付”的词语来描述,表示青少年延迟做出个人生活或职业的选择和承诺。埃里克森认为,在一个复杂社会,在这个“延期偿付”的阶段,青少年势必会经历自我同一性危机。而今,这一阶段不再称为危机了,因为对大多数人来说,自我同一性的达成是一个逐渐缓慢的探索过程,而不是外在的急剧变化。延期选择很正常,而且是健康有益的。

延期偿付和自我同一性达成都被认为是健康的。青少年亲自去做一些试验,摒弃不适合的东西,发现适合自己的生活方式,寻找根源。这些是建立牢固自我同一性的重要部分。那些无法跨越同一性拒斥和同一性分散的青少年不能很好地适应。同一性分散的青少年经常做事放弃,把自己的生活归结为命运。同一性拒斥的青少年很刻板,不宽容,独断,自我防御。学校为青少年提供的社区服务、工作实习和教师指导都有助于自我同一性的形成。

在大学阶段,大学生自我意识的发展表现出明显的矛盾性,即理想自我与现实自我、主体自我与社会自我的矛盾等,这种矛盾运动的结果,绝大多数大学生向积极方面转化,达到新的水平上的积极同一,少数大学生也会向消极方面转化,达到消极同一。大学生自我意识还不十分成熟,自我评价有时仍有盲目性、肤浅性、片面性,自我体验有时仍有自负心理,自吹自擂。自我控制还不十分稳定,常立志但无法持之以恒。参照美国心理学家马西亚关于青少年同一性的四种方式的分类,我们来论述我国大学生自我同一性的发展状况。我国大学生自我同一性的发展状况也可以分为四种类型:

1. 达成型

这类大学生能做到较客观地认识和认可自我。因为他们能从现实我出发,修正和追求理想我,并控制、完善现实我,在一定程度上实现了现实我和理想我的积极的、健康的统一。他们的自我同一性已经达成。这类大学生一般具有许多优良的性格特点，如善于独立思考、富有好奇心、具有刻苦钻研的精神、幽默大度和耐挫折能力强等。例如，某大学生从小父母就比较注意锻炼他的独立思考问题的精神，并引导他树立远大的理想，一步一个脚印地朝着目标奋斗。后来该生自上小学以来，基本上一直保持着昂扬的学习斗志，并在德、体、劳等方面获得了较全面的锻炼和发展。他考入某名牌大学后，又在老师的帮助引导下，较快确立了自己的事业目标，并通过勤奋努力，取得了较好的成绩。该大学生的人格发展比较健全，其之所以能较早达成自我同一性，要归功于父母、老师的正确要求、引导和帮助，以及他自身的积极努力。

由于主观和客观条件的限制，目前这种类型的大学生在大学生中仍占少数。大多数的大学生仍处在探索和发展其自我同一性的过程中。

2. 早定型

这类大学生从小是听父母话的"乖孩子"，在学校则是听老师话的"好学生"。他们习惯于放弃自己的独立自主性，完全内化家长和老师的价值观，根据他们对自己的评价来评价自己，并完全按照家长和老师对自己未来的设计来确定自己的人生方向。这类大学生固然可以免除在自我确认和自我探索中的痛苦思考。但是，自我同一性早定实际上并非好事。因为这种类型的大学生所达到的自我认识和自我认可不是基于自己的独立思考和探索得出来的，所以当外界条件不顺利时，他们的自我认识就会变得模糊不清，也无法再达到自我认可。例如，某大学生从小就很听父母和老师的话，按照他们对他的设计顺利地考上了某大学某名牌专业。但是，进入大学后，却越来越发现自己并不像他们认为的那样，具有在该专业上发展的巨大潜力，而且，自己远非像他们评价的那样具有完美的品质，如聪明、坚强、乐观和独立等，由此产生"我究竟是怎样的人?"和"我的前途会怎样?"的困惑和怀疑，甚至导致严重的倒退，不得不申请退学。

由于现在的很多大学生都是独生子女，他们的父母出于对孩子过分的爱和害怕孩子在社会上吃亏的心理，在物质上尽一切可能满足他们的各种需要，在精神上要求他们依附自己，从而使他们逐渐形成了缺乏独立性的性格。再加上现在的幼儿教育、基础教育和高中教育，并不太注重对学生的健全人格的培养，而是片面强调学生要听老师的话，循规蹈矩，也使得不少学生形成了胆小怕事、缺乏自主性和创造性的平庸性格。鉴于以上的情况，自我同一性早定型的大学生在大学生总数中可能占有一定的比例。

3. 延缓型

这类大学生在上中学时只顾埋头读书，对自我思考较少。进入大学以后，才发现生活和学习的天地很宽广，课程学习只是一部分，其他同学会把相当多的精力用在学习有用的知识、了解社会、相互交往和娱乐休闲等方面。因此，在丰富多彩的大学生活里，他们才开始反思"我究竟是怎样的人?"和"我为什么是这样的人?"等问题。在这样的反思中，他们常常为自己只会学习、不懂生活而自觉自己是个枯燥乏味的人，并且还很可能发现自己即使在学习方面也不是出类拔萃的，因此而深感自卑自责。一些人经过痛苦的自我确认，逐渐发现了自己的特点和前进的方向，找到了理想我和现实我结合的最佳点，从而对未来充满了信心。而另一些人还处在自我探索的困惑中，暂时无法找到理想我和现实我结合的交点，为此深感不安和痛苦。对这部分人应给予安慰和鼓励，因为只要没有放弃对自我的反思和追寻，就一定会逐步实现自我同一性。例如，某大学生从小在极单纯的家庭环境下长大，父母对他的要求只是读好书。该大学生逐渐养成了善良天真而沉默的个性。进入大学后，他起初不能适应大学里同学之间较为复杂的人际关系，只好把自己封闭起来，刻意回避与人交往；相比于许多同学表现出的学习之外的多种兴趣和多才多艺，他感到自己一无是处，很自卑。后来，在班主任和班干部的耐心开导下，他逐渐融入了同学中间，也能积极参加学院、学校的各种社团活动。经过一年多的努力，他逐渐克服了自我确认的困惑，发现自己其实比较愿意与人打交道、能善解人意、口才也较好，而且这些性格特征和能力恰好非常适合所学的市场营销专业，他为此感到对未来信心倍增。

由于现行的教育还是过分强调智育，忽视全面发展，所以，这种延缓型的大学生在大学生总数中也有一定的比例。

4. 迷惘型

这种类型的大学生对现实我不满，又认为理想我难以实现，因此陷入了对自我确认的困惑之中。他们往往表现出对一切事物或活动都心灰意懒，如因为害怕别人知道了自己内心的困惑和苦恼会嘲笑自己，或认为别人根本无法理解自己、帮助自己，所以就把自己的内心封闭起来，很少与别人倾心交流；因为无法确定明确的学习目标或学习的知识对自己未来的意义，所以对学习不感兴趣，敷衍了事；因为觉得自己心境不佳，根本无法投入进娱乐活动，或者觉得这些活动没有什么意义，所以对此不感兴趣，较少参加，或参加了也没法得到快乐，等等。例如，某大学生对自己的能力和性格等都不甚满意，但他又对自己有很高的期待，幻想自己将来能做出一番大事业，像当个总经理什么的。于是，当一家他想去的公司要他去参加招聘面试时，他却意外地怯场了。他当时的心情很矛盾，既有害怕和慌乱，还有傲气和不屑。事后，他到校心理咨询中心寻求帮助。经过心理工作者的帮助，他明白了自己的问题主要在于对现实我的评价不客观。原来他一直受到母亲在他小时候说过的他有某种身体残疾的话的影响，从而对自己的能力和性格很不满。找到了问题的症结，他较快地恢复了自信，成功地通过了下一次面试。

迷惘型的大学生内心仍然有理想，但是因为不能从现实出发，所以难以将理想和现实很好地结合起来，从而在现实中屡屡有挫败感。因为迷惘型的大学生尚处在向成年期过渡的心理未成熟阶段，所以他们在认识现实我上容易因一时的挫折而否定自己，也容易因过分富有想象力而使理想我变得遥不可及，这些问题一般会随着他们的年龄的增长、知识经验的增多而在一定程度上得到好转。在大学阶段里，如果老师和同学对他们给予积极关注，适当引导，可以更快地帮助他们走出自我困惑的怪圈。目前，这种类型的大学生在大学生总数中也占有相当的比例。

四、大学生自我意识的偏差

我国心理学家分别于20世纪80年代中期、90年代初期和中期对我国大学生的自我意识问题进行过系统的科学研究，结果发现，我国当代大学生自我意识发展的总趋势是较好的，但理想我和现实我之间还存在着比较大的矛盾，具体表现为：自我意愿高而多，自觉行动低而少；自我认识较清楚，但自我调控能力相对落后；过分关注自我，过多

考虑自己，过于看重自己，而对他人、集体、社会考虑较少。也就是说，由于大学生的心理尚未成熟等因素的影响，部分大学生在自我意识的发展过程中存在着失误与缺陷。下面着重探讨几种比较典型的失误与缺陷：

1. 过分的以自我为中心倾向

随着自我意识的发展，个体越来越多地关注自我，如果不能够摆正社会、集体和个人之间的关系，个体容易出现凡事从我出发、唯我独尊、自私自利的问题。大学生的自尊心、自信心和独立性等都较强，且未必牢固地确立正确的个人价值观，因此更容易出现过分的以自我为中心的倾向。经观察发现，有一些大学生十分自私自利，不能站在同学的立场上替对方着想，人际关系很紧张。他们也容易因别人没有按照他们的意愿行事而责备别人，或与别人结下仇怨。当然，这些大学生不仅伤害了他人，而且伤害了自己。

例如，某大学生从小受到父母和长辈的娇宠，他们总是设法满足他的一切要求，包括一些无理要求，如他学习时家人必须绝对保持安静，穿衣服必须是高档名牌的，想什么时候上网玩游戏都可以，家人不得有微词等，逐渐地他养成了以自我为中心的性格。进入大学后，该大学生在和其同宿舍同学相处的过程中，把他们看做自己的家人，也要求他们绝对地服从自己，结果，其他同学都因无法忍受他的做法而纷纷指责他，继而远离他。最后，该大学生在宿舍和班上都成了不受人欢迎的孤家寡人，他也为此感到困惑和苦闷，学习成绩一落千丈。后来，他在老师的督促下，到校心理咨询中心寻求帮助。在心理老师的帮助下，他才对自己的问题有所认识。

2. 过分的自卑心理

自我意识发展到了一定阶段，个体越来越注意与他人比较，十分在意他人对自己的评价，并想象他人将如何评价自己，结果容易因过分敏感和不能正确认识自己的不足而导致过分的自卑。一定程度的自卑心理常常是有益的，可能促使个体努力改进其不足。但过分的自卑则只会摧垮一个人继续努力的信心和勇气，导致个体一蹶不振，最终一事无成。部分大学生在其发展自我意识的过程中，自卑心理过重成为他们必须要挑战的一只“拦路虎”。例如，某大学生性格较内向，他有次偶尔听到同学议论自己的长相有点难看，就认为自己真的外貌丑陋，为此先是不敢和同学多交往，后来发展到为逃避与同学见面而不去上课。在心理医生的帮助下，他才认识到原来不是自己的长相真有什么问题，而是自己过分的自卑心理在作怪。最后，该大学生经过一段时间的努力，逐渐消除了自卑心理，找到了知心朋友，也提高了学习成绩。

【案例】

2013年，小李从农村考进了位于北京的一所高等职业学院。他的父母都是农民，家里的条件十分艰苦，家中也没有什么积蓄。小李从小就很懂事，学习也很用功，最终以高分考进了这所高职院校，离开了那个穷苦的地方。为了让孩子去读书，他的父母到亲戚家、邻居家七拼八凑终于凑够了念书的学费，但却再也供不起他的生活费了。为了能够继续念书，小李一开学就去找了好几份兼职来挣钱养活自己，但由于大城市生活水平较高，他的日子仍然过得紧巴巴的。小李平时十分节俭，不舍得多花一分钱，可是回到宿舍里，听到室友们谈论着自己从来没听说过的名牌，吃着自己从来不舍得买的零

食，他感到万分自卑。同学吃一顿饭的花费，他可以吃上一天，他们谈论的一些话题更是他闻所未闻的，有时候一起聊天他都插不上话。从此小李不再跟室友们一起聊天、一起吃饭了。渐渐地，他变得形单影只。上个月，父亲来信说母亲病了，需要经常吃药，家里的经济负担更重了。他觉得自己拖累了家里，愧对父母。在学校里也没有朋友，没有人愿意接近他，他觉得自己成了这个世界上多余的人。小李的室友们则说，刚认识他的时候感觉他还挺好的，但慢慢地发现小李越来越内向，越来越不爱和室友们交流，凡事都是独来独往，室友们以为他不愿意搭理别人，也就很少主动和他接触了。

【分析】

小李在学校里因为自己的生活状况而担心被同学瞧不起，从而对室友们采取回避的态度，归根到底也是因为他内心深处的自卑情结在作祟。这种回避使得室友们认为是由于他太内向而不愿意搭理别人，这样一来自然没有朋友。但小李只看到了自己没有朋友，没有人愿意接近他，却并没有找到真正的症结所在，他应树立正确的自我认识，即接纳自己，也接纳他人，帮助自己建立积极、自信的心理。

3. 过分的逆反心理

逆反心理是指个体对某些事情不论正确与否，一概简单排斥，并带有较大的情绪成分，甚至为反抗而反抗。一般地，适度的逆反心理是青少年自我意识发展到一定阶段所必然会出现的正常现象，而且客观上有益于他们的独立。所谓适度的逆反心理，是指逆反心理和行为表现的范围、强度、场合等较为适中，与其年龄阶段相符合。大学生由于处在向成年期过渡的时期，容易出现认知片面、情绪偏激的情况。他们在摆脱对父母和长辈的依赖走向独立的过程中，有时会因过于寻求自我肯定而有意、无意地把这些自己原来服从和尊敬的对象树立为自己的“敌人”，与之进行“斗争”。许多大学生借助对父母和长辈有一定的逆反心理的动力，培养了独立精神和各方面的能力。但是，如果逆反心理过强，则不利于个体的成长，需要进行心理矫正。

例如，某大学生的父母含辛茹苦地培养自己的孩子上了大学，但是该大学生却对父母很不尊重，经常借故向他们大发脾气。后来在心理老师的帮助下才知道，该大学生是嫌父母都是普通的工人，认为他们没有什么本事，所以看不起他们。其实该大学生也知道父母培养自己很不容易，所以，他每次对父母发完脾气后，也会对自己的恶劣态度感到很内疚。该大学生对父母并非没有感激之情，也知道父母所做的一切都是为他好，但就是控制不住自己要对父母发脾气。心理老师经过分析，发现他内心潜意识的想法是：“我向父母发脾气，表示我比他们高明。”该大学生意识到自己潜意识的想法后，终于逐渐改变了对父母的态度。

4. 过分的依赖心理

一般地，青少年适度的依赖性有利于他们和父母、长辈之间维系感情，并能为他们走向独立提供社会支持。但是，过分的依赖性却显然不利于青少年的成长。一些大学生过分地依赖父母，表现在：进大学要父母亲自送；上了大学要父母来照料自己，或者不爱与同学交流，却整天忙着给父母打电话；课程选择要父母定；花钱比较大手大脚，用完了只管向父母伸手，而自觉理所当然；恋爱的对象要父母定，或者恋爱中出现任何问题都向父母汇报，完全听父母的话；未来的职业选择要父母定，或者干脆把找工作的

事情全权委托给父母，等等。大学生对父母过分的依赖将会导致他们自身人格发展的延迟和不健全。

例如，某大学生在许多事情上都依靠父母，他经常给父母打电话或发短信，而与同学的交往很少，没有知心朋友。其他同学对他的评价是不合群、对他人不信任和生活自理能力差。该大学生因不满自己的人际关系不佳而去寻求心理老师的帮助。心理老师了解到导致他的这种性格形成的原因是家长从小就或明或暗地告诉他社会过于复杂、人与人的竞争十分激烈，因此，要他在与同学相处时要多加小心，以免吃亏。等他上了大学，父母虽然不在身边，但是对他还是关怀备至，他们几乎每天都要长时间地通电话或发很多条短信。该大学生已经习惯于把每天生活中发生的大事小事都向父母汇报，一旦要做什么决定，都要父母帮助拿主意。经过心理老师的开导，该大学生醒悟到自己虽然已经具备了男子汉的体魄，但是似乎还是个躺在摇篮里的小婴儿，摇篮几乎就是他全部的生活空间，而作为男子汉，他必须学会离开摇篮，靠自己的勇气、智慧和劳动来独立地谋生。心理老师帮助他确立了一些可以效仿的榜样，经过一段时间的努力，他逐渐学会了与父母保持适当的距离，而与同学增加交往，直到能完全融入同辈群体。

5. 过分的情绪化

大学生处在向成年期的过渡阶段，自我体验的特点是情绪丰富、波动性大、敏感性强和情境性强等。也就是说，在一定意义上，大学生表现出理性缺乏、情绪不太稳定或不太成熟是正常的。但是，大学生如果过分地情绪化，即表现为经常情绪大起大落、对他人的言行过分敏感，反应激烈，不顾时间场合地乱发脾气等，则是不健康的，需要矫正。这类大学生大多是因为从小受到父母长辈的过分娇宠或放任不管，所以形成了或任性或暴躁的性格，也有部分大学生是因为自尊心受到过伤害，所以不自信。大学生过分地情绪化可能对他们的学习、交往和娱乐等生活的各方面产生不良的影响。

第三节　自我意识的塑造

一、健康自我意识的评价标准

自我意识对人的心理健康起着非常重要的作用，它制约着人格的形成发展，在人格的优化中发挥着强大的动力作用。一个人的心理发展历程一般都要经历一个由稚嫩到成熟的过程。健康的自我意识是心理健康的重要标准，是人类自身内在的一种成功机制，在人才发展中发挥着重要作用。健康的自我意识有如下标准：

(1)一个有健康自我意识的人，应该是一个有自知之明的人，即一个能自我肯定、自我统合的人，既知道自己的优势，也知道自己的劣势，能正确评价自我并引导自我健康发展。

(2)一个有健康自我意识的人，应该是一个自我认知、自我体验和自我控制相协调统一的人。

(3)一个有健康自我意识的人，应该是一个独立同时又与外界保持联系的人。

(4)一个有健康自我意识的人,应该是一个理想自我与现实自我统一的人,有积极的目标意识和内省意识,积极进取、永无止境。

(5)一个有健康自我意识的人,应该是一个心理健康的人,不仅自己心理健康发展,而且能促进周围的人共同进步。

二、完善大学生自我意识的途径

1. 正确认识自我,全面评价自我

自我意识的完善是一个长时间的自我认识、自我调整的过程。在这个过程中正确认识自我、全面评价自我是自我意识完善的基本原则。在正确认识自我、全面评价自我的过程中,大学生应注意避免以下几种倾向:

(1)过度的自我接受与过度的自我拒绝。

所谓自我接受是指对自己的认可,对自身价值的肯定。合理的自我接受表现在对自己的才能和局限、长处和缺点能客观评价、坦然接受,不过多地抱怨和谴责自己。对自我的合理接受是心理健康的表现。相反,过度自我接受就是过高地估计自我,对自己的肯定评价远远超越自己的实际水平。存有这种过度自我接受心理的大学生往往容易产生盲目乐观情绪,自以为是,不易处理好人际关系。过高评价自己还容易滋生骄傲心理,对自己提出过高要求,承担无法完成的任务而导致失败。所谓自我拒绝是指不喜欢自己,不能容忍自己的缺点和弱点,否定、抱怨、指责自己。过度的自我拒绝则是严重的、经常的、多方面的自我否定。事实上,许多大学生都有不同程度的自我拒绝,这可以促使他们不断修正自己,但过度的自我拒绝则是严重低估自我引起的。过度自我拒绝的大学生往往看不到自己的价值,只看到或放大自己的不足,感到自己什么都不如他人,处处低人一等,丧失信心,严重的还可能由自我否定发展为自我厌恶,甚至走向自我毁灭。过度自我拒绝会压抑人的积极性,限制对生活的憧憬和追求,易引起严重的情感损伤和内心冲突,给个人和社会都会带来损失。

(2)过强的自尊心与过强的自卑感。

自尊心和自信心、好胜心、独立感等都是大学生自我意识发展的主要表现。它是要求自己的言行和人格得到尊重,维护自己一定荣誉和社会地位的一种自我意识倾向。大学生一般都较好强、好胜、不甘落后。自尊心强的大学生对自己有信心,相信自己能克服缺点,取得进步。但过强的自尊心却和骄傲、自大等联系在一起。自尊心过强的大学生缺乏自我批评,而且也不允许别人批评,回避、否认自己的缺点,缺乏自知能力,不能与人和谐相处,容易失败,也容易受伤害。

自卑感是对自己不满、否定的情感,往往是自尊心屡屡受挫的结果。大学校园是人才济济之地,有些人在某些方面曾有自卑的倾向和感受,亦很正常。但有的同学过度自卑,斤斤计较于自己的缺点、不足和失误,结果因自卑而心虚胆怯,遇到有挑战性场合就逃避退缩,不敢正视现实。自卑是大学生常见的一种不健康的心理。

(3)自我中心和从众心理。

大学阶段是人生自我意识发展最强烈的阶段,大学生们往往愿意从自我的角度、标准去认识、评价他人与自己,容易出现以自我为中心的倾向。当这种倾向与某些不健康

的思想意识（如个人主义、自私自利思想）和心理特征（过度的自我接受和过强的自尊心）结合时，就会表现为过分的、扭曲的以自我为中心倾向。以自我为中心的人凡事从自我出发，不能设身处地地进行客观思考。为数不少的大学生往往以同学的导师或领袖身份出现，颐指气使，盛气凌人，处事总认为自己对、别人错，喜欢把自己的意志强加于人，因而他们不易赢得他人的好感和信任，人际关系多不和谐，行为做事难以得到他人的帮助，易遭挫折。

大学生中与以自我为中心相反的另一心态就是从众。从众心理人皆有之，但过强的从众心理实际上是依赖反应。有过强的从众心理的学生，往往缺乏主见和独立意向，自己不思考或懒于思考，经常会“人云亦云”，遇到问题束手无策，结果导致自主性受阻，创造力受抑制。

（4）过分的独立意向与过分的逆反心理。

大学生自我意识发展最显著的标志之一是独立意向。但很多大学生把独立理解为“万事不求人”，不需要别人的帮助。其实，独立并不意味着独来独往、我行我素和不顾社会规范，而是指在感情上、行为上个体能对自己负全部的责任。一个真正成熟的个体是独立的，他对自己负责但不排除接受他人合适的帮助。逆反心理也是大学生自我意识发展过程中的一种产物，其实质是为了寻求独立、寻求自我肯定，保护一个比较脆弱、尚不成熟的自我，这是青年阶段心理发展的必然反映。

逆反心理具有双重性：一方面，表明青年人的反抗精神、独立意识；另一方面，不少人不能确切地把握反抗精神，表现出过分的逆反心理。逆反心理过分的大学生往往采取非理智的反应方式，在内容上不区分正确与错误、精华与糟粕，一概排除；手段上是简单的拒绝和对抗，情绪成分大。这种心理会给大学生的成长带来消极影响，不利于大学生的健康成长。

美国心理学家乔瑟夫（Joseph Luft）和哈里（Harry Ingham）于1995年提出了关于人自我认知的窗口理论，即“乔韩窗口理论”，如图2-1所示。他们认为人对自己的认识是一个不断探索的过程。因为每个人的自我都有四部分：公开的自我，也就是透明真实的自我，这部分自己很了解，别人也很了解；盲目的自我，别人看得很清楚，自己却不了解；秘密的自我，是自己了解但别人不了解的部分；未知的自我，是别人和自己都不了解的潜在部分，通过一些契机可以激发出来。

	自己知道的	自己不知道的
自己知道的	A公开区	B盲目区
自己不知道的	C隐秘区	D未知区

图2-1 乔韩窗口理论

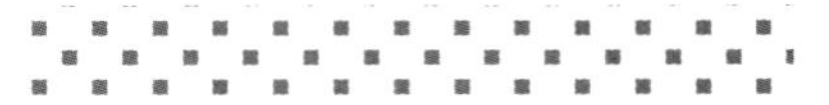

2. 欣然接受自我，恰当评价自我

在正确认识和全面评价自我的基础上，欣然接受自我，恰当评自我是构建完善的自我意识的又一重要内容。因此，要特别注意克服以下几种不良现象：

(1)过分追求完美。

正如“爱美之心，人皆有之”一样，“追求完美之心”也是人类健康向上的本能，但不切实际地过分追求完美则容易引起自我适应障碍。大学生过分追求完美表现在对自己持过高的要求，期望自己完美无缺，不能容忍自己“不完美”的表现，过分在乎自己“不完美”的地方，事事对自己不满意，从而严重影响自己的情绪和自信心。他们对自我十分苛刻，只能接受自己理想中“完美”的自我，不能迁就现实中平凡的或有缺点的自我，这就使得他们对自我的认识和反应产生障碍。

(2)对自我评价不客观导致对自我现状不满，引起心理失衡。

一些大学生不能客观地、恰当地评价自己和认识自己，只看到自己的缺点而忽略自己的长处，并且过分关注自我的能力和表现，影响个体的情绪和兴趣，严重的还阻碍了对自我现状的改善，影响正常的学习及对环境的适应。其实，每一名大学生各有其短处，也各有其长处，都有能力使自己更加出色，只要自己能悦纳自己的现状，找准定位，很好地把现实自我与理想自我协调起来，就可以成为一个真正强有力的“自我”。

(3)受他人期望的影响。

大学生追求自主和独立，但他们仍然自觉不自觉地广泛接受着他人的影响，有的还把他人的期望当成自我的一部分。我们经常可以看到为父母、为老师或为他人而学习的学生。对于别人对自己的期望和评价，我们每个人应当有所吸纳，但不能完全受其束缚。对大学生来说，必须明确自己的期望是什么，以及这种期望的来源是否与社会需要相吻合、与自己的需要和能力相吻合等。只有这样才可能真正认识自己，恰当评价自己，规划自己的发展方向，并产生实现期望的强大动力。

3. 有效控制自我，不断超越自我

(1)在观察学习中确立肯定的自我认识。

肯定的自我认识是指对现实的自我认识比较客观、清晰，对理想的自我定位比较现实、积极，既符合社会要求，也是经过努力可以达到的。肯定的自我认识的确立是完善自我意识的关键。当一个人产生了基本上是肯定的自我认识和相应的情感体验时，自我认识就会积极地指导他应做什么，怎样做，即进行自觉的自我调控，从而使个体与周围环境、与社会相适应，自我意识也就逐渐完善起来。

肯定的自我认识的特点表现在两个方面：一方面，自我认识是准确的、肯定的；另一方面，对自我的情感体验是健康的、向上的。肯定的自我认识可以从以下几种途径获得：

①通过他人对自己的态度认识自己。他人的态度就像一面镜子，可以用来观测自身，尤其是他人带倾向性、经常性的态度，对自我认识很有影响。通过他人的态度可以认识到自己的形象、自己在集体中的地位、自己的品质、自己的心理特征等，并可以从中找到原因。例如，如果别人很愿意和自己交往，且在一起学习、工作、娱乐都感到愉

快，气氛和谐，就说明自己一定具备某些令人喜欢的品质。相反，如果别人嫌弃、讨厌自己，那就应反省自己了。所以大学生要多留意别人对自己的态度，对他人的羡慕或嫉妒、尊敬或鄙视、信任或怀疑、亲近或疏远都要做具体分析。当然，正如镜子有优劣一样，别人的态度所反映出来的自我形象，有时也难免被歪曲夸张。对方的偏爱、成见、缺乏了解等都有可能造成失真，但这毕竟是少数。只要多看几面镜子，全面地观察认识自己，就可以得到较为准确的自我认识。

②通过与他人的行为比较来认识自己。他人的行为亦是认识自己的镜子。自己的品质、能力等在所处群体中的位置是在直接与这个群体的成员进行比较中产生的。一般来说，这种比较往往是按着这样的顺序进行的：同班同学、本系其他专业班级同学、本校其他系的同学、往届的同学、其他院校的同学、同龄的其他青年。有些同学的范围还更大些，如和先进人物比，和自己心目中的理想人物比等。在这种比较的过程中要注意的是，不能专门“以己之长比人之短”，也不能专门“以己之短比人之长”，因为这样做都不能确立正确的自我认识。

③通过对自己活动和行为的分析认识自我。自我认识的确立不能完全以他人的评价为根据，还应该通过自己的分析独立完成。大学生可以通过自己参加各种活动时的动机、态度，在活动中的表现，以及取得的成效、成果来分析认识自己。例如，可以通过记忆外语单词的速度、准确性、持久性来评价自己的记忆品质；通过在班级、学校的活动或工作中的表现以及完成任务的情况，来确定自己的能力。总之，通过个人一系列的活动和行为总结自己的成败得失。在分析总结的过程中，要把自我认识同别人的评价结合起来，并以此建立一个对自己的正确认识和评价。当然，一个人要对自己的活动和行为做出正确的评价是不容易的，因为一个人的心理品质直接影响到自我评价的客观性和准确性。例如，经常骄傲自满的人，容易把自己的活动和行为的功效估计过高；有自卑感的人，则常常把自己的活动和行为的功效估计过低。因此，要认清自己心理品质中的积极的特性和消极的特性，并把自我评价与他人评价相比较，然后通过分析得到准确的自我认识。

④通过自我观察、自我监督来认识自己。个体在从事各种活动时，自己的各种心理活动经常会出现在头脑中而被意识到。人的大脑皮层既是一个反映外界事物的具有综合分析能力的功能组织，又是一个调节自身活动的行为的“指挥部”。以往的行为与各种活动，都可以以记忆痕迹的方式保存在头脑中，甚至对反映过的事物的各种体验也可以在大脑皮层中重新回想起来，从而实现与现实活动和行为的比较，进行自我观察，并通过对自己心理活动和身体状况的体验获得认识和评价。在自我观察中应注意的一点是，要考虑当时自己情绪对观察所带来的影响。一般来说，当人处在安静、愉快的心境时，对自我观察最为有利；当人的心境激动或烦躁时，心理活动处于紧张状态，很难做到认真地、实事求是地自我观察，这时候自我观察得出的结论，往往和自己真正的心理品质不大相符。

在对自己活动和行为的自我观察的基础上进行检查和督促，以使自己的行为和心理活动更适应现实的要求，这就是自我监督。通过自我监督进行自我教育，可以有目的地拟订健全自我意识的计划，制订措施，培养和发展自己。

(2)在实践活动中进行自我教育。

实践活动是个体运用自身的知识和能力,为了满足需要,实现利益,取得价值,对自然界和人类社会进行改造的最基本的活动。对于大学生来说,实践活动主要是指学习活动和配合学习活动开展的实验室实践、生产实习、毕业实习、社会实践活动,以及群体或个人的课余活动等。这些活动协调统一的开展,是大学生健全自我意识的一条基本途径。

①在实践活动中确立正确的自我评价。大学生从小学、中学到大学,大部分时间生活在校园里,不接触具体的社会现实。一帆风顺的经历和得到较高社会评价等因素,使他们的自我评价往往带有片面性和盲目性。在实践活动中,大学生把自己当作活动的主体,就会不断地发现自我意识的不成熟和内心矛盾,并根据实践活动的需要,有目的地实行自我调控、自我教育,不断地调整和充实自我意识的内容,解决自我意识的矛盾,确立正确的自我评价引导自我意识向健康的方向发展。

②在实践活动中培养自己的归属感。大学生生活在集体中,不论是一个班、一个支部,还是一个宿舍、一个小组,都会产生一种归属感。归属感能使人从心理上产生安全感、满足感和情感寄托,归属感越强,越容易对自己产生健康、恰当、肯定的自我认识。培养归属感的最好途径就是参加集体实践活动。这是因为:

第一,集体实践活动为个体与集体的融合创造了有利的环境。在实践活动中,个体成为集体中的一个有机成员,集体实践活动的目标要求每个参与者认识上统一,行为上一致。实践活动的内容要求每个参与者努力发挥自己的聪明才智,而实践活动的效果,又可大大鼓舞每个参与者,使每个成员在心理上得到满足。大学生在这些实践活动中,受到别人的鼓励、尊重、关心和爱护,感受到自己同集体融洽、被集体接受的程度。集体的归属感正是在这样一次次的实践活动中得到培养的。

第二,实践活动可以让个体找到自己在集体中的位置。归属感的特征在于使个体明确地意识到自己在集体中的位置。例如,学习活动是大学生的主要活动。大学生自我意识发展水平的高低,对学习活动调节、影响作用的大小,只有在实际的学习活动中才能做出正确的判断。一个学生观察力、记忆力、思考力的发展水平,是通过他学习效果的好坏、学习成绩的优劣、对问题反应的快慢等一系列学习活动表现出来的。这样,他可以根据自己在学习活动中的表现找到自己在集体中的位置。

第三,实践活动是个体获得自尊心、自信心的有效途径。实践活动给每个参与者提供一个表现自我的场所。个体在集体活动中可以表现自己的亮点,从而获得他人的赞誉,证明自己的价值,获得价值感,增强自信心。一个充满自信的人,才能在集体中具有较强的主人翁意识,从而真正建立起归属感。

③在社会实践活动中,找到自我与社会的契合点。对于即将走向社会的大学生来说,社会实践是很重要的实践途径。大学生自我意识发展的不成熟性,往往是由于找不到自我与社会的契合点。一个人缺乏社会实践,没有社会经验,认识问题必然带有主观性和片面性,也就会在寻找自我与认识社会方面出现断裂。要解决这个问题,大学生在校期间应积极参加各种社会实践活动。这样做,一是有助于处理好“自我设计”与社会需要的关系。“自我设计”是指个体基于自身发展的需要,对自己的发展方向、层次及途径做出战略的安排。“自我设计”不是随心所欲的,它要受到社会因素的制约和影响。

个体要在对自身和社会有足够认识的基础上，才能保证“自我设计”的正确性、可行性。大学生只有通过参加社会实践，开阔视野，加深对国情、民情的了解，克服思想认识上的片面性和主观随意性，顺应社会发展的必然趋势，根据自身条件设计人生目标，才能很好地适应社会发展的需要。否则，封闭式的“自我设计”必然与社会的要求相差甚远，不仅难于实现，还会带来无数的烦恼。二是有助于处理好自我价值与社会价值的关系。自我价值是自我意识中对自身存在的肯定。自我价值表现为人有自尊、自爱、自信的需要。大学生在实践活动中可以增强集体归属感，把个人表现和集体荣誉联系在一起，切身感到集体的团结协作精神是个人价值实现的保证，同时认识到社会现实对知识、对人才的迫切需要，认识到知识只有用于社会、服务于人民才会获得最高的社会价值。三是社会实践还有助于大学生增强社会责任心和使命感。大学生在社会实践中，与工农接触，能直接体验到工人、农民身上蕴含着的中华民族的优秀品格，而这正是大学生需要汲取的精神营养。社会实践还能使大学生看到中国经济、文化发展的不平衡性，意识到自己对社会应尽的义务和责任，增强使命感。总之，社会实践能使大学生在正视自我、正视社会的基础上，科学地认识自我、发展自我。

习 题

(1)什么是自我意识？自我意识的结构是什么？
(2)大学生自我意识发展的规律是什么？
(3)大学生自我意识发展过程中容易出现哪些偏差？
(4)结合实际，谈谈大学生应该如何完善自我意识。

第三章

大学生的人格发展

案例导读

2014年2月18日，复旦大学医学院在读硕士研究生饮水机投毒毒杀室友黄洋案一审宣判，被告人林森浩因犯故意杀人罪，被判处死刑，剥夺政治权利终身。这起案件，无论是对两个年轻人的家庭，还是整个社会而言，都留下了持久的伤痛和遗憾。法律对林森浩投毒案已进行了审判，但是造成这一悲剧的林森浩那畸变的心理、人格和异变的人性，又由谁来审判呢？林森浩投毒案从反面警示我们：育人树人的关键是以社会主义核心价值观为指导，培育青少年珍爱生命、遵守法纪、团结宽容、直面人生的健全人格。从这个角度说，深入剖析林森浩投毒案背后深层次的心理人格畸变，对于培养和塑造青少年健康心理人格具有重要意义。北京教科院德育研究中心主任闵乐夫认为，当前，无论是学校教育还是家庭教育，都非常重视学生的智育，注重给学生提供丰富的物质生活，但对学生的爱心培养和道德建设却有所欠缺。重智轻德，忽视人格的塑造，必然导致有智商没智慧，有知识没文化，有文化没教养，有欲望没理想，有目标没信仰，有青春没热血，这将是非常危险的。教育不仅是文化的传递，更是人格的塑造。人格的培养比谋生手段的训练、竞争能力的培养、专业知识的学习更难、更根本、更重要。

人格是一个人素质的重要组成部分，也是一个人心理特征的集中反映。大学生正处在人格发展的重要时期，所以每个大学生都应关注自己的人格状况，认识自己的人格特征，积极主动地塑造自己，逐步使自己的人格走向健康、完善。请大家先思考下面几个问题：

什么是人格？

你最具有代表性的心理特征有哪些？

你觉得人格对人的成长与发展有哪些影响？

你打算怎样优化和完善自己的人格？

第一节　认识人格

一、人格的概念

人格是指一个人的生理、心理和社会行为诸方面综合的整体概念，是一个人的内在品质和外在行为的总和，是人在社会化过程中形成的特有的自我。人格也称个性，这个概念源于希腊语"Persona"，原来主要是指演员在舞台上戴的面具，类似于中国京剧中的脸谱，后来心理学借用这个术语来说明：在人生的大舞台上，人也会根据社会角色的不同来换面具，这些面具就是人格的外在表现。面具后面还有一个实实在在的真我，即真实的自我，它可能和外在的面具截然不同。

"人格"是指一个人一致的行为特征的群集。人格的组成特征因人而异，因此每个人都有其独特性。这种独特性致使每个人面对同一情况下都可能有不同反应。人格心理学家会研究人格的构成特征及其形成原因，从而预计它对人类行为和人生大事的影响。在西方，现代人格意义大致有三种类型：第一种类型是把人格定义为个人内在的、全部生理、物理结构和心理意识外在化的状态；第二种类型是强调人的个体差异性，从个人心理、行为特点的一致性中显示人格内容；第三种类型是从人的生活过程去定义人格，强调环境、社会影响和后天学习的相关因素。最具代表性的是阿尔波特提出的人性观念，他认为人格就是一个人真正是什么，人格是在个体内在心理、物理系统中的动力组织，它决定人对环境顺应的独特性。人格一词在中国古代典籍中还未出现。梁启超在《新民说》中说"忠孝二德，人格之要件也"。把"忠孝"等同于"人格"，对人格从德性和伦理的角度去论述，这正是中国传统文化价值的反映。陈仲庚教授在其编著的《人格心理学》中认为："人格是个体内在的在行为上的倾向性，它表现一个人在不断变化中的全体的综合，是具有动力一致性和连续性的持久的自我，是人在社会化过程中形成的给予人特色的身心组织。"这一提法强调了人格的四个方面：全体整体的人、持久统一的自我、有特色的个人和社会化的客体。这是国内较为权威的提法。

二、人格的基本特性

人格是人类独有的、由先天获得的遗传素质与后天环境相互作用而形成的、能代表人类灵魂本质及人格特点的性格、气质、品德、品质、信仰、良心以及由此形成的尊严、魅力等。人格是复杂的，由多种特质组成。多年来，对人格的研究仁者见仁，智者见智。要理解现代人的思想和行为，分析人格的基本特性实属必要。研究人格必须探讨它的特性及表现，这样才能把人格与其他心理现象区别开来。人格具有以下几方面特性：

1. 自然性与社会性

人格是在先天的自然素质的基础上，通过后天的学习、教育与环境的作用逐渐形成

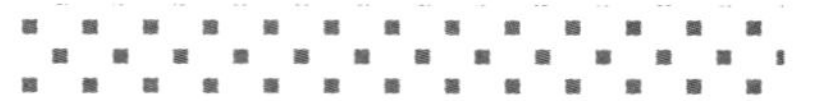

起来的。因此，人格首先具有自然性。人们与生俱来的感知器官、运动器官、神经系统和大脑在结构上与机能上的一系列特点，是人格形成的物质基础与前提条件。但人格并非单纯自然的产物，它总是要深深地打上社会的烙印。初生的婴儿作为一个自然的实体，还谈不上有人格。

人格又是在个体生活过程中逐渐形成的，它在很大程度上受社会文化、教育教养内容和方式的影响。可以说，每个人的人格都打上了他所处的社会的烙印，即个体社会化结果。人格是自然性与社会性的统一。

2. 整体性与独特性

人格的整体性是指人格含有多种成分和特质，如能力、气质、性格、价值观以及行为习惯等，但在真实的人身上它们并不是孤立存在的，而是密切联系、综合成一个有机组织。人的行为是某个特定部分与其他部分紧密联系、协调一致进行活动的结果。同时，个体的人格是在遗传、环境、教育等先、后天环境交互作用下形成的。不同的遗传及教育环境，形成了各自独特的心理特点。由于人格结构组合的多样性，每个人的人格都有自己的特点。环境会使某一人格品质在不同人身上表现出不同的含义。比如独立性，在缺乏父母爱护的家庭中成长的孩子，独立性带有靠自己努力的含义；而在一个民主型家庭成长的孩子，独立性则作为健全人格培养的重要部分。

3. 稳定性与可塑性

人格的稳定性是指个体的人格特征具有跨时间和空间的一致性。在个体生活中暂时的偶然表现出的心理特征，不能认为是一个人的人格特征。例如，一个人在某种场合偶然表现出对他人冷淡，缺乏关心，不能以此认为这个人具有自私、冷酷的人格特征。只有一贯的、在绝大多数情况下都得以表现的心理现象才是人格的反映。

在学校教育中，我们经常可以看到，每个学生都具有一些不同的、经常表现的心理特征，如有的学生关心集体，热情帮助同学，活泼开朗；有的学生对集体的事也关心，但不善言谈，稳重，踏实，埋头苦干。这写不同的行为表现不仅是在班级集体中，在其他场合也是如此，因此，这才能把某个学生同另一个学生在精神面貌上区别开，也才能预料某学生在一定情况下会有什么样的行为举止。总之，一个人的人格及其特征一旦形成，我们就可以从他儿童时期的人格特征推测其成人时期的人格特征。

尽管如此，人格或称个性绝不是一成不变的。因为现实生活非常复杂，随着社会现实和生活条件、教育条件的变化，年龄的增长，主观的努力等，人格也可能会发生某种程度的改变，特别是在生活中经过重大事件或挫折后，往往会在人格上留下深刻的烙印，从而影响人格的变化，这就是人格的可塑性。当然，人格的变化比较缓慢，不可能立竿见影。

由此可见，人格既具有相对的稳定性，又有一定的可塑性。教育工作者要充分认识到这一点，履行教育职责时才能有耐心和信心。

4. 独特性与共同性

人格的独特性是指人与人之间的心理和行为是各不相同的。因为构成人格的各种因素在每个人身上的侧重点和组合方式是不同的。如在认识、情感、意志、能力、气质、性格等方面反映出每个人独特的一面，有的人知觉事物细致、全面，善于分析；有的人知觉事物较粗略，善于概括；有的人情感较丰富、细腻，而有的人情感较冷淡、麻木等。这如同世界上很难找到两片完全相同的叶子一样，也很难找到两个完全相同的人。强调人格的独特性，并不排除人格的共同性。人格的共同性是指某一群体、某个阶层或某个民族在一定的群体环境、生活环境、自然环境中形成的共同的典型的心理特点。正是人格具有的独特性和共同性才组成了一个人复杂的心理面貌。

5. 功能性与协调性

"性格就是命运"。人们常常使用人格特征解释某人的言行及事件的原因。面对挫折与失败，有志者认真总结经验教训，在失败的废墟上重建人生的辉煌；而怯懦的人一蹶不振，失却了奋斗的目标。当人格功能发挥正常时，表现得健康而有力；当人格功能失调时，就会表现出懦弱、无力、失控甚至变态行为。人格的外在表现是稳定的，除非遭遇意外事件或强烈刺激，否则人格不会发生结构性的变动。在不同的场合，我们每个人表现出来的特点可能不一样，但是作为个人来讲，这些不同的特点有其内部的协调一致性。因此，外在表现虽不同或有差异，但人格具有内在的协调一致性，这体现了功能性与协调性的统一。

三、人格的结构

人格作为整体结构，可划分为既相互联系又有区别的两个系统，即人格倾向性（动力结构）和人格心理特征（特征结构）。人格倾向性是人格中的动力结构，是人格结构中最活跃的因素，是决定社会个体发展方向的潜在力量，是人们进行活动的基本动力，也是人格结构中的核心因素。它主要包括需要、动机、兴趣、理想、信念与世界观、自我意识等心理成分。在人格心理倾向中，需要是人格积极的源泉；信念、世界观居于最高层次，决定着一个人总的思想倾向；自我意识对人的人格发展具有重要的调节作用。人格心理特征是人格中的特征结构，是个体心理差异性的集中表征，它表明一个人的典型心理活动和行为，包括能力、气质和性格。人格倾向性和人格心理特征相互联系、相互制约，从而构成一个有机的整体。人格对心理活动有积极的引导作用，使心理活动有目的、有选择地对客观现实进行反映。人格差异通常是指人们在人格倾向性和人格心理特征方面的差异。气质与性格是人格的两个重要方面。

四、气质

1. 气质的概念

气质（temperament）是表现在心理活动的强度、速度、灵活性与指向性等方面的一种稳定的心理特征。《水浒传》里的"黑旋风"李逵脾气暴躁，为人耿直，好斗；"浪子"燕青，使枪弄刀、弹琴吹箫、交结朋友等无所不会；"豹子头"林冲身负冤仇大恨，尚能忍耐许久，几经挫折，终于逼上梁山；《红楼梦》里的林黛玉多愁善感，弱不禁风。从这四个古代小说中的典型人物身上，我们看到，气质是一种存在于人身上的典型的、稳定的心理特点。

人的气质差异是先天形成的，受神经系统活动过程的特性所制约。孩子刚一出生时，最先表现出来的差异就是气质差异，有的孩子爱哭好动，有的孩子平稳安静。它只给人们的言行涂上某种色彩,但不能决定人的社会价值,也不直接具有社会道德评价含义。气质不能决定一个人的成就,任何气质的人只要经过自己的努力都能在不同实践领域中取得成就。气质是人的个性心理特征之一。它是指在人的认识、情感、言语、行动中,心理活动发生时力量的强弱、变化的快慢和均衡程度等稳定的动力特征。主要表现在情绪体验的快慢、强弱、表现的隐显以及动作的灵敏或迟钝方面,因而它为人的全部心理活动表现染上了一层浓厚的色彩。气质在社会中所表现的是一个人从内到外的一种内在的人格魅力,是所发挥的一个人内在魅力的质量的升华。这其中所指的人格魅力有很多,比如修养、品德、举止行为、待人接物、说话的感觉等,所表现的有高雅、高洁、恬静、温文尔雅、豪放大气、不拘小节等。所以,气质并不是自己所说出来的,而是自己长久的内在修养平衡以及文化修养的一种结合,是持之以恒的结果。

2. 气质的类型

(1)体液学说。气质(temperament)一词来源于拉丁语“temperamerturm”,原意是掺和、混合,指按适当比例把佐料调和在一起。古希腊医生希波克拉底(公元前460~公元前377年)很早就观察到人有不同的气质,他认为人体内有四种液体,即血液、黏液、黄胆汁、黑胆汁。这四种液体在人体内的比例不同,形成了气质的四个类型,即多血质、胆汁质、黏液质、抑郁质。多血质的人体液混合比例中血液占优势,胆汁质的人体内黄胆汁占优势,黏液质的人体内黏液占优势,抑郁质的人体内黑胆汁占优势。这种用体液解释气质类型的观点虽然缺乏坚实的科学根据,但把人的气质分为这样的四个类型(图3-1)在今天看来仍具有其合理性和经典性,因此被普遍接受。

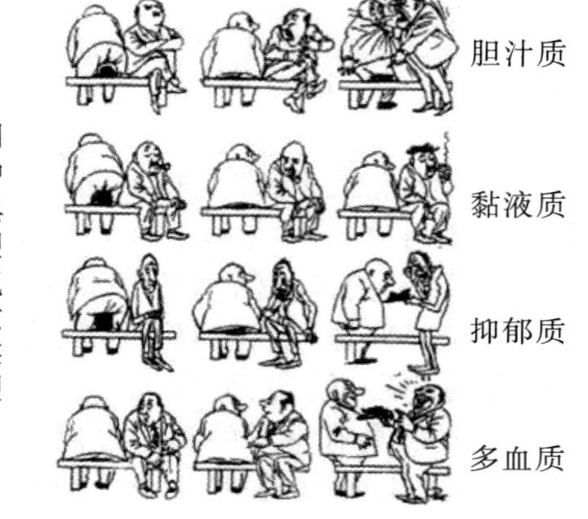

([丹麦]皮特斯特鲁普)

图3-1　四种典型气质类型

多血质——像春天,敏捷好动,开朗活泼,可塑性强。这类人具有很高的灵活性,善于交际,很容易适应新的环境,在集体中容易处事,朝气蓬勃。多血质的人,由于容易形成和改变神经活动的暂时联系以及神经活动的高度灵活性,往往智慧灵敏。很多多血质的人积极参加学校一切活动,在学习和工作上肯动脑、主意多,常表现出较强的工作能力和办事效率,但做事散漫,有始无终,对外界事物兴趣广泛,但容易浮躁,注意力不容易集中,见异思迁。代表人物:韦小宝、孙悟空、王熙凤。

胆汁质——像夏天,热情奔放,情绪兴奋,乐观向上。这类人精力旺盛、态度直率、激动热忱,有很高的兴奋性,行动上表现出不平衡。学习和工作带有明显的周期性特点,能以极大的热情和旺盛的精力投入学习和工作,不过一旦精力消耗殆尽时,便会失去信心,情绪顿时转为沮丧而心灰意冷。代表人物:张飞、李逵、晴雯。

黏液质——似秋天,沉稳冷静,感情细腻,富于想象。黏液质的人安静稳重,反应缓慢,情绪不易外露,注意力稳定、难于转移,善于忍耐。这类大学生不爱活动,安静沉稳,外柔内刚。无论环境如何变化,都能保持心理平衡,很少发脾气,情感很少外露,面部表情单一；凡事深思熟虑，力求稳妥，一般不做无把握的事情，在各种情况下都表现出较强的自我克制能力；他们沉静多思，不易流露内心的真情实感；与人交往时，态度不卑不亢，交际适度。代表人物：勾践、鲁迅、薛宝钗。

抑郁质——如冬天，富于理性，体验深刻，自制力强。抑郁质的人行动迟缓，善于觉察别人不易察觉的细小事物。这类大学生喜欢安静独处，感情细腻而脆弱，常为区区小事引起情绪波动；自己心里有话，宁愿自己品味，不愿向别人倾诉。喜欢独处，不爱表现自己，对出头露面的工作尽量摆脱。代表人物：达尔文、林黛玉、杜甫等。

巴甫洛夫认为有四种典型的高级神经活动类型，即活泼的、安静的、不可抑制的、弱的。这分别与希波克拉底的四种气质类型相对应，四种气质类型即四种典型的高级神经活动类型的行为表现见表3-1。除这四种典型的类型外，还有许多中间类型。巴甫洛夫学派的观点得到后继者的进一步发展，如捷普洛夫和涅贝利岑等主张研究神经系统的各种特性及其判定指标；梅尔林主张探讨神经系统特性与气质的关系，强调神经系统的几种特性的组织是气质产生的基础。还有人将气质归因于体质、内分泌腺或血型的差异，但气质的生理基础仍无法确定。

表3-1 四种气质类型与四种典型的高级神经活动类型

气质类型	神经系统的基本特点	高级神经活动类型
多血质	强、平衡、灵活	活泼型
胆汁质	强、不平衡	兴奋型
黏液质	强、平衡、不灵活	安静型
抑郁质	弱	抑制型

在实际生活中，典型的某种气质类型的人并不多，多数人都是混合型气质，且以两种气质混合的（双质型）居多，三种气质混合的（三质型）人并不多。据一项关于我国大学生气质类型的调查表明，大学生中复合型气质占65.93%，单一型气质占34.07%。总的趋势是多血质类型的人数最多，共占56.32%；其次为黏液质，占24.18%；第三为胆汁质，占13.73%；抑郁质最少，占5.77%。

气质本身无优劣之分，任何一种气质都有其积极和消极的方面。气质特征会对学习活动产生影响。胆汁质者思维敏捷，学习热情高，刚强但粗心、急躁；多血质者机智灵敏，适应性好，兴趣广泛，但烦躁、不踏实；黏液质者刻苦认真，但迟缓、不灵活；抑郁质者思维深刻，谨慎细心，但迟缓、精力不足。了解自己的气质，可以有的放矢地调整，使学习更上一层楼。

不同专业、职业对气质特点有不同要求，某些气质特征往往能为个人从事某种职业活动提供有利条件。胆汁质者可以成为出色的导游、推销员、节目主持人、演讲者、外事接待人员、演员等，他们适应于喧闹嘈杂的工作环境，而对于需要长期安坐、细心检查的工作则难以胜任。适宜多血质者的工作有外交、管理、驾驶员、医生、律师、运动员、新闻记者、军人、警察等，但他们不适宜做过细的工作，单调机械的工作也难以胜任。外科法官、管理人员、会计、保育员、播音员等是黏液质者比较能适应的工作，变化、需要灵活的工作使他们感到压力。对于抑郁质者来说，胆汁质无法胜任的工作他们

倒恰到好处，如校对、打字、检查员、化验员、保管员、机要秘书等都是他们理想的工作。

了解自己和他人的气质在人际交往中有重要意义。如向黏液质者提出要求，应让他有时间考虑，对抑郁质者应多给予关心和鼓励，与胆汁质者打交道应避免发生冲突等。当然，这都是从一般意义上来说的，不可有先入之见。

因此，大学生要正确对待自己的气质类型，经常有意识地控制自己气质的消极品质，发扬积极品质，以利于形成良好的人格。充分发挥人格，改造气质，克服气质弱点，可利于自己将来选择各种不同的职业和专业，以求人尽其才。

需要指出的是，气质不决定一个人活动的社会价值和成就的高低，因为在同一领域取得杰出成就的人，有各种气质类型的代表，原苏联心理学家经过分析认为，普希金属胆汁质，赫尔岑属多血质，克雷洛夫属黏液质，果戈理属抑郁质，但是他们都成了大文豪。可见，气质不同的人都可以成为某一领域人才的杰出代表。

(2)其他类型。

①体型说。体型说由德国精神病学家克雷奇默(E. Kretschmer)提出。他根据对精神病患者的临床观察，认为可以按体型划分人的气质类型。根据体型特点，他把人分成三种类型，即肥满型、瘦长型、筋骨型。例如，肥满型产生躁狂气质，其行动倾向为善交际、表情活泼、热情、平易近人等；瘦长型产生分裂气质，其行动倾向为不善交际、孤僻、神经质、多思虑等；筋骨型产生黏着气质，其行动倾向为迷恋、认真、理解缓慢、行为较冲动等。他认为三种体型与不同精神病的发病率有关。

美国心理学家谢尔登(W. H. Sheldon)认为，形成体型的基本成分——胚叶与人的气质关系密切。他根据人外层、中层和内层胚叶的发育程度将气质分成三种类型。

内胚叶型：丰满、肥胖。特点是图舒服，好美食，好睡觉，会找轻松的事干，好交际，行为随和。

中胚叶型：肌肉发达，结实，体型呈长方形。特点是武断，过分自信，体格健壮，主动积极，咄咄逼人。

外胚叶型：高大细致，体质虚弱。特点是善于自制，对艺术有特殊爱好，并倾向于智力活动，敏感，反应迅速。工作热心负责，睡眠差，易疲劳。

体型说虽然揭示了体型与气质的某些一致性，但并未说明体型与气质间关系的机制，体型对气质是直接影响还是间接影响，两者之间是连带关系还是因果关系。另外，研究结果主要是从病人而不是从常态人那里得来的，因此，缺乏一定的科学性。

②激素说。激素说是生理学家柏尔曼(Berman)提出的。他认为，人的气质特点与内分泌腺的活动有密切关系。此理论根据人体内哪种内分泌腺的活动占优势，把人分成甲状腺型、脑下垂体型、肾上腺分泌活动型等。例如，甲状腺型的人表现为体格健壮，感知灵敏，意志坚强，任性主观，自信心过强；脑下垂体型的人表现为性情温柔，细致忍耐，自制力强。

现代生理学研究证明，从神经—体液调节来看，内分泌腺活动对气质的影响是不可忽视的。但激素说过分强调了激素的重要性，从而忽视了神经系统特别是高级神经系统活动特性对气质的重要影响，不乏片面倾向。

③血型说。血型说是日本学者古川竹二等人的观点。他们认为气质是由不同血型决定的，血型有A型、B型、AB型、O型，与之相对应的气质也可分为A型、B型、AB型与

O 型四种。A 型气质的特点是温和、老实稳妥、多疑、顺从、依赖他人、感情易冲动。B 型气质的特点是感觉灵敏、镇静、不怕羞、喜社交、好管闲事。AB 型气质特点是上述两者的混合。O 型气质特点是意志坚强、好胜、霸道、喜欢指挥别人、有胆识、不愿吃亏。但这种观点有待考证。

④特性说。活动特性说是美国心理学家巴斯(A. H. Bass)的观点。他用反应活动的特性(即活动性、情绪性、社交性和冲动性)作为划分气质的指标,由此区分出四种气质类型。活动性气质的人总是抢先迎接新任务,爱活动,不知疲倦;婴儿期时总是手脚不停乱动,儿童期时在教室坐不住,成年时则显露出一种强烈的事业心。情绪性气质的人觉醒程度和反应强度大;婴儿期时出经常哭闹,儿童期时易激动、难于相处,成年时则喜怒无常。社交性气质的人渴望与他人建立密切的联系;婴儿期时要求母亲与熟人在身旁,孤单时好哭闹,儿童期时易接受教育的影响,成年时与周围人相处很融洽。冲动性气质的人缺乏抑制力;婴儿期时等不得母亲喂饭等,儿童期时经常坐立不安,注意力容易分散,成年时表现为讨厌等待,倾向于不假思索地行动。用活动特性来区分气质类型是近年来出现的一种新动向,不过活动特性的生理基础是什么,却没有揭示出来。

我国心理学界现普遍认为,气质的生理机制是神经类型。

五、性格

1. 性格是什么

如恩格斯所言:"人物的性格不仅表现在他做什么,而且表现在他怎么做。"(恩格斯《致斐·拉萨尔的信》)"做什么"表现出一个人行为的动机和态度;"怎么做"表现的是一个人的行为、活动方式。因此,所谓性格,即一个人在对现实的稳定的态度,以及与这种态度相应的、习惯化了的行为方式中表现出来的人格特征。例如,一个人在待人处事中总是表现出高度的原则性、热情奔放、豪爽无拘、坚毅果断、深谋远虑,那么我们说这些特征就组成了这个人的性格。构成一个人的性格的态度和行动方式总是比较稳固的,在类似的甚至不同的情境中都会表现出来。当我们对一个人的性格有了比较深切的了解时,我们就可以预测到这个人在一定的情境中将会做什么和怎样做。我们可以针对大学生性格上的特点,对其进行帮助和教育。比如,一个大学生比较自信、勇敢、有毅力,但又比较任性和粗暴;另一个大学生缺乏自信、不好外露、没有主见、易受暗示,但有一股韧劲。当他俩去完成同样的任务时,对前者就要叮嘱他注意工作方法,密切联系群众;对后者则要给予更多的鼓励、更具体的帮助。

性格是在社会生活实践中逐渐形成的,一经形成便比较稳定,它会在不同的时间和不同的地点表现出来。但是,性格具有稳定性并不是说它是一成不变的,而是可塑的。性格在一个人的生活中形成后,生活环境的重大变化一定会造成他性格特征的显著变化。

性格不同于气质,它受社会历史文化的影响,有明显的社会道德评价的意义,直接反映了一个人的道德风貌。所以,气质更多地体现了人格的生物属性,性格则更多地体现了人格的社会属性,个体之间的人格差异的核心是性格的差异。

值得指出的是,性格与气质虽然存在重要区别,但同时也具有密切的联系,主要表现在以下几个方面:

（1）性格对气质具有重要的调控作用。由于性格是人在社会生活实践过程中形成的对现实的稳定的态度和习惯化的行为方式，因此，性格在一定程度上可以掩盖或改造气质，使气质的消极因素受到抑制，积极因素得到发展。

（2）气质可以影响性格的表现方式。例如，在选购商品活动中，同是认真、细致的性格，多血质的消费者挑选商品时动作迅速利索、情感溢于言表；而黏液质的消费者挑选商品时却沉默寡言、动作迟缓、情感不外露。

（3）气质可以影响性格特征形成和发展的速度。例如，在购买活动中，黏液质的消费者往往能独立作出购买决策，不受外界干扰；而胆汁质的消费者注意力不稳定，自我控制力差，因而要排除外界干扰，独立进行决策就较为困难。又如，自信心的建立，胆汁质、多血质的大学生往往不需要做特殊的意志努力就能够做到，而对于抑郁质的大学生来说，却要努力克服心理上的自卑感，才能建立充分的自信心。

2. 性格的结构

（1）性格的静态结构。从组成性格的各个方面来分析，可以把性格分解为态度特征、意志特征、情绪特征和理智特征四个组成成分。

性格的态度特征主要指的是一个人如何处理社会各方面的关系的性格特征，即他对社会、对集体、对工作、对劳动、对他人以及对待自己的态度的性格特征。

性格的态度特征，好的表现是忠于祖国、热爱集体、关心他人、乐于助人、大公无私、正直、诚恳、文明礼貌、勤劳节俭、认真负责、谦虚谨慎等；不好的表现是没有民族气节、对集体和他人漠不关心、自私自利、损人利己、奸诈狡猾、蛮横粗暴、懒惰挥霍、敷衍了事、不负责任、狂妄自大等。

性格的意志特征指的是一个人对自己的行为自觉地进行调节的特征。按照意志的品质，良好的意志特征是有远大理想，行动有计划，独立自主、不受别人左右，果断、勇敢、坚忍不拔，有毅力、自制力强等；不良的意志特征是鼠目寸光、盲目性强，随大流，易受暗示、优柔寡断、放任自流或固执己见、怯懦、任性等。

性格的情绪特征指的是一个人的情绪对他从事的活动的影响，以及他对自己情绪的控制能力。良好的情绪特征是善于控制自己的情绪，情绪稳定，常常处于积极乐观的心境状态；不良的情绪特征是事无大小，都容易引起情绪反应，而且情绪对身体、工作和生活的影响较大，意志对情绪的控制能力比较薄弱，情绪波动，心境自然容易消极悲观。

性格的理智特征是指一个人在认知活动中的性格特征。如认知活动中的独立和依存性：独立者能根据自己的任务和兴趣主动地进行观察，善于独立思考；依存性者则容易受到无关因素的干扰，愿意借用现成的答案。想象中的现实性：有人现实感强，有人则富于幻想。思维活动的精确性：有人能深思熟虑，看问题全面；有人则缺乏主见，人云亦云或钻牛角尖；等等。

（2）性格的分类。通常，人们在对他人的性格进行评价时，会说“性格很好”“性格很单纯”。“性格很好”是指这个人具有良好的思想与言行，比如温柔、善良；“性格很单纯”是指这个人的行为很容易让人想象出来，也就是说性格真诚、坦率。很多心理学家在研究性格时，会将性格分为若干种类型，但是由于人的性格复杂多样，以至于没有特定的分类。在生活中，我们比较常见的性格分类有以下几种：

①内外向。根据瑞士心理学者C. G. 荣格(Carl Gustav Jung，1875—1961)的心理学观点，性格可以分成两大类：内向型和外向型。所谓内向型和外向型的性格，是指个人的心理活动倾向于内部还是倾向于外部。

外向型的人：心理活动倾向于外部世界，经常对客观事物表示关心和兴趣，性格开朗活泼，乐意参加群体活动，喜热闹环境，喜交往。不愿意冥思苦想，常常需要别人帮助来满足个人情绪需要。健谈，少怯场，不拘小节，容易出现轻率行为。一般而言，外向型的人易成为开拓型人才，如实业家、领导管理人才。

内向型的人：心理活动倾向于内部世界，珍视自己内心情感的体验，对内部心理活动体验深刻且持久，不愿在大庭广众前出头露脸，言语少，害羞，容易怯场。行为拘谨，容易给人留下犹豫、迟疑，甚至困惑的印象。一般而言，内向型的人适宜做学术性工作，从事精细要求的工作。

性格内向还是外向，并没有优劣之分。例如，在中国历史中，号称“诗仙”的李白是偏向外向的人，而号称“诗圣”的杜甫则是偏向内向的人。在严羽《沧浪诗话》中有诗赞颂二人说，“子美(指杜甫)不能为太白(指李白)之飘逸，太白不能为子美之沉郁”，对两人的成就给予了高度的评价。可见，性格是内向还是外向并不妨碍他们都成为我国历史上著名的大诗人。

在现实中，人的性格都是复杂的，大部分人的性格或偏向外向型，或偏向内向型，很难找到特别典型的外向型或内向型的性格。

②其他分类。

根据知、情、意三者在性格中何者占优势，可把人们的性格划分为理智型、情绪型和意志型。理智型的人，通常以理智来评价、支配和控制自己的行动；情绪型的人，往往不善于思考，其言行举止易受情绪左右；意志型的人一般表现为行动目标明确，主动积极。

根据个体独立性程度，可把人们的性格划分为独立型和顺从型。独立型的人善于独立思考，不易受外来因素的干扰，能够独立地发现问题和解决问题；顺从型的人，易受外来因素的干扰，常不加分析地接受他人意见，应变能力较差。

根据人的社会生活方式以及由此而形成的价值观，可把人们的性格类型分为理论型、经济型、审美型、社会型、权力型和宗教型。

根据人际关系，可把人们的性格划分为A、B、C、D、E五种。A型性格情绪稳定，社会适应性及向性均衡，但智力表现一般，主观能动性一般，交际能力较弱；B型性格具有外向性的特点，情绪不稳定，社会适应性较差，遇事急躁，人际关系不融洽；C型性格具有内向性特点，情绪稳定，社会适应性良好，但在一般情况下表现被动；D型性格具有外向性特点，社会适应性良好或一般，人际关系较好，有组织能力；E型性格具有内向性特点，情绪不稳定，社会适应性较差或一般，不善交际，但往往善于独立思考，有钻研性。

第二节　大学生人格的形成与发展

一、人格形成和发展阶段

埃里克森(E. H. Erikson)是美国著名精神病医师，新精神分析派的代表人物。他认为，人格发展持续一生，他把人格的形成和发展过程划分为八个阶段，这八个阶段的顺序是由遗传决定的，但是每一阶段能否顺利度过却是由环境决定的，每一个阶段都是不可忽视的。

1. 婴儿前期

此时是基本信任和不信任的心理冲突。如果这一阶段的危机成功地得到解决，就会形成希望的美德；如果危机没有得到成功地解决，就会形成胆小怕事的人格。

这个阶段的儿童最为孤弱，因而对成人依赖性最大，如果护理人能以慈爱和惯常的方式来满足儿童的需要，他们就会形成基本信任感。如果他们的母亲拒绝他们需要或以非惯常的方式来满足他们的需要，儿童就会形成不信任感。

当儿童形成的信任感超过不信任感时，基本信任对基本不信任的危机方才得到解决。应当牢记，重要的是两种解决办法所占的比率。对任何人和任何东西都信任的儿童必然会陷入困境。某种程度的不信任是积极的和有助于生存的。但是，信任感占优势的儿童具有敢于冒险的勇气，不会被绝望和挫折所压垮。

我们可以说，得到信任的儿童敢于希望，这是一个注重未来的过程，而缺乏足够信任的儿童不可能怀有希望，因为他们必须为需要是否能得到满足而担忧。所以他们被现状所束缚。

2. 婴儿后期

此时是自主与害羞、怀疑的冲突。在这个阶段中，如果儿童形成的自主性超过羞怯与疑虑，就会形成意志的美德；如果危机不能成功地解决，就会形成自我疑虑。

在这个阶段中，儿童迅速形成许许多多的技能。他们学会了走、爬、推、拉和交谈。更通俗地说，他们学会了如何抓握和放开。他们不仅把这些能力应用于物体，而且还应用于控制和排泄大小便。换句话说，儿童现在能“随心所欲”地决定做还是不做某些事情。因而儿童从这时起就介入了自己意愿与父母意愿相互冲突的矛盾之中。

父母必须按照社会所能接受的方向，履行控制儿童行为的精心任务，而又不能伤害儿童的自我控制感和自主性。换言之，父母必须具有理智的忍耐精神，但仍然必须坚定地保证儿童的社会许可行为的发展。

在这个阶段中，如果儿童形成的自主性超过羞怯与疑虑，就形成意志的美德。如果父母过分溺爱和不公正地使用体罚，儿童就会感到疑虑而体验到羞怯。持久的良好愿望与自豪感发自没有丧失自尊的自我控制感，持久的动辄爱疑虑和爱羞怯的倾向来自丧失自我控制感和过度的外部控制。

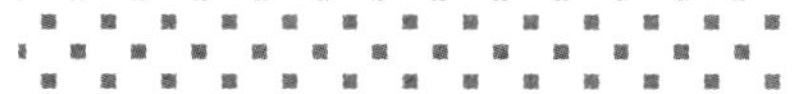

3. 幼儿期

此时是主动对内疚的冲突。如果这个阶段的危机成功得到解决,就会形成方向和目的的美德;如果危机不能成功地解决,就会形成自卑感。

在这一时期,儿童能更多地进行各种具体的运动神经活动,更精确地运用语言和更生动地运用想象力。这些技能使儿童萌发出各种思想、行为和幻想,以及规划未来的前景。按照埃里克森的观点,这个阶段的儿童"一般对形状规格的差异,特别对性差异都产生一种毫不厌倦的好奇心……现在他在学习上大胆探索且精力充沛:这就致使他越出自己有限范围,投入未来无限的前景之中"。

在前两个阶段,儿童已懂得他们是人。现在他们开始探究他们能成为哪一类人。在这个阶段,儿童检验了各种各样的限制,以便找到哪些是属于许可的范围,而哪些又是不许可的。如果父母鼓励儿童的独创性行为和想象力,那么儿童会以一种健康的独创性意识离开这个阶段。然而,如果父母讥笑儿童的独创性行为和想象力,那么儿童就会以缺乏自信心的状态离开这一阶段。由于缺乏自主性,当他们在考虑种种行为时总是易于产生内疚感,所以,他们倾向于生活在别人为他们安排好的狭隘的圈子里。

如果儿童在这个阶段获得的自主性胜过内疚,就会形成目的的美德。埃里克森把"目的"解释为:"正视和追求有价值的目的的勇气,尽管这种目的曾被幼年的幻想,被内疚、被对惩罚的丢魂落魄的恐惧所阻挡。"随着儿童在前面三个阶段中所遇到的危机得到积极的解决,就获得了希望、意志和目的三个积极的美德。

4. 童年期

此时是勤奋对自卑的冲突。如果这一阶段的危机成功地得到解决,就会形成能力的美德;如果危机不能成功地解决,就会形成无能。

在这一阶段中,儿童学习各种必要的谋生技能以及能使他们成为社会生产者所具备的专业技巧。儿童必须忘记他过去的希望和愿望,他丰富的想象力被驯服,被一些非人性事物的法则所约束,甚至被读、写、算所约束。因为,尽管儿童在心理上已经具有做父母的基本因素,但他在生理上成为父母之前,首先必须是一个劳动者和有可能养家活口的人。

学校是培养儿童将来就业及顺应他们文化的场所。因为在大多数文化中,包括我们自己的文化,生存要求具备与他人合作的工作能力,所以社交技巧是学校传授的重要课程之一。

儿童在这一阶段所学的最重要的课程是"体验以稳定的注意和孜孜不倦的勤奋来完成工作的乐趣"。在这门课程中,儿童可以获得一种为他在社会中满怀信心地同别人一起寻求为各种劳动职业做准备的勤奋感。

如果儿童没有形成这种勤奋感,那么他们就会形成一种对成为社会有用成员的能力丧失信心的自卑感。

如果儿童获得的勤奋感胜过自卑感,那么他们就会以能力的美德离开这个阶段。像以上论述过的其他美德一样,能力是由于爱的关注与鼓励而形成的。自卑感是由于儿童生活中十分重要的人物对他的嘲笑或漠不关心造成的。

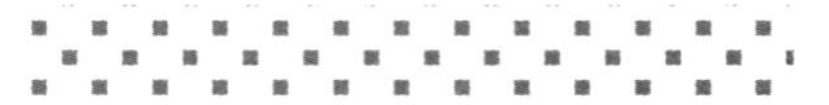

5. 青春期

此时是自我同一性和角色混乱的冲突。如果这一阶段的危机成功地得到解决，就会形成忠诚的美德；如果危机不能成功地解决，就会形成不确定性或无归属感、为人冷淡冷漠、缺乏关爱的意识。

埃里克森认为这个阶段体现了童年期向青年期发展中的过渡阶段。在前四个阶段中，儿童懂得了他是什么，能干什么，也就是说，懂得所能担任的各种角色。在这个阶段中，儿童必须仔细思考全部积累起来的有关他们自己及社会的知识，最后致力于某一生活策略。一旦他们这样做，他们就获得了一种同一性，长大成人了。获得个人的同一性就标志着这个发展阶段取得了满意的结局。

然而，这个阶段自身应当被看做一个寻找同一性的时期，而不是具有同一性的时期。埃里克森把这个时期称为心理社会的合法延缓期，他用这一术语来表示青年人和成年期的间隔。

埃里克森在许多方面使用同一性(有时也称自我同一性)这一术语。例如，它是“一种熟悉自身的感觉，一种‘知道个人未来目标’的感觉，一种从他信赖的人们中获得所期待的认可的内在自信”。他探讨了同一性和早期经验的关系：

正在生长和发展的青年人，他们正面临着一场内部生理发育的革命，面临着摆在他们前头的成年人的使命，他们现在主要关心的是把别人对他们的评价与他们自己的感觉相比较，主要关心的是如何把各种角色及早期培养的技能和当今职业的标准相联系这个问题……

这种以自我同一性的形式发生的整合在数量上超过了童年期的各种自我认同。它是自我把一切自居作用与力必多的变化，与先天遗传形成的自然倾向，与在社会各种角色中提供的机会进行整合的这种能力的自然增长的历程。所以，自我同一性的感觉是一种不断增长的信念，是一种一个人在过去经历中形成的内在的恒常性和同一感(心理上的自我)，一旦这种同一性的自我感觉与一个在他人心目中的感觉相配时，那么，就表明一个人的“生涯”是大有前途的。埃里克森没有为他在各个方面使用同一性寻找借口。他觉得既然它是一个复杂的概念，就应从各个角度来探讨它。

如果年轻人不能以同一性来离开这个阶段，那他们就会以角色混乱或者也许会以消极的同一性来离开这个阶段。角色混乱是以不能选择生活角色为特征的，这样就无限制地延长了心理的合法延续期，或者说仅仅应诺了一些很快就抛弃的口头许愿。消极同一性是告诫儿童不要学习不良行为。埃里克森把消极同一性解释为：“是一种违背意愿地建立在发展的关键阶段并向个人呈现出所有最厌恶的，最危险的，然而也许是最真实的各种自居作用和角色之上的同一性。”他举了一个例子，一位孩子的母亲对堕落成酒精中毒症的兄弟充满了一种无意识的恨铁不成钢的感情，她会有选择地仅对他儿子有可能重蹈其兄弟的命运的那些特征作出重复的反应，在这种情况下，这种“消极的”同一性对她的孩子来说，比他内心要成为好孩子的愿望更现实，他也许会努力成为一名醉汉……

前面四个阶段为儿童提供了形成“同一性”的“材料”。在这个阶段，个人必须同化这些材料。同一性的形成标志着童年期的结束与成年期的开始。从这时起，生活是对自我同一性的彻底表现。既然个人“知道他或她是什么人”，生活的任务就是引导“那

个人”完满地度过人生的其余阶段。

6. 成年早期

此时是亲密对孤独的冲突。如果这一阶段的危机成功地得到解决，就会形成爱的美德；如果危机不能成功地解决，就会形成混乱的两性关系。

弗洛伊德曾经把健康的人定义为一种充满爱而辛勤工作的人。埃里克森赞同这个定义。但是他又指出，唯有具备牢固同一性的人才能敢于涉足与另一个人相爱的情河之中。具有牢固同一性的青年人热烈地寻求与别人的亲密关系……青年人是在寻求和保持同一性的过程中生成的，他们热切和乐意把自己的同一性与其他人的同一性融合在一起。他已具备了与他人亲密相处的能力，也就是说，具备了成为协会会员和伙伴关系成员所须承担义务的能力以及具备了为遵守这些义务而发展的道德力量的能力，即使这些都需要付出巨大的牺牲和让步。

没有形成有效工作与亲密能力的人会离群索居，回避与别人亲密交往，因而就形成了孤立感。如果个人在这个阶段形成的亲密能力胜过孤立能力，他们就会形成爱的美德。埃里克森把“爱”定义为“双方对永久抑制遗传导致的分工作用的对抗性的相互献身”。

7. 成年中期

此时是生育对自我专注的冲突。如果这一阶段的危机成功地得到解决，就会形成关心的美德；如果危机得不到成功地解决，就会形成自私自利。

如果一个人能很幸运地形成积极的同一性，过上富有成效的幸福生活，那么他就会力图把产生这些东西的环境条件传递给下一代。这可以通过与儿童（不必是自己的孩子）提高直接的交往，或者通过生产或创造能提高下一代生活水平的那些东西来实现。

所以，繁殖在建立和指导下一代中是头等要事，虽然有些人由于不幸或其他方面特殊的和真正的天赋，而不能运用这个内驱力来为子孙后代造福。的确，繁殖这个概念包含了生产能力和创造能力这类更为通俗的同义词的含义，但是这些同义词都是不能取代它的。没有产生繁殖感的人是以“停滞和人际贫乏”为特征的。

一旦一个人的繁殖比率比停滞高，那么这个人会以关心的美德离开这个阶段。埃里克森把“关心”定义为“是一种对由爱必然或偶然所造成结果的扩大了的关心，它消除了那种由不可推卸的义务所产生的矛盾心理”。

8. 成年后期

此时是自我完整与绝望期的冲突。如果这一阶段的危机得到成功地解决，就形成智慧的美德；如果危机得不到成功地解决，就会形成失望和毫无意义感。

埃里克森把自我完整定义为，“只有这种以某种方式关心事物和人们的人，才能使自己顺应形影相随的胜利和失望，顺应其他事物的创造者，或者说顺应各种产品和思想的创造者——只有在这种人身上，这七个阶段的果实方能日臻成熟——我找不到比自我完整更好的词来表述它”。按照埃里克森的理论，只有回顾一生感到所度过的是丰足的，有创建的和幸福的人生的人才会不惧怕死亡。这种人具有一种圆满感和满足感。而那种回顾挫败人生的人则体验到失望。看起来似乎令人奇怪，但是体验到失望并不像体验到满足感的人那样敢于面对死亡，因为前者在一生中没有实现任何重大的目标。

这八个阶段不但依次相互关联，而且第八个阶段还直接与第一个阶段相联系。换言之，这八个阶段以一种循环的形式相互联系。

例如，成人对待死亡的态度会直接影响儿童的信任感。埃里克森相信，“用这种说法——如果儿童的长者完美得足以不惧怕死亡，那么这些健康的儿童也不会惧怕生活——来进一步解释成人的完整与儿童之间的信任感似乎是可能的”。如果个人获得的自我完整胜过失望，那他或她就以智慧的美德为一生的特征，埃里克森把“智慧”定义为“以对人生本身超然的关心，来面对死亡本身”。

埃里克森认为，青年期人格发展阶段的主要内容，就是完成“自我角色认同”，即力图把握自己的过去、现在和未来发展的内在连续性，认识自己和所处社会生活环境的同一性。如果一个人在婴幼儿和少年心理发展阶段获得的是信任感、安全感、自主感和勤奋感，到了青年时期，自我角色认同的问题就可以比较顺利地得到解决，其人格心理和人格行为的社会化就很顺利。相反，如果童年和少年阶段心理发展获得的是畏惧感、失望感、自卑感和怀疑感，青年时期就容易出现自我角色认同的混乱。比如权威性混乱（一意孤行或一味盲从）、时间性混乱（或急躁，或拖沓）、情绪性混乱（喜怒无常，或深藏难露）、两性混乱（各种性变态）等。因此，青年时期自我角色认同的心理发展阶段，是人的一生中人格发展的转折时期，它对成人人格的最后形成有关键性的意义。

二、遗传与环境对大学生人格形成发展的影响

在人格发展的问题上，历史上有两种极端的观点：一种是遗传决定论；另一种是环境决定论。现在，人们把这两种观点结合起来，认为人格是遗传因素和环境因素共同作用的结果。遗传因素是人格形成和发展的生物学基础，为人格发展提供了可能性和方向性；而环境（社会文化、家庭）因素则把这种可能性转化为现实。大学生的人格发展也不例外，它是在实践活动中，在人和环境的相互作用过程中形成和发展起来的。

1. 生物遗传因素

人格的形成离不开个体的遗传生物基础。个体的神经系统（特别是脑）的特性、体内的生化物质是人格形成的基础。身体外貌对人格的形成也有一定的影响。

双生子的研究被心理学家认为是研究人格遗传因素的最佳办法。他们还提出了双生子的研究原则：同卵双生子由于具有相同的基因形态，因此他们之间的任何差异都可以归于环境因素；而异卵双生子的基因虽然不同，但在环境上有许多相似性，如出生顺序、母亲年龄等，因此也提供了环境控制的可能性。系统地研究这两种双生子就可以看出不同环境对相同基因的影响或者相同环境下不同基因的表现。研究结果表明：由于同卵双生子具有相同的基因，因此他们之间的任何差异一定是环境造成的；由于异卵双生子在遗传上不同，他们有许多相同的环境条件，故可提供一些有关环境控制的测量；同时研究同卵双生子与异卵双生子，就可能评估相同基因类型下不同环境的作用，以及在相同或类似环境下不同基因类型的作用。

那么，我们应该如何看待、评价遗传因素对人格的作用呢？遗传对人格有影响，但是遗传作用有多大，是一个复杂的问题。研究表明，遗传是人格不可缺少的影响因素，遗传因素对人格的作用程度因人格特征的不同而异，通常在智力、气质这些与生物因素相关较大的特征上，遗传因素较为重要；而在价值观、信念、性格等与社会因素关系紧

密的特征上，后天环境因素更重要。在个体发展过程中，人格是遗传与环境交互作用的结果，遗传因素影响人格的发展方向及难易。

2. 社会环境因素

人格的幼芽要成长为参天大树，须得具备良好的环境。人格的发展受到社会文化、学校教育、家庭环境等诸多因素的制约。不同的环境在人格形成和发展的不同阶段起着不同的作用。

(1)社会文化因素。人一出生，便置身于社会文化之中并受社会文化的熏陶与影响，社会文化对人格的影响伴随着人的终生。社会文化具有塑造人格的功能，这反映在不同文化的民族有其固有的民族性格，不同的地域有着不同的文化传统，不同的文化发展时期有着不同的文化认同。例如，玛格丽特·米德(Margaret Mead，1901—1978)等人研究了新几内亚的三个民族的人格特征，结果表明：来自于同一祖先的不同民族各具特色，鲜明地体现了社会文化对个体的影响力。居住在山丘地带的阿拉比修族，崇尚男女平等的生活原则，成员之间互相友爱、团结协作，一派亲和景象。居住在河川地带的孟都古姆族，生活以狩猎为主，男女之间有权力与地位之争，成员表现出攻击性强、冷酷无情、嫉妒心强、妄自尊大、争强好胜等人格特征。居住在湖泊地带的张布里族，男女角色差异明显，女性是这个社会的主体，掌握着经济实权；而男性则处于从属地位，其主要活动是艺术、工艺与祭祀活动，并承担孩子的养育责任。这种社会分工使女人表现出刚毅、支配、自主与快活的性格，男人则有明显的自卑感。(米德《三个原始民族的气质和性格》)

由此可见，社会文化因素对人格的形成与发展具有重要的作用，特别是后天形成的一些因素决定了人格的共同性特征，它使同一社会的人在人格上具有一定程度的相似性，如民族性格等。

(2)学校教育因素。学校是一种有目的、有计划地向学生施加影响的教育场所。教师、班集体、同学与同伴等都是学校教育的元素。

教师对学生人格的发展具有指导定向作用。教师的人格特征、行为模式与思维方式对学生可产生巨大影响。一项有关教师公正性对学生学业与品德发展的研究结果表明，学生极为看重教师对他们是否公正、公平，教师的不公正表现会导致学生的学业成绩和道德品质的降低。“皮格马利翁效应”就说明了每个学生都需要老师的关爱，在教师的关注下，他们会朝着老师期望的方向发展。实验研究还表明，如果教师把自己的热情与期望投放在学生身上，学生会体察出老师的希望，并努力奋斗。很多学生都有受老师鼓励开始发奋图强，受老师批评而导致学习兴趣变化的人生体验。

学校是同龄群体会聚的场所，同伴群体对学生人格具有巨大的影响。班集体是学校的基本组织结构，班集体的特点、要求、舆论和评价对于学生人格的发展具有“弃恶扬善”的作用。少年同伴群体也是一个结构分明的集体，群体内有上下级关系的“统领者”和“服从者”，有平行关系的“合作者”和“互助者”。这个群体中体现着不同于孩童与成人的青少年亚文化特征。与幼童不同的是，孩子离开父母或被父母拒绝是幼童焦虑的最大根源；而青少年的焦虑不安则来自于同辈群体的拒绝。在这个少年团体中，他们拥戴的是品学兼优的同伴。

总之，学校对人格形成与发展的影响是不可忽视的，学校是人格社会化的主要场所。教师对学生人格的发展具有导向作用，同伴群体对人格的发展具有重要的影响。

(3)家庭环境因素。人的成长离不开一定的现实生活环境，而在这些现实生活环境中，家庭是个体最早接受教化的场所。在一定意义上来说，家庭是出现最早和持续最久的现实生活环境，这就对大学生的人格特征的影响起着重要的作用。俗话说“有其父必有其子”，其中不无一定的道理。父母们按照自己的意愿和方式教育孩子，使他们逐渐形成了某些人格特征。

不同的家庭亲情关系对孩子人格发展有重要影响：父母与子女的亲情关系有安全型依恋和不安全型依恋。59%的安全型依恋的孩子有较好的同伴关系，青少年时期乐于与父母以外的人交往，形成良好的同伴关系和师生关系，较少社交焦虑，成年期婚姻质量高。不安全型依恋的孩子中只有38%同伴关系良好，青少年时期有更多的社交焦虑，容易对自己、对他人和周围环境产生不良认识和消极体验，并影响其与同伴和教师的交往，难以调节社交困难所产生的挫败感，成年期婚姻质量差。

不同的家庭教育教养方式对孩子人格也有重要影响：专制型的教养方式同孩子的不安全型依恋成正相关；忽视型的教养方式同孩子的回避型依恋成正相关；民主型的教养方式与孩子的安全型依恋成正相关，并与回避型依恋成负相关。

不同的家庭气氛对青少年人格的影响作用也很大：平静型家庭气氛，其成员之间的关系亲密度居中，一贯和气，几乎不发生矛盾；和谐型家庭气氛，其成员之间的关系趋于紧密，有时发生摩擦产生矛盾，但很快能够解决、达到统一；冲突型家庭气氛，其成员之间关系紧张，动荡不定，经常发生激烈冲撞和矛盾；离散型家庭气氛，其成员之间关系相当松懈，或者已经分裂成残缺家庭，成员间漠不关心或很少关心。和谐型家庭气氛最有利于青少年良好性格的形成，冲突型家庭气氛极易形成抑郁萎靡或粗暴的性格。心理学家包德温研究了母亲的养育态度和子女人格特征之间的关系，结果表明：支配、干涉、娇宠、拒绝、不关心、专制、严厉等教养态度，会导致子女不良的人格特征；而信任、民主、容忍等教养态度，会培养子女良好的人格特征。

3. 自我调控因素

社会环境因素体现的是人格培养的外因，而外因是通过内因起作用的。人格的自我调控系统就是人格发展的内部因素。从个人自身的角度看，健康人格形成的过程也是确定自我、完善自我、实现自我的过程。人格调控系统就是以自我意识为核心的。自我意识(self-consciousness)是人对自身以及对自己同客观世界的关系的意识，包括自我认知、自我体验、自我控制。自我调控的主要作用是对人格的各个成分进行调控，保证人格的完整、和谐。它属于人格中的内控系统或自控系统。

自我认知(self-cognition)是对自己的洞察和理解，包括自我观察和自我评价。自我观察是对自己的感知、期望、行为以及人格特征的评价和评估。当一个人不能正确地认识自我，只看到自己的不足，就会自卑，丧失信心；相反，过高地评价自己，则会盲目乐观。因此准确地认识自我，实事求是地评价自己，是自我调节和人格完善的重要途径之一。人格心理学家普遍认为，大部分人常常都低估了自己，很少让自己的天赋和才能得到充分的发挥，实际上也就贬低了自己。有不少著名的科学家在青少年时期曾经被人判为庸才，如达尔文曾被认为是低能儿，爱因斯坦被说成是“懒狗”，但他们并未因此而

消极、沉沦，而是正确认识和评价自己，通过超常的努力，不断改善自己的形象，最终获得了事业上的巨大成功。

自我体验(self-experience)是自我意识在情感上的表现，是伴随自我认识而产生的内心体验。当一个人对自己作正向评价时，就会产生自尊感；作负向评价时，便会产生自卑感。自我体验的调节作用体现在它可以使自我认识转化为信念，进而指导其言行；同时，自我体验还能够伴随自我评价激励积极向上的行为或抑制不当行为。一个人在认识到自己不当行为的后果时，会产生内疚、羞愧的情绪，从而收敛并制止自己的不当行为，以防再次发生。

自我控制(self-regulation)是自我意识在行为上的表现，是实现自我意识调节作用的最终环节，包括自我监控、自我激励、自我教育等成分。当个体认识到社会要求后，会力求使自己的行为符合其社会准则，从而激发起自我控制的动机，并付诸行动。当一个大学生意识到学习对于自己的发展具有重要意义时，会激发起他努力学习的动力，从而在行为上表现为刻苦学习、持之以恒、积极进取。

自我意识是通过自我认知、自我体验和自我控制三个方面来对个体进行调控的，使个体心理的各个方面和谐统一，使人格达到统合与完善。

此外，生态环境、气候条件、空间拥挤程度等自然环境因素都会影响人格。一个著名的跨文化心理学研究实例是关于阿拉斯加州的爱斯基摩人(Eskimos)和非洲的特姆尼人(Temne)的比较研究。这个研究说明了生态环境对人格的影响作用。爱斯基摩人以渔猎为生，过着流浪生活。这个民族社会结构比较松散，除了家庭约束外，儿女教育比较宽松、自由，鼓励孩子自立，使孩子逐渐形成了坚定、独立、冒险的人格特征。而特姆尼人生活在杂色灌木丛生地带，以农业为主，种田为生。居住环境固定，社会结构紧固，有比较分化的社会阶层，建立了比较完整的部落规则，使孩子形成了依赖、服从、保守的人格特点。由此可见，不同的生存环境影响了人格的形成。另外，气温也会导致人的某些人格特征形成的概率提高。如热天会使人烦躁不安，对他人采取负面反应，甚至进攻，发生反社会行为。世界上炎热的地方，也是攻击行为较多的地方。另一项有关的实验室研究也进一步证实了这一点。自然环境对人格不起决定性影响作用，更多地表现为一时性影响，而且多体现在行为层面上。自然环境对特定行为具有一定的解释作用，在不同的自然环境中，人可以表现出不同的行为特点。

三、大学生常见的人格问题

在大学生中有人格障碍的人并不多，但有人格问题的人确有一部分。在校园里，有些同学穿着打扮标新立异，语言行为粗俗不堪；以自我为中心，无视学校规章制度；疏离于集体、同学之外，与学生身份和学校生活极不协调。他们的人格问题往往表现为人格缺陷。人格缺陷是介于正常人格与人格障碍之间的一种人格状态，也可以说是人格发展的不良倾向，大学生最常见的人格缺陷有悲观、猜疑、羞怯、急躁等。

1. 悲观的表现及其矫正方法

在大学生中常有不少人从消极的角度看问题，把困难和弱点扩大化，认为失败是无法改变的，因而，经常沉湎于伤心、伤感的情绪气氛之中。实际上他们都是在用悲观的观点看待人生，在已有的失败感中人为地增添新的失败感。这种悲观心理的发展，会使

人浑浑噩噩，缺乏生机，甚至厌世轻生。悲观心理是一种严重的不健康心理，对人身心的危害极大。那么，青年大学生应如何改变悲观心理，矫正消极心理，培养乐观的人生态度呢？德国心理学家皮特劳斯特提出了一些有价值的建议。

(1)我们应当明确，悲观不是天生的。像人类的其他态度一样，悲观是可以减轻的，而且可以通过努力转变成一种新的态度，即乐观。因此，悲观者应在闲暇时间多接近乐观的人，观察他们的行为，培养自己的乐观态度。

(2)我们要懂得积极态度所带来的力量，要坚信希望和乐观能引导你走向胜利。你越乐观，你克服困难的勇气就越会倍增，即使处境危难也要寻找积极因素。

(3)我们要做到既不被逆境困扰，也不要幻想奇迹出现，要脚踏实地、坚持不懈、全力以赴地去争取胜利。不管多么严峻的形势向你逼来，也要努力去发现有利的条件。当你取得一点小小的成功时，自信心就会增大。

(4)我们应以幽默的态度接受现实中的失败。有幽默感的人才有能力轻松面对挫折。不要把悲观作为保护你失望情绪的缓冲器，乐观是希望之花，能给人以力量。

2. 猜疑的表现及其矫正方法

所谓猜疑，就是一猜二疑，疑是建立在猜的基础上的，因而往往缺乏事实根据，有时也缺乏合理的思维逻辑。好猜疑的人往往对人对事敏感多疑，看到同学背着自己说话，便疑心是在说自己的坏话；某同学没和自己打招呼，便猜他(她)对自己有意见等。猜疑是很有害身心健康的人格缺陷，它会导致人际关系紧张、伤害他人感情、无事生非等；而自己则会陷入庸人自扰、苦闷、惶惑的不良心境中。培根在《论猜疑》一文中指出，疑心“是迷陷人的网，混淆敌友，破坏人和事业”。有这种不健康人格品质的人应积极寻求矫治方法。克服猜疑，可以从以下几个方面加以努力：

(1)当产生猜疑时，先不要外露，可留心体察所疑的人和事。若猜疑被证实，不要因此而震惊；当猜疑不成立时，应打消疑心，由于不曾外露，也不会伤害别人。

(2)加强沟通。猜疑常常是由于误会或他人搬弄是非引起的，因此遇到这种情况时应主动地与被猜疑者沟通交流，这样有助于消除误会，改善、增进彼此的信任感。

(3)抛弃成见和克服自我暗示。要学会全面、发展地看问题，改变封闭式思维方式。

(4)坦坦荡荡地做人。和同学、朋友坦诚相见，不必过分在意别人如何看待自己。相信“日久见人心”。

总之，要克服猜疑的心理主要是自己做人要正，“身正不怕影子斜”；对他人宽厚为怀，即使被别人误会也不必去计较；充分驾驭好“语言”这个工具，出现了误会或彼此不信任、猜疑时，通过沟通思想、说明情况，彼此谅解。只有这样，你才会生活得愉快。

3. 羞怯的表现及其矫正方法

羞怯在大学生中并不少见。如不敢在大众场合发表意见，害怕与陌生人打交道，路上见到异性同学会手足无措，见到老师便难为情，说话感到紧张等。一般而言，害羞之心人皆有之，但过分地害羞，就不正常了。它会阻碍人际交往，影响一个人正常地发挥才能，还会导致压抑、孤独、焦虑等不良心态。羞怯是一个人自我防御心理过强的结果，其特点表现为：一是过于胆小被动，过于谨小慎微。羞怯者说话时，意思往往表达不清楚，说话、做事总怕有错，担心被人议论、讥笑。因此每想说一句话，总要在喉咙口反复多次；每做一件事，总要思前想后，为此把自己搞得神经紧张、坐立不安，而且往往为错过了说话、做事的时机后悔、沮丧、自责。二是过于关注自己。羞怯者特别注意自己在别人心目中的形象，总觉得自己时时处于众目睽睽之下，于是敏感、拘束。三是自信心不足。羞怯者对自己的社交能力、表达能力、做事能力乃至自我形象都缺乏信心，因而使本来可以做到、做好的事难以如愿。虽然羞怯的人格特征与神经类型有一定的联系，但更多地还是后天因素所致。所以通过有意识的调节是可以改变的。具体可从以下几个方面加以努力。

(1)要对自己作具体分析。找到自己的所长和所短，发扬所长可增强信心并补偿不足，特别是要多看到自己的长处以增强信心。

(2)放下思想包袱。事实上每个人都有怕羞心理，只是有些人善于调节，注意锻炼罢了。金无足赤，人无完人。一个人说错话、办错事没什么可怕，也不必难为情，错了改正就是了。

(3)不要太在意别人的议论。所谓“人多口杂，金子也会融化”，总把别人说的话放在心上便会寸步难行，什么也不敢做、不敢说了。只要是自己看准的事就大胆去做。要懂得无论你做得多好，也不可能人人称赞。

(4)有意识地锻炼自己。胆量和能力都是锻炼的结果，要敢于说第一句话，敢于迈第一步。一旦这样做了，就会发现自己不仅有能力把事情干好，而且有潜力把事情干得更好。20世纪70年代日本的首相田中角荣，在学生时代曾是一个严重的口吃患者，尤其是在众人面前说话时口吃就更厉害，但他下定决心要克服口吃，于是勇敢地参加了学校的话剧团，强迫自己背台词且要背得烂熟，因为不如此就无法登台演出。就这样，他通过百折不挠的锻炼，终于战胜了口吃，后来还通过竞选出任了一届日本首相。由此可见，锻炼是克服人格缺陷的一个好办法。

4. 急躁的表现及其矫正方法

急躁是大学生中常见的不良人格品质。表现为：碰到不称心的事情马上激动不安；做事缺乏充分准备，盲目行动，急于求成；缺乏细心、耐心、恒心。性情急躁之人说话办事快，竞争意识强，容易冲动，心情常常处于紧张状态，往往是欲速则不达，效果不佳，从而泄气、发怒，既影响自己的健康和效率，又妨碍人际关系。那么，怎样克服急躁的缺点呢？

(1)要思先于行。要加强自我涵养，自觉地养成冷静沉着的习惯。在学习、生活中，对非原则性问题，尽量避免与人发生矛盾，把精力用到积极的思考之中。

(2)改变行为，细心、认真地行事。吃饭时间不得少于20分钟，细嚼慢咽；说话控制语速，想好了再说，不随意打断别人谈话；看书要一字一句细读，边读边想；走路骑车有意不超过别人。无论是在学习、生活还是工作中都应改掉冲锋陷阵式的习惯，不着急，有条不紊地干自己应该干的事情。

(3)控制发怒。性格急躁的人容易发怒，应时刻提醒自己遇事冷静，把制怒格言牢记在心。

(4)松弛疗法。坚持静养训练，在学习、工作之余，听听音乐、练练书画等，尽量使自己处于完全放松的状态。

第三节　塑造大学生健康人格

健全人格是一种理想社会人格。当前大学生的人格发展中存在自我价值迷失、道德认识和道德实践匮乏、缺乏良好的自我调节能力等问题,我们必须采取有效措施来塑造大学生的健全人格。

一、健康人格的内涵

要给健康人格下一个定义,找出能反映其本质的的规定性是比较困难的。同时,以上论述也说明,健康人格是我们心理品质发展的理想目标,是我们矢志不渝、不懈追求的人生修养准则。据此,我们认为,健康人格是一个非特定的范畴性概念,可以从以下几个方面来认识:

第一,健康人格是一个相对性概念。健康人格的培养过程,就是要促进人的人格特征的全面发展以达到人格发展的正常状态的过程。然而,由于人与人之间的个体差异性,加之社会生活环境的复杂多样性,想确定一个绝对统一的指标来衡量人格发展的正常与否,显而易见是不现实的,也是不可能的。人格特征的优良与否,只能结合具体的个人和环境来分析,只能具体问题具体分析。例如,勇往直前的品格对于科学家来说是优良品格,是其健康的人格的重要组成部分;而对罪犯来说,勇往直前的特征则是不良的品格特征,我们需要他悬崖勒马、迷途知返。因此,健康人格仅仅具有相对的意义,它划出一个范围,确定一个限度,让我们对人格的发展障碍(即不适应状态)有所认识。

第二,健康人格是一个发展性概念。任何事物都处在不断发展变化之中,人格也不例外。人格的不断发展过程其实就是人格的逐步健康过程。作为一个有机体,婴儿是谈不上具备健康人格的。伴随着年龄的增长,为适应人类社会生活环境和条件,他们将接受各种教育影响。人们会将一定的社会道德规范以及社会发展对人的素质的要求转化为教育和训练的目标,施加于青少年身上,并通过不懈的努力,促使它们内化。然而,随着时代的不断前进,当人们原有的人格品质或人格特征已不再适应社会历史的发展变化,不再适应时代和社会生活条件的要求时,健康人格的要求就又回到主体的意识中。人的一生就处在不断适应环境、不断适应变化之中。正所谓,“活到老,学到老”。因此,健康人格处在不断发展变化的过程之中,健康人格的内涵将随着社会生活的变化而不断变化、充实和发展着。

第三,健康人格是一个结构性概念。把人格看成是一个相对稳定而又不断变化的结构,是认知人格理论的共识。一般认为,人格是由一组特质组成的,而特质是构成人格的基本单位。特质决定着个体的具体行为。人格特质在时间上具有稳定性,在空间上具有普遍性;各种人格特质是每个人都有的,不过在表现上因人而异,造成人与人之间的差异。健康人格就是要根据不同的任务要求和不同的人的实际,通过努力,让个体在人格特质的表现上有所变化。没有表现出来的要激发和挖掘;表现程度低下的要有所上升和加强；表现极端的要给以疏导和调节，以免造成人格障碍。作为一个结构性概念，健康人格的结构应当是一个多层次、多水平、多侧面、富有内在逻辑关系的、完整的心理成分构成物。

二、当代大学生健康人格的基本特征

对于健康的人格，许多心理学家都做过探索，也得出了一些结论。人格心理学家奥尔波特（Floyd H. Allport）认为，健康的人格应该是各种心理机能和行为机能都比较完善的状况，包括如下基本特征：①能够自我扩展：能够主动积极地参加各种广泛的活动，其实际活动（如工作与交往）和精神活动（包括理想、目标等）具有广泛的参与性；②人际关系融洽：具备对别人表示同情、亲密和爱的能力，对任何人都能表现出温暖、理解和亲近；③情绪上的安全感和自我认可：能够接纳自己，不受个人的消极情绪支配，能忍受挫折、恐惧和不安全的情绪冲击；④具有现实的知觉：能够准确、客观地知觉现实，并且能实事求是地接受现实；⑤良好的自我意识：清楚自己的优缺点，能准确把握自己的现实自我与理想自我，并能调整其相互关系；⑥一致的人生哲学：具备个人专有的知识与技能，着眼于未来，有一致的定向，有长期的奋斗目标和工作计划，为一定的目的而生活，有自己的人生信念或人生哲学，以确保自己不迷失方向。

人本主义心理学家马斯洛（Abraham H. Maslow，1908—1970），经过对许多事业成功、品行完善的历史人物进行深入研究，得出结论认为：完善的人格状况应该包含如下内容：①全面和准确地知觉现实；②接纳自然、自己与他人；③对人自发、坦率和真实；④以问题为中心，而不以自我为中心；⑤有超然于世和独处的需要；⑥具有自主性，在环境和文化中能保持相对独立性；⑦具有永不衰退的欣赏力；⑧具有难以形容的高峰体验；⑨对人充满爱心；⑩具有深厚的友情；⑪具备民主的精神；⑫能区分手段与目的；⑬富于创造性；⑭处事幽默、风趣；⑮不盲目遵从。在马斯洛看来，保持独立思考和超然于世，不随波逐流、不盲目遵从是非常重要的，这是一个人成熟的标志，也是维持个人尊严所必需的；同时还应充满智慧、热爱工作，并且具有民主、友爱、自然、真实的胸怀。

诚然，以上两位心理学家的学说无疑具有非常重要的参考价值。然而在现代社会，充满竞争，注重实效，大学生性格发展的一个突出特点是他们对性格的自我认识、自我控制水平提高了。大学生常常主动观察自己，自觉地分析、总结和评价自己的态度及行为，并积极做出调整以达到适应环境和完善自我的目的。一般来说，当代大学生健康人格应具备以下几个方面的特征：

（1）人格自身内部及外部具有多方面的和谐。一是心理系统的和谐，即一个大学生的知识水平与事业目标取向、动机需要、意志品质和情感体验是相协调的；二是生理机能与心理品质的和谐，即作为大学生自然基础的气质禀性与其性格、才能、动机和利益需求是相协调的；三是人与社会的和谐，即作为一个大学生，在人际关系中要具有礼貌、关怀、宽容和助人为乐的精神，在生活中能处理好与家庭、同学和集体的关系，能够自觉遵守学生准则与社会公德等。

（2）人格具有自身的统一性与完整性。人格自身的统一性与完整性，表现在：一个人的人格诸要素之间的发展状态是一致的、协调的；人格的外在表现与内在实质是一致

的、协调的。言行不一,独处时与在集体中时表现不一,情感与理智相分裂,这些都是人格不健康的表现。完整的、统一的人格特征,要求大学生在道德水准、意志力、情趣等方面,都应与其所受高等教育、所具有的学识水平相匹配。

(3)人格智能与活动能力发展的全面性。人格智能是个人对自己的存在价值、成就价值以及对社会关系、人际关系的认识能力,在多种智能结构中居于核心地位,对其他智能起选择、定向、发掘、动力等作用。另外,虽然一个人不可能掌握人类活动基本类型的无限多的具体形式,但是应当具有加入任何一种活动类型的能力,这样才能在人格的质的完满上发展人类的一切才能,而不是局限于从事某个单一领域的活动。因此,作为一名大学生,其人格的智能应较其他一些社会成员更高,其活动能力应更全面,除了自己的专业之外,还应在其他领域,在社会生活的其他方面都略知一二,都有一定的发展基础,成为"通才"式的人才。

三、大学生健康人格的标准

健康人格的标准可以分为概括的标准和具体的标准。从总体上看,人格健康的人应该是在推动社会进步的实践中充分发挥自己全部才干,为人类、为社会做出自己力所能及的贡献,同时使自己的人格各个方面得到充分的协调平衡发展的人。从具体特征上讲,健康人格应具有以下标准:

1. 和谐的人际关系

人际关系是人们在社会实践中形成的人与人之间的相互作用的关系,是社会关系的直接表现,是构成人类社会最普遍、最直接的关系。人际关系是在社会交往中建立的。社会交往可以促进人与人之间相互沟通理解,调节身心状态,增强人的责任感。人际关系最能体现一个人人格健康的程度。人格健康的人乐于与他人交往,能与别人建立良好的关系,与人相处时,尊敬、信任等正面态度多于嫉妒、怀疑等消极态度;健康的人常常以诚恳、公平、谦虚、宽容的态度尊重他人,同时也受到他人的尊重和接纳。和谐的人际关系既是人格健康水平的反映,同时又影响和制约着健康人格的形成与发展。

2. 良好的社会适应能力

社会适应能力反映了人与社会的协调程度。人的社会适应能力是在社会化过程中不断发展的。人格健康的人能和社会保持良好的密切的接触,以一种开放的态度,主动关心社会,了解社会;观察所接触到的各种事物和现象,看到社会发展的积极面和主流,在认识社会的同时,使自己的思想、行为跟上时代的发展,与社会的要求相符合,表现出能很快适应新的环境。

3. 乐观向上的生活态度

积极的人生态度是人类在社会进步中获得的本质力量的表现。乐观的人常常能看到生活的光明面,对前途充满希望和信心,对自己所从事的工作或学习抱着浓厚的兴趣,并在工作和学习中发挥自身的智慧和能力,最终获得成功。即使生活中遇到困难和挫折,也能耐心地去应付,不畏艰险、勇于拼搏。相反,悲观的人常常看到生活的阴暗面,对任何事情都没兴趣,遇到一点挫折就情绪低落、怨天尤人,甚至自暴自弃。青年学生的主要活动是学习。因此,对学习的兴趣可以反映出对生活的基本倾向。人格健

康的学生对学习怀有浓厚的兴趣，表现出观察敏锐、注意力集中、想象力丰富、充满信心、勇于克服困难的特点；而对学习和生活缺乏兴趣的青年，处于苦恼烦闷之中，必然影响人格的健康发展。

4. 正确的自我意识

自我意识是个体对自己和自己与他人、与周围世界关系的认识。自我意识是一个完整的心理结构，表现于认知过程中就是正确地认识自己，客观地评价自己；表现于情感过程中就是自尊、自信、自豪感、责任感、悦纳自己；表现于意志过程中就是能够自我监督、自我调节、努力发展身心潜能。具有健康人格的大学生对自己有恰如其分的评价、充满自信、扬长避短，在日常生活中能有效地调节自己，与环境保持平衡。缺乏正确自我意识的人常常表现出自我冲突，自我矛盾；或者自视清高、妄自尊大，做力所不及的工作；或者自轻自贱、妄自菲薄，甘愿放弃一切可以努力的机遇。

5. 良好的情绪调控能力

情绪对人的活动、健康有重要影响。积极的情绪体验能使人振奋精神，增强自信，提高活动效率；消极的情绪体验会降低人的活动效率，甚至使人致病。情绪标志着人格的成熟程度。人格成熟的人情绪反应适度，具有调节和控制情绪的能力，经常保持愉快、满意、开朗的心境，并富有幽默感。当消极情绪出现时，能合情合理地宣泄、排解、转移、升华。

健康人格的各个标准都是相关的。具有体验丰富的情绪并控制情绪表现的人，通常是有能力满足自身基本需要的人，是能紧紧地把握现实的人，是获得了健康的自我结构的人，是拥有稳定可靠的人际关系的人。

总之，人格健康的人其人格的各个方面是统一的、平衡的。上述标准不仅是衡量一个人人格健康的尺度，同时也为大学生改善自己的人格提出了具体的努力目标。

四、塑造大学生健康人格的方法

健康人格的塑造，既是大学生健康成长的要求，又是社会发展的需要。因此，每一位大学生都应该积极关注自己的人格健康，通过正确的实践途径，完善自身的人格修养。

1. 培养健康的自我意识

（1）培养正确认识自己的能力。正确认识自己、客观地评价自己并非一件容易的事。能够正确认识自己，就是要全面分析自己的优点和缺点，认识到“尺有所短，寸有所长”。

①了解自己的性格特点，塑造良好的性格。一位先哲说过，“一个人的性格就是他的命运”。爱因斯坦也曾说过，一个人的事业成功取决于其性格上的伟大。性格和人格并不是一个概念，性格包含在人格的概念中，它是人格的核心内容。因此，良好的性格可以增加人们的成功系数。

②认清自己的气质类型，充分发扬气质的积极面。气质有多血质、胆汁质、抑郁质和黏液质四种类型，多数人气质属于复合型。气质与遗传有关，但其本身并无好坏之分，它不决定智商高低、成就大小。实际上各种气质的人都有名人，如俄国的“四大文豪”，诗人普希金属于胆汁质，评论家赫尔岑属于多血质，寓言家克雷洛夫属于黏液质，

小说家果戈理属于抑郁质。努力发挥气质的积极面，可扩展成功的机遇。

(2)培养获取积极自我体验的能力。积极的自我体验即真善美的体验。

①真的体验，即成功的体验。在学习和工作中，积极进取就可以获得成功的体验。成功的体验不仅可以使我们情绪快乐，而且可以帮助我们树立自信心，加快成功的步伐。

②善的体验，即道德的体验。关爱他人、关心集体、关注社会，培养正义感和同情心，有利于社会的发展。

③美的体验。美的体验可以促使人们对生活的热爱、对生命的珍惜、对祖国的钟情和对人类的奉献。它能催人奋起，催人向上，使人热爱生活，去创造更加美好的生活。

(3)培养自我实现的调控能力。自我控制不仅是个体所具备的基本人格特征，而且也是成功人格特质之一。要使自我设计顺利完成，大学生要注意以下几个方面：

①给自己设立一个适当的理想奋斗目标。孙中山先生说："青年要立志做大事。"即大学生要树立远大的奋斗目标。但是，在设立目标时，要注意正视自我，选择适合自己水平的理想目标。如果目标过高，难以实现，就会使人产生挫折感，会在心理上产生消极影响；目标过低，会使人错过许多发展的机会，无法实现自我发展。

②要适时调整自己的目标。要经常反省自己，在反省过程中肯定自己的优点，发现、改正自己的缺点和错误。当目标和实际情况发生冲突时，要自我调节。调节不健康的心理状态，对不符合要求的情绪和冲动进行自觉的控制，保持心理健康，实现自我完善。在我国大学生中，由于情绪失控而对别人进行暴力攻击的现象时有发生，因此加强情绪的自我控制十分重要。

(4)学会自我激励。在生活中，有没有激励，人的前进的动力是不一样的。美国心理学家詹姆士的研究表明，没有受到激励的人，只能发挥其能力的20%~30%；而当他受到激励时，其能力可以发挥80%~90%，相当于前者的3~4倍。别人的激励会使你充满信心，自我激励会带给你无穷的力量。

2. 树立榜样，培养良好的人格

第一，中华民族的优秀历史文化传统和伟大的民族精神应该成为大学生健康人格自我塑造的必修内容，如古代崇尚的爱国精神、亲民精神、尚公精神、尚德精神、崇义精神、献身精神、独立精神、自立自强精神等。第二，每个国家、民族在长期的发展过程中，都形成了自己突出的文化精神，值得我们学习。例如，俄罗斯人的大无畏革命精神和创新精神，德国人的务实求真精神，美国人的自立自强、勇于竞争、注重实践的精神，日本人的做事认真、互相合作、勇于奉献的精神，新加坡人的遵纪守法精神等。第三，学习英雄人物、先进模范的高尚人格，我国的英雄模范人物层出不穷，如屈原、岳飞、包拯、海瑞、黄继光、雷锋、蒋筑英、焦裕禄、孔繁森、王进喜等。尽管他们对国家、民族的贡献不一样，但是有一点是相同的——他们都有高尚的人格，如屈原、岳飞的爱国精神，包拯、海瑞的刚正廉明品质，雷锋的乐于助人精神，蒋筑英、焦裕禄的无私奉献精神等。第四，以现实生活中具有优秀人格的人(如身边的同学、朋友、父母、亲戚等)为榜样，从点滴小事做起，锲而不舍，经过长期艰辛的努力，最终实现自己健康的人格目标。

3. 保持开朗的心境

学会调控自己的情绪，建立积极、健康的情绪状态。情绪会直接影响到情感。因

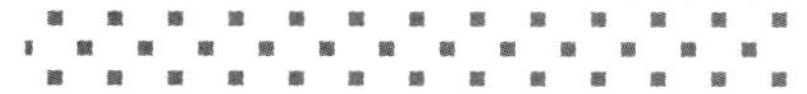

此，控制和调节情绪状态对于人格健全和心理健康的影响很大。如果一个人情绪不稳，患得患失、喜怒无常，处于不良的情绪状态之中，而自己又不会调节和控制，就会导致心理失衡和心理危机，久而久之会导致人格变态。

4. 培养建立和谐人际关系的能力

和谐的人际关系有利于提高和完善大学生的自我意识能力。置身于良好的人际关系中，人们可以感到自己为他人所接受、承认，从而认识到自己对他人以及社会的价值，提高自信心。同时，通过别人对自己的态度和评价，使自我评价更为全面、客观，和谐的人际关系有利于促进大学生心理健康。正如一位哲学家所说。"如果你把快乐告诉一个朋友，你将得到两个快乐；如果你把忧愁向一个朋友倾吐，你将被分去一半忧愁。"因此，我们应当积极营造和谐的人际关系。

5. 培养良好的道德情操

加强思想品德修养，树立科学的人生观、世界观，注重社会实践，提高自身综合素质。人的行为举止，无不受思想的支配。而在所有的思想因素中，道德修养则集中体现了人们的思想品质，从而决定了其人格本质。因此，个体人格是程度不同的道德自律主体。扬善抑恶，以巨大的社会责任感去维护某种道德理想和道德原则，这原本就是健康的道德人格的鲜明标志。

总之，青年大学生追求卓越的人生，必须具备健康的人格。因此，了解人格形成与发展的特点和规律，掌握塑造健康人格的途径和方法，就能使自己的人格素质不断趋于完美，创造出更加辉煌的人生。

习　题

(1)什么是人格？人格的特征有哪些？
(2)简述人格的结构。
(3)人格形成的影响因素有哪些？
(4)健康人格的内涵和标准是什么？
(5)大学生常见的人格问题都有哪些？
(6)结合自身实际，谈一谈大学生怎么去塑造自己的健康人格。

第四章

大学生的情绪管理

案例导读

一位女士抱怨道:“我活得很不快乐,因为先生常出差不在家。”她把快乐的钥匙放在先生手里。一位妈妈说:“我的孩子不听话,让我很生气!”她把快乐的钥匙交在孩子手中。男人可能说:“上司不赏识我,所以我情绪低落。”这把钥匙又被塞在老板手里。婆婆说:“我的媳妇不孝顺,我真命苦!”年轻人从文具店走出来说:“老板服务态度恶劣,真把我气炸了!”

这些人都做了相同的决定——就是让别人来控制他的心情!

著名作家欧·亨利和一个朋友去超市里买饼干,欧·亨利礼貌地对店员说了一句谢谢,但是店员却始终忽视一切,不发一语。“这家伙很没有礼貌,态度又差。”他们继续前行时,那朋友说。“他每天下午都这样。”欧·亨利说。“那么你为什么还是对他那么客气?”那朋友问他。欧·亨利回答:“为什么我要让他决定我的情绪?”

有一天,佛陀经过一个村庄,一些人对他口出秽言。佛陀静静地听了一小会儿,然后说:“谢谢你们,我今天还要赶去下一个村庄。”其中一人听后觉得不可思议,说:“难道你没有听见我们骂你吗,你却没有任何反应?”佛陀:“假使你要的是我的反应的话,那你来得太晚了,你应该十年前就来的,那时的我就会有所反应。然而,这十年以来我已经不再被别人所控制,我已经不再是个奴隶,我是自己的主人。我不会被别人的嘴巴所控制,也不会对别人的情绪做反应。我是情绪的主人,不是情绪的奴隶。”

第一节　认识情绪

情绪和我们每个人都有关系。情绪的发展和变化是我们因人因时因地因事而产生的。情绪在制约人,也在成就人,还在损害人,不同的情绪拥有者有着不同的生活。我们要管理好自己的情绪,拥有我们自己需要的情绪,使情绪获得应有的表达和展示。所以,我们必须对情绪作出真正的了解,知道它的种类和对人的利害。我们不仅需要积极的情绪,还需要消极的情绪;不仅需要克制,还需要发泄;不仅需要防御,还需要利用。知道情绪是我们为人做事乃至成败的重要因素后,我们只有挖掘积极情绪和善待消极情绪,才能更好地把握和管理好自己,做情绪的主人。

一、情绪的概念

1. 情绪是什么

情绪是指伴随着认知和意识过程产生的对外界事物态度的体验，是人脑对客观外界事物与主体需求之间关系的反应，是以个体需要为中介的一种心理活动。情绪是指人有喜、怒、哀、乐、惧等心理体验，这种体验是人对客观事物的态度的一种反映。情绪具有肯定和否定的性质。能满足人的需要的事物会引起人的肯定性质的体验，如快乐、满意等；不能满足人的需要的事物会引起人的否定性质的体验，如愤怒、憎恨、哀怨等；与需要无关的事物，会使人产生无所谓的情绪和情感。情绪是人对客观事物的态度的体验，是人的需要获得满足与否的反映。需要是人的情绪产生的根源和基础。当客观事物能够满足人的需要时，就会使人产生积极的情绪体验，如考试取得好成绩会兴高采烈，得到心仪已久的恋人的一笑会心情舒畅、兴奋不已；反之，当客观事物不能满足人的需要时，就会使人产生消极的情绪体验，如亲人逝去会悲痛欲绝，恋人“飞走了”会悲观失望等。人的需要是多种多样的，既有生理需要又有社会需要，既有物质需要又有精神需要，涉及方方面面，因而就会产生复杂多样的情绪体验。

2. 情绪与情感

情绪同其他心理现象一样，也是人脑对客观事物的一种反映，它是一种对外界刺激带有特殊色彩的主观态度和体验，并与人的需要是否得到满足密切相关。人的生理需要是否得到满足而产生的体验形式被称为情绪；人的社会性需要是否得到满足而产生的体验形式被称为情感。

情绪和情感有密切的联系。一方面，情绪是情感的基础，情感离不开情绪。这是因为情感是在情绪不断稳定化的基础上发展形成的，又是通过情绪的形式表达出来的。如“不打不相识”“不是冤家不聚头”等说的就是人们相互之间的关系由陌生到熟悉进而产生感情的过程。另一方面，情绪离不开情感。情绪是情感的具体体现。情感的深度决定着情绪表现的强弱程度，情感的性质决定了情绪在一定情境下的表现形式。在情绪的发生过程中，往往深含着情感因素。所谓的“仇人相见分外眼红”“爱之深恨之切”说的就是这个道理。正是因为情绪的不可分割性，人们时常把情绪和情感通用。

二、情绪的功能

1. 情绪的适应功能

当我们体验某种情绪时，自然就会产生诸如心跳加快、呼吸急促、血管收缩或扩张、肌肉紧绷、内分泌的变化等生理反应，亦会产生愉快、平和、不安、紧张、害怕、厌恶、憎恨、嫉妒等心理反应。由于生理、心理反应与情绪密切相关，当人遇到危险情况时，马上会有紧张害怕的感觉，同时心跳加快、呼吸急促、分泌肾上腺素……随之采取应对措施（行为），或积极应对，或消极规避，以保护自己，避开危险。例如，遇到歹徒时，有人变得力大无穷，可以独自制服歹徒；也有人变得身手矫健，赶快逃离危险情境。所以情绪可以让人正确知觉外在情境的危险，从而产生适当的助力，帮助人适应，以求生存。

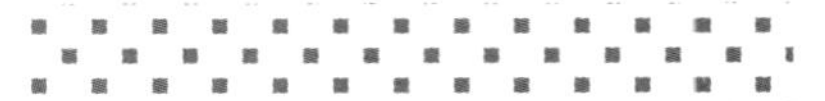

同时，良好的情绪能增强机体活力，从而提高免疫力，并减少神经系统、消化系统等机体疾病，如“人逢喜事精神爽”“笑一笑，十年少”等；不良的情绪会使人的整个心理活动失去平衡，造成生理机制的紊乱，免疫力下降，从而导致各种身体疾病，如焦虑症、抑郁症、神经衰弱症和精神病等，严重的还可导致脑血栓或心肌梗塞，以至危及生命。

现代文明社会中，情绪的适应功能有了很大的变化，如人们相互之间用微笑向对方表示友好，即“投之以桃，报之以李”，通过移情和同情来维护人际联结，掩盖粗鲁的行为举止，强抑怒火等，这样，情绪就起着促进社会亲和力的作用。但是，应该看到，任何人对社会上的人和事都会有不同的情绪和情感，客观上存在着情绪差异，甚至情绪对立，从而产生对感情联结的破坏。因此，情绪的发生，时刻提醒个人和社会去了解自身或他人的处境和状态，以求得良好的适应。

2. 情绪的组织功能

情绪与认知、行为构成一个动态的有机系统，它能够驱使有机体发生反应、采取行动。情绪的这一发动机功能既体现在人的心理活动中，又体现在人的行为上。情绪是人意识的一部分，对人的心理活动起着组织者的作用。一般来说，积极的情绪起着协调、组织的作用，如良好的情绪能使人思维敏捷，视野开阔，更容易回忆起那些带有愉快情绪色彩的材料；消极的情绪起着破坏、瓦解或阻断的作用，如情绪低沉或郁闷时，人会思维迟钝，注意力分散。情绪作为人行为的发动机可以通过“兴趣”和“好奇心”明显地表现出来。我们知道，促使人去认识事物的是兴趣和好奇心。兴趣和好奇心是认识活动的动机，它导致注意力的选择和集中，支配认知的方向和思维的加工，从而驱动着对新事物的探索。可以这样认为，一方面，情绪刺激个体采取行动，以适应周边情境，获得自我心理满足。例如，因为羡慕某某同学人缘好，于是就去观察他受欢迎的原因，并且学习其优点，让自己也变得更受人欢迎；但当羡慕转变成嫉妒时，你就会开始到处说那同学的坏话，制造谣言，想尽办法让大家讨厌他。另一方面，人的行为常常被当时的情绪所支配。当人处在积极、乐观的情绪状态时，倾向于注意事物美好的一面，态度和蔼，乐于助人，并敢于承担责任；而消极的情绪状态则使人产生悲观意识，失去希望与耐心，烦躁不安，容易产生攻击性。

3. 情绪的调节功能

情绪可以是人与人之间相处的润滑剂，也可以是破坏人际关系的致命“杀手”，就像“水能载舟亦能覆舟”的道理一样。个人烦闷悲伤等负面情绪如果转移到身边的家人、朋友、同学、同事时，一方面，可能会影响人际间的互动品质，危害关系；另一方面，个人可能会被情绪牵着鼻子走，理智完全被淹没，不幸时则出现暴力或虐待的状况。情绪与人际关系环环相扣，个人的情绪会影响整体人际关系。我们常听到的一个笑话恰好可以作为此情形下最好的注脚：爸爸被单位领导批评，心情忧郁，闷闷不乐，回到家发现小孩把书房搞得一团糟，于是大发雷霆，小孩觉得自己很倒霉，心情也不好，便走出门，恰巧邻居的小狗经过，就故意狠踢它一脚，吓得小狗惊慌逃跑，追得地上的麻雀叽叽喳喳飞上天。在人际交流中，情绪通过自己独特的无语通讯手段，即由面部肌肉运动模式、声调（褒贬的语气）和身体姿态变化所构成的表情（此时无声胜有声）来实现信息传

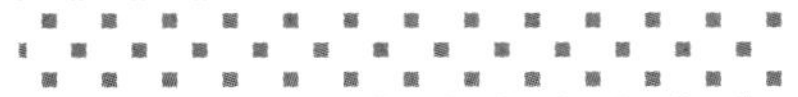

递和人际间的互相了解，达到判明态度，维持或疏远感情联系的目的。如商家为扩大销售，实现利润，对售货员提出“微笑露一点，嘴巴甜一点，说话轻一点，脾气小一点，度量大一点，理由少一点，脑筋活一点，行动快一点，效率高一点”的要求，建立商家与顾客感情的联系，以达到目的。

总之，情绪的功能向我们揭示，情绪既服务于人的基本的生存适应需要，又服务于人类社会群体生活的需要。人们每时每刻产生的情绪行为，都是自然环境和社会环境与人相互影响、相互作用的结果。

三、情绪的分类

1. 人类的基本情绪

一般认为，快乐、愤怒、恐惧和悲哀是四种最基本的情绪。这些情绪与人的基本需要相联系，是不学而会的，通常还具有高度的紧张性。

(1)快乐。快乐是个人目的达到、紧张解除后的情绪体验。例如，经过积极准备，考取了大学后常常会有快乐的情绪。快乐的程度和紧张程度取决于目的重要程度和目的达到的意外程度。如果追求的目的非常重要，并且目的的达到带有突然性也会引起异常的欢乐，否则只能引起微小的满意。一般把快乐的程度分为满意、愉快、异常的欢乐、狂喜四种。

(2)愤怒。愤怒是个人目的不能达到或一再受到妨碍从而逐渐积累起紧张而产生的情绪。如幼儿的目的性行动受到阻挠或威胁时，就能引起愤怒情绪。挫折不一定引起人的愤怒，但他认为阻挠是不合理时，甚至是恶意的，则最容易引起愤怒，人在愤怒时有时会引起对阻挠的进攻。一般把愤怒的程度分为轻微的不满、生气、愠、怒、大怒、暴怒六种。

(3)恐惧。恐惧是个人企图摆脱、逃避某种情景而又无能为力时所产生的情绪。恐惧与快乐、愤怒不同，快乐和愤怒都是会使个体接近的情绪。恐惧是一种会使个体企图摆脱危险的逃避的情绪。如遇到地震，人们无力对付时，往往会恐惧万分。引起恐惧的关键因素是人缺乏处理可怕情境的力量。此外，熟悉的环境发生了意想不到的变化也会引起人的恐惧情绪。

(4)悲哀。悲哀是个人在失去所盼望的、所追求的东西或有价值的东西时所引起的情绪，如考试失败由悲哀所带来的紧张释放产生的哭泣，哭泣一般不超过15分钟，在这段时间内完全可以减轻过度的紧张。哭泣之后人会精力衰竭，甚至会神志不清，最后会感到轻松。悲哀的程度取决于失去事物的价值，失去的东西价值越大，引起的悲哀也越强烈；失去的东西价值越小，引起的悲哀也越微弱。一般把悲哀的程度分为遗憾、失望、难过、悲伤、悲痛五种。痛苦是最普遍的消极情绪。它一般是与悲哀同步发生的，悲哀似乎是痛苦的表现形式。

2. 情绪的基本状态

情绪分为心境、感染、激情、应激和热情五种类型，但从情绪的性质、强度和紧张度来看，任何情绪都具有感染性，热情也蕴含在激情和应激中。因此，这里只论述情绪状态的心境、激情和应激三种类型。

(1)心境。心境是指一种比较微弱、持久、具有感染性的情绪状态。作为一种情绪体验,它比较微弱,所以一开始往往不易觉察,但因为它具有持久性,可持续一小时、一天、一个月甚至一年或几年,所以它又是人的情绪的“晴雨表”,或喜或悲或乐或忧的情绪都写在了脸上。同时,人要是带上了这种“有情眼镜”,人对事物的认识、看法和评价都会因“情”而变,正如古语所说的“忧者见之而忧,喜者见之而喜”。引起心境的原因是多种多样的。

首先,人的心境受生理的影响,一个人的年龄、健康状况都会对人的心境产生影响。人们常说的“儿童天真幼稚,少年多愁善感,壮年稳健持重,老年知天命、耳顺、不逾矩”等心境就是随着人的年龄的改变而变化的。同时,健康状况也影响人的心境,强壮俊美的身体总是使人精神愉快,病态的身躯总使人沮丧;反之,人的心境也会影响健康,好的心境有利于健康,恶劣的心境损害健康。

其次,人的心境受社会环境的影响。社会的发展程度、自由度、工作竞争压力、人际关系和事业成败等都会使人产生不同的心境。

最后,人的心境受自然环境的影响。秋高气爽、阳光明媚、鸟语花香等一般都会使人产生愉悦之感,而冰霜冻雨、阴霾笼罩、万木萧索等一般都会使人产生压抑之感。但这也不是绝对的,人的心境有时会游离于自然环境之外,甚至使自然环境对人的影响随着人的心境变化而改变,“感时花溅泪,恨别鸟惊心”就是如此。此外,过去的片段回忆,无意间的浮想有时也会导致与之相联系的心境的重现。

心境对人的生活有很大的影响。积极、良好的心境使人振奋乐观、朝气蓬勃,有助于积极性的发挥、工作效率的提高和困难的克服;消极、不良的心境使人感到颓废、悲观、消沉和烦闷,容易被激怒,遇到困难也难以克服,不利于学习和工作的顺利进行。因此,我们应该学会把握自己的心境,使自己经常处于良好的心境中。

(2)激情。激情是一种突然爆发出来的、持续时间短暂而又极为强烈的一种失控的情绪状态。例如狂喜、惊恐、愤怒、绝望等都属于这种状态。人处于激情状态时有明显的生理变化和外部行为反应。生理变化有心率加快、呼吸急促或暂停、血压升高等。外部行为有手舞足蹈、横眉怒目、全身颤抖、哭泣、晕厥等。这些既是对激情的表现,同时又是对激情的一种宣泄,因为激情带有巨大的心理能量,如果得不到适当的宣泄,就会对人的身心造成伤害。有时,过分强烈的激情会对不堪负荷的个人造成直接的伤害,如有人在狂喜、狂怒、惊恐的时候会心跳骤停,甚至死亡。

激情通常是由强烈的欲望和明显的刺激引起的。生活中的重大事件,对立意向的冲突或过度的抑制都容易引起激情。激情的产生也与机体状态有关。例如,处于疾病折磨下的人极易歇斯底里。此外,激情与心境也有密切的联系。例如,烦躁的心境容易导致暴怒,而过于悲痛之后常残留着长久的忧伤。

激情有很明显的外部表现,它笼罩着整个人。当人处在激情状态时,意识的领域会变得狭窄,理智作用下降,容易做出轻率、鲁莽的行动,从而导致不良的后果,例如,初起时的不同意见之间的争论,因激情爆发,就很可能演变为人身攻击,进而造成人身伤害。因此对于不良的激情需要动员意志力,有意识地控制自己,转移注意力,以冲淡激情爆发的程度。但激情在一定条件下也有积极的作用,它可以成为动员人积极地投入行动的巨大动力，在这种场合，过分地抑制激情是完全不必要的。从个性培养的观点来看，也是不利的，如成功后的欣喜若狂对人有进一步的鼓舞作用。

(3)应激。应激是指由紧张刺激引起的、伴有躯体机能以及心理活动改变的一种身心紧张状态。在突如其来的或十分危险的条件下，必须迅速地、几乎没有选择余地地作出决定的时刻，容易出现应激状态。例如，司机在驾驶过程中出现危险情景的时刻，人们在遇到巨大的自然灾害的时刻，这时需要人迅速地判断情况，在一瞬间作出决定，利用过去的经验，调动自己全部的心理能力和身体能量去对付当前的困境，最终达到缓解或解除突发事件的目的。这种复杂的生理和心理反应就属于应激状态。

在应激状态下，人会产生一系列的生理和心理反应。应激的生理反应涉及个体生理上的六个系统：神经、呼吸、内分泌、免疫、心血管和消化系统。身体的应激反应是在大脑的控制和支配下进行的。大脑和身体通过三条重要的通路或联络系统实现沟通，被称为"应激反应的脑-体通路"。第一条通路是躯体神经系统，借此大脑控制着骨骼肌的紧张水平和活动；第二条通路是植物神经系统，借此控制和调节内脏器官的活动；第三条通路是内分泌系统，此系统包括一系列腺体，分泌各种激素，激素进入血流后被传送到身体的特定器官，调节着它们的生理活动。在应激反应中，肾上腺的激素起特别关键的调节作用。应激的心理反应从性质上可分成两大类：一类是积极的，它包括适度的情绪唤起、注意力的集中、动机的调整及思维活动的活化等。这些心理反应有助于维持应激期间的心理平衡，准确地评定应激源的性质，做出合理的判断与决定，选择合适的应对策略。另一类是消极的、人难以应付的应激源，包括过度的焦虑或紧张、情绪过于激动、攻击、逃跑和退缩等。

四、情绪智商

1. 情商是什么

情商(EQ)又称情绪商数，是近年来心理学家们提出的与智力和智商相对应的概念。

美国心理学家认为，情商包括以下几个方面的内容：一是认识自身的情绪。因为只有认识自己，才能成为自己生活的主宰。二是能妥善处理自己的情绪，即能调控自己。三是自我激励。它能够使人走出生命中的低潮，重新出发。四是认知他人的情绪。这是与他人正常交往，实现顺利沟通的基础。五是人际关系的管理，即领导和管理能力。

情商的水平不像智力水平那样可用测验分数较准确地表示出来，它只能根据个人的综合表现进行判断。心理学家们还认为，情商水平高的人具有如下的特点：社交能力强，外向而愉快，不易陷入恐惧或伤感，对事业较投入，为人正直，富有同情心，情感生活较丰富但不逾矩，无论是独处还是与许多人在一起时都能怡然自得。专家们还认为，一个人是否具有较高的情商，和童年时期的教育培养有着密切的关系。因此，培养情商应从小开始。

情商往往是决定命运的，情商是一种能力，情商是一种创造力，情商又是一种技巧。既然是技巧就有规律可循，就能掌握，就能熟能生巧。只要我们多点勇气，多点机智，多点磨炼，多点感情投资，我们也会像"情商高手"一样，营造一个有利于自己生存的宽松环境，建立一个属于自己的交际圈，创造一个更好发挥自己才能的空间。

2. 智商与情商的不同

(1)智商和情商反映着两种性质不同的心理品质。智商主要反映人的认知能力、思维能力、语言能力、观察能力、计算能力、律动的能力等。也就是说,它主要表现人的理性的能力。它可能是大脑皮层特别主要是主管抽象思维和分析思维的左半球大脑的功能。情商主要反映一个人感受、理解、运用、表达、控制和调节自己情感的能力,以及处理自己与他人之间的情感关系的能力。情商所反映个体把握与处理情感问题的能力。情感常常走在理智的前面。它是非理性的,其物质基础主要与脑干系统相联系。大脑额叶对情感有控制作用。

(2)智商和情商的形成基础有所不同。情商和智商虽然都与遗传因素、环境因素有关,但是,它们与遗传、环境因素的关系是有所区别的。智商与遗传因素的关系远大于社会环境因素。据英国《简明不列颠百科全书·智力商数》词条载:“根据调查结果,约70%~80%智力差异源于遗传基因,20%~30%的智力差异系受到不同的环境影响。”情商的形成和发展,先天的因素也是存在的。例如,“人类的基本表情通见于全人类,具有跨文化的一致性。”[1]美国心理学家艾克曼的研究表明,从未与外界接触过的新几内亚人能够正确地判断其他民族照片上的表情。但是,情感又有很大的文化差异。民俗学研究表明,不同的民族的情感表达方式有显著差异。儿童心理学研究表明,先天盲童由于社会交流的障碍导致社会化程度受到影响,其情感能力相对薄弱。人类学研究表明,原始人类的情感与文明人的情感有极大差异。他们易怒易喜,喜怒无常,自控能力很差。美国有的人类学研究者认为,人类童年时代的情感控制能力很弱,以今天的眼光看,很像是患有集体精神病。从近代史研究中也可以看到,人的情感容易受到社会环境的影响,人总是有着根深蒂固的从众心理。二战时代德国的社会情感,充分说明了这一点。

(3)智商和情商的作用不同。智商的作用主要在于更好地认识事物。智商高的人,思维品质优良,学习能力强,认识深度深,容易在某个专业领域做出杰出成就,成为某个领域的专家。调查表明,许多高智商的人容易成为专家、学者、教授、法官、律师、记者等,在自己的领域有较高造诣。情商主要与非理性因素有关,它影响着认识和实践活动的动力。它通过影响人的兴趣、意志、毅力,加强或弱化认识事物的驱动力。智商不高而情商较高的人,学习效率虽然不如高智商者,但是,有时能比高智商者学得更好,成就更大。因为锲而不舍的精神使勤能补拙。另外,情商是自我和他人情感把握和调节的一种能力,因此,对人际关系的处理有较大关系。其作用与社会生活、人际关系、健康状况、婚姻状况有密切关联。情商低的人通常人际关系紧张,婚姻容易破裂,领导水平不高;而情商较高的人,通常有较健康的情绪,有较完满的婚姻和家庭,有良好的人际关系,容易成为某个部门的领导人,具有较高的领导管理能力。

3. 提高情商的八种方法

(1)学会划定恰当的心理界限,这对每个人都有好处。你也许自认为与他人界限不明是一件好事,这样一来大家能随心所欲地相处,而且相互之间也不用激烈地讨价还价。这听起来似乎有点道理,但它的不利之处在于,别人经常伤害了你的感情而你却不

[1]潘云明. 情感智商[M]. 北京:中国城市出版社,2004:22.

自知。其实仔细观察周遭你不难发现，界限能力差的人易于患上病态恐惧症，他们不会与侵犯者对抗，而更愿意向第三者倾诉。如果我们是那个侵犯了别人心理界限的人，发现事实的真相后，我们会感觉自己是个冷血的大笨蛋。同时我们也会感到受了伤害，因为我们既为自己的过错而自责，又对一个第三者卷进来对我们评头论足而感到愤慨。界限清晰对大家都有好处。你必须明白什么是别人可以和不可以对你做的。当别人侵犯了你的心理界限，告诉他，以求得改正。如果总是划不清心理界限，那么你就需要提高自己的认知水平。

(2)找一个适合自己的方法，在感觉快要失去理智时使自己平静下来，从而使血液留在大脑里，做出理智的行动。美国人曾开玩笑地说："当遇到事情时，理智的孩子让血液进入大脑，能聪明地思考问题；野蛮的孩子让血液进入四肢，大脑空虚，疯狂冲动。"是的，当血液充满大脑时，你头脑清醒，举止得当；反之，当血液都流向你的四肢和舌头的时候，你就会做蠢事，冲动暴躁，口不择言。事实上，科学实验证明，当我们在压力之下变得过度紧张时，血液的确会离开大脑皮层，于是我们就会举止失常。此时，大脑中动物的本性起了主导作用，使我们像最原始的动物那样行事。要知道，在文明社会中，表现得像个原始动物会带来大麻烦。控制情绪爆发有很多策略，其中一个方法就是注意你的心律，它是衡量情绪的精确尺子。当你的心跳快至每分钟100次以上时，整顿一下情绪至关重要。在这种速率下，身体分泌出比平时多得多的肾上腺素。我们会失去理智，变成好斗的蟋蟀。当血液又开始涌向四肢时，你可以选用以下方法来平静心情：①深呼吸，直至冷静下来。慢慢地、深深地吸气，让气充满整个肺部。把一只手放在腹部，确保你的呼吸方法正确。②自言自语。比如对自己说"我正在冷静"，或者说"一切都会过去的"。③有些人采用水疗法。洗个热水盆浴，可能会让你的怒气和焦虑随浴液的泡沫一起消失。④你也可以尝试美国心理学家唐纳·艾登的方法：想着不愉快的事，同时把你的指尖放在眉毛上方的额头上，大拇指按着太阳穴，深吸气。据艾登说，这样做只要几分钟，血液就会重回大脑皮层，你就能更冷静地思考了。

(3)想抱怨时，停一下先自问："我是想继续忍受这看起来无法改变的情形呢，还是想改变它呢？"对于没完没了的抱怨，我们称之为唠叨。抱怨会消耗精力而又不会有任何结果，对问题的解决毫无用处，又很少会使我们感到好受一点。几乎所有的人都发现，如果对有同情心的第三方倾诉委屈，而他会跟着一起生气的话，我们会感觉好受一些。有人对你说："可怜的宝贝。"这对你来说是莫大的安慰，你的压力似乎减轻了，于是你又能重新面对原有的局面了，尽管事情没有任何改变。但是如果你不抱怨，那么你会感受到巨大的心理压力。压力有时并不是个坏东西，是的，它也许会让你感觉不舒服，但同时也是促使你进行改变的力量。一旦压力减轻，人就容易维持现状。然而，如果压力没有在抱怨中流失，它就会堆积起来，到达一个极限，迫使你采取行动变现状。因此，当你准备向一个同情你的朋友抱怨时，先自问一下："我是想减轻压力保持现状呢，还是想让压力持续下去促使我改变这一切呢？"如果是前者，那就通过报怨把压力赶走吧。每个人都有发牢骚的时候，它会让我们暂时好受一些。但如果情况确实需要改变的话，下定决心切实行动起来吧！

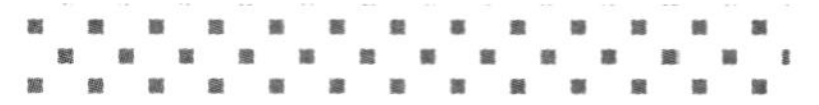

(4)扫除一切浪费精力的事物。什么是不利于我们提高情商的力量呢？答案就是一切浪费精力的事物。许多人的神经系统就像父亲的手一样长了厚厚的老茧。我们已经习惯于意识不到精力的消耗。精力是微妙的，但也可以体会到明显的变化，比如听到好消息时，肾上腺素会激增，而听到坏消息时，会感到精疲力竭。我们通常不会留意精力细微地消耗，比如与一个消极的人相处、在桌上到处找一张纸等。

你的生活中有哪些缓慢消耗精力的事情？你家的墙角堆着一小块地毯，每次看到它，你都会想可能有人会被它绊倒。这本不是什么大不了的问题，但它分散你的精力。这就是我们如何界定分散精力的事物——每次接触之后都会感到精力被分散了。有时和朋友所处也是如此——相互吸取和给予精力——但有些是精力的吸血鬼，他们只会吸取你的精力。这时有两个选择：一是正视这个问题，建立心理界限继续与他们谨慎交往；二是减少与这种人交往。的确，我们需要去除缓慢地浪费精力的东西，解脱出来以集中精力提高我们的情商。想加速的话，你可以选择减小阻力或增加推动力。试试我们提供的方法：①经常列出消耗你精力的事情。②系统地分析一下名单，并分成两部分：A. 可以有所作为的；B. 不可改变的。③逐一解决A单中的问题。比如对我来说，把汽车钥匙挂在一个固定的钩子上，这样就不用到处找了。④再看一下B单中的问题，你是否有把握解决？有没有把其中一些问题移到A单加以解决的可能？⑤放弃B单中的问题。

(5)找一个生活中鲜活的榜样。我们都曾经历过学榜样的年代，那些榜样对于我们来说高尚而又疏远。于是我们学榜样的热忱在和榜样的距离中渐渐熄灭了，因为我们知道，自己也许一生都成不了大英雄。是的，你不能成为大英雄，但你可以成为一个快乐的常人，比如你的朋友丹宁，她精力充沛、年轻、大方、聪明、有趣。她经营妇科诊所，做公司顾问，为一家报社定期写专栏文章，有英俊的丈夫和可爱的女儿。你身边有这样的出色人物吗？把她作为你的榜样吧！你可以想：她所能做的我也可以，但我们的风格迥异，我不可能以她的方式完成她所做的事，我会模仿她做的一些事，以我的方式来完成。从她身上你总能看到从来没察觉到的自身潜能。在周围的人中找出你学习的榜样吧！他们比你更聪明、所受教育更好、层次更高、毅力更强，你会在追赶他们的过程中自然地提高自己的情商。

(6)与小孩相处。为人父母会教会你很多东西。当孩子尖叫“为什么不给我买？我恨你！”时，你不能绝望，不能暴怒，你需要理解他并接受被怨恨的现实。要知道，这是孩子所能给予你的最好的礼物，当然这种恨不要持续下去。养育孩子是一个双赢的结局。在养育孩子的过程中，孩子学会了如何与还不算成熟的年轻父母相处。作为父母的我们，则在抑制我们的需求来满足孩子的需求的过程中磨平了棱角。养育孩子会自动提高我们的情商，使我们成为更合格的父母。如果你不愿意生养孩子，不妨试试为朋友看孩子，与孩子相处可以真正地提高我们的情商。

(7)从难以相处的人身上学到东西。我们的周围有很多牢骚满腹、横行霸道、装腔作势的人，我们多么希望这些人从生活中消失，因为他们会让人生气和绝望，甚至发狂。为什么不能把这些人圈起来，买张飞机票，送到一个小岛上，在那里他们再也不会打扰到别人？可是，最好别这样，这些难以相处的人是我们提高情商的帮手。你可以从

多嘴多舌的人身上学会沉默，从脾气暴躁的人身上学会忍耐，从恶人身上学到善良，而且你不用对这些老师感激涕零。而且，你定义的“难以相处的人”，最终被证明可能只是与你不同的人，而对所谓的难以相处的人来说，你也是难以相处的人。

应付难以相处的人最有效的方式就是灵活。也就是说，发现他们的处事方式，在与之交往的过程中，尽量灵活到采用与之相同的方式。如果这人喜欢先闲谈再谈正事的话，你的反应应当是放松下来，聊聊家常。如果这人直截了当，你也应当闲话少说，直奔主题。这样，在与难以相处的人打交道时会更有效率，而且会发现这些人并不那么难以相处。

应付难以相处的人的第二点就是把他们当成礼物。例如，朱迪嫁给了一个霸道的人。婚姻生活对她来说充满坎坷，因为她没有很明确的界限。在分手多年以后，她学会了感谢他，因为他教给她建立和维持界限的重要性。现在再遇到这样的男人时，她根本不在乎。朱迪说：“当与他一起生活过以后，这些家伙你就根本不会放在眼里。”如果她当时嫁给了一个随和的人，她可能到现在还没有明确的界限，也很难对付那些难缠的家伙。不过，如果可以选择的话，或许我们永远不会选择难以相处的人。

(8)时不时尝试另一种完全不同的方式，你会拓宽视野，提高情商。你是一个性格开朗外向的人还是性格内向、只喜欢独处或和几个密友在一起的人呢？你喜欢提前计划好每一天，以知道要干些什么事，还是毫无计划呢？人人都有自己的偏爱，如果可以选择的话，每个人都会选择自己偏爱的方式。然而，突破常规，尝试截然相反的行动会更有助于我们的成长。如果你总是在聚会中热衷于做中心人物，这次改改吧，试着让那些平日毫不起眼的人出出风头。如果你总是被动地等待别人和你搭讪，不妨主动上前向对方问个好。

第二节　大学生的情绪

一、大学生情绪特点

大学生正处于青春期的中后期，具有青年人共有的情绪特点，如热情、活泼、思维敏捷、接受新事物快、自我意识强烈等。同时，由于大学生这一群体独特的社会地位、知识水平、心理成熟度和生理发育状况，他们的情绪又具有自己鲜明的特点，总体表现为矛盾的情绪反应和强烈的情绪体验。具体分析如下：

1. 冲动性与复杂性

大学生有着丰富、强烈而又复杂的感情世界，情绪体验反应快而强烈，喜怒哀乐常常一触即发，表现出热情奔放的冲动性点。心理学家常用“急风暴雨”来比喻这种激情性的情绪特征。这种冲动性的情绪尤其在群体中往往会变得更激烈。大学的学生有较强的群体认同感，喜欢模仿，易受暗示，容易受当时情境气氛的感染、鼓动，容易表现出比单个人时更大胆的举止。因为群体可以增强一个人的力量感，同时在群体中个人可

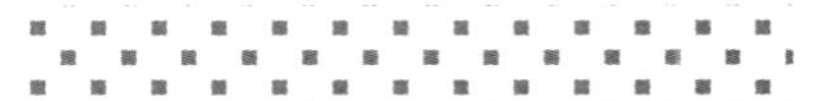

以减少其相应的责任。大学生的情绪冲动性是有其生理和心理基础的。由于性激素分泌的旺盛会通过反馈影响下丘脑的兴奋性，而大脑皮层的调节作用一时还不能适应这种情况。因此在皮层和皮层下之间出现了不平衡状态。心理发展的相对缓慢，心理调节机制的不完善，缺乏对外界变化的弹性和应变能力，缺乏对心理活动调节和支配的意志和能力，从而使得我们大学里面的学生在生理和心理的发展方面出现了某种程度的不平衡，从而影响了情绪的表现，使得情绪变得容易冲动。

2. 稳定性与波动性

由于知识结构的完善、认知水平的提高和生活经验的积累，大学生的情绪日趋稳定，对于一事一物一行为的情绪反应能持续较长时间，久留心头；对与他人的情绪依赖和联结具有一定的倾向性和专一性，互相之间以此确立身份并获得心理认同和情绪共识。但与成年人相比，大学生的情绪仍很不成熟，变化大且频繁，忽冷忽热，忽高忽低。考试成绩好坏、人际关系亲疏、恋爱成败都会使大学生的情绪处于摇摆之中，甚至从一个极端走向另一个极端；同时，由于大学生的心理、生理和社会的需求正处于不平衡的发展状态，因此大学生有时也会产生一些莫名其妙的情绪波动、交替。例如，触景生情、惺惺相惜等。

3. 外显性与内隐性并存

处于青春期的大学生遇事反应强烈，对外界的刺激反应敏感、迅速，情绪写在脸上、言在嘴上、表现在行为中。喜怒哀乐、爱恨情仇的表现都很具体。例如，过生日时，购买生 日蛋糕并邀请几个好友开一个“生日派对”；校园内突然停电或断水，立即传来的常常是学生的啸叫声与敲盆敲碗声组成的“交响曲”。有时大学生情绪的外部表现又会与内在体验不一致，甚至恰恰相反，这就是大学生情绪的文饰现象。例如，互相倾慕的两位男女大学生表达情意肯定很热烈，但在公共场合下，又会考虑自己的行为在别人心目中的印象及社会道德规范对这种行为的评价，从而收敛自己的行为，故意表现出淡漠，甚至疏远的态度。

二、大学生常见的情绪困扰

1. 自卑

自卑是自我情绪体验的一种形式，是个体由于某种生理或心理上的缺陷或其他原因所产生的对自我认识的态度体验，表现为对自己的能力或品质评价过低，轻视自己或看不起自己，担心失去他人尊重的心理状态。大学生的自卑主要表现在敏感和掩饰、自暴自弃、逃避现实、自傲、封闭以及逆反等方面。

(1)自卑的主观因素。

①不能正确地面对现实。大多数大学生在中学时期是学习尖子，受到老师和家长的厚爱以及同学的羡慕，自我感觉良好。进入大学后，人才济济，大家各方面一律平等，一切从零开始。从鹤立鸡群变成“平庸之辈”，部分大学生对这种地位的变化和心理落差产生了自我评价失调，造成自卑心理。

②缺乏某些个人专长。大学生活丰富多彩，那些在各方面表现突出，如在文娱、体育、写作、演讲等方面有专长的大学生，往往会受到别人的羡慕；而在这些方面没有特长且学习成绩平平的，就会产生一种不如别人多才多艺的自卑感，觉得自己平平庸庸和默默无闻。

③失恋或单相思。近几年来，大学生的恋爱现象并不少见。目前很多高校对此问题所持的态度是“不提倡、不反对”。就爱情而言，它需要消耗大量的物质能量和精神能量。如果大学生把学习、打工和恋爱交织在一起，很可能造成心理危机。失恋或单相思令大学生尤其痛苦。很多大学生失恋后，将恋爱失败的原因归于自身条件，认为自己的身高、相貌或其他方面“配不上人家”，因而产生较严重的自卑心理。

④性格、智力等方面的缺陷。大部分大学生性格外向、活泼、开朗、朝气蓬勃，少部分大学生由于性格内向、不善于言语、不善于表达自己，在公共场所的表达能力、交际能力较弱，因而难以适应新的环境。这部分大学生羡慕那些性格外向的人，逐渐产生对自己的厌恶感和自卑感。有位大学生曾说：“和同学们聊天时，他们的知识很丰富，天南地北，无所不知，我却什么都不懂，我觉得自己不如他们，很笨。”另外，大学生智力水平不一，智力水平高者花在学习方面的时间少而成绩优秀，智力水平略低者比别人多花几倍的时间却依旧成绩平平甚至不及格。这类大学生极易产生自卑心理。

⑤不恰当的自我评价。大学生有很强的自我意识，更注重自己的外貌、气质、能力及别人对自己的评价。自我意识的发展也促使大学生的自我概念分化成理想自我和现实自我。然而，理想与现实存在着较大的差异，当对现实中的自我评价达不到所期望理想的自我标准时，两者发生矛盾，就容易产生消极的自我意识，失去达到理想的自信，产生自卑的情绪体验。

自卑也可能是不合理的自我评价造成的。美国心理学家埃里斯的ABC理论认为，一些负性的情绪体验如自卑、抑郁、焦虑等都是个体对事物的某些不合理的观念造成的，现实很难满足一些不合理的期望和要求。当现实与它们发生矛盾时，个体便会产生以点概面的、消极的、不合理的自我评价。有的大学生常因某事不如意而过低地评价自己，甚至否定自己，认为“我没用了，我什么事都做不好”。

(2)自卑的客观因素。

①学校、专业不如意。高校有普通和重点之分，专业也有“冷门“和”热门”之分，这样，普通高校、“冷门”专业大学生与其他人相比时自叹不如。另外，许多大学生没有考上自己理想的学校或专业，进校后会产生失落感甚至自卑感。

②个人先天条件。由于个人先天条件的缺陷或不“如意”，比如残疾、身高、长相、体型、肤色等都可能造成大学生的自卑，给大学生带来精神压力。这种情形在高校中比较常见。

③新的学习生活环境。有些大学生在一种环境中有严重的自卑感，而在另一种环境中却没有。如有一位学生说：“当我跟中学的老师、同学在一起时，我感到非常开心、得意，而当我回到海市蜃楼般的大学校园，面对风格迥异的老师和同学，会感到浑身不自在，有一种与周围环境不相称的自卑感。”这是由于新的学习和生活环境所导致的不适应引起的。

④家庭方面。大学生来自不同的家庭，有的家庭有权有势，有的家庭经济拮据，一些虚荣心极强的大学生由于自己的家庭满足不了自己的虚荣心而感到自卑。有些大学生因父母离异或父母感情不好，面对其他家庭幸福的同学时会感到自卑。

要克服自卑感，首先要建立起正确地对待自卑的态度，分析产生自卑的原因和内在心理过程，从而能够对这些原因有正确的认识，继而通过建立合理、积极的自我评价来消除和克服自卑心理。

2. 焦虑

焦虑是一种伴随着某种不祥预感而产生的令人不愉快的情绪，是一种复杂的情绪状态。它包含着紧张、不安、惧怕、烦躁、压抑等情绪体验。许多人说不出自己焦虑的原因，但研究已经表明，事情的不确定性是产生焦虑的根源。

焦虑可划分为三类：一是神经性焦虑，指当大学生意识到内心的欲望与冲突却无法控制时所发生的恐惧感。有时是无名的恐惧，有时是强烈的非理性恐惧。二是现实性焦虑，这种焦虑是由现实环境的压力与困难引起的，大学生自我无力应对。例如，无力参与竞争、期望过高、要求过严、社会文化差异悬殊等。三是道德性焦虑，是由社会生活准则引起的，大学生对自我的责备与羞愧感，因唯恐犯错误或触犯不能逾越的规定，时常自责、受到罪恶感的威胁。这三种类型的焦虑不是单一的，有时神经性焦虑与现实性焦虑混合起来；有时道德性焦虑与现实性焦虑混合起来；有时神经性焦虑与道德性焦虑混合起来；有时也可能是三种焦虑的混合。

常见的引起大学生焦虑的原因有以下几个方面：

(1)因适应困难而产生焦虑。这是大学生中比较常见的情况。由于生活环境和学习方式的转变，大学生对新环境难以很快适应，因而产生各种焦虑反应。如有一位到心理咨询中心咨询的大学生谈到，入大学以前生活上的事都由父母包办，衣食住行都有人给自己安排。现在这一切都要自己来做，却不知如何去做。学习紧张，还要想着怎么去处理这些事，因此感到焦虑不安。从这个例子可以看出，这位大学生由于生活在一个过分依赖家庭的环境中，独立生活的能力较差，因此当置身于一个新的、不得不依靠自己独立安排生活的环境中时，常常因不知该如何做而产生焦虑情绪。

(2)学习上的不适应也是促使焦虑产生的原因。不少大学生习惯了高中时那种被动的学习方式，上大学后对大学的学习方式不能很快适应。教师课上讲的内容不多，自己自学的时间较多。到了图书馆，又不知如何学起、无所适从，由于学习方法不得要领、学习成绩下降，一些大学生对以后的学习生活和前途感到忧虑不安，极个别的担心自己会完不成学业，陷入焦虑状态之中。

(3)考试焦虑是大学生中较常见、较特殊的焦虑情绪表现，即由于担心考试失败或渴望获得更好的分数而产生的一种忧虑、紧张的心理状态。考试焦虑一般在考试前数天就表现出来，随着考试日期的临近而日益严重。研究表明，把对好成绩的期望降低到适当的水平，可以减轻考试焦虑。

(4)大学生中另一种常见的焦虑情形是对身体健康状况过分关注而产生的焦虑。大学生因学习比较紧张，脑力劳动任务比较繁重，存在着一些可能使健康水平下降的因素，如失眠、疲倦等。当这些因素作用于那些过分关注自己健康状况的大学生时，便有可能导致焦虑的产生。咨询中心常接待一些大学生，自感身体不适、睡不好觉，几次到医院去检查，任何指标都正常，但就是自感身体不舒服、终日无精打采，由此影响了学习。对于这种情况，要克服焦虑首先就要正确认识人的脑力活动对健康的影响，合理安排时间，注意劳逸结合，增强体育锻炼，而不应该沉湎于对自身身体状况的过分关注，因为这有可能通过暗示作用使自身身体的各种不适感加重，从而加重焦虑情绪。

并非所有的焦虑都是病理性的，大学生的焦虑大多是正常的焦虑，即客观的、现实的焦虑。这种焦虑是一种比较普遍的情绪表现，有些比较轻微的焦虑往往会时过境迁，随着时间延长而自动消失。适度的焦虑具有积极的作用，它能使大学生在各种活动和学业上表现出色，维持良好的人际关系；过分的焦虑可使人心情过度紧张，情绪不稳定，不能正确地推理判断，记忆力减退，以致影响考试成绩和人际关系。对于那些自己感到无法控制的、比较严重和持久的焦虑表现，或焦虑性神经症的表现，大学生则应及时寻求心理咨询师的帮助和治疗。

克服焦虑情绪的方法主要有：

（1）科学的认知。认知评价能力，对个体的焦虑水平影响很大。拿考试焦虑来说，大学生如果对某次考试非常重视，那么他就会十分在意，焦虑水平就会提高。每位大学生都曾经受过或轻或重的考试焦虑。适度的焦虑有利于考试，但若过度则适得其反。

（2）学会放松。焦虑往往伴随着紧张，紧张又增强焦虑，因此学会放松对减轻焦虑很有帮助。

情绪放松有以下几个标准：心率平缓而有节奏；呼吸慢而均匀；肌肉松而不散；四肢舒软且有暖融融的感觉；心境平和而舒畅；感觉精力充沛、思维敏捷；动作灵活、自然、无拘无束；身体能从疲劳中得到恢复，工作和学习效率高，常用的情绪放松的方法有深度呼吸法、静坐冥想法、自我暗示法、意象训练法和身体放松法。

（3）增强自信心。大学生的考试焦虑、人际关系引起的焦虑通常是由自信心不足引起的。所以，要消除焦虑就必须增强自信心，相信自己的能力和水平。当然，这种自信必须建立在一定的学识、能力的基础上，如果大学生平时能认真掌握所学的知识，就不会害怕考试，也不会产生考试焦虑。

3. 抑郁

抑郁是大学生中常见的情绪困扰，是一种感到无力应付外界压力而产生的消极情绪，常常伴有厌恶、羞愧、自卑等情绪体验，抑郁就像其他情绪反应一样，人人都曾体验过。对大多数大学生来说，抑郁只是偶尔出现，时过境迁，很快会消失。也有少数大学生长期处于抑郁状态，导致抑郁症。性格内向孤僻、多疑多虑、不爱交际、生活中遭遇意外挫折的大学生更容易陷入抑郁状态。

情绪抑郁的大学生的主要表现是：情绪低落、思维迟缓、郁郁寡欢、闷闷不乐、兴趣丧失、缺乏活力，干什么都打不起精神；不愿参加社交，故意回避熟人；对生活缺乏信心，体验不到生活的快乐；并伴有食欲减退、失眠等症状。长期的抑郁会使人的身心受到严重伤害，使大学生无法有效地学习和生活。

抑郁情绪是大学生群体中一种比较普遍的不良情绪表现。在大多数情况下,大学生的抑郁情绪都可以找到较为明显的精神因素的影响,主要有学习成绩落后、失恋、人际关系不和谐以及其他有关的负面生活事件的影响。然而,失恋或学习上的失败是大多数学生都可能遇到的情况,并不是每个人都会产生如此强烈的抑郁情绪反应。一些大学生产生抑郁是由于对一些负面事件的不正确认识,以及因此对自我价值的不合理评价。他们过分追求完美,希望自己在大学期间能在各方面都十分出色,这是很难做到的。因此,改变不合理观念,对出现的负面生活事件,建立正确认识、评价和态度是克服和消除抑郁的关键,这与克服自卑的方法是一样的。

①要克服抑郁心理,首先应培养乐观的人生态度。抑郁是一种消极的情绪,它可能是暂时的,产生这种消极情绪,是抑郁者消极认知的结果。有的大学生一次没考好就一蹶不振,片面地认为没考好,就是不聪明,就不是一个好学生。其实这可能是由于没复习好、身体不适等客观原因造成的。只要通过努力,把这门功课考好,问题就解决了。要学会全面、辩证地看问题,没有失败就不会有成功。

②注意锻炼自己的意志。生活就像海洋,只有意志坚强的人,才能到达彼岸。一个人一旦拥有坚强的意志,他就会创造生命的奇迹。人生不可能一帆风顺,总会有这样和那样的曲折和困难,烦恼、痛苦不可避免,关键是一定要尽快重新振作起来。大学生们平时应多参加集体劳动,多做点家务,这对锻炼意志都大有好处。同时还要树立必胜的信念。人,只要有一种信念,有所追求,就什么苦都能忍受,什么环境也都能适应。积极的信念会使大学生乐观向上、朝气蓬勃,并产生坚定的意志。必胜的信念,会使大学生始终充满斗志,充满乐观主义的豪情。因此,信念始终成为引导和鼓舞大学生朝着既定目标前进的指路明灯和推进器。

③学会合理表达自己的感情。抑郁的人多是极力压抑自己的某种不满、愤怒的情绪,这种情绪或得不到表达,或不会表达。要知道,喜怒哀乐是人之常情,每个人都有表达自己所有情感的权利和必要。压抑只能造成郁闷,只要表达得恰到好处,就会增进身心健康。

第三节　大学生情绪的自我调节

一、不良情绪的判断与分析

1. 大学生健康情绪的标准

情绪对人的心理健康影响很大,因此,规避不良情绪,趋向健康情绪就显得尤为重要。首先,应懂得如何评价一个人的情绪是否健康。对此,中外的心理学家都提出了许多见解。

(1)西方心理学家的情绪标准。赫洛克(E. Hurlock)提出了情绪健康的四条标准:

①能够保持健康,自己能控制因身体疲劳、睡眠不足、头痛、消化不良、疾病引起的情绪不稳定。

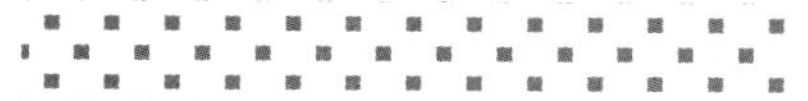

②能够控制环境，不是想干就干，而是先预料后果，再采取行动。

③使情绪的紧张消解到无害方面，不是压抑情绪，而是将情绪转变，升华到社会性的高度。

④能够洞察、理解社会。

(2)中国心理学家的情绪标准。我国心理学者大多认为健康情绪的主要标志是情绪稳定和心情愉快。具体而言，包括以下四个方面：

①愉快情绪多于不愉快情绪，一般表现为：乐观开朗，充满热情，富有朝气，善于自得其乐，对自己、对生活充满信心和希望。

②情绪稳定性好，善于控制和调节自己的情绪。既能克制约束，又能适度宣泄，不过分压抑，使情绪的表达既符合社会的要求，也符合自身的需要，在不同的时间和场合有恰如其分的表达。

③情绪反应是由适当的原因引起的，也就是说，一个人的喜、怒、哀、乐、惧等情绪，是由具体的可感知现象、事物所引起的，而非莫名其妙的无端的反应。同时，情绪反应的性质、强度和持续时间应与引起这种情绪的情境相符合。

④人的社会性情感(理智感、道德感、美感等)得到良好的发展。

2. 引起大学生不良情绪的因素

大学生不良情绪产生的原因错综复杂。既有内因，即个体自身方面的影响；也有外因，即客观环境的影响。

(1)个体因素(内因)。个体因素主要是生理状况和心理因素两个方面。

①生理状况。个体的生理状况会对其情绪产生一定的影响。因为人的情绪活动有着广泛的大脑神经和生理、生化基础，是大脑皮质、皮质结构和内分泌等系统协同活动的结果。如果这些系统中的某一环节发生了故障，就有可能造成情绪障碍。人的身体是一个有机统一的系统，牵一发而动全身。身体某一器官的损伤或机能障碍，会间接或直接地引起情绪活动的紊乱。许多人都有这样的体验：当体力不佳或身体有病痛时，会情绪低落、烦躁不安。处于性成熟期的大学生，由于性激素的大量分泌，容易形成性冲动；同时，伴随着性成熟出现的遗精、手淫、初潮、痛经和月经失调等生理现象，也容易造成大学生的情绪波动。大脑神经活动过程的兴奋与压抑不平衡，内抑制力差，也是情绪不可控的一个因素。

②心理因素。影响情绪的心理因素很复杂，个体的知识经验、能力水平、认知方式、情感成熟水平、意志品质和性格特点等都可能导致不良情绪。比较而言，有以下特征的人更容易陷入情绪困扰之中：

- 情绪特征。表现为不稳定、易冲动、易躁易怒、消沉、冷漠、郁郁寡欢等。
- 意志特征。表现为固执、刻板、胆怯、优柔寡断、缺乏自制力、耐挫力差等。
- 自我意识特征。表现为过分自尊或自负、缺乏自信、自卑等。
- 社交特征。表现为孤僻、退缩、自我封闭、敏感、多疑、心胸狭窄、嫉妒心强等。
- 认知特征。表现为以偏概全、夸大后果、爱钻牛角尖等。

(2)环境因素(外因)。个体赖以生存和发展的环境中的一些因素会影响到人的情绪，这些情绪主要来自家庭、学校和社会三个方面。

家庭中的亲情氛围、父母的教养方式等会对子女的情绪产生很大影响。家庭内气氛紧张、父母关系不和、教养方式不当，或过分严厉、过分溺爱，都可能使子女产生情绪困扰。

学校环境中的教育方法、学习压力、人际关系、师德师风、校风校貌等都会影响大学生的情绪。例如，教育方法的单调落后、学习压力过大、人际关系紧张、校风不良等，都可能导致大学生的不良情绪。

社会环境中的一些因素，如：社会风气、社会变革、经济文化条件、竞争等，都可能引发不良情绪的产生。尤其是互联网的出现，对传统的思维方式和交友方式带来了极大的冲击，促使大学生要不断地调节自己、适应环境，更好更快地发展自己；但另一方面，也会使大学生产生不适应的困惑和压力，从而引起情绪波动。

另外，物理环境中的不良刺激，如高温、严寒、噪声、强光、辐射等，都可能影响人的情绪。

二、大学生情绪的自我调节方法

情绪的产生、性质及其对身心的影响都与人的认知有关，由此决定了人对情绪调适的可能性。大学生要培养自己健康的情绪，除了树立科学的世界观与人生观、积极参加集体活动和社会实践之外，掌握一些具体的情绪调适方法也尤为重要。下面一些具体方法可资借鉴。

1. 正念与情绪管理

“正念”二字最初来源于巴利文，它是两个词的组合：Sati（意识）与Samprajanya（明确的理解）。根据“正念减压疗法”创始人，当代主流医疗界、心理学界高度认可的世界级科学家和冥想导师卡巴金博士的定义，正念是“当我们对此时此刻有意的、不加评判的注意的时候，所涌现起来的、增强了的那份觉知”。这份“当下觉知”的缺失，正是我们压力与情绪的来源之一。例如，此刻你正在走路，但你却还在回忆前些天和另一半吵架的不愉快，走着走着却发现自己迷路；此刻你正在开车，却还回忆着上班工作被领导批评的事情，不小心错过了路口；此刻你正在考试做题，却一直在担心自己考不好怎么办，最终由于过度紧张而没发挥好。很多时候我们的身体存在于当下，可内心和思绪却一直沉浸在对将来的担忧或者过去事情所造成的情绪中。

如何把“正念”用于情绪管理？据卡巴金博士所述，正念与冥想训练所强调的是培养一种“细心”和“聚焦”的心境，而这种心境可以帮助人不批判地去审视和接受当下内心中所产生的想法和感受，从而减少人的思绪到处“游荡”。卡巴金博士认为，培养正念能力，管理好情绪，大学生需要培养几个很重要的态度：

（1）中立不批判。不评判的态度听起来十分简单，但对于人来说却是世上最难的一件事情。当你停顿下来想一想，会很容易地发现你有很多对周围他人、对自我的想法。我们常常去轻易地作出判断，例如，我喜欢或者不喜欢一个人或者一件事；这是好的，那是坏的，等等。这样对周围世界的评判，似乎贯穿于人的一生。当我们提到正念所强调的“不评判”的时候，并不意味着那些评判就凭空消失了，而是你能够培养一种自悟能力，意识到自己对周围的东西竟然有如此多主观的、不经思考就从直觉中蹦出来的评断。然而,当我们培养出意识去见证这些评判时,会发现很多时候人对自我的很多想法都偏离于生活中真正的自我。当我们带上情绪看待自我和看待周围的人时,我们看到的是一个被上色或者被扭曲的画面。我们会发现,周围的世界非黑即白,非此即彼,非好即坏,只有喜欢或者不喜欢,要或者不要。中立不批判的态度要求你做一个自我情绪的见证人,去发现情绪,不评判情绪的好坏,真正地去了解情绪和自我经历的关系,也不过早下结论;保持这样不评判的态度,长久以来我们就能够培养一种认识和驾驭情绪的能力,同时也能活在当下,活得更加纯粹。

(2)耐心。现实中,人们往往会对现实失去耐心,迫不及待地想解决一个问题或者跳到事情的重点,这样的副作用是我们永远失去了当下,不知现在与此时的自己在哪。这从本质上来说,是人生的一个巨大的损失。我们常常对他人、对工作、对自己失去耐心,这就如同蚕蛹在没有变成蝴蝶时就被被掏了出来。我们忽略的是,你所担心的问题和所想的事情会自己慢慢地展开和进展,而且很多事情是不能操之过急的。当我们放弃当下而急于让自己前进时,我们放弃的其实是对自我的接受、自我的感悟和当下的一切能够给你带来的启发。所以,培养自我耐心很重要,让情绪和当下的一切在自己脑海里慢慢地展现,探索第一次有这个情绪是什么时候,当时发生了什么,这个情绪对我产生了怎样的作用结果,等等。

(3)敞开心扉。抱着"初学者"的心态。这是培养正念能力最重要的一种态度,因为它可以帮助人接受新的可能性,而不是被陷在自己想法、意见的车辙中;我们常常会带很多意见、看法和态度到生活中,以至于我们无法允许自我在看到一个新的人或者新的事物时,保持一种新鲜、接受和开放的态度。当我们认为自己是一个有专长、有想法的专家时,世界上的一切都缺乏吸引力和新鲜感,因为我们会轻易地对周围的一切下定论。可相反的是,当我们像一个小孩一样好奇、探索地去看待周围的一切时,这个世界会变得无比吸引人,也充满了无限的可能性。当我们每次都开放地看待他人,把他们看做一个新的人,不去对他们的过去做出评判,他人会感受到你的开放、同理和真诚,也更容易和你建立关系。

(4)信任。信任是对培养正念能力很重要的一种态度,它要求人产生对自己身体和感受的基本信任。信任其实是人本源的一种品质,我们的身体每天都在支持我们日常活动的运作,我们信任自我的每一次呼吸,信任我们眼睛看到和耳朵听到的东西,我们的身体在不断地提醒自我,我们是可以信任自己的。只是我们很多时候都把这个看做理所当然的,忽视很多身体的预警信号,直到某天无可预见的不幸或者疾病来临。所以,正念所强调的信任实际上是要培养人对自我、对身体感受的信任和自我察觉,只有我们学会信任自己,才能有足够的自信去了解他人与自我、与他人的关系。冥想和肌肉放松练习能够帮助人培养这样的信任感。

(5)不追求,也就是无为。不要很努力地想当下自己应该实现什么,做些什么,或者一定要怎样。让所有的事情都存于你的觉知范围内,让它们保持本来的样子,不要设置任何的日程表或者任务表逼迫自己一定要完成某事。无为并非一件容易的事情,因为我们总有太多想完成的事情,脑子里总不停地运转着太多想法。对当下培养一份爱意的觉知,尽管你可能会焦虑、不开心,但无论当下发生什么,对于自己来说已经足够好

了。我们既不需要逃避，也不需要马上面对。这并不意味着你在消极地逃避世事；相反，你现在的无为态度能够帮助你有时间喘息，为你解决当下问题带来更多的智慧和更多的理性思考。

（6）放手。放手的另一面是执念。当我们非常想要某个东西或想做某件事情时，我们会异常执着，甚至我们有时候执着的仅仅是一个不成熟的想法。放手是在提醒我们不要陷入执念，以及尝试用尽所有的方法排除自己所不想要的东西。世间总有很多事情会给我们带来愉悦，我们想紧紧地抓住；但同时也有事情可能给我们带来焦躁、抑郁，我们想要逃跑、避免。这两者的共存是自然且不可避免的，所以我们需要用放手这种方式去接受事物本来的面目和自己当下的状态。被自我的欲望和执念困住是十分痛苦的，而当我们学会放手，我们将把自己从很多痛苦和不快中拯救出来，获得自由。放手的能力并非一天习得的，它要求你在每一天都反复地提醒自己和反复地实践。实际上呼吸是提醒我们放手的一种很好的方式，因为每次深吸一口气，我们都需要把它呼出来才能进行下一次呼吸，这样能体会到放松和自由。也正是因为这样，收获和释放也才能够成为人类生活的自然规律。

（7）感恩与慷慨。感恩能够帮助我们不把当下所有的一切都认为是理所当然的。这不仅是对自我的感恩，还有对他人的感恩。慷慨意味着你关心他人，花时间与别人相处，能给他人带来愉悦与快乐。感恩和慷慨能够帮助你增进和他人的关系。

上述的几个态度不难理解，但值得思考的是，若要把它们变成自己所掌握的能力，你需要真正地聚焦于当下，多给自己一些时间自悟、思考和独处，并且持续不断地做冥想练习。每一次被负面的情绪与行为困住，其实都是一个人成长和自悟的机会。那些悲伤、抑郁和恐惧的情绪就如同黎明到来之前的黑暗。但在现实中我们也知道，除非你从床上爬起来，清醒地等待破晓，否则你永远都无法看到黑暗如何变成黎明。生活里有很多的机会让我们成长，变成一个更加智慧、接近真理的人，但只有我们培养起对他们的一份清醒的觉知，开放地接受他们，我们才能真正迎来人生的“黎明”。这正如《瓦尔登湖》中梭罗所写的结语：“唯有天空破晓之际，我们才能觉醒。每日都有下一个黎明在等待着唤醒你，你所看到的太阳不过是一颗晨星而已。”

2. 我的情绪我做主

情绪是我们自己思想的产物。没有思想，就没有情绪；有什么样的思想，就有什么样的情绪。我们对自己的情绪不是无能为力的，我们可以通过调节自己的思想来调节自己的情绪。如果我们把思想集中在事情的积极方面，我们就会产生积极情绪；如果我们把思想集中在事情的消极方面，那我们就会产生消极情绪。能不能保持精神愉快，责任常在自己。看看那些善于驾驭自己情绪的人，或那些我们称之为情绪上有修养的人，他们并非像一般人所想象的那样“解决”了所有情绪上的问题，他们也和我们一样会遇到各种情绪上的麻烦，但是他们知道应该如何看待这些问题，懂得如何使自己保持精神愉快。心理学家通过理论研究和实践验证，创立了许多行之有效的情绪自我调节方法，大学生可根据自己的心态有选择地加以使用，从而主宰自己的情绪，做到我的情绪我做主。

(1)理性情绪法。理性情绪法的首创者艾利斯常借用希腊哲学家埃克迪特斯(Epictetus)的一句名言来阐述自己的观点:“人不是被事情本身所困扰,而是被其对事物的看法所困扰。”

理性情绪法强调情绪困扰和行为不良都来源于个体的非理性信念。不合理信念即是要求过度和缺乏逻辑性。情绪调节的重点也在于改变这些观念。那么这些观念都包含哪些内容呢?为什么说它们是不合理的?它们又有哪些特征呢?艾利斯通过临床观察,总结出日常生活中常见的产生情绪困扰甚至导致神经症的十一类不合理信念。

①每个人绝对要获得周围环境的人,尤其是每一位生活中重要人物的喜爱和赞许。这个观念实际上是个假象,是不可能实现的事,因为在一个人的一生中,不可能得到所有人的认同,即便是父母、老师等对自己很重要的人,也不可能永远对自己持一种绝对喜爱和赞许的态度。因此如果某人坚持这样的信念,他就可能委曲求全来取悦他人,以获得每个人的欣赏;但结果必定会使他感到失望、沮丧和受挫。

②个人是否有价值,完全在于他个人是不是一个全能的人,即能在人生中的每个环节和方面都能有所成就。这也是一个永远无法达到的目标,因为世界上根本没有一个十全十美、永远成功的人。一个人可能在某些事上较他人有优势,但在另一些事上,他却可能不如别人。虽然以前有过许多成功的境遇,但他无法保证在每一件事上都能成功。因此,若某人坚持这种信念,他就会为自己永远无法实现的目标而徒自伤悲。

③世界上有些人很邪恶、很可憎,所以应该给他们以严厉的谴责和惩罚。世上既然没有完人,也就没有区分对与错、好与坏的绝对的标准。每个人都可能会犯错误,但凭责备和惩罚则于事无补。人偶然犯错误是不可避免的。因此,不应因一时的错误就将他们视为“坏人”,以致对他们极端地排斥和歧视。

④如果事非己所愿,那将是一件可怕的事情。人不可能永远成功,生活和事业的挫折是很自然的事情,如果一经遭受挫折便感到可怕,那就会导致情绪困扰,也可能使事情更加恶化。

⑤不愉快的事总是由于外在环境的因素,不是自己所能控制和支配的,因此人对自身的痛苦和困扰也无法控制和改变。外在因素会对个人有一定影响,但实际上并不像自己想象的那样可怕和严重。如果能认识到情绪困扰之中包含了自己对外在事物的知觉、评价及内部言语的作用等因素,那么外在的力量便可能得以控制和改变。

⑥面对现实中的困难和自我所承担的责任是件不容易的事情,倒不如逃避它们。逃避问题虽然可以暂时缓和矛盾,但问题始终存在而得不到解决,时间一长,问题便会更恶化或连锁地产生其他问题和困难,从而更加难以解决,最终会导致更为严重的情绪困扰。

⑦人们要对危险和可怕的事随时随地加以警惕,应该非常关心并不断注意其发生的可能性。对危险和可怕的事物有一定的心理准备,应该说这是正确的;但过分的忧虑则是非理性的。因为坚持这种信念只会夸大危险发生的可能性,使人不能对之加以客观评价和有效地去面对这些事情。这种杞人忧天式的观念只会使生活变得沉重和没有生气,导致整日忧心忡忡,焦虑不已。

⑧人必须依赖别人，特别是某些与自己相比强而有力的人，只有这样，才能生活得好些。虽然人在生活中的某些方面要依赖于别人，但过分夸大这种依赖的必要性则可能使自我失去独立性，导致更大程度的依赖，从而失去学习能力，产生不安全感。

⑨一个人以往的经历和事件常常决定了他目前的行为，而且这种影响是永远难以改变的。已经发生的事实是个人的历史，这的确是无法改变的。但是不能说这些事就会决定一个人的现在和将来。因为事实虽不可改变，但对事件的看法却是可以改变的，因此人们仍可以控制、改变自己以后的生活。

⑩一个人应该关心他人的问题，并为他人的问题而悲伤难过。关心他人，富有同情心，这是有爱心的表现。但如果过分关注他人的事情，就可能忽视自己的问题，并因此使自己的情绪失去平衡，最终导致没有能力去帮助别人解决问题，却使自己的问题更糟。

⑪人生中的每个问题，都应有一个唯一正确的答案。如果人找不到这个答案，就会痛苦一生。人生是一个复杂的历程，对任何问题都要寻求完美的解决办法是不可能的事。如果人们坚持要寻求某种完善的答案，那就会使自己感到失望和沮丧。

从以上非理性观念中可以归纳出相应的非理性思维方式，如我喜欢如此和我应该如此，很难和没有办法，也许和一定，有时候和总是，某些和所有的，我表现不好和我不好，好像如此和确实如此，到目前为止如此和必然永远如此，等等。从中可以看出，许多不合理的信念就是将“想要”“希望”等变成“一定要”“必须”“应该”。一个情绪沮丧的人总是坚持他必须要有某事物，而不只是想要或喜欢它而已。因此他便会把这种过度极端化的需求应用到生活的各个方面，尤其是在关于成就和获得别人的赞赏上，而当他不能满足这种需求时，就容易产生焦虑、自卑、沮丧等情绪；如果他将这种需求应用到他人身上，要求别人应该或必须怎样做时，一旦别人不能符合其意，那么他就会对别人产生敌意、愤怒等情绪。

我们应该学会自己跟不合理的信念进行辩驳，并找出相应的合理信念。

①一个人应被周围的人喜欢和称赞，尤其是生活中重要的他人。

D(辩驳)——这是不可能实现的。人的一生中，不可能得到所有人的认同，即便是家人、亲密朋友等对自己很重要的人，也不可能永远对自己持一种绝对喜爱和赞许的态度。更何况人不是为了他人的喜欢和称赞而活，人活着是为了自己。持有这样不合理信念的人，就很可能委曲求全来取悦他人，以获得每个人的赞同和欣赏，但结果必定会使自己感到失望、沮丧和受挫，从而很难再建立自信。

E(合理信念)——一个人只要不被周围所有的人否定和排斥，就可以肯定自己是受欢迎的。

②一个人必须能力十足，各方面都有成就，这样才有价值。

D(辩驳)——这是不切实际的目标。金无足赤，人无完人。世界上根本就不存在一个十全十美的、永远成功的人。一个人可能在某些事上较他人有优势，但在另外一些事上，却可能不如他人。虽然他以前有许多成功的境遇，但他无法保证在每一件事上都能成功。持有这样信念的人，不得不为永远无法实现的目标而徒自悲伤。

E(合理信念)——人的精力是有限的，能在某些方面上有所成就，人生就是有价值的。

③那些邪恶可憎的人及坏人，都应该受到责骂与惩罚。

D（辩驳）——“人非圣贤，孰能无过？”这个世界没有绝对的好人，也没有绝对的坏人，不该因他人一时之误就认定他是坏人，以致对他极端地排斥和憎恶。就像艾里斯所说：“每个人都应该接受自己和他人是有可能犯错误的人类的一员。”

E（合理信念）——人人都有可能犯错误，对那些犯错误的人要宽容以待。

④当事情不如意的时候，是很可怕的，也是很悲惨的。

D（辩驳）——人生不如意事十之八九，一个人不可能永远成功，生活和事业上的挫折可以说是家常便饭，关键在于你如何对待它。如果一遭受挫折就感到十分可怕，那么只会导致情绪困扰，使事情更加恶化。如果遭受挫折会仔细分析并寻求解决的办法，那么挫折将会是一笔无形的人生财富。

E（合理信念）——受挫是很正常的事情，没有什么可怕的。不喜欢某事可以试着去改变它；如果无能为力，那就试着接受它。

⑤不幸福、不快乐是外在因素所造成的，个人无法控制。

D（辩驳）——外在因素对个人幸福是有一定的影响，但并非如自己想象的那样严重。情绪是人的主观体验，正是人对外在事件的知觉、感受和评价引起了人的情绪体验。不正确的、歪曲的评价导致消极的情绪；正确的、合理的评价引起积极快乐的情绪。我们改变不了外在事件，但是我们可以改变对待事件的态度。

E（合理信念）——不是外在因素而是对外在事件的评价决定人的主观幸福感，通过改变悲观的评价态度，人是可以控制调节自己的快乐和幸福的。

⑥我们必须非常关心危险可怕的事情，而且必须时时刻刻忧虑，并注意它可能再次发生。

D（辩驳）——对危险和可怕的事物有一定的心理准备是正确的，但过分的忧虑则是非理性的。因为坚持这种信念只会夸大危险发生的可能性，使人不能对其客观地评价、正确地面对，并有效地处理解决。杞人忧天只会使生活变得沉重而缺乏生气，导致整日忧心忡忡，焦虑不已。与其担忧不如置之不顾，将精力花在当前需要解决的事情上。

E（合理信念）——对危险可怕的事情要有一定的心理准备，但是不可过分忧虑。

⑦面对困难和责任很不容易，倒不如逃避较省事。

D（辩驳）——逃避能够暂时摆脱不愉快的情绪，但问题终究悬而未决，反而会延误解决问题的时机。逃避只会使问题更加恶化或连锁性地引发其他问题和困难，从而使问题难上加难，最终会导致更为严重的情绪困扰。

E（合理信念）——逃避只是暂时摆脱了情绪困扰，但不能真正解决问题。只要认真对待，困难和责任并非想象中的那么难。

⑧一个人应该要依靠别人，且需要找一个比她强的人来依靠。

D（辩驳）——虽然人在生活中的某些方面需要彼此相互依靠，但凡事依靠他人，会让被依靠的人产生极大甚至难以承受的心理压力，反而使良好的人际关系破裂。过分夸大依靠的必要性很可能让人放弃培养独立自主的能力，失去自主性，从而导致更大的依赖性，产生不安全感。

E(合理信念)——每个人都是一个独立的个体,别人至多只能在某些方面帮助你,但不能代替你生活。安全感的获得还是得依靠自己能独立自主。

⑨过去的经验决定了现在,而且是永远无法改变的。

D(辩驳)——过去的经历已成历史,这的确无法改变,但不能说过去的事就会决定一个人的现在和将来。因为事实虽不可改变,但对事件的看法和感悟却可以改变,因此人们仍然可以控制、可以改变自己的现在乃至以后的生活。

E(合理信念)——过去已成历史,但并不决定现在和将来,人通过自身的努力是有能力改变现状的。

⑩我们应该关心他人的问题,也要为他人的问题感到悲伤难过。

D(辩驳)——关心他人、富有同情心,这是有爱心的表现。但如果过分关注他人的事情,就很可能会忽视自己的问题,引发自己的情绪失去平衡,这样不但没有能力帮助他人解决问题而且也会使自己更糟。

E(合理信念)——对于他人的问题,我们可以表示关心和同情,有能力时不妨伸出援手,但如果帮不上忙也不必过多在意或自责。

⑪人生中的每个问题,都有一个正确而完美的答案,一旦得不到答案就会很痛苦。

D(辩驳)——人生是个复杂多变的过程,人生的问题总是层出不穷,有些问题有明确的答案,有些则不一定有答案,有些即使有也不一定有正确而完美的答案,对任何问题都寻求完美的解决办法是不可能的事。如果坚持要寻求某种完美的答案,只会使自己感到迷惑、失望和沮丧。

E(合理信念)——并不是所有的问题都会有正确而完美的答案,对于那些没有确定答案的问题不必穷究到底,更不必因为得不到完美答案而痛苦伤心。但求够好,不求最好。

(2)放松训练法。

①深呼吸缓解法。紧张焦虑会导致呼吸不由自主地加快,从而导致“过度呼吸”。急促的过度呼吸会引起一些生理变化,如心跳频率和强度的增加,分泌的肾上腺素增加,唾液分泌减少,恶心呕吐,肌肉抽搐等。这些变化都是来自自我调节的神经系统的反应,也就是说,你无法通过意识直接控制这些生理变化。所以,当你在焦虑紧张时,想通过意志让自己不冒汗、不心慌是十分困难的。你能做的一种最简单、最有效的方式就是努力控制呼吸,通过呼吸缓解焦虑。

具体做法是:保持坐姿,身体向后靠并挺直,松开束腰的皮带或衣物,将双掌轻轻放在肚脐上,要求五指并拢,掌心向下。先用鼻子慢慢地吸足一口气,大约数四个节拍,然后慢慢吐气,也用四个节拍,每次连续做4~10分钟即可。也可以闭上眼睛做,边做深呼吸边想象一些美好的情景,效果会更好。除了在安静的环境中进行深呼吸外,也可以在看电视、走路、临考前去做。

②肌肉放松法。紧张焦虑会导致二氧化碳和氧气在血液中的比例失调,从而改变血液的酸性,引起钙在肌肉和神经中的含量急剧增加,令其敏感度提高,使人感到颤抖、紧张。因此,肌肉松弛法有利于缓解肌肉紧张。具体做法是:

头部放松。用力紧皱眉头保持10秒钟，然后放松；用力闭紧双眼，保持10秒钟，然后放松；用舌头抵住上腭，使舌头前部紧张，保持10秒钟后放松。

颈部肌肉放松。将头用力下弯，努力使下巴抵达胸部，保持10秒钟，然后放松。

腹部肌肉放松。绷紧双腿，并膝伸直上抬，保持10秒钟，然后放松；将双脚向前绷紧，体会小腿部的紧张感10秒钟，然后放松……还有肩部、臀部、胸部等肌肉的放松。

③想象放松法。想象放松法是另一种常用的通过自我放松去控制情绪、缓解压力的好方法，它是用心理过程来影响生理过程，从而解除紧张、焦虑的情绪。

放松方法：

现在闭上眼睛来想象一下……

想象你来到了一片宽阔无垠的草坪，绿草如茵，草坪厚厚的、软软的。你躺了下来，微风拂面，你闻到了泥土和青草的气息，你的周围开满了鲜花，五颜六色，你闻到了花的香味，花朵周围有几只蜜蜂和蝴蝶在轻轻飞舞，你听到了蜜蜂的嗡嗡声。你的左边是一汪湖水，碧波粼粼，有几只鸭子和天鹅在轻轻地游动。湖边有几棵柳树，万条垂下绿丝绦，柳枝随风摇曳。你的右边是一片树林，树林密密的，林间有条小路，曲曲弯弯非常幽静，你听到了昆虫的鸣叫声。你的头上是一片蓝天，蓝蓝的天上白云飘飘，云朵厚厚的、白白的，像一大团棉花一样。

风轻日暖，时间仿佛静止了。微风一阵一阵拂过你的脸，它拂掉了你所有的烦恼和疲劳，你所有的烦恼和疲劳都被微风拂得干干净净。蓝天，白云，绿草，野花，清风，虫鸣，现在的你感到非常舒服，非常放松。下面从5缓缓倒数，你会越来越清醒，当数到1的时候，请你睁开眼睛，当数到0的时候，你会彻底清醒，醒来后，你会感觉精力旺盛，心情愉快，对未来充满了信心。

（3）其他方法。

①自我适度宣泄法。当因挫折造成焦虑和紧张时，消除不良情绪最简单的方法莫过于“宣泄”。切忌把不良心情埋藏于心底。焦虑隐藏得越久，受到的伤害就越大。较妥善的办法是向亲朋好友倾诉，一吐为快，求得安慰、疏导、同情，甚至可以放声痛哭一场，也可以“愤”笔疾书，或去打球、游泳、参加大运动量的运动。但是，一定要注意场合、身份、气氛，注意适度有节，宣泄应是无破坏性的。

②延缓反应法。“延缓反应法”是通过有意识地延缓自己的行为反应来增强自控能力。一个人在即将做出冲动的反应时，若能延缓自己的情绪反应，就能赢得思考的时间；而经过思考，哪怕只是很短时间的思考，也常常能改变原来凭直觉对情境所作出的不正确的评价和估量，使人从惊慌和气恼等常常导致举措失当的情绪状态中解脱出来，避免由于做出不适当的反应而招致不良后果。人都是从不成熟到成熟，从不能实行自控到能够实行自控的，而自控又都是从反应的延缓开始的，如果一遇到刺激就反应，那也就无所谓自控了。运用延缓反应法，训练自己在感情冲动时，有意识地克制自己的反应，以赢得思考的时间，就是增强自控能力的一条有效途径。

③矛盾取向法。运用“矛盾取向法”是在进入或摆脱某种情绪状态的强烈愿望无法实现时，故意反其道而行之。我们常会有这样的经历：当你急于进入或摆脱某种情绪状态时，越急越带来相反的结果。如越想尽快平静下来，越平静不下来；越想别慌，慌得

越是厉害，这种情况使我们想到：既然过于强烈的愿望会带来完全相反的结果，那么是否可借助于一种完全相反的愿望来实现原来的愿望呢？心理治疗的实践证明这种可能性是存在的。创立"意义疗法"的德国心理学家弗兰克就曾经让患有畏惧症的病人故意去接触他所害怕的东西，结果只用了很短时间，就治好了他的畏惧症。这种心理治疗技术就是矛盾取向法。大学生可以在某些时候采用矛盾取向法进行情绪自我调节。如有时你因无法在众人面前掩饰自己的紧张而感到十分难堪。你越不愿意表现自己的紧张，就越显紧张。越怕人笑话，就越出洋相。这时候，你可采用矛盾取向法调节，告诉自己：紧张吧，使劲紧张吧！哆嗦吧，使劲哆嗦吧！世界上就数你没出息，最稳不住自己。如果真这样，反而平静下来，摆脱恶性循环。

3. 建立积极的自我意象

所谓"自我意象"就是一个人对自我所刻画和认可的自我"图像"或"肖像"，是人对自我是什么人，能干什么的认知和评价。自我意象的形成不是天生的，而是在自己已有的经验上，如成功或失败的经验、欢乐和痛苦的经验、荣誉和屈辱的经验等，他人对自己的评价和反馈中，特别是在童年、少年的独特经历下不自觉地形成的。自我意象可分为积极的自我意象和消极的自我意象，前者是对自我的正性评价，如自我接纳、自尊、自信、自爱、善于克服困难等；后者是对自我的负性评价，如自我否定、自卑、压抑、自暴自弃、脆弱、意志力薄弱等。

（1）自我意象的特征。

①自我意象是行为的基础。人的言行举止，甚至包括他所营造的人际环境，都是建立在这个基础上的。一个人会按着自己对自己的评价去行事。比如，你认为自己很有能力，能胜任某门学科的学习，那么你就会饶有兴趣、信心十足地学习、应试，发挥自己的潜力；否则，就可能兴趣索然、畏首畏尾，压抑地学习、应试，难以发挥自己的潜力。可见，不同的自我意象对人生有着截然不同的影响，有着消极自我意象的人倾向于搜集失败的信息，他们对失败总是耿耿于怀，念念不忘，总有不如人之感。相反，具有积极自我意象的人总是认为自己有能力、有信心克服困难，赢得成功。善于从失败中获益，并及时淡忘失败的痛苦。他们善于搜集成功的体验，不断激励自己从成功走向成功。许多人在学习和应试中非常努力，却收效甚微，经常遭受失败的痛苦，其重要原因就在于其所具有的消极自我意象。这种消极的自我意象影响着学习的效率、情绪、潜力的发挥，以致最终的失败。它是决定人们行为效率的动力机制，是决定应试成功与否的关键因素。如果不改变消极的自我意象，就会增加应试的难度和压力。

②自我意象具有一定的稳定性但可以改变。自我意象是后天逐渐形成的，存在于意识层面和潜意识层面，一旦形成，就具有一定的稳定性，对人的行为产生巨大的影响。许多人表现不佳，如焦虑、自卑、紧张只是消极自我意象的外在表现，如果消除这些不良行为，集中于行为层面的改变是不易奏效的，必须集中于意识和潜意识层面的自我意象，方可取得长久的效果。

自我意象心理学的先驱之一普莱斯科特·雷奇认为，个性是"一套思想体系"，它是整合一致的体系。与这个体系不一致的思想会受到排斥而不能引导行为；与这个体系一致的思想则会被采纳而引导人们的行为。个性的中心或者说这套思想的中心就是个人的“自我意象”。假如人的自我意象是消极的,成功也被解释为偶然,失败则解释为必然。他们会自觉不自觉地收集佐证强化自己消极的自我意象。因此,改变自己必须首先改变自我意象。如果学生对某门科目的学习有困难,事半功倍的方法就是首先改变自我意象,改变自我观念,从消极的自我意象变成积极的自我意象。随着这种改变,学生的学习能力和学习成绩也就会随之改变。

③自我意象与归因密切相关。归因,就其字面含义来说,是指”原因归属“,即将行为或事件的结果归属于某种原因。通俗地讲,归因就是寻找导致结果的原因。心理学将归因理解为一种过程,因此,归因是指根据行为或事件的结果,通过知觉、思维和推断等内部信息加工过程而确认造成该结果之原因的认知活动。不同的归因会影响归因者对未来的期望和行为。积极的归因,会极大地强化归因者的激励水平,充分发挥其潜能;消极的归因则会降低归因者的积极性。

自我意象与归因密切相关。消极的自我意象倾向于将失败归因于能力低、任务难等稳定因素。一旦受挫,自信心会倍受伤害,成就动机可能大大削弱。积极的自我意象倾向于将失败归因于自己的努力不够,粗心大意或运气不好等不稳定因素,即使失败也不气馁。可见,自我意象影响人的归因,决定着人们的行为水平。

自我意象就是关于“我是什么样的人”的自我心象,是人们给自己画的一幅心理肖像。每个人从童年起就不断地用各种色彩涂抹着自我的肖像,尽管这一肖像在大多数人的意识中是模糊的,但是它对人们心理活动的调控却是明显的。你把自己看成什么样的人,你就会按那种人的方式去行事;你对自己有什么评价,你就会不断地去寻找各种事实来证实那种评价。你的所作所为、所感所想,常常是与你的自我意象相一致的。

同样,我们对自己的情绪活动也是有着一个类似的自我意象。有些大学生不是常用这样一些词来描述自己,如“人家说我热情开朗”“我是个天生的乐天派”“我这个人老是容易发脾气”“我总是担心害怕”等。如果你回想一下自己的情绪经历,就会发现,你的情绪表现和体验,常常与你对自己的看法相一致。

有人可能会问,既然如此,那还谈什么情绪调节呢? 我现在这样,将来还会这样,因为我现在的自我意象就是如此。强调自我意象的重要性,并不是要大学生安于现状、自暴自弃,而是为了指出:要想调节、改变自己的情绪活动,使自己成为情绪上有修养的人,必须建立积极的自我意象。

(2)建立积极的自我意象。

①从想象和装扮入手。著名英国滑稽演员M·斯图尔特,年轻时有着羞怯的毛病,与人谈话支支吾吾,极为胆怯,甚至不敢向行人问路或向公共汽车售票员打听是否快到要下的站。为此,斯图尔特吃尽了苦头。后来他终于找到了办法:同陌生人谈话时,自己就装扮成另一个显赫的重要人物,用同这个人物身份一致的语调说话。这使他受益匪浅。不久,难为情、拘谨、羞怯的毛病,在交际中不再出现了;而且,朋友们很快注意到,他模仿别人太像了,并收到令人欢乐的滑稽效果。从此,他开始步入舞台,走上成功之路。

斯图尔特的实践验证了心理学中的一条重要原理:装扮一个角色会帮助人们体验到他所希望体验到的情绪。当你装扮成一个你所希望成为的人物时,你就会有意无意

地用相应的标准来要求自己，并按相应的行为方式行事。美国心理学家曾利用这种方法成功地治愈了许多酗酒者。他们要求酗酒者闭上眼睛，尽量放松身体，想象出一幅自己希望的心理图像——在"画面"上，酗酒者看到自己是个头脑清醒、敢于负责的人，看到自己实际上也和正常人一样不用喝酒也能享受生活。他们的结果表明，当酗酒者努力把自己想象成一个典型的正常人、想象出一个典型的正常人会有的表现时，这本身就足以使他们开始在行为和情绪上像个正常人。

当然，这种装扮或想象活动，在开始时确实是颇费劲的，不过只要坚持下去，你就会逐渐自如并习惯起来。那时，你就会发现自己与以前大不相同了。

②把注意力集中于成功的经历。这是建立积极的自我意象的另一个重要方法。积极的自我意象意味着对自己的积极评价，而积极评价来源于成功的经历。因此，把注意力集中于成功的经历，从中悟出道理，并养成记住成功而不拘泥于失败的习惯，是建立积极的自我意象的重要途径。想想学习打篮球的经历，你肯定能记得这样一个事实：你投不中的次数远远高于投中的次数。那么为什么你经过一段时间的练习之后，你投中的次数越来越多，甚至成了"神投手"呢？其主要原因就是你在练习的时候始终把注意力集中于投中上，记住并强化了投中的经验。倘若你把投中和投不中的经验统统记在脑子里，那你便会成为一个屡投不中的人了。这种学习投篮的方法也是建立积极的自我意象的方法。过去你在情绪活动上有多少失意和失误并不重要，重要的是记取并强化那些成功的、积极的情绪经验。这样，你就可能把自己情绪活动纳入良性循环的轨道。

习　题

(1)健康情绪的标准有哪些？

(2)大学生的情绪特点有哪些？

(3)大学生容易产生的消极情绪有哪些？

(4)什么是情商？情商在大学生成才过程中有什么意义？

(5)结合自身实际，谈一谈大学生的情绪困扰及调适方法。

第五章

大学生的挫折应对

案例导读

某大学大三学生王某，坐在教室里看书时，总担心会有人坐在身后并干扰自己，有强烈的不安全感，以至于只能坐在角落或者靠墙而坐，否则无法安心看书；对同寝室一位同学放收音机的行为非常反感，有时简直难以忍受，尤其是中午睡午觉时总担心会有收音机的声音干扰自己，从而睡不着觉，经常休息不好。但又不好意思跟其发生当面冲突，因为觉得为这样的小事发脾气，可能是自己的不对。很长时间不能摆脱这种心理困境，很苦恼，严重影响了自己的日常生活和学习。即将毕业，心中一片茫然，担心找不到理想的工作，有时候也懒得去想这个问题，怕增添烦恼。学习一般，在班上成绩中游，当看到其他同学都在准备考研究生，自己也想考，但是又不能集中精力学习。自卑，缺乏自信，生活态度比较消极，认为所有的一切都糟透了。家在农村，经济状况一般，认为自己有责任挑起家庭的重担，但又觉得力不从心。

在该案例中，该生的心理困境实际上主要是由各种压力源造成的。首先，该生即将面临大学毕业，择业困难构成其压力源的核心。择业压力所导致的心理紧张和心理困境，其实质是由该大学生自身能力与理想目标之间的落差造成的，落差越大，心理压力也就越大。学习成绩一般，对自己缺乏信心，但家在农村，又觉得自己责任重大，必须找到一份好工作，因此心理压力是相当大的，而且与日俱增。其次，择业压力使该大学生在心理上产生不安全感。行为发生学认为，当人受到刺激时就会做出某种特定的反应。该大学生面对压力，采取的是消极应对策略——回避。虽然不去想它，但是问题和压力却仍然存在，尽管只是一种茫然状态。再次，择业压力使该大学生的心理变得异常敏感和脆弱，这一点在他的日常学习和生活过程中直接体现出来。哪怕有一点动静，在教室看书或者在宿舍睡午觉就会受到干扰；严重时，即使没有任何干扰，该大学生也会怀疑、担心和害怕受到干扰。最后，择业压力和敏感的心态极易使该大学生面临人际冲突问题，这是该大学生采取回避和压抑等消极应对策略的必然结果。在与同学相处时，尽管该大学生自己也意识到只是一些很小的事情，但就是不能控制自己。当某件事情或某个人多次引起自己的反感和不快时，就很自然地把自我消极情绪固定在该事或该人身上，从而影响人际的和谐与沟通。实际上，这是由于该大学生刻意回避主要现实压力，导致压力感（压力能量）转移的结果。

第一节　挫折心理概述

一、挫折的概念与作用

1. 挫折的概念与含义

挫折，是指人们在有目的的活动中，遇到阻碍人们达成目的的障碍。心理学上指个体有目的的行为受到阻碍而产生的必然的情绪反应，会给人带来实质性伤害，表现为失望、痛苦、沮丧、不安等。挫折易使人消极妥协。挫折包含三个方面的含义：一是挫折情境；二是挫折认知；三是挫折反应。

挫折的三个方面的含义：

一是挫折情境，即对人们有动机、有目的的活动造成的内外障碍或干扰的情境状态或条件，构成刺激情境的可能是人或物，也可能是各种自然、社会环境。

二是挫折认知，即对挫折情境的知觉、认识和评价。

三是挫折反应，指由个体在挫折情境下所产生的烦恼、困惑、焦虑、愤怒等负面情绪交织而成的心理感受，即挫折感。其中，挫折认知是核心因素，挫折反应的性质及程度，主要取决于挫折认知。

一般来说，挫折情境越严重，挫折反应就越强烈；反之，挫折反应就轻微。但是，只有当挫折情境被主体所感知时，才会在个体心理上产生挫折反应。如果出现了挫折情境，而个体没有意识到，或者虽然意识到了但并不认为很严重，那么，也不会产生挫折反应，或者只产生轻微的挫折反应。因此，挫折反应的性质、程度主要取决于个体对挫折情境的认知。

挫折反应和感受是形成挫折的重要方面，个体受挫与否，是由当事人对自己的动机、目标与结果之间关系的认识、评价和感受来判断的。对某人构成挫折的情境和事件，对另一人不一定构成挫折，这就是个体感受的差异。正如巴尔扎克所说："世上的事情，永远不是绝对的，结果完全因人而异。苦难对于天才来说是一块垫脚石，对于能干的人是一笔财富，而对于弱者是一个万丈深渊。"

从心理学上分析，人的行为总是从一定的动机出发，经过努力达到一定的目标。如果在实现目标的过程中，碰到了困难，遇到了障碍，就产生了挫折，挫折会产生各种各样的行为。表现在心理上、生理上会有反应。遭受严重挫折后，个人会在情绪上的表现为抑郁、消极、愤懑。在生理上，会表现出血压升高、心跳加快的症状，易诱发心血管疾病；胃酸分泌减少，会导致溃疡、胃穿孔等。总之，个人的挫折会产生反常行为。

在实现目标的过程中，产生了挫折，可能会出现如下几种情况：

（1）改变方法，绕过障碍物，另择一条路径，实现目标。

（2）无法逾越困难，修改目标，改变行为的方向。

（3）在障碍面前，无路可走，不能实现目标，人们会产生严重挫折感。

2. 挫折的双重效应

世上万事万物普遍具有两重性。挫折同样也是如此,它既有消极效应,也有积极效应。美国作家罗威尔曾说:“人世中不幸的事如同一把刀,它可以让我们使用,也可以使我们割伤。那要看你是抓住刀刃或握住刀柄。”同样,人们在遭遇挫折时,也存在两种可能性:如果抓着它的“刀刃”,则会手破血流;如果握住它的“刀柄”,则可为我所用。

一般来说,挫折的消极效应常常比较明显。人们遭遇挫折时往往会引起精神上和心理上的苦闷和痛苦,进而使神经系统处于紧张、焦虑或抑制状态,严重的挫折还会影响人们的身心健康。这就是所谓的“超限挫折的减力作用”。挫折也具有积极效应的一面。美国心理学家卢威高克进行了一系列调查及研究后发现,一个人做错事或遭遇挫折后,会出现两极情况,并会教你懂得一件事情的两面,如能将消极的遗憾、懊悔化为积极的行动,改善自己的生活和人生态度,这便是很大的收获。这就是所谓的“适度挫折的增力作用”。

挫折的积极作用,在于它可以激发人的进取心,促使人为改变境遇而奋斗。它使人更清醒地认识自己,更深刻地认识环境,从而进行必要的调整,以更好地适应环境和改造环境。可以说,人们遭遇一个又一个挫折,便是构成了个人认识、改进、完善个人和社会的契机。有冲突就会有突破。有矛盾就会有发展。人们正是在与挫折的不断抗争中,变得更加成熟、更加坚强。

挫折的积极作用,还在于它给人带来了珍贵的精神礼物:把受挫的压力变为事业的动力,促使个人最大限度地开发身心的潜能,使自己的智力能力达到激活状态,从而做出惊人之举,功成名就。

大量事实证明,人们成就事业的过程,往往也就是战胜挫折的过程。强者之所以为强者并不是因为他们在生活中没有受到挫折的打击,而是因为他们在面临挫折时表现得更加勇敢和顽强。奥斯特洛夫斯基说得好:“人的生命似洪水在奔流,不遇着岛屿和暗礁,难以激起美丽的浪花。”生活中相当一部分杰出的人才,是在挫折中磨炼成熟、在困境中苦斗崛起的。生活的磨难锻炼了他们的意志和体魄,激发了他们的智慧和潜能,使他们对错综复杂的环境和处境不利的自我具有一种超乎寻常的把握能力,因而做出超人的成绩。这就是挫折两重性的体现。正如法国作家巴尔扎克所说:“不幸,是天才的进身之阶,是信徒的洗礼之水,是强者的无价之宝,是弱者的无底深渊。”

挫折积极效应的产生,往往与人们的主观能力密切相关,主要表现为对挫折的把握能力,即如何认识世界和认识挫折,如何正确归因和总结教训,等等。同样一件事,对认识不同的人来说反映是绝不相同的。有的人认为是十分苦恼的事,在另一些人看来,则认为没有什么了不起。达观地认识世界和认识挫折,就能化苦恼为平常。那些勇敢地面对挫折的人,会把各种艰难险阻作为自己登上理想顶峰的垫脚石;相反,那些一碰挫折就意志消沉、精神崩溃的人,往往在挫折面前自我毁灭。面对挫折,是进是退,是升是降,是生是亡,关键在于我们自身。因此,提高对挫折的适应能力是每个人生存和发展所必需的。适应能力越强的人,一般也是最能得到发展的人。有的人临危不惧,绝处逢生,说明他适应能力很强。英国作家萨克雷说:“生活是一面镜子,你对它笑,它就对你笑;你对它哭,它也对你哭。”这句话就是说明一个人的主观思想与客观世界的关系问题。苦恼和消沉只是人对与自己相联系的外界事物的一种反映而已。一个人身处

大千世界之中，要随时调节与客观世界的关系，以训练和增益自己的适应能力。

3. 挫折对人生的意义

中国古代孟子说："天将降大任于斯人也，必先苦其心志，劳其筋骨，饿其体肤，空乏其身，行拂乱其所为，所以动心忍性，曾益其所不能。"[1]成大器者通常是在艰难曲折的环境中经受磨炼，然后才有所成就的。孟子列举舜、管仲、百里奚等名人在困苦中得到发展的史实，得出"生于忧患而死于安乐"这一结论。古今中外有不少做过大贡献的人，都经受过艰难挫折。这艰难挫折增长了他们的阅历，锻炼了他们的意志，坚忍了他们的心性。真有作为的人必然珍惜自己这段困苦生活的经历，并且从中汲取营养。

真正的人生需要挫折的磨炼和考验。大智大勇者能够正视挫折，接受挫折，利用挫折，从挫折中汲取营养，丰富智慧。他们能以无比的勇气和魄力面对现实，越过急流险滩，去驾驭生活。挫折也不是自发地造就人才，不是所有遭遇挫折的人都能有所作为。面对挫折这冷酷无情的方式，弱者驾驭不了、领教不了，只有命运的强者才能诠释它全部深刻的内涵和意义。

一个人在母亲肚子里就开始接受许多关于万事如意的祝福，然而世事纷纭，常常与诸多祝福擦肩而过。生活困顿、疾病侵扰、名利得失、人际矛盾、意外不幸等，就如同一道道波浪，把人颠来簸去，有的人落魄了、消沉了、隐退了，然而有的人却清醒了、振作了、奋发了。这里原因是多方面的，许多学者认为，这与一个人的心境是大有关系的。

一般而言，心境指一个人的心情。我们此处说的心境是指一个人的内心状态和待人处事的态度。为人处事需想得远、想得宽，不要过于计较一时一事的得失。《近思录》说："心大则百物皆通，心小则百物皆病。"许多事往往有所失、有所得，失于此、得于彼，失于前、得于后。所以，凡事不能就一时一事考虑得失。唯有如此方能容事容人、全面周全地考虑问题。许多事只有有所舍才能有所成，有所失才能有所得；反之，如果过度地"取"，而丝毫不"舍"，往往招致失败。该舍时而舍不得，不该取时不罢休。结果不会令人满意。该舍则舍，该取则取，方能长远有所成。有的事无所舍必无所成。如能将世事容纳在一起，统筹衡量得失，就容易做到身处逆境挫折时，也能乐观对世，豁达待人。从长远观点看，为了成功，你必须心甘情愿地身处逆境、接受挫折，毕竟那是果实累累的地方。萨迪在《寄薇园》中说："不要因为时运不济而郁郁寡欢。忍耐虽然痛苦，果实却最香甜。"

精神境界很高的哲人，他们把苦难、挫折、失败都看得非常透彻。于是，他们特别善于排除烦恼。孔子说："我则异于是，无可无不可。"孔子认为，天下之事无绝对的"可"与"不可"，即无绝对的成功与失败。成功与失败本来不过是相对的名词。一般人所说的成功不见得就是成功，一般人所说的失败不见得就是失败。天下之事有许多从此一方面看可说是成功，从另一方面看也可说是失败；从目前看可说是成功，从将来看也可说是失败。孔子做事的态度是，只要是应该做的事，即使可能不会达到预想的效果，也热心去做，做事的时候把成功与失败的念头都撇在一边。这就是孔子的"知其不可而为之"。老子认为，帮助他人，结果是自己反而更加充足富有；把一切给予他人，结果是自己反而更加丰富盈满。这就是老子的做事态度——"为而不争"。

"知其不可而为之"和"为而不争"是人生待人处事的高尚境界。这种思想境界，体

[1]孟子《生于忧患 死于安乐》。

现了一种主观能力，在人类精神生活上有巨大的价值。一个人如果达到了这种境界，便会认为人生是可赞美的、可讴歌的、可珍重的，不论处于何种境况，他都不会有烦恼、痛苦和忧伤。他即使遇到挫折和失败，都认为是意料之中的事，绝对不会因此畏难却步、痛心疾首。相反，越是遇到挫折和失败，他越是孜孜矻矻，奋力前行。一个人的主观能力越强，他遇到挫折时所产生的积极效应也越强。

二、挫折的类型与成因

1. 挫折的类型

根据挫折的性质，可以将挫折分为如下几种类型：

(1)需要挫折。需要挫折是指由于各种原因个体的需要无法得以满足。它包括两种情况：一是多种需要并存，发生矛盾，难以妥善解决；二是个体自认为自己的合理需要被外界条件阻碍而不能得以满足。

(2)行为挫折。行为挫折是指个体在需要与动机冲突解决之后，在一定动机支配下，有了行为的意向，但是由于某些因素的影响而无法付诸实际行动。

(3)目标挫折。目标挫折是指个体已经开始了行动，但是在行动过程中由于遇到无法克服的干扰和障碍而不能达到目标。

(4)丧失挫折。丧失挫折是指个体自认为本来应是自己的东西，却在一定条件下丧失了。

前三种挫折都是个体自认为应该得到或做到而未得到、做到，从而受挫；丧失挫折则是个体已经得到的自认为不应该丢掉的却丢掉了，因而受挫。

2. 挫折的成因

导致挫折的原因很多，也很复杂，既有客观的，也有主观的。挫折的产生很多时候是各种因素综合作用的结果。一般可概括为外部原因与内部原因。

(1)外部原因。外部原因主要是指环境方面的原因，常常是个人意志或能力无法左右的，包括自然条件和社会条件的限制，使个体的动机受到阻碍而无法满足或延迟满足。

①自然条件。自然条件的阻碍主要来自自然环境，如人们无法抗拒和避免的天灾人祸、意外事件、生老病死等。地震、飞机失事、车祸等都会造成人员伤亡，给人的心灵带来巨大的悲痛。

②社会条件。社会条件的阻碍主要来自社会生活中政治、经济、宗教、道德、法律、习惯势力等因素的制约。

(2)内部原因。内部原因主要是指个体生理、心理因素等带来的阻碍和限制，这也是挫折的来源。

①生理原因。个体的生理条件包括个人的身体素质、容貌、健康、身材，以及生理的缺陷、疾病所带来的限制。这些限制使个体的动机得不到满足而产生挫折感。如色盲的人不能从事自己喜爱的医疗和美术工作，过于肥胖的人难以成为优秀的舞蹈演员，等等。

②心理原因。个体心理原因引起的挫折感也经常发生。如个体因智力、能力、需要、动机、气质、性格等心理因素的不足或冲突，导致目标无法实现。在心理因素中，个体动机的冲突和抱负水平是产生挫折感的重要原因。

●动机的冲突。人的多种需要可能同时产生两个或两个以上的动机，当需要在不同动机间做出选择而又难以取舍时，就会形成动机冲突。动机冲突的基本形式有四种：

一是双趋冲突。两个目标都符合需要，具有同样的吸引力，但“鱼和熊掌不可兼得”，两者必选其一，就出现了难以取舍的冲突。例如，有的大学生毕业时既想报考研究生，继续深造，又很想早日踏上社会，工作创业。二是双避冲突。两个目标都不感兴趣，甚至厌恶，两种都想躲避，但受条件限制，只能避开一种，接受另一种，在做抉择时内心充满矛盾和痛苦。例如，既不想用功学习，觉得读书太苦，又怕考试不及格而退学。三是趋避冲突。某一目标既有利又有弊，吸引力与排斥力共存，对个体同时具有趋近和逃避的心态，使人内心产生激烈冲突。例如，大学生既想多参加社会活动，又怕占时太多，影响学习。四是双趋避冲突。两个目标各有所长，各有所短。例如，一个女生同时面对两个各有千秋的男生求爱时，一时无法选择而陷入这种冲突之中。

●抱负水平。一般而言，成就感和失败感在心理上常常依赖于个人的抱负水平。达到自己预想的水平就有成就感，达不到就有失败感。目标期望值只有在符合个体的能力发展时才会取得最佳效应，如果过高或过低，就会产生消极影响。抱负水平导致挫折感有以下两种情况：

一是自我估计过高。如果一个人自我评价过高，就容易产生在目前的条件下自己无法实现的需要和动机，因设定的目标过高、不现实，即使无论怎样努力都难以达到，于是挫折便产生了。如某大学生自认为自己能力很强，立下目标利用四年大学时间自己创办一家高科技公司。他组织同宿舍四名同学按计划实施，结果很快便宣告失败。二是对目标的期望值过高。当所达到的目标与期望产生距离时，导致个人动机得不到充分满足而产生挫折感。对一位期望自己能考上清华大学、北京大学的学生来说，结果考上一所普通大学，也会感到失望和痛苦，体验到挫折感。

三、挫折的心理防卫机制

人在遭受挫折后导致心理处于不平衡状态，主体为了减轻心理压力，常常会有意无意地运用心理防卫方式（机制），采取自我防卫措施，以抵御外来的伤害，任何心理健全的个人都会这样做。实际生活中常见的还有以下几种：

（1）升华：是指一个人在受到挫折后，把自己的理想转移到另一更有价值的事业上去。塞翁失马，焉知非福。别林斯基说过：“不幸是一所最好的大学。”古今中外许多人都是逆境起飞，创出了不朽的业绩。文王拘而演《周易》；仲尼厄而作《春秋》；屈原放逐乃赋《离骚》；司马迁受辱，才有《史记》传世；歌德在失恋中得到灵感与激情，才有了脍炙人口的世界名著《少年维特之烦恼》。又如，一女青年与男朋友在大学期间就确定了恋爱关系，但男友在她的帮助下刚在城市找到满意的工作就当了“陈世美”，女青年一咬牙，考上了研究生，有了更辉煌的前途，并组建了更可心的家庭。现代许多自学成才的青年几乎都从“不幸”这所大学毕业……他们都是把内在的不合理的冲动升华并以社会所接受的正当方式表现了出来。

（2）投射：是以自己的想法推测别人的想法，把自己的思想、感受、行动推到别人身上，把自己不喜欢或不能接受的性格、态度、习惯、欲望、信念转移到别人身上，说别人有这种恶习，即“以小人之心度君子之腹”。好赌的人常叹“人生就是一场赌博”，对别人有成见的人就会到处散布别人有意“整他”的消息……

(3)文饰(合理化):指利用各种理由和借口为自己开脱,以减轻痛苦、缓解紧张、避免尴尬、提高自身价值或争取社会认可,使内心获得平衡,也称“精神胜利法”。当事情失败时,以许多与事实无因果关系的理由加以解释来维持面子,即酸葡萄效应。如:某同学本来下决心要在考试中名列前茅,结果未能如愿,为了维护自尊就不屑地说:“死读书有什么意思,我可不想做书呆子”;某人不会跳舞又不想让别人知道自己不会,就说自己喜欢安静,不愿意去闹哄哄的场合……

(4)反向(矫枉过正):为了防止自认为不好的动机外露,采取“声东击西”的行为。如:某女生明明对某男生有好感,但却冷淡他,或者只要一见面,就攻击他;凡是总爱在别人目前炫耀自己的人,恰恰暴露了他内心胆怯的一面。

(5)认同:指自己以各种各样的方式去建立与另一个人、另一团体的同一性。如:借抬高自己所在学校、所在单位的同时,间接地赞誉和抬高自己,求得别人的认同;炫耀表白自己和某名人的关系,把别人具有的、自己羡慕的品质加在自己头上,以提高自己的信心、声望、地位,从而减轻挫折感。

(6)压抑:(在十分震怒时,努力控制自己怒气的爆发——压制),压抑是指人在受挫后把意识中所不能接受的痛苦的思想、欲望、体验压抑到潜意识中,尽量不再想起,不去回忆、主动遗忘,以保持内心的安宁——有目的的忘却。例如,有一个女孩子,白天很正常,在傍晚时却常常发出惊叫,在地上打滚,大吵大闹,做怪动作,发作时间可持续一两个小时,连续几个月天天如此,看病时问她原因,回答说“不知道”。运用了催眠术后,她谈了事情的经过:原来她父亲对她非常疼爱,但管教很严,不许她与男孩交往,一次与男朋友有约会,父亲一直坐在门口,使她无法按时赴约,她一方面惧怕父亲不敢说明,另一方面又怕男友一直等她,心里非常着急,忽然发作,这是第一次,此后每到傍晚就不知不觉出现焦虑状态,然后发作,之后渐渐习惯了,但对导致发作的原因却忘了。心理分析家认为,一切疾病都是由于过度压抑造成的,虽然压抑这种防卫机制比较常见,但对身心的危害会很大。压抑原来是希望忘记可怕的刺激,结果潜意识的活动却引起许多回忆的相关刺激,记错某些事情。口误、笔误等现象也大多是压抑的作用。压抑虽然能够暂时减轻焦虑,获得安全感,但按捺不住内在的情绪纷扰,久而久之可能使人变得性情暴躁或孤僻、沉默,甚至形成心理疾病。所以,遇到挫折、失败时最好一吐为快,想办法把内心的不满、不愉快的情感宣泄出来。

(7)幽默:是指当一个人受到挫折,处境困难或尴尬时,用幽默的方式来化解困境,维持自己的心理平衡。如阿Q:“大丈夫……”

(8)否定:是指对已经发生的令人痛苦的事实加以“否定”,认为它根本就没有发生过,以减轻或逃避心理上的痛苦。

(9)回避:就是转移注意力,尽可能主动躲开导致心理困境的外部刺激,“眼不见,心不烦”,不在困境的时空中久久驻足。

(10)淡化:是指弱化心理体验的强度——顺其自然,泰然处之,从而减轻心理认知和心理体验的冲突。例如,有时当我们小心翼翼地和某人相处时,反而总是处理不好与他的关系,处处别扭,从而造成了很大的心理负担,与其这样,倒不如干脆随它去,顺其自然,反而相处得更好了。

（11）补偿:是指人们由于自身的某种缺陷达不到既定目标,以其他可能获得成功的活动或其他特长来代替,通过新的满足来弥补原有欲望的挫折应对方式。如:一个高度近视、身体单薄的学生无法在运动场上逞强,却可能由于刻苦攻读、品学兼优,在学业上称雄;齐齐哈尔市19岁的姑娘田甜,一个高位截瘫的女孩,其生活都不能自理,只能用嘴叼着笔,却学会了计算机,精通了flash,在北京组建了她自己的“田甜”电脑动画工作室。她做的动画被中央电视台购买,她的网站很受欢迎,她以月薪7000元实现了自立,中央电视台东方时空节目为她做了专访节目。“失之东隅,收之桑榆”,生活的天空那么辽阔,施展本领的天地如此广大,东方不亮西方亮,条条大路通罗马,只要持之以恒,终会实现自己的理想。

（12）移位:是指把一种情境下危险的情绪或行为,不自觉地转移到另一种安全的情境下释放出来,以求得心理平衡。如工作受到了领导的责难,心头有火却不敢也不能对领导发作,于是就找出气筒(物品或自己惹得起的人)。

以上十几种挫折防卫机制,往往是人们在遇到挫折时不自觉地运用的挫折防卫机制,它具有两面性:一方面,挫折防卫机制在一定程度上能够帮助人们提高和保持个人自尊,躲避或减轻焦虑情绪,缓解心理压力,可以起到使人适应挫折,减轻精神痛苦,促进发展的作用,如其中“升华”是最有积极性和建设性的,“补偿”“认同”“幽默”“淡化”等也有积极意义,积极的挫折防卫机制是把挫折变为前进动力的重要方式。另一方面,挫折防卫机制如果使用不当,不仅不能减轻紧张和焦虑,反而可能破坏心理活动的平衡,会使人逃避现实,降低对生活的适应能力,妨碍个人的社会适应,从而导致更大的挫折,还有可能造成心理异常和行为偏差,甚至心理疾病,如“文饰”“冷漠”“反向”等具有掩饰性,“压抑”“幻想”“否定”“回避”“退化”等具有逃避性,“移位”“投射”等具有攻击性。

四、影响挫折承受力的因素

挫折承受力因人而异,主要取决于以下因素:

1. 认识因素

挫折从某种意义上说是一种主观的感受,同为挫折情境,对某些人构成挫折,对另一些人并不一定构成挫折,这种主观感受的差异性,主要与对挫折的认识相关。古人云“塞翁失马,焉知非福?”对待挫折如能辩证地看待,冷静地分析,权衡利弊,调整目标,则会做出理智的行为。例如,女孩外貌不美,的确不是一件好事,但是外貌美的女孩的麻烦也挺多。如果丑女孩能努力学习,提高自身修养,增强人格魅力,照样能够获得美好的爱情,获得事业的成功,而且可以避免因“美”造成的麻烦。能够正确地认识挫折,挫折的承受力就高。相反,对挫折情境认识片面、判断失误,感受到挫折的巨大压力和威胁,其挫折的承受力就低。例如,其貌不扬的女孩,总是与别人比长相,越比较越灰心,最后连生活的勇气都会失去。

2. 经历因素

俗话说“穷人的孩子早当家”。从小经历家境贫困的挫折,能促使人懂得生活的艰辛,促进人才成长。从某种程度上说,挫折经历也是一笔财富。如果一个人从小娇生惯养，受到严密的保护，从来没有或者很少体验做错事受到惩罚的痛苦，那么他就很难获得承受挫折的经验，挫折的承受力就小。因此，有人提出儿童应该“伴着小错成长”。如果小时候犯了某些错误，受到了大人和社会的惩罚，那么这种行为就会减弱，长大了也就不会再犯类似的错误，这就是人们常说的“吃一堑、长一智”。在经历“错误”的过程中，不仅形成了自己的道德观、价值观，而且能提高道德判断能力，提高耐挫能力。现在，教育界有人提倡“挫折教育”，就是从这个角度出发，有意创设一定的挫折情境，让学生经历种种困难体验挫折感，总结经验教训，从而避免长大了犯更大的错误。但是，任何事情都有一个“度”，如果从小遭遇挫折过大、过强，那么对今后的成长也会有负面影响，如形成自卑、怯懦的性格，缺乏克服困难的能力和信心。

3. 个性因素

一个人的性格、兴趣、世界观等个性心理对挫折的承受力有重要的作用。性格开朗、情绪乐观、意志坚强、充满自信的学生，挫折的承受力强；性格孤僻、情绪悲观、意志薄弱、缺少自信的学生，挫折承受力低。兴趣是最好的老师。当学生对某些事物感兴趣时，就会乐在其中。个性中起核心作用的因素是世界观。一个人的世界观正确，就应该会有良好的性格和兴趣，有比较高的抱负水平。成功心理学家戴尔·卡耐基曾说，每个人都有当伟大人物的渴望，这是人性的弱点。有高的抱负水平，努力向上是没有什么过错的，重要的是抱负的内容是什么，是做最好的自己、为社会做贡献，还是单纯与别人比高低，做“人上人”。如果陷入攀比的怪圈，一味与别人比金钱、比爱情、比分数，一旦失败，抱负水平越高，体验到的挫折感就越强，就会在不断的挫败中失掉自信，走向毁灭；相反，如果有正确的人生价值观，就会不断努力，超越自我，走向成功。

4. 生理因素

身体健康、发育正常的学生比体弱多病、生理有缺陷的学生对挫折的承受力要高。例如，身体健壮的人能够偶尔忍受饥饿、寒冷，能够连续学习、工作较长时间，能熬夜，因而可以忍受挫折的打击，而体弱多病者一般经不起挫折的打击，挫折会使病情加重，会诱发意外。但在现实中也有例外，有些人生理残疾，但比健康正常的人表现更优秀，耐挫能力更强。例如，张海迪是残疾人的楷模，也是健康人的榜样。她之所以能够不断战胜困难，不断取得成就、走向成功，起关键作用的因素是有正确的世界观、良好的性格、坚强的意志。因此，生理上的缺陷使她更顽强、更勇敢、更坚韧，使她对挫折的承受力更强。

第二节　大学生常见挫折类型与成因

一、大学生常见的挫折类型

大学生在成长的过程中，不可避免地会遇到各种各样的人生挫折，归纳起来有以下几种：

1. 学业挫折

多数学生都曾在学业上遭受过挫折。学业挫折表现在许多方面:有的学生学习困难,学习方法不当,事倍功半,学得很吃力;有的学生缺乏学习兴趣,对所在学校或所学专业不满,出现厌学情绪;有的学生学习压力过大,造成注意力不集中、考试焦虑、睡眠障碍等困扰;有的学生学习动力不足,学习目标盲目,不能合理分配学习时间,忙于社会活动,或沉溺于网吧、游戏室,学习成绩大幅度滑坡。

在大学阶段因学业问题产生挫折的主要原因有:一是初入高校阶段学习上不适应而产生挫折;二是现代社会竞争压力日益加剧,自我期望值过高而产生挫折;三是思想松懈,目标不明确,缺乏学习动力,造成学习被动、消极应付而产生挫折。

2. 交往挫折

大学里人际关系较中学时代更为复杂。大学生来自全国各地,性格、习惯、语言各不相同,如果缺乏有效的沟通了解,就容易出现矛盾、误解,造成人际关系紧张。此外,大学生在人际交往中的认知障碍,如"自我中心主义""完美主义"及"理想化认知"等,使得大学生在人际交往中不能客观地认识自我,不能理性地分析与自己有关的人和事,容易造成人际交往中的偏差和失误,产生挫折感。

3. 家庭挫折

家庭是大学生学习生活的经济支柱和精神支柱,大学生虽离家异地求学,但与家庭仍紧密相连。一方面,成长过程中家庭对大学生的影响持续伴随,如父母间的矛盾冲突及行为反应等都会影响其子女日后的行为方式;另一方面,家庭的经济状况、重大变故、重大生活事件等都会给学生造成极大的精神压力和难以承受的打击。如来自下岗人员和农村贫困家庭的学生容易产生自卑心理,影响正常的人际交往。另外,亲人故去、罹患严重疾病、父母离异、生意失败破产等,也都会严重影响大学生的生活,使他们背上沉重的心理负担。

4. 恋爱挫折

大学生普遍对爱情充满憧憬和渴望,追求美好爱情但因心理的不成熟、缺乏社会地位和经济条件等因素限制,大学生遭受恋爱挫折的现象十分普遍。据上海市12所高校对毕业班"恋爱成功率"的抽查发现,大学生恋爱失败率约为40%,"现在还可以,将来说不清"的约为50%,只有10%的同学自述确立了比较稳固的感情。有的人因为缺乏生活经历,有的人恋爱动机不端正,有的人择偶标准不现实,有的人受到家庭和社会舆论的压力,等等,或单恋,或失恋,或陷入爱情纠葛的痛苦之中。对大学生来讲,恋爱关系不仅仅是种人际关系,更重要的是大学生自我价值和自我认可的基础。失恋不仅仅是失去了感情的寄托,更重要的是自信心受到了打击,从而产生失败的消极情绪反应和自责、自弃等消极行为,影响正常的学习生活。

5. 就业挫折

大学生憧憬未来,关心个人的发展,求职就业是每个大学生在毕业时都要面临的问题。随着社会主义市场经济体制的建立和完善,高校毕业生实行"双向选择,自主择业"的就业制度,给大学生提供了发展空间的同时,也提出了更大挑战。由于人才市场

供大于求的矛盾，相当多的大学生体验了就业的挫折。有的同学不能正确评价自我，缺乏自信，不敢竞争，错失良机；有的同学却盲目自大，结果高不成低不就；有的同学盲目冲动，片面追求高薪、高职、高待遇，势必陷入失败的泥潭。

6. 病残挫折

健康的身体是人们从事学习、工作的基础，有的大学生由于体弱多病或身体有某种残疾，自卑感强烈。他们总担心别人瞧不起自己，同学间不经意的一个玩笑或行为都会深深刺伤他们的心灵。他们害怕受到歧视，于是自我封闭，不敢进行正常的人际交往，给学习生活带来了诸多困难，内心经受巨大的痛苦，久而久之，就会对现实感到无能为力，失去了青年应有的朝气和活力。有的大学生自尊心受到极大伤害时，有可能出现心理危机，引发偏激行为，对自身和他人造成伤害。

二、大学生挫折问题的成因

随着我国教育的不断快速发展，大学已成为学生进入社会前的主要实践场所，在大学里学生可以遇到类似于社会中发生的诸多事情，例如在大学里的成绩不理想与在社会中的工作不顺利，学生之间的关系相处与工作中同事之间的关系相处等。在毕业找工作之际，往往能发现，班委、学生会、社团等大学组织里的学生干部更容易找到工作，因为这些学生干部比普通学生更易于适应社会。学生在校遇到挫折是在所难免的事，造成大学生受挫的主要原因有经济困难、高期望值破灭、人际关系紧张、生理缺陷、疾病或失恋、就业形势严峻、素质教育落实不够等。

可见，大学生挫折感的产生不是单纯因为某一方面的原因，而是多维因素的。基于当前大学生的挫折归因分析可知，其挫折感的产生原因主要集中在自身、家庭、学校和社会等多个方面。归纳总结如下：首先，自身方面原因。自身原因包括很多，如生理上的差异、能力上的差异、心理上的差异、对不同事物的认知差异与理解差异乃至个人的世界观、人生观差异等。其次，家庭方面原因。家庭方面的原因主要表现为父母对子女的溺爱，父母对子女教育的失误，父母对子女的期望值过高，父母离异导致的单亲家庭，父母的不良背景，等等。再者，学校方面原因。学校教育对学生的未来发展至关重要，虽然市场经济强调的是素质教育，但现在学校大多流于形式，基本上采取的还是应试教育，应试教育让学生在踏入社会的道路上步履蹒跚。最后，社会方面原因。社会高速发展的同时，高学历人才也与日俱增，致使社会大学生就业的缺口相对减少，毕业就等于失业的压力让学生时刻怀揣着焦虑心理。

大学生主观愿望和客观现实之间的矛盾构成了挫折心理产生的根本原因，它包括客观因素和主观因素两个层面，具体分析主要有以下几个方面：

1. 社会环境

当前我国正处在剧烈的社会变革时期。改革开放带来了前所未有的巨大变化，市场经济大潮改变着人们的生产方式、生活方式和思想价值观念，现代文化和传统文化、东方文化和西方文化的激烈碰撞，使传统文化及价值观受到了强烈的冲击和挑战，新旧冲突使人迷惑而陷入矛盾之中。大学生正处于自我同一性建立的关键期，世界观、人生观、价值观尚未完全确立，面对种种变革和冲突容易产生心理困惑和忧虑情绪。此外，

社会风气腐败、职工下岗、社会治安问题、贫富差距悬殊等系列社会现象也是引发大学生产生挫折心理的重要原因。

2. 就业形势严峻

随着市场经济体制的建立,大学毕业生就业,不再是计划经济时代由国家分配的局面,而是“双向选择”,要接受社会的挑选,充满了激烈的竞争。由于人才市场供求矛盾突出等多方面原因,有不少大学生面临着毕业即失业的困境,从而产生了一定程度的心理恐慌。

3. 家庭教育

学生的家庭教育出现偏差,有的家长对子女呵护有加,诸事包办代劳,在生活中有意无意地替孩子抵挡某些本应由孩子自己面对的困难和挫折,使孩子养尊处优,较少经受生活磨炼,丧失了在各种挫折中成长的机会,缺乏必要的挫折锻炼和磨难教育,造成适应能力和心理承受能力低弱,严重的甚至导致人格发展的不健全。进入大学后,生活及学习环境的改变,新的人际关系和各种压力,使他们容易产生挫折感。有的家长对子女期望值过高,教育观念陈旧,或控制过严,或盲目放任,也是大学生产生受挫心理的重要因素。

4. 认知偏差

认知是指一个人对某事件的认识和看法,包括对过去事件的评价、对当前事件的解释或对未来可能发生的事件所做出的预期。心理学认为,认知是与情感、意志、动机和行为相联系的一种心理功能状态,是压力产生作用的中介因素,外界刺激正是通过认知这一中介面产生各种各样的心理行为。正确的、科学的、合乎逻辑的认知可以降解压力的强度,错误的、非科学的认知则会增加压力的强度。由于认知方式的差异,人们对同一事物有可能产生不同甚至完全相反的看法,引起不同的心理反应。如沙漠里的半瓶水,乐观进取的人庆幸“还有半瓶”,而悲观失望的人则抱怨“只有半瓶”。心理卫生学普遍认为,真正引起适应困难的,与其说是那些挫折、应激、冲突本身,还不如说是当事人对它们的看法及所采取的态度。大学生阅世不深,生活单一,受到的正面鼓励多,自视甚高,这些都会使大学生的认知出现偏差,如把生活中的不顺利、不愉快、学习交往中的挫折失败看做不应该发生的,以某件事情的失败来评价整个人的自身价值,夸大想象的挫折后果等,从而导致挫折心理的产生。

5. 个性特征

人的个性,如气质、性格、能力、兴趣、动机、理想、信念、世界观等对挫折承受力有重要影响。性格开朗乐观、坚强自信的人,挫折承受力就强;反之,性格内向、悲观、懦弱、自卑的人挫折承受力就弱。一般来说,个性特征有缺陷的人倾向于对生活做消极悲观的评价,挫折阈限较低,容易产生挫折心理。如性格孤僻、内向的大学生,在人际交往中过于敏感,常常将他人无意间的言语动作误解为对自己的非议,进而产生畏缩、抑郁等不良情绪,严重者可能会产生恐惧心理,难以与人相处,人际关系紧张。

6. 挫折承受力

挫折承受力,是指个体在遭遇挫折时能够忍受和排解挫折的能力,也就是个体适应、应对挫折的一种能力。挫折承受力有不同的水平,既包括对挫折的接纳、容忍、适应的能力,也包括对挫折的主动调整、转变、改善的能力。挫折承受力的大小,往往直接决定个体是否经得起挫折打击。挫折承受力强的人,面对挫折不仅能接受现实,而且能理智面对,做好积极调整,不会受太大的不良影响;挫折承受力弱的人,遇到问题则会手足无措,无法正确应对,缺乏调节能力,容易受到不良影响,甚至受到伤害,以致一蹶不振。大学生中耐挫力程度高低差异较大,即使是同一个人,在不同时候、不同情况下,对不同挫折表现的耐挫力也会有所不同。由于生理因素、生活经历、个性特征、人格因素、期望水平、认知因素、社会支持等多种因素的影响,部分大学生的挫折承受力较弱,对挫折的反应较为强烈。

三、大学生常见的挫折反应

1. 情绪性反应

大学生在遭受挫折时会产生着强烈的情绪性反应,主要包括攻击、焦虑、冷漠、退化、固执等,甚至极端化的自杀行为。适度的情绪性反应是正常的,过度的情绪性反应,无论是内心的体验,还是特定的行为表现,都会消极地影响大学生的身心健康。

消极的情绪性反应主要有以下几种表现:

(1)攻击行为。大学生受挫以后,为了发泄愤怒的情绪,常常采取攻击性行为。耶鲁大学人群关系研究所的德兰曾主提出“挫折攻击假说”,认为攻击是挫折的结果,攻击行为的产生可预测挫折的存在;相反,挫折的存在,定会引起某种形式的攻击行为。事实上攻击性行为由挫折引起,而挫折产生后不一定就会引起攻击性行为。攻击性行为是消极的情绪性反应,会引发不堪设想的恶果,应尽力防止校园攻击性行为的发生。

攻击性行为表现方式可分为两种:

①直接攻击。直接攻击是指将受挫后的愤怒情绪直接指向阻碍其目标实现的人或物。例如,一个学生受到他人的无端责骂、侮辱,他会反唇相讥或还以拳头。大学生的打架斗殴现象、大学校园偶尔发生的情杀行为,都是直接攻击行为。一般来说,对自己的容貌、才能等方面自信者或性格外向者,容易采取直接性的攻击行为。曾有心理学家以大学生为对象研究了挫折后引起的攻击性行为,结果表明,被试者多数表现出直接攻击行为,如通过辱骂、讽刺、攻击性谩骂等方式发泄心中的不满。

②转向攻击。转向攻击是指将受挫后的愤怒情绪发泄到与挫折不相干的人或物上。直接攻击并不利于问题的解决,还会造成不良的社会后果,因此,有的人受挫后则采用转向攻击方式。例如,一个学生被领导、老师批评了,心里窝火,不敢直接攻击引起挫折感的对象,而是冲着其他同学发火。这种转向攻击的方式,称之为“迁怒”。我们在心理咨询中,常遇到的案例是学生自述有“无名火”。有个女生说,她常常对同宿舍的同学发火,还会摔东西,在教室里常觉得烦,对周围的同学也常莫名其妙地发火。她心里明白,这些同学也没招惹她,可她就是要发火。这个女生的“无名火”也是一种转向攻击方式。挫折的原因自己不清楚,可能是由生活中某些小挫折积累而发生的综合影响,致使情绪低落,造成烦恼及“无名火”,这种“无名火”常常伤害无辜的人。有的受挫者对自己缺乏信心,悲观情绪严重,也容易把攻击对象转向自己,从而责备自己。

(2)焦虑反应。大学生遭遇挫折以后,心情不愉快,甚至产生痛苦情绪,长久下去会

形成一种紧张、不安、忧虑、恐惧等消极的情绪状态，这种情绪状态被称之为焦虑。焦虑是遭受挫折后常见的一种心理反应。大学生焦虑产生的主要原因是人际交往障碍和学习障碍。由于与同学关系不好，与老师关系不和谐，使一些大学生在集体生活中感到不适应，常处于紧张、忧虑、不安的情绪状态，这种消极的缺乏自信的情绪会使人际关系进一步恶化。

考试焦虑是大学生常见的情绪状态。面临考试，大部分学生会产生一定程度的焦虑。适度的考试焦虑对于激发学习的积极性、发挥学习潜能有积极的促进作用。如果害怕考试失败，或者因为考试成绩不理想而过度焦虑，患了"考试焦虑症"，整日烦躁不安、畏惧苦闷、萎靡不振，这种过度的焦虑，不仅对身体健康有害，还会影响认知效果。据心理学家对焦虑与认知关系的研究结果表明，认知速度与焦虑呈倒U字形关系。低焦虑时认知速度居中，轻度焦虑时认知速度最快，高焦虑时认知速度最慢。因此，大学生如果能控制适度焦虑，则有利于促进学习认知，提高学习效率。

(3)冷漠反应。冷漠反应是指大学生受挫以后，无法攻击或攻击无效时采取的一种无动于衷、没有喜怒哀乐的冷漠态度。这种反应形式，表面上看是对挫折情境冷漠退让，实际上只是受挫者暂时压抑了没有爆发的情绪，以间接的形式表示反抗。心理学研究表明，冷漠反应多与长期遭受挫折、个人感到无助无望、个人心理上有攻击与抑制的冲突、情绪中包含着心理恐惧有关。

大学生的冷漠反应多与"失望"相关。例如，一个本来外向、活泼、纯真美丽、对生活充满美好希望的女生，被热恋中的男友欺骗，则会一反常态，变得消极、消沉，不仅对人没有信任感，对事、对物都不感兴趣，对生活持麻木的、无所谓的态度。冷漠反应对大学生来说，是很可悲的事。俗话说，"哀莫大于心死"。如果长期没有正常的喜怒哀乐的情绪反应，内心深处的痛苦无法释放，这将对大学生身心发展产生极大的危害，有可能形成病态的行为反应。

(4)退化反应。退化反应是指大学生受挫时放弃已经成熟的成人方式，而用与其年龄、身份不相称的幼稚方式应对处境和问题，宣泄由受挫而产生的紧张感，以满足自己的欲望，博得别人的同情。随着年龄的增长，受到社会、生活的影响，大学生学会了控制情绪，学会了在适当的场合做出适当的情绪反应。但是遭遇挫折时有时会失去成熟的控制，以幼稚的行为应对挫折，这种退化的反常现象，其本人并不一定能清楚地意识到。例如，平时举止文雅的大学生，面临挫折情境时，会产生粗鲁的行为，或捶胸顿足大声喊叫，或撕衣咬指拳脚相加。这种成熟的退化反应，对个人心理虽有暂时的缓冲平衡作用，但对解决问题毫无益处。

(5)固执反应。固执反应是指大学生受挫以后，再采取一种一成不变、刻板的方式，盲目地重复某种无效的动作和行为。例如，有的学生上课回答不出老师的提问，手不停地摸头发；与陌生人见面时，反复地搓手。反复做某一个动作，并不利于提高自己的表达能力和交往能力，这就是一种固执的行为。在大学校园里，常见的固执行为表现者是一些失恋者，明知对方已绝情绝义，爱情已不能挽回，但痴情不改、一意孤行。具有固执反应的学生缺乏机敏品质与随机应变的能力，误以为固执是坚定，在变化的情境面前，仍以不变的、刻板的反应出现，肯定不利于问题的解决。"碰鼻子以后不知转弯"，那只能是再碰壁了，"刻舟求剑"是永远也不会成功的。

(6)自杀行为。受挫后最严重的消极反应是自杀行为。在日本,自杀成为仅次于交通事故的死亡原因。近几年,国内媒体关于青少年自杀的报道越来越多,大学校园自杀事件每年都有发生,而且大学生自杀率呈上升趋势。据我们对大学生的调查,有6.07%的学生承认遇到挫折后想过自杀,偶尔想过自杀的占22.99%。心理学家分析,多数自杀行为是由主观或客观上无法克服的动机冲突和挫折造成的。

在社会生活中,动机冲突和挫折情境是难以避免的,但由此而产生自杀行为的人毕竟是少数,这就取决于一个人对动机冲突及挫折情境的耐受力。有两种人的挫折耐受力强:一种人是在生活道路上遇到种种挫折,在逆境中提高了战胜挫折的能力;另一种是受过良好的家庭和学校教育,学会了处理挫折技巧的人。现在的大学生,缺少挫折教育,情感脆弱,遇到一点客观上并不严重的挫折,主观上却把它看得很严重,在没有办法面对时,则采取轻生的方式应对。殊不知,这种对挫折的反应,是自己一种自私的行为,自己虽然解脱了,却给家人、学校、社会带来了无法弥补的伤痛和损失。

大千世界,社会矛盾重重,在我们遇到矛盾不知如何处理时,不妨理智地思考一下,坚强地挺过去,生活将继续下去,“山重水复疑无路,柳暗花明又一村”!

2. 理智性反应

大学生遭受挫折是不可避免的,关键是如何认识挫折,采取何种方式对待挫折。如果能冷静地分析产生挫折的原因,采取积极有效的态度和行为对待挫折,降低挫折的消极影响,使挫折成为锻炼意志、提高适应能力和解决问题能力的积极因素,那么,这就是对挫折的理智性反应,它将引导大学生把挫折作为"成功之母",不断走向成功。

大学生对挫折积极的理智性反应主要有以下几个方面:

(1)充满期望。大学生受挫后,不是哀其不幸,而是对未来充满期望,“希望是不幸者的第二灵魂”,向往美好的明天,立足今天,告别昨天,记住人们常说的话,“过去的就让它过去,一切都会好起来”“面包会有的”。这不是阿Q的自欺,而是失败后不气馁、不灰心。只要心不死,充满期望,把注意力集中到现在正在做的事情上,就有利于再成功。例如,有的大学生屡遭考试的失败,不是一蹶不振,而是正视现实、寻找失败的原因,找老师个别辅导,向高年级同学请教大学的学习方法,自己再刻苦点,以后考试成功的可能性就比较大。

(2)调整目标。大学生遭受挫折,有的是与目标过高有关。确定适当的目标,对大学生成功是很重要的。没有目标,庸庸碌碌不行;目标过低,不利于发掘潜力;目标过高,力所不及,对个体行为不但没有激励作用,反而会产生烦恼与忧虑。因此,应该根据自己的实际情况,提出恰当的、经过努力能实现的目标。如果是因为个体的主观努力不够,使目标不能实现而受挫,则应该坚持既定目标,增加努力程度,勇往直前,直至成功。如果是因为不能克服的主、客观条件的限制,虽经努力却不能实现其目标,就应该及时调整。

俗话说得好,“知足者常乐”,对难以实现的目标不要强求,有时候有一点“比上不足、比下有余”的心态,对应对挫折是有利的。况且人的欲望是无止境的,个人的能力是有限的,适当地调整心中向往的目标,可以增加成功的概率。例如,有的大学生原来的目标是继续攻读硕士、博士学位,但由于家庭经济条件不允许而决定先工作,以后再

考在职研究生，为父母减轻经济压力。改变目标或降低目标不是对挫折的消极反应，而是在实事求是的基础上采取的积极措施。

(3)寻求补偿。大学生在某个方面受挫不能实现目标，可以寻求补偿的方法和途径，用另一方面可能成功的目标来代替，以弥补失败和其不足。例如，貌不出众，但学习成绩很好；学习成绩不佳，但活动能力很强；身体不健壮，但有表演才干等。“金无足赤，人无完人”，每个人都不可能十全十美，总有不足之处，好事也不可能全让一个人遇上，每个人总有不能满足的事。“失之东隅，收之桑榆”。没有考上本科是升学目标的挫折，但有的专科生一边在学校学习，一边参加社会自学考试，在专科毕业时同时获得自学考试第二学历的文凭。没有得到爱的回报是爱情目标的挫折，但有的学生能化悲痛为力量，集中精力投入学习，如愿以偿考上了研究生。原先的目标受挫时，不妨通过另外的目标来代替，“东方不亮西方亮”“条条大路通罗马”。遇到挫折后，或锲而不舍，或灵活变通，终究会取得成功的。

(4)情感升华。大学生受到挫折后，把思想和精力转移到更高的目标和更有社会价值的事业上去，用改善和提高自己的办法战胜挫折，使挫折转化为激励自己成功的动力，促进自己获得成功。这是最为积极的挫折反应。有这样一个故事，一位出生于四川农村的大学生，在考上音乐学院之前没见过钢琴，只在农村的高音喇叭里听过很多的歌。入学后，由于家庭生活困难，只能一周或在开演唱会的前一天才能吃点肉。艰苦的生活，促进他发奋学习、刻苦钻研，最后他在声乐方面取得了很大的成绩，现在成为很有影响力的著名歌唱家。历史上很多有成就的人，都是不幸给予他的力量。例如，司马迁受宫刑而作《史记》；屈原放逐而赋《离骚》；歌德失恋写出《少年维特之烦恼》；居里夫人丧夫后，第二次荣获诺贝尔奖。因此，有人说：“不幸是一所最好的大学。”当生活给人一份磨难时，同时也给人一份力量和智慧。

第三节　大学生挫折应对方法

一、认清挫折的根源

挫折情境，是指产生挫折的原因，也就是使需要不能满足的各种障碍和干扰因素。任何人遇到的任何挫折，都与其当时的情境有关。构成挫折情境的因素是多种多样的。这一点你我都无法逃避。我们要战胜挫折，首先就要认清挫折的根源，然后才能有的放矢，找到克服挫折甚至利用挫折的方法和途径。

1. 从人生观寻找根源

人世间的许多挫折和失败都是由人自身的因素造成的，其中错误的人生观、世界观等都是可能将人导向挫折和失败的根源。

人生观是关于人生目的、人生态度、人生价值等人生问题的基本观点。人生观的系统化、理论化就是人生哲学。在日常语言中，人们也把人生观或人生观中的某一种观点叫做人生哲学。

人生问题，是每个时代的每个人都不得不加以思考和探讨的古老而又常新的问题。人生问题包括：人为什么要活着？应该怎样活着？人为什么要有理想？应该有什么样的理想？人生道路上为什么会有逆境、困难、痛苦、烦恼、生离死别、错误、失败、悲剧？应当以什么样的态度来对待它们？人怎样才能活得潇洒而适意？人生的价值在于金钱、权利、地位还是在于奉献……对于这许许多多的人生问题，有的人细心揣摩，苦苦思索，悟出了人生的真谛，成为生活中和事业上的成功者；有的人百思不得其解，陷入了深深的困惑与迷惘、痛苦与彷徨；有的人轻率地得出了浅薄的结论，游戏人生，虚度年华……

每一个人都是按照一定的人生观来进行人生设计的，从这个意义上说，每一个人都有自己的人生哲学。以正确的人生观来指导人生，就会使人生道路越走越宽，越走越辉煌；用错误的人生观来支配人生，就会使人生的道路越走越窄，越走越凄凉。错误的人生观，是指对人生目的、人生理想、人生态度、人生价值的错误看法，它远远地脱离了客观实际，违反社会道德，妨碍人的自我完善与发展。错误的人生观终将引致失败而痛苦的人生。

错误人生观的主要表现为人生目的的迷失、人生态度的迷误、人生价值观的扭曲。

(1)人生目的的迷失。人生目的是人们在社会活动中关于活动的对象性的自觉意识，它表明了人的活动的对象指向性。目的明确而且正确，才能自觉地为实现该目的而奋斗，也才有可能获得成功。目的不明确或有误，其行为必然盲目或偏离正确的轨道，从而导致人生失败。

有些人追求完全属于个人的享乐。追求完全属于个人的享受、财富和虚荣是人生迷误的最主要表现。追求个人享乐就是把个人吃好、穿好、玩好作为人生的终极目的，而不管其他。路易十四的名句“我死后，哪怕它洪水滔天”就是这种自私自利思想的最突出代表。依靠自己诚实的劳动吃得好一点、穿得好一点、玩得快活一点，本来是无可非议的目标。但是，如果把个人的吃、穿、玩看做是人生的终极目的，就会忘记团体的目的和人类的目的，就不会自觉地为团体和人类的共同事业而奋斗。只追求个人的享乐，脱离团体和人类的共同事业，是难以有所成就的。把个人吃好、穿好、玩好作为人生的终极目的，其实质就是在人生的低级目的和高级目的的相互关系问题上产生了迷误。它停留在人生的低级目的上，并且把低级目的作为唯一目的。抱着这种生活目的的人，吃、穿、玩不是为了生活，而其生活为了吃、穿、玩。所以他们的行为本末倒置，人生的正当事务、学习、工作等全被抛之脑后，这哪能不失败呢？

有些人全力追求个人的金钱财富。追求个人享乐思想的进一步发展就是全力去追求个人的金钱财富，把追求个人的金钱财富作为人生主要的或唯一的目标。金钱财富是人生旅途中必需的行李。在商品经济条件下，没有它们，人们便无法生活；缺少它们，人们便会穷困潦倒。鄙视金钱而甘守贫穷，这是犬儒主义；把金钱作为一种至高无上的东西去追求，这是拜金主义。它们都是极端的错误表现。在“有钱能使鬼推磨”的思想的指导下，一部分人不惜一切代价去获取金钱，他们往往会做出一些违法行为。金钱把这种人变成了钻在钱眼里的可怜虫。并且，追求个人财富的人，只希望增加自己的物质财产，却并不关心自己的精神财富的积累；只关心个人的物质享受，而不注意自己的精神富有。人世间不乏物质上的百万富翁和精神上的乞丐。以追求个人的金钱财富

作为人生的主要或唯一的目的的人，没有或有很少金钱财富时，会深感贫穷的痛苦；得到或拥有很多金钱财富时，又为担心失去它们而忧愁，为害怕别人的谋财害命而焦虑不安。他们被那永远不能完全满足的金钱欲望所迷惑，身不由己地为积累个人的物质财富而不停地忙。在这样做的过程中，他们往往会因为使用了种种不正当手段而使自己成为违法乱纪的人，他们或者因为贪图钱财而丢了性命，或者由于追求钱财而忘记了自己的正当事务，或者因为贪污腐败而换来了漫长的铁窗生涯，或者由于追求对金钱财富的占有而失去了人生最宝贵的品格。这些都是人生的失败者，对于他们来说，挫折是在所难免的。

有些人个体虚荣心极度膨胀。在追求个体的享受和物质财富的基础上，在这种错误人生观的指导下，一个人会逐步地追求虚荣，这时表现为个体虚荣心的膨胀。爱惜自己的名誉，是人的共性，但不同的人对于个人的名誉的看法和看重的程度是有显著差异的。有的人能正确地处理个体名誉与集体名誉的关系，把前者汇入后者的海洋中，既使自己得到完善，又为集体、民族和国家争光。这种人知道追求浮名是可鄙的，能脚踏实地地努力奋斗，愿得到真实的名誉，而拒绝虚假。另一种人则把自己个人名誉与集体国家的名誉对立起来，可以拼命为个人名誉而奋斗，但决不愿为集体名誉出力，只图虚名，沽名钓誉，弄虚作假，甚至用手中的金钱去换取虚名，用权力去制作浮名，不做任何实际的努力而又希望流芳百世，害怕流汗而又终日做着白日梦，或者经过一番个人的奋斗而成为名人后便自我膨胀起来，自以为不可一世，盛气凌人，不知自爱、自重。这种人最终往往是从名誉的圣坛上重重地跌落下来，而且爬得高、摔得狠。

(2)人生态度的迷误。人生态度就是人们在一定的社会环境的影响下，对生活所持有的基本感情。人生态度的表现主要可分为两种：积极的人生态度和消极的人生态度。与错误的人生观相伴随的就是消极的人生态度。消极的人生态度表现为：南郭先生式地滥竽充数，浑水摸鱼；和尚撞钟式地撞一天算一天；甘居中游式的只求过得去，不求有功，但求无过。在这种思想的指导下的人，往往根本不注重自己真才实学的培养，缺乏创新和开拓精神，保守而僵化，不能适应变化了的形势，因此而易成为时代的落伍者、失败者。这种人往往对现实生活中的困难、矛盾和问题感到无可奈何，并对现实感到厌倦，于是想逃避现实。所以，他们在遇到问题和困难时，极力绕道走，或者睁一只眼闭一只眼，明哲保身。由于不敢正视现实，但现实又是无法回避的，所以这种人逃避现实的幻想总是被现实所粉碎。在这种情况下，他们会逐渐对世界、对社会和对他人失去信心，对自己也就失去了信心，遇事不积极、不努力，消极观望，心情压抑，怨气积聚，意气消沉，萎靡不振，因此只能失败。

(3)人生价值观的扭曲。人生价值观是关于考察人生价值的出发点、人生价值的内容及其评价标准、实现人生价值手段等问题的基本看法。

有些人以个人为考察人生价值的出发点。这就是把个人的价值看得至高无上，凡事以个人为中心来考虑价值问题。于是，一事当前，先替个人打算，置他人和社会的利益于不顾。这种人喜欢动小心眼，打个人的小算盘，自以为得意，有时也能占些小便宜，但最终却免不了要吃大亏。因为他们作茧自缚，把自己变成不可信任的人，所以会失信于人而自我孤立，自我封闭了通向事业成功的道路。

有些人以私利作为衡量人生价值的唯一或主要标准。以一己之私利作为人生价值的横坐标，以私利的大小作为它的纵坐标，以自我为原点，以此衡量人生价值的有无与大小。于是，于己有利的事情就干，于己不利的事情就不干；于己利大的事就大干，于己利小的事就小干。这种人往往见死不救，丧失良心和社会责任感，拔一毛而利天下都不为。

有些人以种种不正当手段去实现个人的价值。以个人为出发点来考察人生价值，以私利为人生价值取向的标准，也就必然采用各种不正当的手段来实现个人的价值，获取个人的私利。这些不正当的手段包括：假公济私，滥用人民给予的权力侵吞国家财产，吸吮人民的血汗；敲诈勒索，利用一切机会敲竹杠，宰顾客，宰一次算一次，做一锤子买卖，不讲信誉，强行索取“好处费”，索贿受贿；偷扒欺骗，公开抢劫，甚至谋财害命；利用自己的权力或声望，贪天之功据为己有……这种人虽然可能得逞一时，但最终必然被人们所识破，受到良心的谴责和法纪的制裁。

2. 从个体能力差异寻找根源

能力是直接影响人的活动效率，使活动得以顺利进行，活动目标得以顺利达到的个性心理特征。能力总是与人的一定的活动相联系、相对于特定的活动的。

按照一定的标准，我们可以对能力进行不同方向的研究。按使用范围的大小来分，能力可以分为一般能力和特殊能力。一般能力是广泛用于各种活动范围的能力，是一般人都具有的能力。观察力、注意力、记忆力、想象力、思维能力、基本的生存能力、生殖能力、自我保护能力等，都属于一般能力。特殊能力是只适用于特殊活动范围的能力，是特殊人物、个别人才才具有的能力。譬如军事指挥能力、行政管理能力、绘画能力、音乐节奏感、特殊体育运动能力、对电话号码或人名的特殊记忆能力、对某种机械发生故障时的声音的辨别力等，都属于特殊能力。按照不同的使用范围，能力可以分为认识能力、动手能力和社交能力。认识能力是运用概念来进行判断和推理的能力，是认识外在世界和反观内在世界的能力。动手能力，也就是实践能力，是运用自己已经拥有的知识亲自动手进行实际操作，解决实际中出现的问题的行为能力。社交能力是在社会交往中与他人进行沟通，劝导、说服他人和协调各种关系的能力。按照其他不同的分类法，能力还可以分为现实能力和潜在能力、遗传性能力和获得性能力、再造能力和创造能力等。人的活动效率受该活动所需的能力的制约。一般的活动需要一般能力，特殊的活动需要特殊能力。应用性活动需要再造能力，探索性活动需要创造能力。但在大多数情况下，一种活动中往往不是仅仅运用一种能力，而是要综合运用多种能力。实际能力能够满足一定活动的需要，活动效率就高，成功率也高；反之，活动效率就低，失败率就高。

关于人的能力的问题，对于挫折认知来讲，最重要的就是认识到人的能力有高低之分，有适应方向之分，人需要有自知之明。

有的人记忆力惊人，过目不忘；有的人则记忆力较差，常常丢三落四，骑马找马。有的人能统率千军万马，运筹帷幄，决胜于千里之外；有的人则连一个班都指挥不好，甚至连自己一个人也管不好。这些都说明不同的人其能力是有差异的，甚至有很大的差距。

但这不意味着一个某方面能力低下的人就一无是处。每个人在能力方面既有着自己的劣势，又有着自己的优势。万能的上帝是非万能的人所造出来的。在欧洲的中世

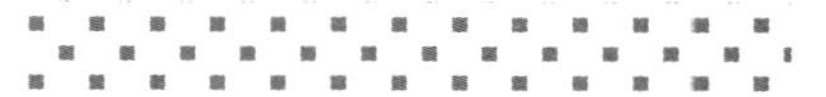

纪，被视为异端而好思的人们就曾向神学家们提出诘难："万能的上帝能创造出连他自己也举不起来的大石头吗？"现实世界中没有万能的人，只是人的能力结构不一样而已。

能力结构就是各种能力的比例构成。有的人具有比较广泛的能力，有的人则能力狭小；有的人能成为"百科全书式的学者"，有的人只能成为某个领域甚或是某个问题的专家；有的人有很大的潜在能力，有的人则潜在能力很小，在同一个人的能力结构中，各种能力也往往不是平分秋色，而是有优势和劣势之分。有的人擅长理论思维，却拙于观察实验；有的人长于观察实验，却又短于理论思维；有的人善于外交，却不善于内部管理；有的人善于动嘴、动脑，却不善于动手；有的善于科学研究，但不善于处理人际关系；有的人善于治军，却不善于治国……只有根据不同的人的优势和劣势，具体情况具体分析，才能使其在不同的工作岗位上发挥出其所具有的最大能量，从而实现其作为主体的最大的人生价值。用其所长，避其所短，才能做到合理地利用人才，实现人尽其才。在整个社会层面，只有将具有不同优势和劣势的人进行优化组合，才能产生互补效应。也只有清醒地认识自己能力上的优势和劣势，才能设计可望成功的奋斗目标。

能力的低下，是相对于某种活动的需要而言的能力欠缺或优劣倒置。能力欠缺就是缺乏从事某种活动的能力，或者能力结构欠完备，不能从事那种需要多种能力综合运用的活动，从而在活动中表现出无能或低能。能力的优劣倒置是指不根据自己的优势去从事相应的活动，不是扬长避短，而是舍长用短，不用能力的优势，而用能力的劣势。造成能力优劣倒置的原因是多方面的，其中最主要的有：由于对自己能力的优势和劣势分析不清，缺乏自觉和清醒的认识，舍优势就劣势而闯入不能施展自己才能的领域，可谓是盲目地下海；或者是被某些巨大的利益所诱惑，在对现实利益的追求中丢掉了自己能力的优势，用劣势去投身于不能发挥自己特有优势的某种环境和活动，乱跳槽、乱改行就是这种现象。

能力低下必然会力不从心，力不从心则必然无法成功地实现自己人生理想中的预定目标。力不从心，就是实际能力与力量不能胜任心中想做的事情。由于能力低下，力不从心，困难重重而又无力超越，内心痛苦而又无法排解，有时不得不勉为其难地从事自己毫无信心的工作；有时则为了掩饰自己的低能与无能，还得故意伪装成内行、能手，从而制造出许多的笑话。在这个过程中，结果必然是把事情弄糟，甚至一塌糊涂。

即使能力低下也并不一定带来失败，只要人能够合理地运用它就可以保证一切需要，这里关键的是要有自知之明。一个人如果对自己的能力没有自知之明，势必会招致挫折与失败。《庄子》中有则寓言：有一只螳螂在草丛中昂首阔步。一只停下来休息的蜜蜂看见螳螂过来立刻惊慌逃走。不久又有只蚂蚁过来，看见螳螂后也四处躲藏。螳螂见状，更加得意洋洋地走在道路中央。此时突然响起一阵巨大的声音，原来是一辆马车奔驰而来。马车见了螳螂却丝毫没有稍停之意，此举令螳螂大为恼火，于是举起双臂横挡车子去路，不料车子仍然前进，螳螂终于葬身于车下。

以上是就能力高低问题所论。其实，能力与能力的实际运用也还是有差异的。能力只表明一种可能性，它存在于人的体力和智力结构中，是有可能直接影响人的活动效率，使活动得以顺利进行，活动的目标得以顺利实现的个性心理特征。实际能力的运用则表明一种现实性，是实际能力在现实生活中的表现、发挥。

3. 从外部环境寻找根源

人的生存总是离不开一定的时间和空间，人总是生活在由特定的时间和特定的空间组合而成的特定的环境里。这个环境既为人们提供了栖身寓所和活动场所，为人准备了必要的物质生活条件和精神生活条件，又在不同程度上限定了人的活动范围、目的、方式、效益及效果。

总的来说，人的生存世界一般可以分为自然世界和社会世界。自然世界，是人赖以生存的自然条件的总和，其中包括各种非人为力量所造成的时空限制、天灾等因素，这些因素使得人的行为无法达到目标从而容易造成挫折。它往往是人力所无法控制和避免的。例如，一个慢性病患者，无论医药的功效多么良好，他总得等候一定时间才能康复；一个汽车司机在荒漠中用尽了汽油；一个急于完成学业去负担家庭生活的大学生还必须得苦读一两年，修满一定学分才能毕业；异乡游子由于远隔重洋无法与家人团聚；行人途中遇到河川山险而又缺乏适当的交通工具无法通过，等等。这些时间、空间的限制是构成挫折情境的重要原因。

人世间的生、老、病、死，以及无法预料的自然灾害和各种事故，如地震、洪水、水灾、亲人亡故等所招致的挫折，都属于自然环境因素。

社会环境是个体在社会生活中所遭受的人为因素的限制而引起的挫折，包括一切政治的、经济的、宗教的、伦理道德的、种族的、家庭的因素以及一切风俗、习惯的影响在内。由此造成的挫折情况比较复杂，对个人需要和动机产生的阻碍作用也比自然环境引起的挫折更多、更大、更普遍，影响也更深远。

例如，政治上受到他人的打击迫害，正义得不到伸张，长期蒙受冤屈；青年男女彼此爱慕，但因家庭经济地位悬殊，或受封建礼教的束缚，遭到亲人的阻挠和反对，因而不能如愿以偿。又如，在某种社会条件下，人们不能接受所期望的某种教育，不能从事自己所喜欢的职业；或者才能得不到充分发挥，人才得不到提拔重用；或者由于人际关系紧张与别人产生隔阂，处境孤立，等等。这些都会给人造成挫折。社会性的挫折，几乎是无时无地不存在的，人从出生以后，就会产生各种各样的社会性的需要，但其中总有一部分不能获得满足，这就会形成挫折。

二、培养挫折承受力

个体对挫折的适应、抗御、对付能力，是战胜挫折的关键因素。因此，大学生培养、提高自己对挫折的承受力和超越力是对挫折心理调适的重要内容。自古以来，人们都信奉“生于忧患，死于安乐”的思想。历史证明：周文王被拘而演绎《周易》；孔子一度遭遇厄运而作《春秋》；屈原被放逐而赋《离骚》；左丘失明著有《国语》；孙子膑脚，《兵法》修列；吕不韦被贬蜀国，世传《吕氏春秋》；韩非被囚秦国，才有《说难》和《孤愤》。大学生的挫折一般没有上述列举之例那么严重，但有的人却承受不起，耐挫能力差已成为不争的事实。培养对挫折的承受力应注意以下几个方面：

1. 提高对挫折的认知水平

挫折具有积极和消极的双重性，在一定的条件下可以互相转化。是否有挫折感、挫折产生以后采取什么样的情绪和行为反应，取决于个体的认知水平。为什么有的学生稍遇挫折，就情绪低沉、行为怪异？主要是因为在挫折面前想不开。想得开与想不开，

反应结果大不一样。大学生遇到挫折应该尽量想开点，“幸福总是伴随着痛苦，失败经常点缀着成功”“祸福相依”，生活本来就是在痛苦与快乐、失败与成功、失望与希望、不幸与幸福之间不断循环和交替的。没有失败，谈不上成功；没有痛苦，也无快乐可言。逆境和忧愁、困难和不幸，对人的一生来说不一定就是坏事。生命说到底是一种体验，挫折的经历和体验往往是人生的一笔财富，它使人清醒、督人发愤、促人成功。“自古雄才多磨难，从来纨绔少伟男”，人们出色的成就往往是在逆境中、在克服困难中取得的。例如，仅读过3个月小学的爱迪生，为寻找灯泡内的耐热材料，先后试用了6000多种纤维材料，好不容易找到了碳化竹丝，使竹丝灯寿命延长到300小时以上，后来他又经过千百次的失败，最终找到了钨丝，前后花了近20年时间。他为人类作出了巨大的贡献，其奥妙就在于能够战胜挫折。

2 提高应对挫折的身体素质

一般而言，身体强壮者对挫折的承受力相对比较强。因此，大学生应通过体育活动、社会实践活动、体力劳动等锻炼意志品质，提高身体素质，提高抗挫能力。人们将孟子的“天降大任于斯人也，必先苦其心志，劳其筋骨，饿其体肤，空乏其身”的论述作为磨炼意志的座右铭，足以证明人们对生命痛苦的认同，对经过艰苦奋斗才能获得成功的认同。

尽管在我们的培养目标中，明确地提出对学生的要求是“德智体等方面全面发展”，但是近年来学生的身体素质没有提高的趋势，相反，媒体常有“升旗中有学生晕倒”“军训中有学生晕倒”“小胖子减肥夏令营”等报道。可见，有些学生不仅身体素质不好，其耐挫力、坚持性、坚韧性也较差，这些意志品质正是应对挫折所需要的能力。大学生要增强挫折承受力，必须坚持锻炼身体，劳累筋骨以磨炼其意志，提高应对挫折的身体素质。

3. 培养战胜挫折的健康人格

心理学研究表明，有两种人能经受挫折的考验：一种是在逆境中成长起来的人；另一种人虽没有经历过逆境，但受到良好的教育，有健康的人格特征。由此可见，健康人格是预防挫折、战胜挫折的重要基础。人格心理学家阿尔波特提出健康人格具有六个特点：

(1)自我广延的能力。健康成人参加活动的范围极广。

(2)与他人热情交往的能力。健康成人与别人的关系是亲密的，但没有占有感，无嫉妒心。

(3)情绪上有安全感和自我认可。健康成人能忍受生活中不可避免的冲突和挫折，经得起一切不幸遭遇。他们对自己也具有积极的意向。

(4)表现具有现实性知觉。健康成人看待事物是根据事物的实际情况，而不是根据自己的希望那样来看待事物。

(5)具有自我客体化的表现。健康成人对自己的所有和所缺都十分清楚。

(6)有一致的人生哲学。健康成人需要有一种一致的定向，为一定的目标而生活，有一种主要的愿望。

阿尔波特所列举的健康人格的特点，对我们正确认识健康人格特征、培养健康人格有一定的作用。

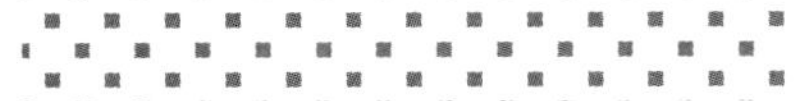

大学生应该具有的健康人格特征，主要有乐观向上的情绪、坚强的意志和顽强的毅力、活泼开朗的性格、聪明的才智、广泛的兴趣和爱好、积极进取的精神、实事求是的态度、坚定的理想和信念、正确的世界观和人生价值观等。这些健康的心理素质是克服困难、经历逆境、战胜挫折必不可少的。

4. 创设挫折情境，增强耐挫能力

有些大学生耐挫能力比较差，主要与生活中缺少磨难、总是一帆风顺有关。为了增强挫折的容忍力，有意识地创设适度的挫折情境，使学生在克服困难中学会容忍生活、学习交往中的各种挫折是很有好处的。实践中，但凡有识之士，都注重给自己设置障碍，以此磨炼意志，增强耐挫力。非常典型的例子，就是毛泽东年轻时有意识地在闹市读书，以此锻炼自己意志的故事。再如，有些学生通过长期坚持每天跑步、冬天洗冷水浴、骑自行车长途旅行、在嘈杂声中看书、到陌生的地方与陌生人交往等方式来锻炼自己的毅力，增强克服困难的勇气，学习战胜挫折的方法，这是非常明智的。

针对学生挫折心理承受力弱的现象，一些教育工作者提出要进行“挫折教育”，在这方面，日本的做法值得借鉴。例如，有的幼儿园在冬天让孩子赤膊、赤脚在石子路上跑步；有的大学生身无分文到东京生活一周；有的学校还开展生存训练夏令营等活动。诸如此类的教育活动，都是人为地创造挫折情境，磨炼儿童、青少年的意志，以增强其耐受力。

三、建立良好的心理防卫机制

人们遇到挫折时，出于人的自我保护的本能，会运用一种自己能接受的方式来解释和处理主客观之间的冲突，以减轻痛苦不安，恢复情绪稳定，达到心理平衡，直至争取新的成功。这种自我保护倾向，通常称为心理防御机制。心理防御机制广泛地渗透于每个人的生活之中。如果一个人面临严重挫折，出现了持久的心理冲突，而心理防御机制又不能及时发挥作用，或者心理防御机制崩溃了，那么，这个人就很可能产生心理疾病。

心理防御机制分为两类：一类是消极的，如文饰（自欺欺人）、潜抑（故意遗忘）、推诿（转嫁失误）、反向（矫枉过正）等。这些消极的心理防御机制，虽然也能暂时减轻痛苦，但它掩盖了真实的动机和原因，最终对心理健康是无益的。另一类是积极的，如补偿（更替目标）、仿同（效仿榜样）、幽默（自我化解）、升华（转移情感）等。运用这些积极的心理防御机制，一般都能取得成效。它有利于达到心理平衡和发展健康人格。

下面我们来探讨一下几种积极的心理防御机制。

1. 补偿（更替目标）

补偿指个人遇到挫折，原来的目标无法实现，就以新的目标代替原有的目标，以现在的成功体验去弥补原有的失败痛苦。补偿不只限于个体自身。当实现自己的某种目标受阻时，也可能转向亲人或他人身上来求取补偿。

比如，保尔·柯察金由于长年参战和艰苦工作的劳累，在24岁的时候，患了严重的疾病，失去了战斗能力，这让他感到非常苦闷。他带着手枪来到海滨公园准备自杀。保尔想：“我已失去了最宝贵的东西——战斗能力，活着还有什么用呢？在今天，在凄凉的

明天，我用什么来证明自己生命的价值呢？……如朝心口开一枪，就完事了！”但他立刻纠正了轻生的念头，把手枪放在膝盖上，严厉地批评自己：“这样摆脱困境，是最怯懦、最省事的办法。就是到了生活已经无法忍受时，也要善于活下去，要使生活变得有益于人民。”

于是，保尔·柯察金放下了枪，拿起了笔，在两腿瘫痪、双目失明的情况下，写成了世界名著《钢铁是怎样炼成的》，继续为人类作出了卓越的贡献。

我国著名作家高士其青年时代决心为增强国人体魄，远涉重洋赴美学医。然而在一次实验中，不幸因病毒侵入体内，导致半身瘫痪。这对风华正茂的高士其是一个巨大的打击。面对这残酷的现实，他调整了追求的目标。篇篇引人入胜的科普读物，使他取得了成功。

一个心理健康的人，在追求实现目标的征途中，遇到障碍或挫折时，能够随时调整自己的目标寻求新的实现自我的途径。此路受阻彼路通，此山不绿彼山青。正如诗人道格拉斯所言：“如果你不能成为山顶的一株劲松，就做一丛小树生长在山谷中。如果你不能做一条公路，就做一条小径。如果你不能做太阳，就做一颗星星。”

2. 仿同（效仿榜样）

仿同指一个人遇到挫折时，效仿他人获得成功的经验，以增强自己夺取成功的信念。也就是说，以自己所尊崇的榜样来鼓励自己从而奋发进取。

司马迁下狱受刑，遭受到人生沉重的打击。他之所以能够忍天下人所不能忍，为天下人所不能为，与他心目中榜样的激励分不开。司马迁以前贤圣哲们为榜样，在逆境中隐忍受辱，发愤抗争。司马迁虽然“肠一日而九回，居则忽忽若有所失，出则不知其所往”，但榜样如巍巍高山。正是这种坚不可摧的榜样的力量，帮助他摆脱了挫折的困境。

张海迪在年轻时曾经消沉过、绝望过，那是在1974年她19岁的时候。当时好几次招工，她都因为是残疾人没有被录取。年轻的张海迪极度失望，她想到自杀，给爸爸妈妈写了一封遗书，然后吞服了大量的安眠药，还给自己打了六支冬眠灵。她躺在床上，静静地等待离开这个世界。这时候，她的脑海却激烈地翻腾起来，她想起了下乡的村子和那里的乡亲，想起了保尔·柯察金和他在海滨公园自杀的情景。保尔·柯察金的伟大之处，就在于他虽然绝望过，想自杀过，但是他终于没有自杀，终于战胜了绝望。于是，张海迪拼尽了全力喊道：“救救我，把我救活吧，我还很年轻，我错了。”后来，经过医生的全力抢救，过了五六天，她醒过来了。从那以后，她要求自己像保尔·柯察金那样勇敢地生活下去。张海迪终于走出了挫折的泥沼，她以保尔为榜样，重塑了一个全新的自我。

有一位高中毕业生报考美术学院没有被录取，参加高考又失败了，她的情绪一直很低落，深深陷入痛苦的自责之中。她把自己关在家里，不见任何同学。那段日子，她好像独行在一条看不到尽头的隧道中。后来，她看到了作家王火不怕挫折、百折不挠的事迹，受到深深的震动。

王火曾用10多年时间，写成一部反映从西安事变到抗战胜利的长篇历史小说。书稿刚写成，“文化大革命”开始了。这部书稿使他受尽折磨和摧残，结果手稿全部被毁，就连资料也片纸无存。“文化大革命”结束后，出版社鼓励他重写。正当他全身心地投入写作，不幸的事故又发生了。一天，他为救一个落入深沟的女孩头部受伤、左眼失明。从此，他仅靠一只眼睛写作。又经过10年拼搏，他终于重新写出这部小说，共163万字，字字浸透他的心血，受到了文学界的好评。

王火说：“我终于懂得生活是一种锻炼灵魂的东西，我也终于在生活中懂得了人应该笑着面对生活，不管生活有多么艰辛！我懂得未来对我的重要，也懂得命运操之在我。”他还说：“如果你正确对待不幸，有从实际出发的态度，你就懂得只要有生命，就会有希望；只要努力，就会出成果！”

王火的经历和精神唤醒了这位女青年的心灵。这些话好像久旱后的甘霖洒入了她的心田。她懂得，人生道路免不了有坑坑洼洼、挫折痛苦，重要的是自己要永存对生活的热情和信念，牢牢抓住下次机会去努力奋进。她以王火为榜样，重新振作起来。她说：“如果能够勇敢，何必懦弱？如果能够拼搏，何必畏缩？如果能够进取，何必退却？”她终于恢复了自信，脸上又露出了笑容，第二年考上了大学。她就是运用“仿同”，成功地进行了心理调节。

3. 幽默（自我化解）

幽默，是特指一个人遇到挫折、处境困难时，风趣、机智地化解困境的一种方式。幽默常常能使人从负性情绪中很快解脱出来，让人重新获得心理上的平衡。幽默也是一种优美、健康的心理和文化品质。

比如哲学家苏格拉底，他的夫人性格暴躁、心胸狭小，但苏格拉底从不跟他的夫人吵架。一天，他正在与朋友聊天，他夫人突然跑进来破口大骂，大发雷霆，接着把一桶水倒在苏格拉底的头上，使这位大名鼎鼎的哲学家成了“落汤鸡”。然而，苏格拉底却不动肝火，对客人说：“我早就知道，打雷之后接着定要下雨。”苏格拉底这幽默的语言轻轻一出，尴尬的场面顿时活跃起来，一扫彼此之间的难堪。

会幽默的人，常常在挫折面前来个幽默，即使失利、失败时也显得潇洒。有一天，幽默大师阿凡提刚刚买来一头驴，用绳子牵着穿过人群，突然回头发现自己只牵了一根绳子，而驴被人偷走了。他没有悲伤，马上幽默起来：“啊，真是谢天谢地，幸亏我没有骑在驴上，否则，连我也没了！”

幽默有助于防御现实所加于自己的痛苦和不幸，是一种积极、乐观的心态，堪称一项高尚的心理防御措施。善用幽默的人比较健康，因为幽默能使人心情舒畅，调节人的神经中枢，增强血液循环。幽默常常给人们带来欢笑。欢笑不仅仅只是牵动你的肌肉，发出笑声而已。当你大笑时，会有好几种荷尔蒙和化学物质被释放出来，进入你的血液中。而这些物质不同于你情绪紧张或承受压力时释放出来的东西。有些研究人员将大笑形成的压力，称作“好压力”。研究还发现，大笑会增加免疫细胞自行繁殖的速率，以及这些细胞消灭外来入侵细胞的速率。而且，大笑也改善了一个人的生活质量，使其变得更乐观，并且减轻了自己烦恼和痛苦的程度。幽默和笑可以说是人生的止痛剂。所以，现在幽默渗透全球各个国家。英国有“幽默空间”，美国有“幽默俱乐部”，保加利亚有“幽默城”，法国有“笑的联盟”，日本有“笑的学校”和“笑的疗养院”。中国的相声，可以说是“幽默艺术”和“笑的艺术”。随着人类文明程度的提高，幽默将日益深入人心，布满全球。

幽默体现了人生博大的智慧、宽阔的心胸、高雅的风度和愉快的精神。它以超越的勇气、深邃的笑意，面对着人生的矛盾与缺憾、痛苦与哀伤。具有幽默感的人比较容易应对困境，他会把世事看得云淡风轻，遭到挫折不易退缩，有助于获得成功。19世纪德国著名作家拉布说："幽默是生活波涛中的救生圈。"

幽默可以驱逐生活中的不快。尴尬的时候，不幽默的人常常棱角相向，幽默的人会在话锋转间巧妙地缓解矛盾冲突。幽默可以赢得他人的喜悦和信赖。学会幽默就是学会用微笑面对纷繁的世界。幽默，它是文学与心理学相结合的、与人友善相处的一种轻快的生活方式。

有悲观心理的人，总是把眼睛盯着伤口、哀伤与痛苦。用悲观来对待挫折，实际上是帮助挫折来打击自己，在已有的痛苦中，又制造出新的痛苦。作家尤今说："哭泣和哀叹只会使我跌得更多、伤得更重。于是，我学会了以跌倒了便咬着牙站起来，流血了便微笑地拭擦掉的方式来应付磨难、来渡过难关。"

含着笑容去面对人生中的矛盾或冲突，它常是人们处于困境时实现自我解脱的一种好方式。笑对人生，愁云便为之驱散。笑声能把生活逗得妙趣横生，使青春格外美丽。宋代诗人杨万里的诗《闷行歌十二首其一》云："风力掀天浪打头，只须一笑不须愁。近着两日远三月，气力穷时会自休。"

笑体现出成熟、美好、信心和力量。高士其在《笑》文中说："笑，你是嘴边一朵花，在颈上花苑里开放……笑，是治病的良方，健康的朋友。"

在人们的精神世界里。幽默和笑实在是一种丰富的养料。如果你能常常与幽默和笑为伴，那么，你就会拥有一份多彩多姿的生活。

4. 升华（转移情感）

升华原是弗洛伊德精神分析学说中的一个术语，意指一些本能的冲动，或欲望是意识所不能接受或不能容忍的，而且与社会道德规范或法律相违背，不能直接发泄出来，必须以不同的方式来表现。在这里，升华是指个人遇到挫折后，转移了原有的情感，求得了心理平衡，同时，以较高的思想境界表现出来，又创造了积极的人生价值。

比如，法国启蒙时代的思想家卢梭他一生历尽坎坷，但他没有在挫折面前倒下，而是把痛苦的情感升华为创造，写下了《忏悔录》等不朽的作品。

理论物理学家普朗克，在研究量子理论的时候，家庭屡遭不幸：妻子去世，两个女儿先后死于难产，一个儿子死于战争。普朗克遭受了人生沉重的打击，他用加倍的工作来转移内心的悲痛，把痛苦的情感升华为事业上的发愤努力，结果创造性地提出了量子理论，获得了诺贝尔物理学奖。

美国有一位"阳光女士"，她年轻的时候生活在欧洲。当她满怀憧憬等待16岁生日晚会时，第二次世界大战爆发了，她所祈盼的一切都没有了，有的只是近在咫尺的死亡。在6年的集中营生活中，她亲眼看见了42位亲人惨遭杀害。面对这一切，她曾经不想再活了。有幸的是，她居然能活着看到了法西斯的末日，而且重新在灿烂的阳光下生活。她尝过漫漫长夜里缺乏爱的滋味，所以更加珍惜每一缕阳光的价值。她终于升华了自己的情感，用诚挚的爱驱走了挫折的阴影。她居住在美国圣地亚哥的一个公寓小区内。她多年如一日地为小区内200多户人家送爱心，把爱撒播到四方。这种爱心升华了她的人格，开发了她的潜能，促进了她的新生。

人们在情感生活中常常为失恋而感到痛苦。失恋的痛苦是男女双方确定恋爱关系后又终结关系所产生的消极情绪。失恋的消极情绪就其实质来说，是爱的心理平衡被打破，是恋人间情感共同体的瓦解。这种失恋必然伴随着深深的痛苦。在失恋的挫折面前，如果丧失理智，是很容易酿成恶性事件的；相反，如果让痛苦的情感在为事业的拼搏中升华，则会取得令人瞩目的成就。居里夫人青年时代失恋后奋发学习，获得物理数学硕士学位，后来成为伟大的科学家。歌德青年时代多次失恋后埋头写作，完成自传体小说《少年维特之烦恼》，终于成为一代文学巨匠。

婚姻的创伤常常难以愈合。那些具有成熟人格的人，能够超越婚姻失败的痛苦把原有个人的动机升华为社会性动机，在关心他人方面达到很高的水平。美国妇女玛丽，年轻时身材既高挑又苗条，是一位很漂亮的姑娘，身边有不少追随者。23岁那年她结了婚，但婚后不久双方产生了矛盾便又分居。失败的婚姻使她很伤心，她离开美国，独自一人去了日本，在东京一所大学里教英语。几年的校园生活逐渐平静了她的心灵。玛丽对人生和婚姻有了新的认识。她30岁时，从汉城孤儿院领养了一个4岁的孤儿，取名珍妮。当珍妮12岁时，她又从西贡孤儿院领养了一个才9个月大的婴儿，取名瑞白卡。1993年7月，瑞白卡21岁时，玛丽退休了，她又到中国厦门儿童福利院领养了盲童秋红。1997年6月，玛丽再次来到中国，在天津儿童福利院领养了孤残儿童玉立。30多年中，她在世界各地共领养了4位孤儿。玛丽说："我喜欢孩子。对我来说，最快乐的事情，就是亲眼看着她们一点点长大。她们给我的人生带来了无穷无尽的欢乐。"

玛丽的婚姻虽然失败了，但她没有沉溺于个人情感的痛苦之中，而是进行了积极的心理调节，向着更高尚的目标迈进。她在抚养孤儿的过程中体验到了一种新的角色，情感得到了满足，从而使精神境界得到了升华。

总之，积极的心理防御机制可以起到缓冲心理挫折、减轻焦虑情绪的作用，并且为最终战胜挫折提供时机；而消极的心理防御机制，虽然也能起到暂时缓解心理矛盾和冲突的作用，但它常常阻碍个体面对现实，过分运用可能会引起心理疾患。所以说，学习和善于运用积极的心理防御机制来应对面临的挫折情境，有利于求得心理平衡和自我完善，也是一个人健康人格发展的重要内容之一。

面对挫折，运用心理防御机制进行心理调节，这只是化解挫折情境的第一步，更重要的是日后要在思想上提高对挫折的认知水平和转化能力，做到理智地把握自我，勇敢地超越自我，才能最终战胜挫折。

四、适当运用心理调适

大学生学习和掌握一些自我心理调节的方法是十分必要的，这有利于在受挫时有效地化解因挫折而产生的焦虑、紧张、郁闷等不良情绪，提高挫折承受力。大学生可选择适合自己的方法来调节挫折心理。下面介绍几种常见的方法：

1. 暗示调节

采用自我暗示方法要注意以下几个问题：①暗示的语言要简洁，不多于五个字；②暗示的语言要积极、肯定，千万不要采用消极、否定的暗示语言；③暗示时，运用的意识要温和，不要带有强制性；④暗示后，就不要再去想暗示语了，待过了一段时间以后，再重新进行自我暗示；⑤每次暗示时，暗示语重复3～5次为最佳；⑥在一段时间内，最

好只用一种暗示语或某个特定暗示语。

2. 放松调节

大学生还可学习身体放松的方法来调节挫折引起的紧张不安感。放松调节是通过身体的主动放松，增强自我控制的能力，达到缓解焦虑情绪的目的。放松的方法有很多，主要有全身肌肉放松、深呼吸放松及想象性放松等，对于应对过度焦虑、稳定情绪具有特殊的效果。其中，深呼吸放松法最简便易行，不受场所、时间等条件限制，行、坐、站、卧都可以进行，其目的是通过深呼吸，使身体各组织器官与呼吸节律发生共振，进而达到放松的效果。

3. 想象调节

想象调节法，是指想象现实生活中的挫折情境和使自己感到紧张、焦虑的事件的预演，学会在想象的情境中放松自己，并使之迁移，从而达到能在真实的挫折情境和紧张的场合下对付各种不良的情绪反应。

想象调节的基本做法是：首先，学会有效的放松；其次，把挫折和紧张事件按紧张的等级由低到高排列出来，制成等级表；最后，依据等级表由低到高逐步进行想象脱敏训练。

4. 运动调节

医学专家揭示，人在运动流汗的同时，新陈代谢变快，压力随汗水一起排出体外，心境会变得平和，能充分感受运动所带来的快乐。人遭受挫折后，通过运动可以转移注意力，避免固执于不开心的事情上；通过运动可以放松身心，不再过度紧张、焦虑；通过运动还能使人充满朝气，排解沮丧、抑郁等消极情绪。运动的方式因人而异。体育锻炼、散步、郊游、定向越野、爬山、游泳都能使人转换心境。此外，找朋友聊天、倾诉，到河边、树林呐喊，或听音乐、写日记等，都是宣泄情感，调整心情的好方法。

习 题

(1)根据挫折的种类，分析平常遇到的挫折主要是哪几种。

(2)在你的生活中，有没有遇到重大挫折？如果有，你是怎样应对的？

(3)怎样培养自身的抗挫折能力？

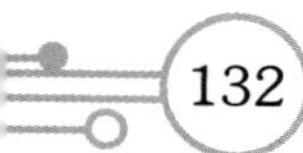

第六章

大学生的人际交往

案例导读

【案例1】

林同学，女，20岁，是通信工程专业二年级学生。人小体弱，情绪消沉，说话低声细语，羞怯而不自然。她自称经常无法入睡，睡眠质量很差，无法坚持学习，心情很糟糕。经仔细询问深谈才知道她与同学关系不和，致使自己孤独苦闷。

林同学来自于河南省一个偏僻乡村，父母均是农民，母亲积劳成疾，患有多种慢性病，家庭比较贫困，姐弟2人。她性格内向，不善言语，喜欢独来独往，很少与人交往。但她从小很节俭，从不与同学攀比，学习刻苦，成绩优异。然而自上大学之后，她发现以前的生活方式完全不适合大学生活。她想融入班集体中，却不知道如何与人交往，怎样处理宿舍同学之间、班级同学之间的人际关系，这使她伤透了脑筋。一年多来，她和班上同学相处很不融洽，跟同宿舍人曾经发生过几次不小的冲突，关系相当紧张。她经常独来独往，基本上不和班上同学交流，集体活动也很少参加，与同学的感情淡漠。她觉得自己没有一个能相互了解、谈得来的知心朋友，常常感到特别孤独和自卑，长期的苦恼和焦虑使她患上了神经衰弱症。经常的失眠和头痛使她精神疲惫，体质下降。她本想通过埋头学习的方法来减轻痛苦，然而，事与愿违，由于她学习精力很难集中，效果很差，成绩急剧下降，后来竟出现考试不及格的现象。她感到恐慌，失去了坚持学习的信心。这种心理使她逐渐对大学生活失去了兴趣，迷失在自己编织的网中，一度出现自暴自弃的现象。

从心理学专业知识判定，该同学的问题属于人际关系障碍。其产生的原因主要有以下三个方面的因素。

1. 自我认知偏差

在人的心理过程中，认知是基础。直接影响和决定着情感和意志，主导着行为取向。正确的认知会产生健康的情感和意志，错误的认知则导致消极的情感、意志与不良的行为。自我认知是人们对自己的认识或评价。该学生在人际关系问题上的认知和对自我的认知存在着一定的错误，对人际关系的意义和重要性缺乏明确的认识，缺乏认真思考和积极面对的态度。

2. 性格缺陷

性格是一个人稳定的态度体系和习惯了的行为方式，是个性结构的重要组成部分。良好的性格可以改变和弥补气质的某些消极因素，对人生具有积极意义。同时良好的性格是身心健康的基本保证。相反，不良的性格不仅严重影响人际关系、人的成长与进步，而且十分有害于身心健康，容易导致心理疾病。该同学的性格内向、孤僻，不善于表达自己，还有些自我封闭，对人际关系有着消极作用。她既不会、也不愿主动与同学接触，导致同学之间缺乏相应的了解和理解，造成感情冷漠，关系很不融洽。一旦与同学发生矛盾，又不能正确处理，这样与同学之间的交流必然会不顺心如意。

3. 人际交往能力缺陷

人与人的沟通、交往是需要一定能力的，该同学因为本人性格和家庭生活原因，不善于与人交流，缺乏人际交往的能力。平时她不爱说话，经常独来独往，不善于为人处事，缺乏这方面的锻炼，造成了与宿舍同学和班级同学不融洽的局面。当同学之间发生矛盾或冲突后，她束手无策，不会去化解矛盾，改善关系。其人际交往能力的缺陷也是她陷入人际关系困境的一个内在因素。

总之，该学生这三方面存在的问题形成了她人际关系的心理障碍，使得这位本来成绩不错的学生在一年多的大学生活中陷入了困境。她不仅没有处理好人际关系，而且因此也损害了自己的身体，造成对生活的恐慌，失去了坚持学习的信心。

【案例2】

李丽，是一名家庭经济困难学生，2012年10月20日，她在上体育课时打篮球不小心砸碎刘美手机屏幕，事发后她及时跟刘美道歉，并请刘美去修理屏幕，保证她会进行赔偿。刘美修理完屏幕后，要求全额赔偿600元，而李丽认为发生这个意外，两人各有责任，体育课上刘美不应该在可能发生意外的场地上看手机，她自己也是不小心发生的意外，应该一人一半各出300元，两人因赔偿问题没有达成一致意见。李丽室友小伊知道情况后，心疼室友，抱打不平，前往找刘美为李丽讨公道，并撂下“就200元，多一分都不可能给”。刘美当时感觉自己人格被侮辱了，从而引发刘美与小伊两人的冲突。当天晚上，双方分别致电辅导员请求协调。辅导员分别跟双方了解清楚情况后，请三人第二天到谈心室，采用心理学中角色置换、事实澄清以及情绪疏导的方式有效地解决了该人际沟通冲突，最后两人以“不打不相识，我们做朋友吧！”结交为朋友。

这是一起大学生人际沟通冲突案例。人的社会性决定了社会中的每一个人都生活在人际关系网中，每个人的成长和发展都依存于人际交往。人际关系的好坏往往是一个人心理健康水平、社会适应能力的综合体现。大学生处于一种渴求交往、渴求理解的心理发展时期，良好的人际关系是他们心理正常发展、个性保持健康和具有安全感、归属感、幸福感的必然要求。然而，并不是每个大学生都能处理好人际关系。大学生在处理人际沟通冲突时容易因为仅仅站在自己的立场考虑问题而产生偏激、片面、难以理解他人的情况，从而导致人际关系紧张。

第一节　人际交往心理概述

一、人际关系的概念与作用

1. 人际关系的概念和含义

梅传强将人际关系定义为“人与人之间心理上的关系”。它表现为人与人之间心理上的距离，反映着人们寻求满足需要的心理状态。郑全全和俞国良共同编著的《人际关系心理学》则将人际关系概念从广义和狭义两方面做出了诠释。他们认为：“从广义上看，人际关系是指人与人之间的关系，包括社会中所有的人与人之间的关系，以及人与人之间关系的一切方面。”显然，这个定义没有揭示出人际关系，以及人与人之间关系的特殊性。因此，“从狭义上看，人际关系是人与人之间通过交往与相互作用而形成的直接的心理关系。”

以上学者对人际关系的定义应该说是大同小异的，都强调了人与人心理上的关系。这里采纳郑全全和俞国良对人际关系的狭义定义，将人际关系定义为“人与人之间通过交往与相互作用而形成的直接的心理关系”。

“人际”是表示两个人以上的数量概念，“关系”是事物的相互联系，这个联系包括事物与事物之间和事物内部各要素的相互影响和作用。人与人相互作用包括三个方面：①自然属性；②生理、心理属性；③社会属性。人与人之间要进行交往交流，社会才能发展。

人际关系是人与人之间由于交往而产生的一种心理关系。它主要表现在交往过程中人与人之间的心理距离，反映着个人或群体在寻求满足社会心理需要、事业需要的心理状态，人际关系的产生变化和发展决定了双方心理需要满足的程度。人际关系的概念包括以下几层含义：

（1）人际关系是社会关系的一个侧面。人存在于众多的社会关系之中。人的社会关系可以分成两类：一类是社会的生产关系，以及在此基础上形成的经济的、政治的和文化的关系等；另一类是人与人之间的心理关系，也就是人际关系。社会关系是社会角色之间的关系，是不以人的意志为转移的客观关系，而人际关系的实质是情感上的关系，如亲子关系、夫妻关系、邻里关系、朋友关系、师生关系等。人际关系只是社会关系的一部分，不能简单地将其等同于社会关系。如大学校长和本校每个大学生都存在着社会关系，但他们之间并不是都有人际关系。

（2）人际关系以人们的需要为基础。需要是建立人际关系的动力，人际关系的好坏，主要反映了人们在相互交往中需要能否得到满足的心理状态。如果交往双方的需要能得到一定程度的满足，就会产生喜欢、亲近或愿意交往的情绪反应，人们的心理距离就会缩短；反之，就会产生厌恶、憎恨等情绪反应，心理距离就会加大。因此，需要的满足是建立人际关系的心理基础。

(3)人际关系以情感为纽带。人际关系总是带有鲜明的情绪和情感色彩,是以情感为纽带表现出来的。人们相处中呈现出来的满意、愉快或疏远、冷漠的情绪状态是人际关系好坏的基本评价指标。人际关系所具有的情绪性,使人与人之间的心理距离成为可以直接观察的心理关系。

(4)人际关系以交往为手段。人际关系是人们借助于交往、努力消除陌生、缩短心理距离的结果。交往是人们实现人际关系的手段,是人们交流信息、消除生疏、加深了解、获得肯定或否定体验的途径。不仅如此,交往的频率还是人际交往亲疏的调节器。一般来说,交往频率越高,人际关系越向纵深发展,交往频率越低,人际关系越趋于淡化。当交往完全不存在时,原有的实际意义上的人际关系也会成为名义上的人际关系。

人际关系是和人类同时产生的,具有极其久远的历史,它是人类社会中最常见、最普通的一种关系,每个人都在一定的人际关系中工作、学习和生活。

尽管人际交往千差万别,千变万化,但其内容主要有两个方面:①物质关系。没有物质和物质生产,人类便不能生存,社会也就不存在。人们为取得生活资料,必须交流和交往,才能进行劳动和工作的互动、互助与合作,进行能力、知识的互补与优化。②精神关系。进行人际交往,建立人际关系,是人类生存的精神需要。人人均要交朋友,觅知音。人对精神的需要,同对物质的需要一样都是不可缺少的。

2. 人际交往的作用

人际交往是指个体与周围人之间沟通信息、交流思想、表达情感、协调行为的互动过程。人际即人与人之间,人际交往是人与人之间最基本的交往。每个人本身就是其父母相互交往的产物,来到世界就投入人际交往之中,与他人发生千丝万缕的联系。不论你愿意与否、自觉与否,都得与人交往,不与他人交往的人是不存在的。

交往活动无论是直接的还是间接的,都是人类必然会出现的一种社会活动。它的必然性来源于由人的需要所决定的合群倾向。合群倾向是人际交往的驱动力,是人际交往的心理基础。

人际交往是身心两方面健康的基本保证。从人生发展的角度和增进健康的角度来认识人际的功能,可以把人际交往的作用概括为以下几个方面:

(1)人际交往是个人社会化的必经之路。每个人的社会化进程都是自出生以来就开始了。人一出生就落入了人际交往中,首先依赖父母的照顾,提供他生长所需要的食物、衣着、抚爱、关怀等。与此同时,儿童也接受父母及其他周围人的影响,使自己的行为适合周围环境的需要,所以人际交往是个人社会化的起点。

人际交往是个人社会化的重要手段,对大学生而言,这种手段的作用更加强烈。通过人际交往,他们获得更丰富的信息,与社会保持更紧密的联系,对大学生角色的责任和义务认识得更加深刻,因此,人际交往促进了大学生的社会化进程。

(2)人际交往是个体自我认识的途径。人们经常问自己:“我究竟是怎样的一个人?”这在人际交往中可求得解答。人对自己的认识总是以他人为镜,需要通过与别人的比较,把自己的形象反射出来而加以认识。别人是尊重、喜爱、赞扬你,还是轻蔑、讨厌、疏远你,常常成为认识自我的尺度。从他人对自己的反应、态度和评价中,可以发现自己的长处和短处,找到自己恰当的社会位置,从中得到丰富的教育意义,为自我的设计、发展、完善创造有利条件。离开一定的人际交往,就无法弄清这点。因此,有必

要多方位、多层次与更多的人交往，与他人有更密切的接触和了解，以吸收更多可靠的信息，使我们能更清楚地回答“我是谁?”，更清楚地确定自己的形象，更清楚地知道怎样的行为才最符合自身情况、最有利于自身发展。

通过人际交往，大学生对如何与人交往才能获得更加良好的人际关系有了更深刻认识，同时也能从自己与他人的交往活动中认识到自己的优势与不足，进而选择更加适合自己身份的交往行为。

(3)与人交往是培养良好个性的需要。一个人的个性除了受先天遗传因素影响之外，更重要的是受后天环境的影响。如果长期生活在互助、互爱、充满热情、友好和睦的人际关系气氛中，一个人的个性就会变得乐观、开朗、积极、主动，这在父母的教养方式对子女性格形成的影响中表现得最为明显。相反，一个人如果长期生活在人际关系充满冲突的环境中，则性格压抑、内向，或者性格暴躁、疑心猜忌，这反过来又会促使人际关系更加不和谐。

人际交往对人个性发展的积极作用不言而喻，马加爵的真实案例生动地表明了良好的人际交往对大学生个性发展与完善的重要作用。由于缺乏良好的人际关系和人际交往，再加上此随机事件的诱发，马加爵最终走上杀人泄愤、害人害己的不归路。

(4)人际交往是获得知识的手段。在与他人的广泛交往中，随时可吸取对自己的工作、学习和生活有意义、有价值的知识和经验；以别人的长处填补自己的短处；借鉴别人的优势改变自己的劣势；学习他人成功的经验，吸取他人失败的教训；以此充实自己的知识积累，发展已有的知识体系，更新思想观念，追踪新鲜信息。这也是当今社会对大学生的需求。

(5)人际交往是获得事业成功的重要条件。人类得以生存、发展的一个主要条件是人与人之间能够通过交往，建立各种关系，相互分工协作，相互依从，协调一致，达到目的。同样，在我们为某一事业奋斗的过程中，也需要努力与他人交往合作。一个人的能力是有限的，且各有其擅长的一面，也有其不擅长的一面，这就需要把各人的知识、专长和经验融合在一起，才有获得成功的希望。为此，只有通过人们的相互交往才能实现。同时，在这一过程中，个人的能力、才华、品格得以充分表现，从而得到社会的承认、他人的肯定，也获得尊重、友谊、爱情和自信心，从而达到在社会和群体中自我实现的境界。

(6)人际交往是社会联系的桥梁。社会是一个有机整体，它的存在与发展，离不开信息的传播与反馈，以保证管理机构与执行者及各自内部之间的沟通、联络，这一功能除了正式的传播媒介之外，大部分由人际交往来实现。人际交往通过个人间的相互联系、相互影响，把个人联系为各种集体，以实现社会的系统功能。因此，人际交往不但对交往者个人有着重要作用，而且对整个社会都有积极意义。

(7)人际交往是维持心理健康的基本需要。当我们忧伤时，需要别人的抚慰和倾听；当我们面临危机时，需要别人的帮助和支持。每个人都需要友谊、爱情，需要别人的认可、支持与合作，需要与他人保持人际关系。人际交往对人的心理健康十分重要。心理学研究证明，环境剥夺，即以人为方式造成环境中的感觉经验、外来刺激及社会机会的贫乏，对个体的身心发展都会带来极大的影响。人类母爱的剥夺可造成孩子的智

力不足和情绪上的挫折与异常。人本主义心理学研究人的心理需要层次时指出，一个人在生理需要得到满足之后，就会追求更高级的需要，如安全需要、归属与爱的需要、自尊与尊重的需要，这些高级需要都是在人际交往中满足的。如果建立了良好的人际关系，就会产生心理安全感，对人更加信任、宽容，特别是情绪不好的时候，向人倾诉对于心理健康有积极作用。

二、人际关系的建立过程

人与人之间相互关联的状态，从无关到关系密切，要经过一系列的变化过程。一般来说，良好人际关系的建立与发展，从交往由浅入深的角度看，需要经过如下几个阶段。

(1)定向阶段。定向阶段包含着交往对象的注意抉择和初步沟通等多方面的心理活动。当两个人彼此没有意识到对方存在的时候，双方关系处于零接触状态。此时双方是完全无关的，谈不上任何个人意义的情感联系。如果一方开始注意到对方，或双方彼此产生了相互注意，则人与人之间的相互作用就已经开始了，一方开始形成对另一方的初步印象，或彼此都获得了对于对方的初步印象。不过，在双方直接的语言沟通开始之前，彼此对于对方都还处于旁观者的立场，没有相互的情感卷入。从交往双方开始直接谈话(包括通信、网上交谈)的那一刻起，彼此就产生了直接接触。在通常情况下，最初的直接接触是表面的，彼此之间几乎没有情感卷入。人际关系的定向阶段，其时间跨度随不同的情况而不同，邂逅而相见恨晚的人，定向阶段会在第一次见面时很快就完成，而对于可能有经常的接触机会而彼此又都有较强的自我防卫倾向的人，这一阶段要经过较长的沟通才能完成。

(2)情感探索阶段。在这一阶段，随着双方共同情感领域的发现，双方的沟通越来越广泛，自我暴露的深度和广度也逐渐增加。但人们的话题仍避免触及别人私密性的领域，自我暴露也不涉及自己根本的方面，彼此还都仍然注意自己表现的规范性。

(3)感情交流阶段。这一阶段，双方关系的性质开始出现实质性变化。此时双方在人际关系上的信任感、安全感已经得到确立，因而谈话或交流也开始广泛涉及自我的许多方面，并有较深的情感卷入。此时，人们会相互提供真实的评价性的反馈信息，提供建议，彼此进行真诚的赞赏和批评。如果关系在这一阶段破裂，将会给人带来相当大的心理压力。

(4)稳定交往阶段。在这一阶段，人们心理的相容性会进一步增强，自我暴露也更为广泛和深刻。此时，人们已经允许对方进入高度私密性的个人领域，分享自己的生活空间。但在实际生活中，达到这一情感层次友谊关系的人并不多，许多人同别人的关系并没有在第三阶段的基础上进一步发展，而是仅仅在第三阶段的同一水平上简单重复。

有的心理学家按照情感融合的相对程度，将人际关系分为轻度卷入、中度卷入和深度卷入三种。有的心理学家将人际关系按照认知、动机、情感、态度及行为等心理因素的不同组合、相互作用、形成人际关系不同的思想基础、动机特征、感情色彩、态度倾向和行为方式，将人际关系分为低水平的人际关系、一般水平的人际关系和高水平的人际关系三种。

三、大学生人际交往的特点

大学是一个特殊的社会，存在着各种各样的关系，对于学习和生活在其中的大学生来说，其人际关系有如下特点：

（1）大学生人际交往愿望迫切。大学生思想比较单纯，精力充沛，兴趣广泛，活泼好动，对人际交往的需要比成人和中学生更为强烈。据有关材料表明，有90%左右的大学生希望自己有良好的人际关系和人际环境。他们希望通过交往去获得同学的认可、接受、尊重、信任，去拓宽视野，满足自己多方面的需求。

（2）大学生的人际关系比较注重情感需求，比较纯洁、真诚，他们交往动机中功利性少，情感性多。在一项关于大学生交朋友的起因调查中，有51%的人认为交朋友是因为谈得来，42%的人认为是因为有感情，只有5%的人认为是用得着。他们崇尚高雅、真诚、纯洁的友谊，注重情感的沟通和交流，不是或主要不是从对象的家庭背景、经济条件、学习成绩等方面考虑，交往的主要目的是为了获得情感需要的满足。这种满足既表现为为了消除孤独，寻求友谊，在同性同辈中找到情感交流的对象，也表现为通过与异性同辈的交往来满足友谊和爱情的需求。

（3）大学生人际交往注重平等性。在一项调查中表明，46%的大学生认为人与人交往应该是平等的、互助的。大学生交往中的平等特点是由他们彼此关系的非利益冲突和较强烈的平等交往意识决定的。大学生之间是同学关系，谁也不依赖谁，不存在较大的利益冲突，且具有共同的学习任务和比较一致的学习目的，加之学校和老师对他们提出的要求、给予的机会都是平等的，这就使得每个大学生在学校或班级中都是平等的一员，因而，他们的人际关系是比较稳定的，友谊是比较长久的，遇到矛盾和问题也比较容易解决，不会出现大的波动。

（4）大学生人际关系交往的内容比较丰富。由于大学生兴趣广泛，情感丰富，精力充沛，求知欲强，他们对各种自然的、社会的现象都很关注，希望自己见多识广，其结果是他们交往的内容比较丰富。特别是随着社会生活节奏的加快，他们的人际交往由原来的交流感情、寻求友谊、寻觅爱情，变得内容更加丰富和多样化。他们不仅对专业以及感兴趣的各方面知识和信息进行交流，而且还对衣、食、住、行、工作等方面的问题进行交流，会敞开心扉，无所顾忌地进行情感的交流与宣泄，发生思想的碰撞和融会。

第二节　大学生人际交往问题

一、大学生常见的人际交往问题

从不同的角度进行分析，大学生常见的人际交往问题分类也不尽相同。

从内心来说，大学生普遍渴望与他人交往，但是在实际交往活动中，许多同学常常不能如愿以偿，有的甚至产生严重的失败感。分析这其中的原因，既有个体自身的认识、情绪、人格等方面的原因，也有技巧方面的原因。从大学生人际交往现状来看，主要存在认知与行为两方面的问题：

(1)交往认知方面存在的问题。这方面的问题主要与不合理认知有关,集中表现为:

①过低评估自己。其中包括低估自己与人交往的能力,低估自己给人留下的好印象,在参加交往活动前作消极自我暗示,如“我今天肯定会失态”或“我不可能给人留下好印象”等;在交往活动过程总是更多地回忆起那些不利于自己的事件,如曾经说错的话、不雅的动作和紧张难堪的场景等。

②过高要求并且关注自己。其中包括对自己的非理性的完美主义要求,如“我必须在交际场合上尽善尽美地表现”“我在社交场合上绝不能有任何失误”等;过分关注自己在公众面前的“公我”形象,总认为自己是所有人都在关注的对象。

③过高估计别人。其中包括高估别人对自己的关注,认定自己是交往场合中的焦点人物;高估别人的社交表现,认为“别人一定都比我强”“别人在社交场合都很潇洒”等;高估别人对自己的否认与不接纳。

④缺乏基本的人际交往常识。其中包括不懂得与人见面时要主动打招呼;不懂得和人交谈时要有目光接触;不懂得交谈中应以微笑和点头示意回应别人;不懂得人际交往要互惠互利;缺乏客观感知人际环境的能力。

(2)交往行为方面存在的问题。这方面的问题主要与交往技巧疏拙相关,集中表现为:

①缺乏基本的社交技能。其中包括不懂得见面时如何与人打招呼;不懂得如何开始一场谈话、插话或结束一场谈话;不懂得如何倾听与回应;交往时,不会以微笑、点头示意回应别人;交谈时不会目光接触;交往时,不知道怎样放松,不知道如何应对他人的不合理要求。

②存在不适应行为。其中包括交谈时目光躲闪;交谈时要么全无反应,要么强烈反驳别人;逃避与人交往;不会与人合作;与人交往时被动或有退缩表现,如像小孩子一样害羞或胆怯。

③不善于情绪表达。其中包括缺乏表达情绪的恰当方法,如不知道该如何向他人表达积极或消极情绪;缺乏辨别他人情绪的能力,如对别人的情绪变化缺乏敏感或过度敏感,把别人的迟疑当做拒绝;不知如何处理自己的负面情绪,如要么压抑,要么突然爆发;在人际交往中不能真诚、坦然地接纳自己和他人。

大学的同学在生活习惯、性格、过去经验等方面存在很大差异,在校园内,交往的主体同为面临艰巨适应任务而又缺乏经验的个体,双方的人际适应困难较为突出。在与其他社会成员的交往中,由于双方经验不同,对同一事物的看法也不尽相同,因此,相互的人际适应困难也更为突出。由此可以看到,在进入大学的转折中,个体的人际适应可能与其自身的人际交往技能、人际交往经验有关,同时又是与群体的特点相联系的。如果就具体表现来看,可将大学生常见的人际交往问题主要概括为以下几个方面:

1. 人际冲突

人际冲突,是指大学生的人际关系不符合大学生群体对其人际关系的基本认识,导致在大学生个体之间出现的人际关系不协调、不适应的现象,是比较常见的一种人际适应不良现象。有的大学生以自我为中心,过分地苛求别人,对他人的言行挑剔、猜疑,常因讽刺挖苦他人而伤害别人。有的大学生互不示弱、互不忍让而发生冲突,甚至采取

报复措施，造成心理上的障碍；有的大学生由于偏激或喜怒无常等个性而难以为他人所接受，造成人际关系障碍。

人际冲突通常与大学生的心理健康素质有着重要的联系，自我中心、情绪调控力差等都是导致大学生人际冲突的原因。

自我中心是一种个性特征，自我中心者为人处事以自己的需要和兴趣为中心，只关心自己的利益得失，不考虑别人的兴趣和利益，完全从自己的角度，以自己的经验去认识和解决问题，似乎自己的认识和态度就是他人的认识和态度，而且他们固执己见，不容易改变自己的态度，盲目地坚持自己的意见。自我中心是自我意识发展到一定阶段的产物，在自我意识发展的某阶段或某些阶段，自我中心会有碍于自我意识的发展。自我中心者在心中建立起自负这样一种虚假的自尊，要求别人必须服从自己，必须满足自己，这种做法明显违背了人际交往的平等互惠原则，任何人都不愿意建立或保持这种人际交往的不平衡。由于这种不平衡的人际交往不能建立，自我中心者虚假的自尊需要也无法得到满足，这必然导致人际关系的冲突，这种状况继续发展下去，自我中心者虚假的自尊继续受到打击，虚假的自尊最终演变为自卑，多次的人际冲突也可能演变为交往恐惧。

情绪调控能力是情商的重要组成部分，是建立和维护良好人际关系的重要保证。如前所述，人际关系不和谐随时随地都可能发生，但这种不和谐是否会演变为人际冲突则往往取决于当事人的情绪调控能力。情绪调控能力好的大学生，在出现人际关系不和谐时能很好地控制自己的情绪，及时调节和引导人际交往向自己希望的方向发展；情绪调控能力差的大学生则刚好相反，出现人际关系不和谐时则往往控制不住自己的情绪，使得人际关系向本不应该发展的方向发展，使人际关系不和谐变为人际冲突。甚至有的大学生心里有不高兴的事时，好像所有人都欠了他一屁股债似的，说话火药味十足，不能很好地控制自己的情绪，自然难以建立和维护良好的人际关系。

2. 交往恐惧

交往恐惧是另一种比较常见的人际适应不良现象。在此需要特别说明的是，交往恐惧与社交恐惧症不同，社交恐惧症是恐惧症的一种，属于心理障碍，而交往恐惧则是常见的人际适应不良现象的一种表现形式，其严重程度并没有达到诊断为社交恐惧症的标准。交往恐惧的大学生不敢与人交往，担心自己不会说话，担心被别人瞧不起，担心自己的表情不自然，总之，交往恐惧的大学生不敢面对别人，不敢在大庭广众之下说话发言，不敢与他人积极交往，对人际交往充满恐惧。交往恐惧的大学生往往具有以下两种心理：

（1）自卑心理。自卑是个人由于某些生理缺陷或心理缺陷及其他原因而产生的轻视自己，认为自己在某个方面或几个方面不如他人的情绪体验。自卑会对人的行为产生极大的负面影响，表现在交往活动中就是缺乏自信，想象失败的体验，不敢积极与他人交往，不敢向他人表达自己对人对事的态度。自卑是导致交往恐惧的重要原因。导致自卑的原因是多方面的，自我认识不足、过低的期望、内向的性格、曾经遭受的挫折、不恰当的归因等都可能导致自卑心理的产生。

大学生由高中升入大学，由各方面都出类拔萃的尖子生一下子变成了非常普通的一员，由过去的交往主角变成了交往的配角。大学生在人际交往中角色身份发生了较

大的变化，这种变化越大，引起心理冲突就越激烈，对其个人身心健康的影响也就越大，越有可能使其产生自卑心理。再加上有的大学生本身性格就比较内向，只是由于高中紧张的学习生活掩盖了性格的缺陷，升入大学后环境改变了，要求也改变了，原来固有的性格不能很好地适应大学的生活，因而产生种种挫折，对这些挫折进行不正确的归因，把失败的原因归结为“缺乏能力”，这样的归因可能使得一个人从此不再相信自己的能力，并且不再期望以后交往活动的成功。这样，有自卑心理的大学生自然不敢与人交往，不敢再去面对自己“缺乏能力”的交往活动，人际交往成为他们心中的噩梦。

（2）戒备心理。戒备心理，是指大学生在人际交往过程中，由于某些消极心理因素的影响而形成的不切实际的固执的心理偏见，是另一种常见的导致交往恐惧的不良心理状态。俗话说“害人之心不可有，防人之心不可无”，在形形色色的人群中，不乏极少数的虚情假意之人，如果我们抛出了一颗真心，却遭到欺骗，造成精神上的损失，这自然是得不偿失的。因此，适当的戒备是应该的，具有一定的戒备心理也是个体心理成熟的标志之一。但是戒备心理过重，则往往会影响到正常的人际交往。戒备心理过重，说明你对他人的信任度不够，不能够充分相信他人。而人际交往尤其是大学生的人际交往是建立在平等互信的基础上的，缺少了基本的信任，交往自然无法继续下去。由于对人际交往强烈的戒备，害怕别人在与自己的交往过程中获得某种利益，或自己损失某些利益，不敢与他人进行积极的交往，对人际交往充满恐惧，是十分有害的。

当然，交往恐惧者还有其他的一些心理，在此我们主要讨论自卑和戒备这两种心理。

3. 沟通不良

除了上述两种人际适应不良现象外，沟通不良也是人际适应不良现象的重要表现形式。沟通不良严重影响了大学生人际交往的顺利进行。沟通不良与缺乏相关的人际沟通技巧有关，许多大学生不知道在何种情况下应该采取何种沟通方式与他人沟通。据调查，大学生人际沟通存在三种情况：第一，我行我素，从不与人沟通；第二，虽有良好的沟通愿望但却不知道如何与他人沟通，因而在沟通时往往不能采取正确的方法与他人进行沟通；第三，通过自己的主动学习掌握相应的沟通技巧，使自己的人际交往技能不断地提高，人际关系不断地向良性方向发展。这三种情况中的前两种都必然会导致大学生的沟通不良。张翔、樊富珉等对清华大学部分大学生所做的调查显示：“沟通障碍”是大学生最为经常的冲突来源。“沟通障碍”在大学生冲突来源中排在首位，因此提高大学生人际交往能力，增强大学生人际适应，要将提高沟通能力作为培养和教育的重点。

要改变沟通不良的现状就必须要采取第三种沟通的态度，主要学习、掌握相应的沟通技巧，提高自己的人际交往技能，促进人际关系向良性方向发展。

二、大学生人际交往的影响因素

1. 基本要素

影响大学生人际交往的因素既有主观因素，又有客观因素。从环境、认知、情感、人格等基本要素方面来说，主要包括以下几个方面：

(1)环境因素。大学生的集体生活环境既为相互交往创造了条件,但也常常成为矛盾冲突的根源。来自不同地区、不同家庭的不同个性、不同习惯的五六个人,住进了同一间宿舍,有时很难彼此适应。为了一点小事如打水、扫地等而发生争执、引发冲突,导致交往受阻的现象并不少见。此外,社会环境也对大学生交往产生了不良影响,社会上那种自私自利、逢人只说三分话、互相利用等风气,也会对大学生的人际交往产生消极影响。

(2)认知因素。交往过程中的认知因素包括对自己的认知、对他人的认知、对交往的认知。过高评价自己会引起自大,导致交往中盛气凌人,或不屑于交往;过低评价自己会引起自卑,羞于和他人相处,导致交往中的畏惧心态。自我评价又会直接影响对他人的评价。以自我为中心的人常常对他人评价偏低,而自卑心过重的人又会错误地过高评价他人,从而造成难以平等交往的局面。对交往本身的认知也会影响交往行为。如果认为交往只是为了满足自己的需要,从而忽视别人的需要,则会引起交往中断。

(3)情感因素。交往过程中的情感因素包括对交往的情绪反应、人与人之间的情感关系及心理距离。情感成分是人际交往中的主要特征,对人的好恶决定着交往者彼此间的行为。大学生感情丰富,心境易变,有时对人对事过于敏感,容易凭一时的好恶改变对一个人的看法,使得人际交往缺乏稳定性,产生各种障碍。此外,交往过程中的情绪反应是否适度,也影响着交往的发展方向。情绪反应过分强烈会给人以轻浮不实之感,过于冷漠则被视为麻木无情。

(4)人格因素。交往过程中的人格因素导致交往障碍是常见的人际交往障碍。所谓人格,就是指人在各种心理过程中经常地、稳定地表现出来的心理特征,包括能力、性格和气质等。人格差异会带来交往中的误解、矛盾与冲突,如"话不投机半句多"就隐喻了这层意思。与性格相投的人相处,往往感到难舍难分;与性格不合的人相处,处处觉得别扭。人格不健全的人,如偏执型人格、表演型人格、强迫型人格等,也是造成人际冲突的常见原因。人格不健全的人常常缺乏自知之明,过分苛求他人,放纵自己,喜怒无常,行为怪异,使人难以相处,这样的人一般人际关系都不好。

2. 具体因素

大学校园里,学生来自五湖四海,他们有着不同的家庭、文化背景,有着多样化的兴趣、爱好,有着不同的交友方式,这些差异是大学生产生知识、志趣等多样互补、互相帮助、互相安慰的基础。可以说,大学校园是一个最好的社交微环境,为大学生人际交往能力的发展提供了很好的条件。但是,也有一些具体因素会影响到大学生人际交往实现的顺利程度,以及人际关系的好坏。

(1)认知错觉。人际交往过程中,大学生对交往对象和交往关系的看法与态度将直接影响到这种互动关系的性质和发展方向。因此,大学生在人际关系方面存在的一系列认知错觉,是造成人际关系不良的首要因素。大学生中常见的认知错觉主要表现为第一印象、晕轮效应、定式效应和刻板印象。

①第一印象。第一印象,是指素不相识的人初次见面时,通过对方的仪表、言谈举止等外部特征提供的信息所迅速形成的印象,也就是常说的"先入为主"。第一印象虽然是认识的起点,但它往往带有明显的表面性和片面性,一旦形成第一印象,就很难改变,影响日后对交往对象进行准确、全面的评价。

②晕轮效应。晕轮效应，又称光环效应，是指人们依据已知的或某局部的特征，推及认识对象未知的其他特征，从而形成一个完整的印象。晕轮效应是一种将信息泛化、扩张的心理效应，是一种以点概面的思维方法，如以貌取人就是晕轮效应的直接表现。

③定式效应。定式效应，是指人们早已形成的对认知对象的心理准备状态，这种心理准备状态让人们沿着一定的倾向性解释后得到的信息，从而使客观知觉带上了主观色彩。“疑邻偷斧”讲的就是定式效应。定式效应有一定的积极作用，它可以使人在对象不变的情况下对事、对人的感知更迅速、更有效；但它也有消极作用，即当条件改变了，固着定式的影响会妨碍知觉的顺利进行，甚至造成扭曲反映。

④刻板印象。刻板印象是一种特殊的心理定式，是指人们对某类事物，特别是对某一类人所形成的比较固定的笼统看法。如认为南方人精明，北方人厚道；搞体育的人四肢发达、头脑简单，等等，都是刻板印象的表现。当刻板印象形成后，在知觉具体角色和个人时，便会比较分析，把某角色的个人归入某一类。群体的刻板印象中去，这样极易产生偏见。

(2)性格障碍。根据社会心理学家的研究，在阻碍人际关系吸引的人格因素中，性格特征是最突出的。影响大学生人际关系的不良性格特征主要有以下几个方面：

①以自我为中心。只关心自己的兴趣和利益，不为他人的处境着想；对他人缺乏责任感；对别人的进步和成绩怀有很强的妒忌心。

②不尊重别人。对他人缺乏同情心，不关心他人的悲欢情绪；总喜欢控制和支配别人，甚至把别人当作自己使唤的工具。

③待人不真诚。虚伪、浮夸，采取一切手段想得到好处，并以此作为与人交往的前提。

④孤僻、不合群，不愿与人交往；对人有偏见，态度冷漠。

⑤过分自卑。缺乏自信心；多疑，对他人的言行过于敏感。

⑥狂妄自大、自命不凡。好高骛远，自我期望值过高，同时又苛求别人。

⑦固执、偏见。不愿意接受他人的规劝，听不进他人的意见，粗鲁、暴躁。

⑧自私。学习成绩好，但不肯帮助别人。

(3)能力缺陷。人际交往能力的欠缺也是影响人际关系的原因之一。缺乏沟通能力或技巧、沟通不畅、沟通失效、语言障碍等都是影响人际交往的重要因素。例如，有的人口齿不清，语言表达不准确，常常词不达意，别人不能确切理解其意或者容易引起误会；也有的人说话的语调使用不当，很少用商量的语调，而习惯用命令式语调，因而引起对方的反感。由于成长环境和个性方面的因素，每个大学生的交往能力是不同的。与性格内向的大学生相比，性格外向的大学生更喜欢主动结识新朋友，具有更多的人际交往的锻炼机会，在不断的实践活动中，他们的交往能力自然会得到更多的训练和提高，而交往能力的提高又会使他们的交往活动更容易成功并从中体验到愉悦和满足，这将进一步强化他们交往的主动性。同样的道理，来自农村的大学生可能比城市里的大学生更容易由于自卑心理和不知道怎样交往而导致人际关系的紧张。因此，人际交往能力的欠缺也是大学生陷入人际关系困境的内在因素。

第三节　大学生人际交往调适方法

一、大学生人际交往的原则

1. 平等原则

平等是交往的基础，是建立良好人际关系的前提。平等本身的含义是广泛的，包含政治、经济、法律等各个方面。交往中的平等，主要是指一种精神和人格上的平等。实际生活中，交往双方在政治、经济、文化、社会地位等方面都是很难完全平等的。也就是说，在现实生活中，交往双方存在很多不平等因素。这些不平等因素往往会给交往带来困难。例如，地位优越者往往轻视地位较低者，带有居高临下和盛气凌人的心理；而地位较低者，难免自卑，有一种不敢高攀的心理，这就使得交往出现障碍。因此，面对一些客观存在的不平等因素，首先要保持心理上、人格上的平等。人格平等意味着一种独立，双方没有人身依附关系，重视他人的人格和价值，承认他人在人际交往中的平等地位；人格平等意味着一种尊重，既尊重自己也尊重别人。尊重能带来良性反馈，“投我以木桃，报之以琼瑶”，温暖了别人的同时也温暖了自己。

2. 互利原则

互利原则是要求人们在交往中，双方都能得到好处和利益。这种好处可以是物质的，也可以是精神的，还可以是物质和精神兼而有之的。互赠礼品，互相安慰，礼尚往来，投桃报李，互利使人际关系得以维持和发展。如果一方只索取不给予，交往就会中断。互利性越高，交往双方关系就越稳定、密切；相反，互利性越低，交往的双方关系就越疏远。

3. 信用原则

信用原则，是指在人际交往中诚实守信，言行一致。我国对交往中的信用原则向来看得很重。如“一言既出，驷马难追”“言必信，行必果”等，都强调了信用的重要性。人们最不能容忍的就是别人对自己的欺骗。没有信用，人际交往就无法深入，人际关系无法维持和发展。有人认为，在现代社会里，守信用是一种愚蠢的行为。其实不然。现代社会的交往更加广泛，更加追求互利性，同时也具有暂时性和片面性。例如，现代社会生活中每天都在频繁地进行各种商品交易会、订货会、展览会、酒会等活动，成千上万本来没有可能交往的人聚集在一起发生交往。这种交往主要不是以感情为基础。那么靠什么维持呢？靠信用。现代社会的人际交往更加依赖信用的作用。

4. 宽容原则

宽容原则要求我们，在交往中要辩证地看待别人，既看到别人的优点，也能容忍别人的缺点。当双方发生矛盾和冲突时，只要不是原则性的大问题，都应抱着豁达大度的心态，“退一步海阔天空”，彼此容忍，这样才能保证交往的正常进行。“金无足赤，人无

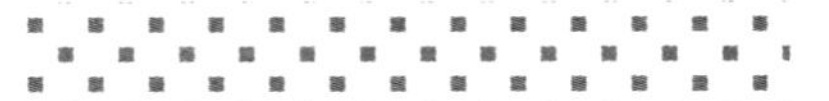

完人。”世界上本没有完美的事物，我们不能对人太过于苛求。宽容不是害怕，不是懦弱，不是窝囊，也不是无能。相反，它是一种豁达，是一种度量，是一种成功交往的必备素质。宽容代表着自信。有的大学生人际关系紧张，根源就在于苛求别人。有一位男大学生因为搞不好宿舍关系而前来咨询。他说：“我们宿舍的同学素质都太差，真倒霉，偏偏是我和他们住在一起。有的太不讲卫生，臭袜子也不洗；有的经常邀请朋友到宿舍聊天；有的老是倒我的开水；有的心胸狭隘，对什么事都斤斤计较。我想换一个寝室，你觉得有没有必要？”如果这位同学不遵循宽容原则，换到任何环境中都会存在交往障碍。

二、大学生人际交往的培养

1. 人际交往基本技巧

人际交往是一种艺术，技巧纯熟，则会挥洒自如，游刃有余；技巧不当，则难免别扭尴尬，关系紧张。经常有大学生称自己不知如何处理人际关系，希望得到指导。“朋友欺骗了我，我该怎么办？”“如何安慰别人？”“我觉得同学都疏远我，有活动也不叫我参加，不知为什么？”“怎么样拒绝别人又不至于得罪于他？”这些问题都涉及交往技巧。

下面介绍其中几个基本的人际交往技巧：

(1)树立良好形象。个人形象的好坏，直接影响着交往的深度和广度。形象是一个综合的概念，它应包含三个层次的含义：外层次指容貌仪表；中层次指言行举止；内层次指知识、能力、个性等内在因素。在人际交往中，理想的自我形象是：容貌仪表富有魅力，谈吐高雅，语言生动风趣，举止得体，知识丰富，能力突出，个性健全完善。有的人拼命指责别人的形象如何不好，却忘了反省一下自己的形象又如何。要交往成功，塑造自身形象是一条最根本的途径。在形象塑造中，要特别注意第一印象。人际交往总是从第一印象开始的，它常常鲜明、强烈，影响深远，在以后的交往中起着心理定式的作用。第一印象主要来源于一个人的外部特征，如仪表、言行举止等。因此，初次交往时，对自己的一举一动都应特别留心，不能不拘小节，言语无忌，衣着过于随便。要知道，恶劣的第一印象往往可能带来交往的终止，良好的第一印象则带来交往的持续和深入。

(2)增强人际吸引力。我们可以运用一些技巧来增强自己的吸引力。例如，创造条件让双方在时空上更为接近，多找机会接触对方。了解对方的兴趣爱好、文化水平、个性特征、社会背景等各方面的信息，寻找彼此相似的因素，多谈论对方感兴趣的事情，对对方的观点、看法给予适当的支持。了解对方的需要和弱点，善于利用自身的优势满足他的需要，弥补他的缺陷。在交往中尽可能地展示自己的知识和能力，让对方感到你是一个知识丰富、聪明能干的人。注意仪表，学会微笑，表情丰富，掌握日常交往的礼仪，举止得体，“站要挺拔，坐要周正，行要从容”。最后，在交往中表现出良好的个性品质，如热情待人、真诚关心别人、豁达大度、情绪稳定而愉快、自信开朗等。如果能从以上几个方面去努力，就会成为一个受人欢迎的人、一个有吸引力的人。

(3)讲究谈话艺术。交谈是人际交往中最常用、最基本的沟通方式，也是影响交往的重要因素。有的人说了一辈子，却一直没有学会说话，听了一辈子，却一直没有学会倾听。我们经常可以听到这样的话：“你太笨了，简直是个榆木脑袋！”“你看起来比较苍老，这件衣服比较适合你。”“哇，你的鞋是耐克牌的，是真的吗？”“我当初瞎了眼，找

了你这个窝囊废！”我们常常可以看到这样的现象：听人说话，面无表情，毫无反应，或漫不经心，目光游移，或随意打断别人。这些都是不讲究谈话艺术的表现。同样的内容，用不同的方式表达，效果大相径庭。如批评别人工作没有做好，如果说“你真没用，这点小事都做不好”，只会引起对方的不快和自卑，影响他以后工作的积极性。如果换种说法，“我想凭你的能力，你可以做得比这好十倍”，则既让对方明白了自己的错误，又激发了他的积极性。交谈技巧多种多样，不一而足。

(4)把握对象特点。技巧是灵活的、相对的，面对不同的交往对象，技巧亦有不同。知己知彼，方能百战不殆。把握交往对象的特点，本身也是人际交往的技巧之一。与一些特殊人的交往，尤其要注意技巧。如与孤僻者交往，要主动热情，耐心细致，运用暗示法，多启发、多诱导，并善于选择话题，找到他们的兴奋点；与急躁者交往，要冷静、宽容、忍让，很多时候可以付之一笑；与狂妄者交往，可以采取请教式，虚心提问，耐心倾听，满足对方的虚荣心，也可以采取震慑式，让对方暴露弱点，使其产生强烈的心理震动，这种震慑往往能促进交往；与残疾人交往，要自然，淡化对方的残疾人意识，不可显得过分小心谨慎，因残疾人往往自卑，要多鼓励赞美对方，让他看到自己的价值。另外，要注意言谈的避讳，不要当面叫别人“瞎子”“聋子”“跛子”等，必要时可以换一种说法，如“你腿不方便，请先走”。总之，交往中把握对象的特殊性，有的放矢，灵活应对，将会给你带来更多的朋友。

2. 人际交往的具体技巧

人际交往的技巧是指在一定知识和经济基础上形成的交往技能，掌握好这个技巧，对处理好人际关系中的问题，搞好人际关系的作用很大。大学生必须学会和掌握好人际交往的技巧，以适应自己的成长和发展。

人际交往的技巧有着丰富的内涵和科学性，不是一朝一夕就可以速成的，也不等同于玩点小聪明、耍滑头等，人际交往技巧表现在交往过程中的方方面面，内容十分丰富，除了以上介绍的基本技巧外，下面介绍一些具体技巧。

(1)委婉含蓄的具体技巧。生活中我们常见到一些“心直口快”的人，他们想到什么就讲什么，结果往往不是造成了误会，就是伤了和气。可见，为了搞好人际关系，既要正直诚实，还要讲究方式方法，其中委婉含蓄就是重要的一种。含蓄、委婉是一种说话的艺术，这种艺术之所以受到人们的欢迎，是因为它顾及了人们的自尊心，这样不会使人尴尬、难堪、下不了台。在人际交往中，怎样才能做到含蓄委婉呢？一般来说，要做到四点：①要顺耳。对于别人的观点，即使不同意，也不要说什么“胡说”“瞎讲”之类刺激性的话，而要说明理由，以理服人。②要亲切。即使讲对方的缺点，也要选择适当的角度；尽量做到良药不苦口，忠言不逆耳。③要文雅。既要说得好听，又要说得不庸俗。④要得体。既不对别人的缺点夸大其词，也不抓住别人话中的漏洞穷追不舍，使对方难堪。要避免公开指责别人的缺点。

(2)交谈对话的具体技巧。交谈对话是最普遍最经常的交往形式，交谈对话的成功不仅取决于说话的内容，而且与交谈的方式方法关系极大。俗话说“一样话，十样说”“一句话让人笑，一句话让人跳”，可见说话方式的重要。当你与别人谈话时，必须始终能意识到双方同时兼有叙述者和聆听者的双重角色，意识到双向性。既要意识到自己的责任不仅是把自己的思想表达清楚，还应考虑怎样谈才能使对方产生兴趣，易于理解,并根据对方的各种反馈信息来调整自己的谈话内容。在交谈中,要注意有一些交谈方式是不受欢迎的,会严重影响交谈的效率。主要包括:①随便打断对方的谈话或抢接对方的话头。②口若悬河,只顾自己一个劲地讲,而不注意对方的反应。③注意力不集中,迫使对方再次重复说过的内容。④像倾泻炮弹似的连续发问,使人穷于应付。⑤在与别人谈话时漫不经心,不感兴趣,表现出不耐烦。⑥言谈空洞,不着边际。⑦不注意语言的分量和连续性,语无伦次,使对方难以接受或不知所云。⑧目光老是从头到脚地打量对方,像审查什么似的,让人感到不自在。⑨喜欢盯着异性看。⑩随便解释某种现象,妄下断语,充作内行。⑪避实就虚,含而不露,使人迷惑不解。⑫短话长说或长话短说,不考虑交谈的时限、主题和氛围。⑬不同对方商量就戛然而止,单方面结束会谈,使人感到没礼貌、不愉快等。

(3)聆听他人谈话的具体技巧。聆听他人谈话对搞好人际关系具有重要的作用。因为聆听本身就是褒奖对方谈话的一种方式,你能耐心倾听对方的谈话,等于告诉对方"你是一个值得我倾听你讲话的人",这在无形之中就能提高对方的自尊心,加深彼此的感情。反之,对方还没有把要对你讲的话讲完你就听不下去了,就容易使对方的自尊心受挫。事实也说明,越是善于倾听他人意见的人,人际关系就越融洽。做好"聆听",就是要注意倾听他人谈话的方式:①耐心聆听。即使有些普通的话题,对你来讲已相当熟悉,可是对方却眉飞色舞,谈兴正浓,此时,出于礼貌,你应保持耐心,不能表现出不耐烦的神色。在听他人说话时,应精神集中,表情专注,不要东张西望,心不在焉;不要看书看报,哈欠连天,更不要修指甲、剔牙、掏鼻孔、挖耳朵等,这类举止不仅是不礼貌的表现,也无异于告诉对方你不想听了。②虚心聆听。切忌得理不让人和不必要的争辩,这样会打乱亲切和谐的交往气氛。③会心聆听。听人谈话,不只是在被动地接受,还应该主动地反馈,这就需要做出会心的呼应。在交谈时,要注意与对方经常交流目光,可时而赞许性地点头,或不时地用"哦""是这样的"等来表示你在注意倾听,以鼓励对方继续讲下去。

3. 人际交往的有效建议

人与人的交往,是思想素质、能力素质和心理素质的整体作用,缺乏任何一方面的素质都会影响人际交往的质量。大学生改善人际关系,提高人际交往的质量,塑造交往形象的途径和内容很多,包括加强道德素养,丰富社交知识,提高心理素质,掌握交往技巧等方面,它们相辅相成、互相促进。在此主要就如何掌握人际交往技巧方面,提出一些建议。

(1)给人以良好的第一印象。一位青年老师第一次讲课讲得很成功,在学生中留下了很好的第一印象,以后即便有时课讲得不够好,同学也会认为这不是能力问题,而是因为其他原因。相反,如果第一次课讲得很糟糕,给学生留下一个不称职的第一印象,那么以后即便他的课讲得再好,也只会被认为是碰巧而已。这说明第一印象在初次交往中确实有着强烈的定向作用。

既然第一印象有如此强烈的定向作用,那我们在与人交往时,应该怎样表现才能使自己给别人留下良好的第一印象呢?

①最初交往的SOLER技术。SOLER是词首字母拼写起来的一个专业术语。在这里,S代表"要面对别人";O代表"姿势要自然开放";L代表身体"微微前倾";E代表"目

光接触”;R表示“放松”。如果我们有意识地在社会交往中运用SOLER技术,并改变自身一些不适当的自我表现,可以有效地增加别人对我们的好感,增加别人对我们的接纳程度,并留下良好的第一印象。

②卡耐基自我表现术。美国著名心理学家卡耐基在其早期撰写的《怎样赢得朋友,怎样影响别人》一书中,在自己大量成功实践经验的基础上,总结出了给人留下良好第一印象的六条途径:

- 真诚地对别人感兴趣。
- 微笑。
- 多提别人的名字。
- 做一个耐心的听者,鼓励别人谈自己。
- 谈符合别人兴趣的话题。
- 以真诚的方式让别人感到他很重要。

卡耐基用这些具体的成功交往技术,帮助了许多人成功地改善了人际关系,并使他们获得了成功。

(2)积极主动与人交往。心理学家研究发现,在人际交往过程中,许多人不是主动开展交往活动,主动去接纳别人,而是被动地等待别人的接纳。现实生活中,我们也发现,许多同学之所以缺乏成功的交往或出现交往困难,在很多情况下,是因为他们在交往中总是采取消极被动的退缩方式,时时扮演的是交往的响应者角色。根据人际交往的互动性特征,如果我们要与别人建立良好的人际关系,就必须主动与人交往,这是获得人际交往成功的重要技巧。怎样积极主动与人交往呢?

- 经常与老师和同学保持联系,如写信、打电话、送贺年卡等。
- 在与要交往的陌生人初次见面时,主动介绍自己。
- 遇到熟人时,主动先打招呼。
- 努力记住对方的名字,使对方产生被你注意和尊重的感觉。
- 与人交谈时,耐心倾听,并表现出应有的热情与兴趣,使对方觉得你是一个认真的听众。
- 适当向对方开放自己,主动告诉对方一些有关自己的兴趣爱好、长处、短处等。
- 保持乐观、开朗,表现出青春活力和旺盛的精力,给对方积极乐观的感受。

(3)在共情中与人交往。从本质上来说,人际关系就是人与人之间情感上的联系,人际交往总是伴随着情感体验和情感沟通。共情作为沟通人与人之间情感的纽带,就是指在交往中,双方能站在对方的立场上,设身处地地体验对方内心的真实情感。共情能使对方在交往行为上更具有合理性。因此,具有共情能力的人容易和他人建立和谐的人际关系,即使在和他人发生矛盾时,也能心平气和地以建设性方式处理问题。

共情既是一种态度,也是一种能力。作为态度,它表现为对他人的关切、接受、理解、珍重;作为一种能力,它表现为能充分理解别人的心事,并把这种理解以关切、温爱和尊重的方式表达出来。共情不论是作为态度还是能力,都可以通过训练加以提高。具体可从以下几个方面进行共情能力训练:

①对他人情绪反应的敏感度训练。包括:

- 做情绪描述语词汇替换练习。例如,“烦恼”可用不快、郁闷、心烦、苦恼等词语来替换;“高兴”可用快乐、欣喜、愉悦、兴高采烈等词语来替换。

• 通过电影、小说、诗词等的观赏与分析来体验人类情感。

②对他人情感反应的理解度训练。包括:

• 通过观察非言语信息,如面部表情、目光、站坐姿势、人际空间、语气、语速、语调等增加对他人情感的理解。

• 用换位思考法提高对他人的情绪和情感的理解。

③表达共情的句式训练。如表达对人情感的理解,可用句式“你感觉……”;表达对人意图的理解,可用句式“你想说的是……”;表达对人情感与意图的尊重,可用句式“我知道这对你很重要……”;表达对对方的关心,可用句式“你需要我为你做些什么呢”。

④记住并叫出对方的名字。记住别人的名字,并把它叫出来,是一种有效的交往技巧。一个人的名字,对他来说,是语言中一种非常甜蜜、重要的声音。每个人都将自己的名字看得异常重要。在很多交往场合,从记住并叫出对方的名字着手,常常能产生奇效。在大学师生交往中,老师运用这种技巧,容易使老师在学生心中产生较大的亲和力。老师能叫出学生名字,学生一定会认为老师重视他,他在教师心目中具有一席之地,同时,学生也会对老师产生好感。记住对方的名字实际上是对对方的尊重,也是对他人的一种有效的赞美方法。在与同学的交往中,如果你想得到其他同学的喜欢和好感,记住对方的名字并能在偶然场合里叫出他的名字,这对促进你们之间的交往是很有效的。

⑤给人以赞美。美国心理学家威廉·詹姆士指出:“渴望被人赏识是人最基本的天性。”回忆自己成长的经历,你有没有热切地渴望过师长的赞美?既然渴望赞美是人的一种天性,我们在人际交往中最好的顺应技巧就是多赞美别人。在现实生活中,由于有相当多的人不习惯于赞美别人,或得不到他人的赞美,导致我们的人际氛围缺乏许多良好的愉快情绪体验。

作为一种有效的交际技巧,在交往中,如何对别人进行赞美呢?赞美别人应注意以下技巧:

• 要真诚。赞美要取得效力,首先要让别人觉得你的赞美是真诚的,是发自内心的。如果嘴上在赞美对方,内心却又显示出不情愿,这样的赞美自然会适得其反。

• 要真实。所谓真实就是要恰如其分。面对一位相貌平平的女同学,假如你要向她表示赞美,与其说她美如西施,不如肯定她的心地善良、性情温柔更有效。

• 要具体。当我们想赞美或欣赏一个同学时,笼统说“我真的很喜欢你”,不如说“我喜欢你为人真诚,这使我和你相处时感觉轻松”的效果好。

• 要独具慧眼。赞美别人不宜人云亦云。在别人习以为常的赞美上,多加重复,其效果不如挖掘对方不为人显知的优点加以赞美的效果好。正如法国大文豪巴尔扎克所说:“第一个形容女人为花的人,是聪明人;第二个这样形容的人,就一般了;第三个再将女人比喻为花,纯粹是笨蛋。”因此,我们在赞美别人时,应发觉别人不显眼的优点并加以赞美。

• 要表达自己的感受。真诚的赞美,不仅使得对方感受到愉悦,也应是发自内心的感受。因此,在赞美别人时,还要善于表明自己的感受。例如,当对一个很正直、为人真诚的人进行赞美时,你可以说:“我喜欢你为人真诚,这使我和你在一起时感到很愉

快和自在。”

⑥给人以微笑。微笑是一种最简单、最直接表示对他人友好的方式。微笑本身就是人际交往成功的一大秘诀，为此，有人把微笑称为人际交往的魔力开关。面对他人，只要你轻轻一展笑颜，就胜过万语千言。例如，请人帮忙时，带着微笑，别人不易拒绝你的请求；感谢别人时面带微笑，别人会加倍领受你的感激之情；紧张焦虑时，微笑可缓解你的烦恼；开心快乐时，微笑令你更加愉快。在人际交往中，真诚的微笑、灿烂的微笑、动人的微笑都会令你魅力倍增。

⑦用“心”与人交往。心理研究表明，积极健康的人际氛围是影响人际关系的重要条件。积极的人际氛围是靠大家在交往中共同努力，逐渐培育出来的。其中，积极投入、用心交往是一种积极有效的途径和方法。如带着真心、诚心、善心、爱心、平常心、宽容心等积极心态去与人交往，将有助于营造融洽、宽松的人际环境，有助于缩短人与人之间的距离，增进相互间的交流。

人际相处是人一生的探究，人际交往技巧也不是万能不变的。任何一种交往技巧都需要交往者在实践中运用并在实践中不断改善与提高。

三、如何处理人际冲突

1. 处理人际冲突的方法

大多数人不喜欢与人发生冲突，因为他们习惯性地把冲突与消极的想法联系在一起，而忽视冲突对于关系的正面作用，不能很好地区分冲突以及人们对冲突的反应。其实，冲突本身不是问题，问题是你是怎么去看待冲突的。

健康的冲突能够促进人与人之间的理解，它允许你脆弱，允许你表达真实的想法和感受。这可能会使你与他人的关系更加紧密，因为你们能够深入地互相理解彼此。

冲突能让别人知道你的底线、明确你的道德观和信仰。如此一来他们知道你会坚持什么，会向什么妥协。

当你与你的同事、家人、朋友甚至你的伴侣发生冲突时，你是不是经常与他们发生口舌之争？有时绕开一个争议是必要的，但如果在面对一个可能的冲突时一直采用沉默的方式来逃避，那就是一个问题了。

沉默可能会被对方理解为认同，而这有可能不是你的真实想法。渐渐地，你可能会开始对自己的生活不满。如果你认为自己是通过逃避冲突来让关系更加紧密，那么你错了。研究表明，在亲密关系中积极情绪的增加依赖于亲密关系而不是减少冲突。

所以冲突产生时，可以考虑使用以下方法来处理：

(1)明确是否有冲突需要解决。不是所有的事情都将成为一个冲突。放开一些事情有时是有意义的。分析沉默的后果，从而决定是否需要说出自己的想法。

(2)明确讨论冲突的时机和地点是否恰当。如果你正与你的客户进行商务聚餐或者与姻亲以及你的伴侣一起外出，那么最好是等到只有你和当事人双方的时候再解决。因为私人场合的讨论效果往往更好。

(3)倾听是首要的。在表达自己的观点之前，明确别人的观点是很重要的。在倾听过程中积极回应并反思，通过询问来确保自己理解对方的观点。比如，“你是说我下班后和同事待在外面让你感到自己被忽视吗?”如果你没有做到倾听，这样你可能会误解

别人所说的话或压根没有意识到你们之间存在冲突。

(4)明确地表达你的立场。明确你的想法。不要一概而论,不要旧事重提,同能够完全懂你立场的人诉说。同时最好使用第一人称陈述,而不是第二人称。比如陈述“当我要自己做饭时,我有点不知所措”要比“我讨厌你从来不做饭”好。

(5)采用头脑风暴法提出可行方案。考虑解决冲突的所有可行的解决方案。不要浪费时间停留在冲突上。准备提出你已考虑的解决方案,同时也建议别人提出他们的解决方案。

(6)必要时,乐意妥协。接受有时你不会得到你想要的这一事实。这样的话,你们都会很满足这一决议。但是不要为了妥协而牺牲你的道德和正直。

(7)确定一种解决方案,必要的话再次确认。一旦确定了,就接受这一解决方案。冲突得到解决后,继续提出这个冲突是没有意义的。但是如果你觉得这个方案对你已经没有用处了,可以找对方说一下你的想法。但不要纠结于自己是否应该把它提出来。

记住,人与人之间不可能没有冲突。我们每个人因为想法、信仰的不同而不同,因此冲突注定会发生。在一段关系中,隐藏自己的想法和信念可以逃避冲突,但这既不健康,也不可持续。不要忘了冲突可以增进人与人之间的关系,让关系更加亲密。所以把以上技巧记在心里,以防出现冲突时手足无措。

2. 处理人际冲突的步骤

每一种人际关系都会经历摩擦和矛盾,有的是开玩笑式的,有的是很讨厌的,也有一些关系总是存在着永无休止似乎难以解开的矛盾。

如果你想结束这种矛盾的恶性循环,参考以下这九步,它会将和谐带回你的人际交往中。要注意,这九步不仅可以用在你的父母和女友身上,在你的工作中也同样适用。

(1)冷静一段时间。如果你发现自己正处于激烈的争论中,此时你该做的是离开一段时间冷静一下。散散步或者找一个头脑清醒的朋友谈谈心,以让自己的头脑冷静下来。如果你只是需要休息一下,那就打个小盹儿或者发会儿呆。

在离开之前深呼吸一下,并且告诉对方你稍后再和他讨论这个话题,你离开的原因是为了回来后可以更好地和他一起将问题解决。

(2)互相尊重。不管处于什么位置,始终要记得别人的好处。将他们的缺点压在心底,将你希望得到的尊重无条件地施予他人。即使很生气也尽量表现和蔼,也许这样做会让你由嘶喊转为哭泣,但你会发现自己越来越接近问题的根源。当你找到问题发生的根源时才会开始解决问题。

(3)先从自己身上找原因。先问问自己在争论中该负的责任。你是怎样成为这场争论的“帮凶”的?你能为平息这场争论做些什么?我道歉吗?知道怎么道歉吗?以下是三步道歉法:

- 对不起。
- 都是我的错。
- 我能做些什么来弥补我的错误?

从你的观点来看,这场争论究竟是因为什么?别人会认为这场争论是因为什么呢?你们有没有一些共同的观点呢?这也可以用来作为解决争论的简单而有效的方法。

(4)必要和需要。明确自己需要什么。然后问自己“什么是我真正必需的?”追求自

己必需的，至于需要的东西可以灵活取舍。必需的是指没有就难以生存的，而需要的大多数是指个人偏好的东西。在人际交往中你可能不会拥有所有你需要的东西，但是却很可能得到你必需的一切。如果你没有得到你所必需的，那么这段关系就需要重新考虑一下了。

(5)同情和换位思考。站在别人的角度考虑一下他人的感受。坦白地说，他们可能掩藏在愤怒背后的是怎样的恐惧？从他人的角度考虑他们的目的是什么呢？

(6)智慧和力量。他最好的品质是什么？他拥有怎样的智慧？你可以从对方身上学到些什么呢？每个人都有他所擅长的方面，你可以将话题转向他所擅长的，以此帮助你们解决矛盾和争论。

(7)愉快好过正确。如果放任矛盾发展下去会对一段关系造成极大的伤害。让我们整体回顾一下：你真正想要的是什么？你的目的是什么？在生命的最后你会怎样看待这场争论？你希望当时的自己是怎么做的？你是怎样从这场争论中挣脱出来回归到明亮宁静的生活中去的？

(8)互相关心。你想给父母什么样的好东西呢？你是怎样帮他们得到他们更想要的，就像积极地获得自己想要的东西一样？

(9)共度好时光。我们经常和家人或朋友发生点矛盾却很少能找得到时间和他们分享快乐。所以，当一场紧张的矛盾解决或者至少暂时解决时，采取点行动，这会让你长久受益。有计划并定期地和家人共度快乐时光。每周一次是个不错的安排。将这段时间定为“只许娱乐”时间，不许讨论严肃的话题，只是消遣、享受！

3. 如何避免发生人际冲突

每个人都希望生活能充满阳光，都希望友谊能天长地久，都希望人情能温馨美好，但生活总是现实的，人与人之间的冲突是在所难免的，我们总会发现曾经多么亲密的朋友、多么幸福的伴侣最终却分道扬镳、形同陌人。如何才能避免人际冲突的发生及人际关系的破裂，是困扰着每一个大学生的现实问题。

某心理学家发现，认清人际冲突或分歧的本质，并学会建设性地处理分歧或冲突，可以有效地减少人际关系恶化和破裂的发生。

首先，我们必须懂得，由于每个人有其不同于任何其他人的经历，有自己独特的情感、理解和利益背景，因此，人与人之间出现不一致或冲突是不可避免的。无论什么样的关系，也无论交往的双方关系有多么深刻、情感有多么融洽，都可能出现冲突。因此，我们在同任何人交往的过程中，都应对可能出现的冲突有所准备。

预计冲突是正确了解冲突，并建设性地处理冲突，避免在冲突中付出不必要的更大代价的最有效途径。一般情况下，如果一个人在毫无准备的情况下被直接卷入冲突，那么在整个冲突过程中仍然保持冷静的理性是十分困难的。人是情绪化的动物，在人过于激动的时候，思维会受到明显的干扰，很难保持对事情的正确判断，在激情之中做出对人际关系有害乃至犯罪行为的事是经常性的。

在实际生活中，更多的人际冲突都是可以避免的。学会用移情的方式去体验别人为什么会像他所想的那样言行，可以有效地帮助我们正确理解别人，避免判断的错误，也可以防止发生不恰当的体验和行为。

在人际交往中，掌握好交往的尺度，采取积极措施进行人际关系的维护也是非常重

要的。

第一，尽量避免争论。人与人之间的争论是很正常的事，但是争论往往都以不愉快的结果而结束。事实证明，无论谁赢谁输都会很不舒服。赢者当时可能会获得一种心理满足，但很快会被人际关系恶化的阴影所笼罩，一时的满足心理会变得烟消云散。输者的心理挫折感更加强烈，往往会演化为人身攻击，对于人际关系是非常有害的，争论的结果往往是两败俱伤。

第二，不要直接批评、责怪和抱怨别人。直接批评、责怪和抱怨别人会使他人的自尊心和自我价值感受损，尤其是一时面子上感到难堪。有时候只要稍稍改变一些方法，变直接批评、责怪和抱怨为间接的暗示和提醒，效果会好得多，这就是所谓的“坏话好说”的艺术。

第三，勇于承认自己的错误。勇于承认错误是人际关系的润滑剂。当人际关系产生障碍的时候，承认自己的错误是明智之举。虽然承认自己的错误是一种自我否定，但是，承认错误会使自己产生道德感的满足；另外，承认自己的错误是责任感的表现，对他人也具有心理感召力，在此情境中的人际僵局会因此被打破。

第四，学会批评。不到不得已时，决不要自作聪明地批评别人。但是，有时批评是不可避免的。这时学会批评的艺术是维护人际关系的重要策略。卡耐基总结的批评的艺术是很值得借鉴的：批评从称赞和诚挚感谢入手；批评前先提到自己的错误；用暗示的方式提醒他人注意自己的错误；领导者应以启发而不是命令来提醒别人的错误；给别人保留面子。

习　题

(1)根据人际交往的原则，我们在与同学的交往中应注意什么问题？

(2)在人际交往过程中，你有没有与人发生过误会或被别人误会过？若有，试用人际交往心理效应分析。

(3)生活中你遇见过很多人，有些人对你有吸引力，而有些人则不然，为什么？

(4)联系自身实际，分析自己在人际交往方面的成功与不足，并对自己的不足提出实践练习计划。

第七章

大学生的恋爱心理

案例导读

李某和吴某是同所大学又是同班的学生，刚开始，在班上寥寥无几的几个男生中，吴某也就是看李某比较顺眼，因此关注他也就相对多点。后来知道李某喜欢班上另一个女生，吴某对此虽然不是很开心但也并没有很大的感觉。只是从心里打消了那蠢蠢欲动的念头。可是后来事情不知道怎么发展了，李某和那女生并没有成功，而吴某心里也并没有任何想法。渐渐地到了大二，两人接触渐渐多了点，又加上两边朋友的一些添油加醋，两人互相喜欢的事实就这么被爆料了出来！于是本来双方可能都没想过恋爱这个问题，现在就这样被拉到了一起谈起了恋爱。本来两人相处得也很好，似乎并没有什么问题。直到因为另一个男生的出现，他是吴某在认识李某之前出现的，因为各方面条件的限制，吴某从没想过和他会有可能。可是现实就是这样，就这样发生了。他为她痛，他没想到吴某这么快就有了男朋友，吴某也痛，这是怎样的缘分，怎样的纠结？一切来的是那么偶然，那么不经意，那些天吴某一直处于矛盾纠结之中。她不知道她的心里到底是爱着谁，两个男生都有感情，谁也放不下。她把事实告诉了李某，她第一次感觉到李某是这么爱她，他哭了，哭得那么伤心……可是那个男生呢，他在远方，他的难受她看不到，她不知所措了，最后中间经历两次选择，她果断地选择了那个身在远方的男生。而对李某，这样的打击使他受不了，他一直苦苦哀求她能回到他身边，可是吴某这次真的想跟着自己的心走，不想听任何人的意见，她感觉自己懂了什么是爱而什么是喜欢，可李某却是说她让他懂得了什么是爱，他一直不肯放手，接受不了这个事实，那段时间弄得两人都一直没心思学习，浪费了好多时间，就这样持续了好久，终于他回来了，说要等她回心转意，可是不久觉得无望又受身边朋友的影响取消了这份等待。而这过程中又发生了一些事，因为李某的冲动，不成熟地做出了一些过激的事，开始恨吴某，说了好多好狠的话。说自己看错了人，曾经的爱已不在……环境依旧，人心已变！

上面案例中的爱情存在以下问题：首先，吴某和李某的交往是仓促的，甚至于有点盲目。两人在大学里相处并不多，可以说交往时双方都并不是互相了解的，只是各自看到各自好的方面而相互喜欢。而在这种基础上产生的爱情是很容易出问题的。这可能是恋爱过程快餐化的一种表现。这在大学里也是很常见的，因为大多数人都会说大学的恋爱是很浪漫很温馨的，上大学不谈恋爱实在是一种遗憾。因此大多数人到了大学，便会想要这样一种尝试。大学生的心理和生理都已经成熟。这使得在校大学生有了接

近异性的冲动，其实对异性产生好感很正常，所以在不经意间两人也便开始了一段恋情，这很容易开始可能也就很容易结束。其次，目前大学生中滥情现象较多。案例中的李某、吴某皆是如此，李某一开始喜欢一女生，由于没成功转而又喜欢吴某，而吴某后来也是同时喜欢着两个男生。从这个案例中可以看出来大学生里这种现象是很多的，这也是大多数人分不清喜欢与爱的区别，由于大学生的心理还不是很成熟，没能真正地理解爱的真谛，一个人可以喜欢很多人但是却只能爱一个人。而在当代大学生中，事实有时却不是这样，所以总会出现三角恋情，又甚至于出现更多的人纠缠在一段恋情中的情况，导致大学生中经常会有为了爱情而发生很多过激的事情。年轻时的恋爱都是只看重对方的外表以及对对方的基本认识。由此会引发很多问题，两个人只因表面的互相爱慕而走到一起，没有深入的了解，也没有是否适合的判断。再次，爱情的非理性观念。认为失恋是人生重大的失败，爱情是靠努力可以争取到，即付出总有回报。失恋引起的主要情绪反应是痛苦和烦恼。大多数失恋者能正确对待和处理好这种恋爱受挫现象，愉快地走向新生活。然而，也有一些失恋者不能及时排解这种强烈的情绪，导致心理推移，性格反常。案例中的李某也是因为受不了失恋的打击竟然离校出走，这在当代大学生中是很常见的，由于失恋而对学习生活失去信心，而也有些不愿放手而对对方做出一些过激的行为也是常有的，这更是一种自私的占有的想法，大学生的社会心理并没完全成熟，他们的社会责任感、道德观念、恋爱态度以及他们对恋爱与学习关系的处理等都是不成熟的。

第一节　当爱情来敲门

一、爱情的内涵

爱情，这个人类古老而又新鲜的话题，仿佛是一个人类永远都无法揭开的谜。说到爱情，几乎每一个人都有自己的看法，它是人类最高级的一种情感。谈到爱情，自然延伸到男人、女人、婚姻三个方面。一半是海水，一半是火焰，水与火的缠绵是爱情神话的起源。上帝创造了亚当和夏娃，他们生活在美丽而又浪漫的伊甸园里，然而，野果的诱惑和蛇的呼唤，似乎注定了今天的男人和女人在追寻爱情这朵玫瑰的芬芳的同时承受着被刺的痛苦。

如果把爱情看做一枚硬币，则一面是男人，另一面是女人。他们很复杂，谁也离不开谁，而且谁都不是能够一眼看穿对方。爱情的定义是时代的产物，而今天这个时代，社会将爱情视为婚姻的基础。在原始社会，所谓的婚姻关系只是一种生存所需要的“家庭”单位，此时“爱情”也就无足轻重。原始社会的语言中也没有“爱情”这个词，结伙同行生儿育女通常比独居更有利于生存。公元前5世纪，哲学家柏拉图论述了爱情是人类最高的美，包括精神、智慧和性。但他指出婚姻与爱情无关，只为繁殖后代。中世纪后的欧洲，贵族社会里逐渐产生一种热情、理想上不能实现的、对婚姻之外的爱的追求。当时的婚姻仍然为政治和经济的目的所安排。到了随后的几个世纪里，追逐爱的理想由上层社会散布到中下层社会。此时一些平民不愿意其爱情因私通而被报复，从而逐渐发展到从对爱的追求到结婚的誓言。这时人们就开始期盼爱情不仅产生在追求和热恋的阶段，还能延续到婚姻里。人们开始相信由爱情导致的婚姻更为实际合理。

苏利文指出："当另一个异性的满足和安全变得和自己的满足和安全一样重要时，爱情就存在了。"而弗鲁姆说："成熟的爱是保全个体的个性、整体性的结合，相爱双方融合为一体，但仍为二体。"综合各方面因素，现代社会条件下爱情的定义包括：是在男女之间产生的；是在个体心理达到相对成熟时产生的；个体在生理上被唤醒，包括性欲和性感；是一种对异性产生的具有浪漫色彩的高级感情，其中包括认知成分。爱情是人类各种感情中最复杂、最微妙、多矛盾的统一。男性重行动，女性重感情；男性习惯抽象观念，女性习惯感性直觉。其实男人、女人各自"尺有所短，寸有所长"。男人有其可歌可泣的优点，同时也有可鄙可耻的劣根；女人有可爱可亲的长处，同时也有可气可恼的顽习。也正因为如此才演绎出版本各异的现代爱情。

而当我们在现实生活中听到"我爱你"的时候，这三个字所表达的含义可能完全不同，因为每个人对于爱情的理解都不相同，那么爱情到底是什么呢？心理学家曾经指出，广义的爱情是指存在于各种亲近关系中的爱，意味着人际关系中的接近、悦纳、共存的需要以及持续和深刻的同情、共鸣的亲密感情。狭义的爱情是指心理成熟到一定程度的异性个体之间的强烈的人际吸引。

爱情既不是唯心主义，也不是唯物主义，但对爱情的态度既有唯心主义，又有唯物主义。爱情是一对男女在某些环境条件下的相互爱慕，爱情是情爱（心理）、关爱（伦理）和性爱（生理）的统一体，男女之间仅有关爱的是友情；仅有性爱的是色情；仅有情爱的爱情是片面的、不深刻的。唯有三者合一，才可以称为爱情。

"唯精神论"认为，爱情是单纯的，与性爱是无关的，是男女在精神上的相互依恋，爱者的情感完全融入被爱者的关怀中，认为精神之爱是高级的，肉体之爱是低俗的。

"唯性欲论"认为，性爱是爱情的本质，也是产生爱情的唯一根源，爱情的目的是为了满足性欲，认为性爱是爱情的全部。

什么是爱情？总的来说，爱是互相平等、互相尊重、互相帮助、互相关心、互相信任、互相给予、互相理解、互相包容……爱是一种不求回报的付出、一种品质、一种力量、一种永恒的坚持、一种境界，爱是一种责任与担当。

通常恋爱中的人会有以下几种情况发生：①爱情大电波放送。恋爱中的人，注视对方的眼神，总是特别温柔与频繁，眼中释放的电力和他的热情程度呈现正比。②浓情蜜意。每当靠近对方时，恋爱中的人总是忍不住想在对方身上磨蹭，恨不能"你中有我，我中有你"。此外，两人单独相处的时间无形中增多。③越来越注意自己的外在形象。为了保持自己在对方心中的形象，恋爱中的人特别喜欢装扮自己，希望能增加自己在对方心中的魅力值。④共同点的增加。为了能和对方有共同的兴趣和话题，恋爱中的人对情人爱好的接受程度非常高，以此来拉近彼此的心理距离。⑤嫉妒心的产生。"情人眼里容不下一粒沙"，如果对方和异性有过度的接触，或者有异性在他/她身边，非常容易引起恋人的嫉妒。

张爱玲曾经写过："于千万人之中遇见你所遇见的人，于千万年之中，时间的无涯的荒野里，没有早一步，也没有晚一步，刚巧赶上了，那也没有别的话可说，唯有轻轻地问一声：'哦，你也在这里吗？'"或许这就是爱情最美的样子。

二、爱情的类型

哈特菲尔德将爱情区分为同伴式的爱情和激情式的爱情。同伴式的爱情被界定为我们指向他人的亲切和关爱的情感，不带有生理唤醒和激情。人们可以在非性关系，如亲密的友谊中体验到这种爱，那些不再有狂热和激情的情侣在共享他们的亲密关系时也会体验到这种爱。激情式的爱情是指爱侣的强烈渴望，伴随着生理唤醒的冲动，当所爱之人出现时我们会产生心悸、气短、紧张等躯体反应。

加拿大的社会学家李(J. Lee)根据人们在爱情中的不同行为表现，区分出六种不同的爱情类型：

(1)浪漫式爱情：爱是强烈的情绪体验，一见钟情是这种爱的典型，外表吸引力是关键。拥有浪漫式爱情的人可能会同意下面的话："我和她(他)之间有那种奇妙的生物化学反应。"

(2)占有式爱情：对爱人有一份狂爱，容易紧张、妒忌，完全被对方迷住。他(她)完全依赖于自己的伴侣，所以害怕被拒绝。他们可能会同意下面的话："如果爱人不注意我的话，那么我会感到整个人没有活力。"

(3)最好朋友式爱情：爱情从友谊、共同爱好及逐步自我暴露慢慢成长起来的令人愉悦的亲密关系。他们可能认为："我最满意的爱情关系是从友谊中发展出来的。"

(4)实用式爱情：彼此都感到合适，并能满足对方的基本需求，追求满足而非刺激。他们认为："选择伴侣时可以考察对方如何看待自己的事业。"

(5)利他式爱情：无条件地为对方付出。"如果我不把伴侣的幸福放在我自己的幸福之前考虑，我不会快活。"

(6)游戏式爱情：这种人对待爱情就像打游戏或者下棋一样，享受游戏过程并热衷于取胜。他们可能会认同"我喜欢与不同的人玩爱情游戏"。

美国心理学家斯腾尔伯格认为爱情包括亲密、激情和承诺。这就是著名的爱情三角形理论(图7-1)，根据这三个成分在爱情中所占的不同比例，区分出七种不同的爱情形式。

第一种是喜欢，只有亲密感，比如友谊关系。

第二种是迷恋的爱。主要是激情，缺乏亲密感和承诺，在情窦初开的少男少女中经常见到这种类型的爱情。

第三种是空洞的爱。以承诺为主，缺乏亲密感和激情，古代的媒妁之言订立而成的婚约大多都是这种类型的爱情。

第四种是浪漫的爱。以激情和亲密为主，但没有承诺。比如热恋中的情侣彼此在身体上和情感上互相吸引。

第五种是伴侣式的爱。双方之间有亲密感和承诺，但是缺乏激情。比如激情过后进入到婚姻里的爱情。

第六种是愚昧的爱。有激情和承诺，没有亲密感。这种爱情往往来得快去得急，激情过后爱情极速衰退。

第七种是完美的爱。激情、亲密、承诺三个因素都具备，但这种爱一般人往往很难达到。

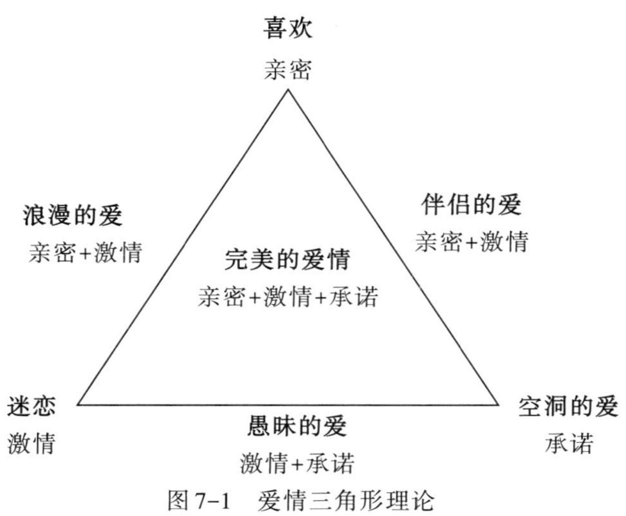

图 7-1　爱情三角形理论

三、爱与喜欢

最早对爱情进行科学研究的是心理学家鲁宾，他曾经系统地对爱情与喜欢进行描述。在大学生恋爱的基础上确定了爱情的三个主题：依恋、关怀与奉献、信任。他指出，判断一个人是否恋爱，信任是最不重要的因素，而在评定友情时，信任则是最重要的因素。

目前比较统一的观点认为，爱情与喜欢有四点明显区别：第一，爱情有较多的幻想，而喜欢则不是，它是由对他人的现实评价唤起的；第二，喜欢属于一种平稳、安静的单纯的情感体验，而爱情比较狂热、激烈而且与许多相互冲突的情绪有联系；第三，爱情往往与性欲有关，喜欢则不是；第四，爱情具有独占性和排他性，喜欢则没有这么明显的主权意识。

虽然爱情与喜欢有以上不同，但两者之间又是紧密联系的。喜欢是爱情的基础，爱情是喜欢的升华，在恋爱中对彼此的喜欢程度会直接影响是否进入到下一阶段的爱情中。

四、爱情与友谊

处在青春期的大学生有强烈的与异性交往的需求，男女之间的正常交往可以满足彼此的心理需要，也是取长补短、丰富生活、陶冶情操、完善人格的重要渠道。值得注意的是，青春期的大学生在异性交往过程中常常不能区分爱情与友谊，使得一部分大学生误把正常的男女交往当做爱情。具体说来，爱情与友谊还是有以下几点区别：

首先，表现形式不同。友谊的表现形式一般较为平缓、沉静、坦诚，是人际交往过程中的常见情感；而爱情的表现方式则更狂热、亲密、跌宕起伏，是彼此以婚姻为目的建立起来的一种持续、稳定、专一的相互吸引。

其次，承担的责任与义务不同。友谊承担的只是社会道德责任与义务，能使人获得社会认同感与归属感，而爱情更多地需要承担社会和法律的双重道德与责任。

再次，产生的对象不同。爱情具有排他性，有明确的个体性。在茫茫人海中只有一

对男女产生相互吸引，产生爱情，而友谊则可以与各种背景、层次、年龄的人群同时建立。

最后，主观感受强弱程度不同。面对朋友还是爱人，和主观情绪感受直接相关。比如，你的朋友住院了，你会经常看望他（她）、关心他（她），但是如果你爱着他（她），这种担心和感同身受的病痛，会让你睡不着觉，工作和学习都无法集中注意力，只想时刻陪伴在他（她）身边，给予他（她）最周全的照顾。

第二节　大学生恋爱心理特征与存在问题

一、大学生恋爱现状

1. 恋爱比例大，公开且主动性强

有调查显示，在一些高校中，大学生恋爱比例竟在80%以上，可见在大学期间恋爱现象非常普遍，甚至被视为正常现象。一些新生在入学之初，便得到老生的面授技艺：恋爱是大学的必修课，在大学里没谈过恋爱就不算是一个合格的大学生。在这种思想的影响下，很多大学生义无反顾地投身于恋爱的洪流中去。在恋爱中，一些同学也抛开了应有的矜持与含蓄，表现得越发投入与大胆，在教室、食堂、操场等公众场合旁若无人，其表现令人生厌。他们自己竟美其名曰：爱就爱得轰轰烈烈。这种表现在师生中间产生了不良的影响，破坏了大学生的良好形象。2005年颁布的中华人民共和国教育部令（第21号）《普通高等学校学生管理规定》中取消了“在校期间擅自结婚而未办理退学手续的学生，做退学处理”的规定。另外，新《婚姻法》中也将结婚年龄提前到男性不得早于22岁，女性不得早于20岁，因此大学生达到法定年龄便可以结婚，这使得大学恋爱更加“合法化”。

2. 大学生恋爱动机呈现多元化趋势

受所在群体影响或者从众心理起作用，一部分大学生将恋爱视为感情体验的捷径，行乐思想比较严重；另一部分大学生由于大学生活空虚无聊而谈恋爱来打发时间，甚至一部分大学生仅仅因为好奇而想去尝试一场“爱情游戏”。这些动机在大学生群体中屡见不鲜。基于此种现象，有人将大学生恋爱类型做以下几种类型划分：

第一种，心理成熟，情投意合型。有很多大学情侣都是从高中甚至初中一路携手走来，随着双方心理、身体各方面急速发育，双方的情感也逐渐成熟。尤其高中升入大学，没有家长老师的随时随地监督，没有升学考试压力，面对自己喜欢的人，热烈地给予对方承诺与誓言，经常成双成对，以对方恋爱的身份出席各种场合，甚至在校外同居，认为这就是最幸福的样子。但这样的恋爱大多不会长久，随着大学毕业，由于工作、家庭等一系列原因，最终分道扬镳。

第二种，功利型。这种类型的恋爱，大多是奔着赤裸裸的目的而去。尤其以部分女大学生为主，为了自己的物质欲望，选择对方的家世、门第、财富、职业、能力、社会地

位、社会资源等优势作为恋爱前提，她们考虑的是在校期间可以徒手得到较好的物质生活，获得周围同龄人的羡慕和赞美。

第三种，临时搭档型。部分大学生在进入大学生活后，失去学习动力，没有生活目标，觉得一切索然无味。为排遣自己生活的无趣而选择谈恋爱，希望找个能够和自己一起吃饭、说话、上课、玩耍的搭档，认为恋爱是恋爱，不一定非要走到最后。于是，校园里便出现了“契约式恋爱”，在校时卿卿我我，心理上相互填补空白，甚至有人在校外租房同居，但毕业时互相说声“拜拜”。这种缺乏责任感与严肃感的盲目的“寂寞期恋爱”，是十分危险的游戏，是不可取的人生态度。这种类型的恋爱一般缺乏稳固的感情基础和经营意识，通常来得快去得也快。

第四种，攀比从众型。在很多大学生看来，谈恋爱是一件很时尚的事情，尤其是周围的人都有了恋爱对象时，就会变得格外敏感，受到社会群体的压力，常常会产生自我否定，认为自身魅力不够，甚至会产生自卑心理。这种类型的爱恋是为证明自己而公开谈恋爱给别人看，因为别人都有了恋爱对象所以自己必须也要有，才显得跟群体里的大家都一样。这就是从众心理导致的盲目恋爱。

3. 女生的恋爱比例高于男生

导致男女恋爱比例差异的原因有三个：一是女生的生理和性心理成熟早，加之有较强的依赖性，因而她们对“感情港湾”和性爱的需求程度要强于男生；二是女大学生的绝对数小，占在校生的比例低于男生，所以在“对偶式”的爱情世界中，女生总是处于“供不应求”的优势地位。只要自己愿意，自身条件不占优势的女生同样会找到钟情的知音，而素质较差的男生在校园“情场”上则要相对受冷落。三是由于我国传统上推崇男大女小、男主女次的择偶模式，致使女生把在校期间当作择偶的最佳时机。她们担心一旦进入职业社会就很难找到心心相印的另一半。

4. 恋爱周期缩短，频率增快

恋爱中的“短、平、快”节奏已经成为当代大学生恋爱的一个特征。有少数大学生把在大学里恋爱视为在经营“实验田”，“恋爱专业户”也出现了，心动就恋爱，冷却就分手，情侣中出现矛盾就急着分手换人，恋爱成功率低。

5. 男生主动出击者居多

一些相貌超群的女生在入学那天就被高年级负责“迎新”的男生“盯住”了。具有学生干部身份的高年级男生中不乏“有心人”，他们名正言顺地要给刚入学的“小弟弟小妹妹”以关心、照顾和帮助，让新生普遍感受到大家庭的温暖。少数纯真的“小妹妹”有时会感到这种兄长般的关怀越来越带有私人情调，待到双方的感情沿着“关怀照顾、感激、倍加关怀、由衷感激”的互激式正向循环，发展到适合于对方求爱的程度时，她们往往已无力抗拒感情的潮水，于是，全然放弃观察和选择的机会，匆匆相爱。

6. 恋爱悲剧增多

有部分大学生不会处理学业和恋爱的关系，爱情至上，整天忙于花前月下、卿卿我我，厌学、早退、旷课现象增多，甚至多门课不及格，不能顺利毕业，耽误了自己的美好

前程，令人痛心。也有的大学生社会阅历浅，心理承受能力较弱，而期望值又高，容易冲动。一旦失恋，往往造成爱情悲剧：伤害对方的有之；自杀的有之；精神分裂的有之；厌恶俗世、破罐破摔有之。

二、大学生恋爱心理特征

一是自主性强。表现为：常以自我为中心，设计自己的恋爱模式；重感情，不受双方家庭经济条件、地位、权势等因素的影响，也不受传统习俗的局限；在确定恋爱关系前，甚至在确定恋爱关系后，一般都不征求双方父母的意见。

二是非婚姻取向突出。在恋爱前，许多大学生也不会认真地思考并选择一个志同道合、能够托付终身且在生活中彼此携手共进的异性朋友作为恋爱对象，他们恋爱的理由，仅仅是凭感觉，仅仅是因为喜欢和需要爱，"我喜欢，我恋爱"成为目前大学生恋爱的一个重要的心理特征。与过去的大学生不同，当代大学生"不求天长地久，只在乎曾经拥有"的恋爱心态较为普遍。"交往—恋爱—结婚"的"传统爱情三部曲"已过时，他们认为"恋爱"不必托付终身，在校时卿卿我我，心理上、精神上互相弥补空虚，甚至发生性行为，到了毕业时就无牵无挂地分道扬镳。

三是不成熟性与不稳定性。在择偶标准上，往往重外表形象，轻视内在品质。在恋爱行为中，往往重过程，轻结果；重享乐，轻责任。恋爱方式上逐渐开放、公开化。过去大学生谈恋爱还比较含蓄和深沉，恋爱大多处于"地下活动"状态；而当代大学生的恋爱方式已由"秘密"转向"公开"，表达感情方式上，不仅不怕别人知道，而且故意张扬。有的大学生一旦谈起恋爱，旁若无人，过分亲昵，无所顾忌。大学校园里随处可见卿卿我我的情侣。这种恋爱问题上的不成熟性，加之他们在就学期间经济上尚未独立，恋爱过程中感情和思想易变，缺乏妥善处理恋爱中情感纠葛的能力，极易造成恋爱的周期性中断，或对恋爱对象的选择犹豫不定，恋爱的成功率很低。

四是自控力与耐挫力较弱。表现出自由、任性、缺乏自控力和对挫折的承受应变能力的特点。这些都具体体现在大学生的恋爱中。有些大学生一旦陷入热恋之中，往往不善于控制自己的情感，任感情随意放纵，缺乏理智的驾驭能力，对恋爱对象过分依赖，稍有波折就痛苦万分。一旦恋爱受挫，即会情绪失控，无法自拔，从而对学习、生活造成严重影响，严重一点的学生在恋爱受挫后还会走上阴谋报复的犯罪道路或者干脆看破红尘走上绝路。

五是性观念的西方化，传统道德观念淡化。随着对外开放的进一步加强，网络信息传播的飞速发展，受到西方文化观念的影响，加上受社会不良风气的影响，有些大学生盲目地追求性解放，传统道德观念淡化，对婚前性行为持开放、理解、宽容态度。曾有问卷调查显示，75%大学生对婚前性行为持宽容或赞同的态度。特别令人担忧的是，不管男生还是女生，都普遍缺乏性知识、自我保护意识。

六是恋爱观多元化，功利色彩渐浓。在当今纷繁多变的社会生活中，独身主义、网恋、婚外恋、婚前性行为、堕胎、离婚、单亲家庭等都让爱情面临前所未有的挑战。恋爱不是单纯的情感吸引，而仅仅为了功名利禄和自身利益，受到金钱、地位、名利等因素的影响，大学校园弥漫着一股"物质风"，拜金主义日趋严重。这些影响使得当代大学生爱情观呈现多元化特征，爱情功利化现象也逐渐普遍。

三、大学生恋爱的原因与利弊

大学生恋爱现象由来已久，它曾给大学生带来过好的结果，有很多青年由此结合，组建了幸福的家庭。与此同时，我们发现由此带来的消极影响也是十分明显和严重的。不管怎样，我们都应认识到，大学生恋爱现象是正常的，不容回避，也无须视之为猛兽，高呼猛打，而应以一颗平常心看待，客观地分析产生的原因。

1. 大学生生理和心理的发展

大学生年龄一般在17至24岁之间，这个年龄界限按青年心理学划分，已跨过青春期并进入成年期，其生殖系统发育趋于成熟，性激素的分泌影响生理平衡，因而对性的体验十分敏感。满足性冲动是促使青年投入恋爱活动的重要诱因。在性意识发展到热恋阶段，性欲需求日益强烈，前阶段弥散化的性冲动集中投射到选定的特殊对象上。此时的大学生正由青春期的"异性疏远"走向青年期的"异性接近"，出于性冲动的驱使，青年开始脱离群体化的两性活动而单独约会。因而在异性吸引、彼此产生好感的基础上，恋爱也就默默无声地潜入年轻人的心田。

2. 社会情感的需求

亲密关系的需要在青年前期开始显露。这时的青年不再像儿童那样满足于血缘带来的亲近，而有意识地结交一些个人密友。大学生正处在这个发展迅速的关口，有许多烦恼不能也不愿向长辈倾诉。于是大多数人发现，如果没有一个可互相吐露心声的亲密知己，日子将很难过。到了青年中、晚期，亲密关系的需要进一步发展，此时的朋友已不仅仅是倾诉对象。人格的交流，背景的融会，这些对青年的交友影响都很大。进入大学校园，对大多数人来说意味着脱离以前的群体进入新环境。青年必须重新建立各种关系。排遣烦恼和寂寞、通过交流完善自我等多重目的使青年对亲密关系的需求空前强烈。亲密关系发展的顶点就是爱情。除了父母，青年恐怕不会承认有比恋人更亲密的人，而且恋人间的亲密在某些方面是父母子女间关系所比不上的。因此，对亲密关系的追求把孤独的大学生引向恋爱是极其自然的事。心理学家沙利文指出，亲密关系和性冲动最终结合成人类的情爱。这在青年早期变成对亲密关系、友谊、认可、私下交流的相同需要，以及以更精细的形式与一个异性建立恋爱关系的需要。

3. 归属与服从的需要

归属和服从的需要是作为社会存在物的人最重要的需要之一。人从属于社会，总要归于某个群体，得到他人的承认。完全脱离社会，一段时间内不能与社会交流的人也在自我认识中保持某种归属感。马斯洛把归属感和爱摆在一起，认为它是在安全需要之后的需要层次，由此可知其重要性。归属需要促使大学生走向群体认同。群体活动增加了男女青年的交往机会，对群体的共同归属（尤其是一些很小的群体）又增强了两人之间的人际吸引力，进一步的发展便可能导致恋爱。归属和服从也会使大学生直接导向恋爱。因为恋爱双方是一个亲密关系极强的小圈子。在恋爱中，恋人能感觉到自己属于另一个人，被另一个人爱抚关心的滋味。两人共同分享所有的东西，包括财产、感情、秘密。恋爱能直接满足归属和服从的需要。

4. 大学生个性意识的增长

随着年龄的增长和接受信息量的激增，大学生自我意识迅速崛起，这就扩大了他们思维活动的自由度。从老师、家长束缚下的中学生到自己独立支配生活的大学生，生活环境的大变迁又扩大了大学生行为活动的自由度。大学生的主体意识、个性意识日趋发展，他们不仅在校园内为今后立足社会而求知成材，也开始为今后建立家庭做准备。

5. 群体性社会心理因素的影响

人的社会生活无时不受到诸多心理因素的影响，大学生恋爱也不例外。一是受从众心理的影响。大学生在共同的校园里学习、生活和交往，加上思想观念的相似性，促使他们在恋爱问题上表现出明显的从众趋向。恋爱对象的出双入对常令他们羡慕和向往，在好奇心驱使下而跃跃欲试。看到恋爱的同学生病有人照料，生日有人陪伴，委屈有人安慰，便萌发孤独感和攀比心，甚至低人一等的自卑感。在这种群体氛围的影响下，不少本不打算谈恋爱的，为表现自己并非无能，也盲目效仿，寻求异性朋友。二是受逆反心理影响。由于自我意识和独立意识的增强，大学生往往把学校关于提倡不谈恋爱的方针视为“禁欲主义”，把师长的指点和规劝看做“干涉内政”，把对他们进行恋爱与成材教育视作不信任，把对他们进行爱情与道德教育看做思想僵化、封建保守，凡此种种心理对峙，种下的是不会开花结果的种子。

6. 社会环境、生存空间的推波助澜

随着社会的发展，大学生和社会有着日益广泛的联系，接受各种挑战和影响。描写青年恋爱的文艺作品比较多，影视作品也常出现情爱的画面，更有互联网的广泛应用，大量关于两性及恋爱问题的讨论，使大学生们眼花缭乱，难辨是非。不健康的报刊、网站对思想单纯、社会经验少的青年学生产生了很大的消极影响。在好奇心的驱使下，他们涉足爱河，有的甚至偷尝禁果，造成无可挽回的后果。

7. 校方对大学生恋爱的消极回避政策

很多高校对大学生恋爱问题采取回避的态度，平时默不作声，只有当学生们犯下错误，校方才加以介入，进行处理。这种处理办法过于简单、消极，一方面，缺少平时的引导教育，没有明确的态度，学生们会错误地理解成学校的默许；另一方面，当学生们一时冲动，做出越轨的事情，学校的处理又会令他们一生抱憾，如果平时多一点叮咛和监督，这样的悲剧是本可以避免的。

恋爱现象在大学校园里已十分普遍。今天的大学生再也不会像他们的前辈那样以恋爱为羞耻或见不得人的事。虽然许多人因各种理由不去恋爱，但他们对别人的恋爱大都持肯定态度。

从个体发展的角度来看，恋爱对青年心理的成熟健全有很大的促进作用。

①恋爱是青年释放日益强烈的性冲动的重要途径。通过恋爱接触异性，使青年不再感觉到性的压抑紧张。②性意识的发展必须经过恋爱阶段才能完善。性同一性的建立也要通过恋爱。而且，恋爱对青年的意义还不止于此。因为恋爱是两个人人格的深层接触。在此过程中，青年的自我概念受到对方的影响而发展，真正懂得了如何在保持自身独立性的前提下调整自身缺陷以适应对方。也就是说，经过了恋爱能认识和完善

青年的自我概念。③恋爱对一些个性因素和社会情感的发展有重大意义。恋爱中两人的深层交往为提高青年交际能力，适应以后的社会打下了基础。难怪有些心理学家认为，恋爱是青春晚期和成年早期最重要的事件，只有经过了恋爱，人才会真正成熟起来。

大学环境有它的独特性：对大学生来说，它在青年走入社会的过程中提供了一个缓冲环境。有了这个缓冲，青年能更从容地完成社会化，更完善地发展自我概念，而不至于感受到从青春中期直接下来落入社会的强大反差和心理不适。由此看来，大学生的恋爱并不是件坏事，它对青年的成熟很有帮助。再加上大学生普遍认为自己已不再是幼稚的少年，文学艺术中歌咏的爱情当然是他们追求的目标。

不过，恋爱的意义虽有积极的一面，但有时也会危害青年的心理健康。首先，热恋与婚姻、配偶等生活大事是在心理紧张量表上分值很高的事件。过度的兴奋和悲痛都会加剧心理紧张。恋爱正是使人时高兴时痛苦的事。处在热恋中的青年会为一些小事而高兴或烦恼。因此恋爱带来高度的心理紧张。恋爱的进一步发展还会带来社会问题，这也是产生心理失调的重要因素。如婚姻性行为的增加等，都会造成青年心理负担超重。

热恋中的男女虽然感觉到强烈的心理紧张，但双方的共处和抚慰、爱情的甜蜜又会降低他们的焦虑感。那些遭受恋爱挫折的人就没这么幸运了。失恋的青年会失魂落魄，觉得人生意义不复存在，生活下去只有苦难和折磨，有人甚至走向了绝路。如果没有恰当的心理指导或较强的自我调控能力，失恋对青年的心理打击是很大的。

可见，恋爱对青年来说是一把双刃剑，一方面它帮助青年心理发展走向成熟，另一方面它又带来各种心理问题。这也许是人生的至理，你要得到甜蜜的报偿就必须经受得住考验。

四、大学生恋爱中存在的问题及原因

罗马神话中的爱神丘比特，常携弓带箭遨游于天际，向世人频频发箭，导致了人间一幕幕爱情故事。当然，丘比特也绝不会轻易放过青年人聚集的焦点——大学校园。于是，过去以琅琅书声和一圈圈车轮式的眼镜片而闻名于世的象牙塔内，又增添了另一种风景：花前月下，林荫小路，自习室内，餐厅舞厅，到处都闪现着对对情侣的倩影，可以说校园里的“爱”已无处不在。虽然大学生在生理上也已经成熟，但是由于心理方面存在着很多不成熟的因素，因此，大学生在恋爱过程中还存在着这样那样的不容忽视的心理问题。

1. 大学生恋爱中存在的问题

(1)恋情至上。所谓恋情至上，是指把恋情放在人生最重要的位置，认为恋情就是人生命的全部，一切都以恋情为中心。有些大学生把恋情放在人生的第一位，谈恋爱为大学生生活的第一需要，甚至认为“没有恋情，活着就没有意义”，整天沉溺于所谓的“恋爱”之中。比如在大庭广众、众目睽睽之下，旁若无人地接吻拥抱、勾肩搭背、做出一些令人不堪入目的边缘性行为，致使旁人不得不退避。一旦失去这种“爱”，就消极伤感，悲观厌世。其实恋爱犹如令人激动和陶醉的醇酒，但它无论多么醇香，饮起来必须有个限度，不可过量。如果把恋情放在人生的第一位，仅仅为恋爱而活着，那么就是恋情和人生的本末倒置。过分追求恋情必定会降低人本身的价值。一些大学生恋爱不能很好地控制情感，恋人不在身边，就坐立不安、茶饭不思、夜不成眠甚至精神恍惚，影响健康和学习，把恋爱这杯美酒酿成了苦酒。

(2)分不清友情和爱情的区别。爱情错觉是指在异性间的接触往来过程中，一方错误地认为对方对自己“有意”，或者把双方正常的交往和友谊看成是爱情的降临，并且一厢情愿地笃定这就是冥冥中的缘分。爱情错觉是认知和情感上的一种失衡。可能由于彼此的兴趣爱好相投，外加平时也比较喜欢推心置腹的交谈就会让其中一方产生误会，盲目地认为这是一方在向自己传达爱意的一种方式，进而错误地以为这就是爱情的信号。久而久之，自己也分不清爱情和友情的区别，从而进入了爱情误区，出现了空虚、烦恼和寂寞之感。

(3)不能正确处理爱情与学业的关系。爱情是人生和生活的重要部分，但并不是生活的全部。很多大学生在恋爱时就被爱情冲昏了头脑，把爱情当成生命中最为重要的事情，每天享受风花雪月的浪漫，考虑的是如何赢得对方的开心，从而完全忽略了自己真正的身份。处理不好爱情和学业以及事业之间的关系，每天心里想的念的全都是对方，将每天两个人的快乐生活看成生活上全力以赴追求的目标，更有甚者为此荒废了学业，经常逃课挂科，只为寻找两个人的私人空间。

(4)过早偷食爱情禁果。随着对外开放的不断发展，中西方文化的相互融合，人们的价值观念也潜移默化地发生着变化，传统的道德观念受到冲击，当前大学生的婚前性行为也日渐上升。当代大学生对婚前性行为的态度逐渐呈宽容态势，他们可能由于一时冲动而过早偷食爱情禁果，尝试婚前性行为，却缺少对以后的考虑，给双方心理上带来不应有的影响。

(5)失恋后的负性情绪。爱情是一件美好的事情，会给人无限的甜蜜感。但是由于性格不合、价值观不同、家人反对、移情别恋等各种因素导致一段感情的终结时，这种无言的酸楚很多大学生却没有勇气面对。他们无法适应亲密关系的结束，更不能理解曾经亲密无间的两个人会形同陌路。在失恋时如何调节自己的心态以及如何应对这种打击却是在大学生中不可避免的苦恼事情。据不完全统计，在大学生恋爱过程中，有超过一半的人经历过失恋的打击，校园恋情很多时候是比较短暂的，但是失恋引发的一系列心理转变却是不容忽视的。失恋带来的焦虑、无助、抑郁、恐慌、茫然等情绪会给当事人造成极大的打击和伤害，更有甚者会出现报复心理、自卑心理、仇恨心理等各种负性情绪。这些情绪短时间内可能影响一个人的情绪起伏，更严重者将影响其身心健康及人格发展。

2. 大学生恋爱问题的原因

大学生生理上已经进入性成熟期，心理上也进入恋爱阶段，必然会逐渐萌发出爱情意识，并在其整个精神世界中占据主要而突出的地位。一旦出现适宜的条件，爱情伊始便会迅速转入恋爱实践。

(1)自身因素(生理、心理)。生理与情感需求、从众心理、攀比心理是大学生恋爱的内在因素。

生理发育成熟:大学生年龄大都处于18~22岁,正值青春发育成熟期,性意识增强,心里极度躁动不安,渴望与异性交朋友,恋爱欲望强烈,积极构思配偶的理想模式,并试图付诸恋爱实践。因而一旦遇到接近理想的异性同学便会以各种借口,寻找各种机会进行试探和追求。异性交往有利于大学生的情绪稳定和心理补偿。但是,有些同学却分不清异性交往和恋爱交往。在异性交往中,缺乏交往技巧,不能正确处理友谊与爱情的关系。有些大学生把恋爱当成一切,一旦恋爱受挫,便认为一切都没有意义,甚至会做出一些极端的行为,如自杀等。究其原因,这些大学生虽然生理上已经成熟,但是在心理发展上不够成熟,耐挫力低。

情感需求:学生经过十年寒窗之苦,奋力拼搏才进入大学校园,中学阶段由于升学负担而暂被压抑的丰富的青春期情感此时得以爆发,自我形象逐渐清晰,自我意识日益增强,情感需求渴望满足。而恋爱则是其情感满足的一种重要方式。

从众心理:一些男女大学生虽暂时没有谈恋爱的需求,但因同宿舍的同学谈恋爱,看到人家亲亲热热,自然会激发起恋爱意识和行为。如果找不到合适的对象,或没有人向其求爱,孤独感、危机感、失落感就会涌现,随即造成强大的心理压力。

攀比心理:相对于社会来说,大学校园生活着一个特殊的群体,其主体是年龄、经历和文化等大体相当的大学生,他们在生活中的许多方面是相似的,并且由于大学生心理发展还不成熟,在决定做事之前往往不经过慎重考虑,常常为了攀比、满足虚荣心而行动。同宿舍的几位同学,一旦有人谈恋爱了,其他人也不示弱,也会陆续谈起来。有的甚至还要比一下,“你找个有才的,我就找个有钱的,总要有地方比你强”,却没有考虑双方的志趣、性格能否相投等方面的问题。

(2)社会文化因素。我国正全面推进社会主义市场经济和改革开放,一方面,社会舆论与大众传媒主要以经济为导向,道德化的价值取向转变为以经济为基础的功利化的价值取向,赚钱多少成为衡量价值的标准;另一方面,文化传播具有开放性,个别不良媒体炒作,使原本含蓄的性变得更暴露。这些社会文化因素都影响着大学生价值观和恋爱观的形成。另外,学生进入大学后处于半独立状态,有了更大的自主空间。大学生追求个性发展,校园环境宽松,使他们对恋爱行为的顾虑减少。大学校园是一个男女生集体群居的地方,是一块容易滋生爱情的水土。同学中恋爱风气相互影响,恋爱心理互相感染,增加了恋爱行为的内驱力,但这种内驱力并非完全建立在理智的层面上。大量的影视和网络信息中有关情爱的宣传刺激、诱导着大学生恋爱心理的萌动。

(3)学校教育因素。校园文化是一种潜在的教育力量,可以影响大学生的思想道德水平。但学校更注重学习成绩的教育模式,对学生的人格培养较忽视。教师没有正确分析学生的心理特点和恋爱的动机,致使有的大学生因人际相处困难、学习考试、就业等感到很大的压力;有的大学生因对信念、价值和自我把握不定,而产生茫然、沮丧和没有归属感的情绪。故而通过恋爱找人分担,从而起到缓解压力和摆脱孤独的作用。

(4)家庭环境因素。家庭教育是教育环境中重要的一环,但多数父母对孩子有过高的期望,或者工作太忙,还有的父母经常吵架等,导致孩子很少或无法与父母进行正常的交流。由于家庭缺乏情感支持,导致有的孩子会考虑通过恋爱来寻找感情支持。多数父母忽视对性的教育或者因害怕而未给予正确的引导。中国社会调查所(SSIC)在北

京、上海、广州、武汉、沈阳五地对家长和青少年的问卷调查表明：有92.5%的学生认为自己曾经在生活中遇到过有关“性”的问题，86.7%的学生首先向父母求解，但仅2.6%的家长给予了的答复。有67%的学生没接受过来自父母的性教育，仅有5%的学生了解有关怀孕和避孕的一般知识。

每一个大学生都有不断完善自己的愿望，如果社会、学校、家庭能共同给予更多精神方面的关爱和健康的引导，提供更多的让他们发挥兴趣和才能的天地，这种让人担忧的社会现象才会得到改善。

第三节　恋爱中的学习与成长

一、爱需要学习

木心先生说过一句话：“岁月不曾饶了我，我也不曾饶过岁月。”同样，爱情不曾饶过我们，我们也不必饶过爱情。从小到大，我们接受过很多课程的学习，参加过许多技能培训课程，获得过许多课程的满分和优秀，唯独没有学习过如何恋爱。进入大学后，很多大学生迅速投入到一场轰轰烈烈的恋爱中去，没有经验的年轻人常常铩羽而归。爱情，作为人类永恒的主题之一，在人生课程中是一门必修课，人类既然渴求爱，就需要去学习“爱”这门课程，去建立灵魂与灵魂之间的紧密连接，而这取决于是否能用自己的活力唤醒对方的生命力。弗洛姆在《爱的艺术》一书中首先指出了人们的错误迷思，指出了爱是一门需要学习的艺术。

错误观点一：人们倾向于认为爱情首先是自己是否被人爱，而不是自己有无能力爱。男人通常会认为只要拥有名利、财富、权势，就可以获得爱；而女人通常会认为保持美貌优雅就可以获得爱。事实是，富可敌国的皇帝也会感叹“芳草易得，知音难觅”。美貌性感如玛丽莲·梦露终其短暂的一生也是在爱中无枝无依，颠沛流离。人们为了名利可以勤奋自律，甚至付出更多代价。而爱的能力却被人忽略，因而多少爱情善始而不得善终。

错误观点二：人们认为爱的问题是一个对象问题，而不是能力问题。结果，就如同不会游泳，换了游泳池也还是会被淹死一样，爱的能力缺失只能导致命运的一次次“强迫性重复”，或者最终还是劳燕飞分，相忘于江湖。更多的人，则是困在毫无生机的所谓爱的牢笼里，相看两厌，勉强地吃饭，勉强地散步，勉强地有个月亮照着。

错误观点三：人们分不清“坠入情网的激情”和“持久的真爱”的区别。事实上，只有具备了“激情+亲密+承诺”的真爱才能满足人深层的连接需要。人在爱中有两大需求：一是被人无条件的接纳；二是希望在爱人心目中居首位。而当激情退去，幻象不在时，如果亲密的友谊关系和契约精神未能及时建立好，这波爱情的潮水会随时退却。

开车上路需学习驾驶技能，找工作需要相关的工作技能或学历证明，唯独爱，这么与人身心健康息息相关的一件事，却被人误认为是自然而然获得的。未能持证上岗的爱情关系其实是缺乏职业道德的。无论对自己还是对爱的对象来说，均是一件残忍不堪的事。大家看看自己，看看周围，人们在爱情中几乎用尽72式花样作死法，且招招致命，直至作得灰飞烟灭。

怎么才能具备爱的能力呢？弗洛姆指出，“如果不努力发展自己的全部人格，那么每种爱的努力都会失败；如果没有爱他人的能力，如果不能真正谦恭地、勇敢地、真诚地和有纪律地爱他人，那么人们在自己的爱情生活中也永远得不到满足。”因此有着成熟人格才具备了爱的基本能力。被誉为“东方爱情博士”的婚姻情感专家黄维仁先生在这一点上与弗洛姆有着相同的立场。他用清晰的方式解释了成熟的人格，也就是具有“三商”的人格，即学习商、情感商和灵魂商。一个虽然受伤却不放弃学习的灵魂是最美好的灵魂；一个能够共情对方、善于倾听、爱在彼此思维空间中的人是具有医治情伤的大才的人；而一个能够有上帝视角、悲悯众生的独立而丰富的灵魂则会成为一种自带光芒、激发对方善念的存在。它的激情和生命力会唤醒，影响甚至改变另一个灵魂。而一个不成熟的人格，如同心智不成熟的巨婴，会把爱情弄得满地都是，一直到我们分不清让我们忧伤的是爱，还是以爱为中心的虚无和空虚，抑或是落入柴米油盐酱醋茶的无能。

爱是强者间的风花雪月，是弱者间的苦大仇深。修好爱情学分，这条爱情的小船也不一定从此风平浪静。但至少，在爱情里的恋人可以学会保全自己，成就对方。完善自己，成全对方，还给对方一片碧海蓝天。因此，在爱情中的大学生应当有以下几点认知：

(1)提升自己。爱情和生命一样，需要孜孜不倦的灌溉才能茁壮成长。只有将这段恋情当做自己汲取营养的沃土，学会提升自己，充实自己，才能让自己在恋爱中更加自信和独立，当有一天自己回归自由，别忘了你还拥有展翅高飞的能力。

(2)成熟的爱的追求。成熟的爱应当是互惠互利的，强调彼此的需求和尊重，互相扶持互相帮助，做到时刻尊重对方的人格和思想，保持对对方的欣赏和赞许，时间才能成为你们爱情的保温室，开出浪漫美丽的爱情之花来。

(3)有意识地培养爱情情商。爱情作为一种特殊的人际吸引，需要我们用智慧来用心经营。如果没有这份情商，不会站在对方的角度考虑问题，不懂得照顾他人情绪、控制自己情绪，在爱情中做不到有失有得、有的放矢，就会毁灭了留在彼此心中最美好的记忆。

(4)熟练使用“UCM”(理解、沟通、经营)三部曲。任何一种感情的维系，都少不了理解、沟通、经营这三个关键因素。要用心去理解、用爱心去沟通、用感情去经营，如此爱情的光芒才能像钻石那样永久闪耀。

(5)记录幸福的瞬间。珍惜当下的每一个幸福瞬间，不要把对方对你的付出和牺牲当做理所当然，要看见、肯定对方为你做的每一件事，用你们经历的一切美好时光去试图弥补爱情中出现的裂缝。这样，当挫折来临时，你们才能挽手共同面对，带着信心和期望去克服一切艰难险阻。保持积极、幸福的心态将是一生的财富。

一个爱自己的人才懂得如何去爱别人。爱自己不等同于自私，能关怀真爱自己，也能健康关怀周围的人与事。知道尊重自我，了解自我，有自我保护的能力，才懂得如何去爱别人。如果一个人连自己都不尊重，不懂得爱自己，当然没有办法去尊重和爱另一个人。爱，是每个人需要去学习的一种能力。

爱的能力是一种综合素质的融合，是在爱的过程中一系列能力的各个组成部分。概括地说，爱的能力包括表达爱、接受爱、发展爱、承受爱的挫折、拒绝爱、分辨爱、处理爱的冲突、保持爱情长久的能力。

（1）表达爱的能力。一个人心中有了爱，要敢于表达、善于表达，这是一种爱的能力。表达爱，是一种自信的表现。当爱情的火光在内心闪烁的时候，如何在合适的场合、时间、地点，以对方能够容易接受的一种方法去表达心中的情感，是每个人需要具备的能力。

（2）接受爱的能力。一个人面对别人对自己的爱，能否及时准确地对爱做出判断，是否能够坦然地接受这份爱，这也是一种爱的能力。接受爱，也是自信的表现。一个自卑的人是不敢接受本属于自己的爱的。当别人主动表达爱意时，要有这样的能力去观察和体会自己内心的真实想法，并做出合理应对，是否去接受这份爱，并愿意花费心力、许下承诺去共同经营。大学生要具有迎接爱的能力，就应懂得爱是什么，有健康的恋爱价值观，知道自己喜欢什么、需要什么、适合什么，在待人接物中保持敏感和热情，主动关心他人，热爱他人。当别人向你表达爱时，能及时准确地对爱的信息作出判断，坦然地作出选择。能承受求爱被拒绝或拒绝求爱所引起的心理扰乱。

（3）拒绝爱的能力。对自己不愿或不值得接受的爱应该有勇气加以拒绝。爱情来不得半点勉强和将就，在不希望得到的爱情到来时，要果断、勇敢地说“不”，同时要掌握恰当的拒绝方式，因为珍重每一份真挚的感情是对他人的尊重，也是一种自珍。拒绝爱要注意两个方面：一是在并不希望得到的爱情到来时，要果断、勇敢地说“不”，不要含含糊糊，立场必须坚定如一。如果因为同情、屈服于对方的穷追不舍而优柔寡断，不忍心拒绝，发展下去对双方都是不利的。二是要掌握恰当的拒绝方式，虽然每个人都有拒绝爱的权力，但是珍重每一份真挚的感情是对他人的尊重，也是一种自珍，同时是对一个人道德情操的检验。如果不顾对方的心理状态、个性特征，生硬地、冷酷地、不顾情面地提出分手，处理方法过于简单轻率，甚至恶语相加，结果使对方的感情和自尊心受到伤害，甚至惹出事端来，这些做法是很不妥当的。要知道每个人都有追求爱情和拒绝爱情的权利，应该学会运用尊重和机智的方式来维护自己和他人的利益。

（4）分辨爱的能力。当一份爱向你走来，无论这份爱是来自于一般朋友的爱，还是来自异性朋友的喜欢，还是未来恋人的爱情，首先需要有分辨清楚的能力。并不是所有的爱情都是积极向上的，有的伤害恰恰在爱的伪装下悄悄进行。过分控制、过分压抑、过分依赖和疯狂极端都不是适合的爱，因此我们既要分辨是来自哪一种对象的爱，也要分辨清楚是哪一种性质的爱。

（5）处理爱的冲突的能力。在爱的过程中，难免会出现一些不和谐的地方，能否妥善地处理，这是爱的能力的重要方面。在爱情中，每对恋人都会出现这样那样的矛盾和问题，这些冲突未必会直接导致分手，但一定会影响到感情的走向，关键就在于如何去解决冲突。有冲突说明在探索积极关系中出现了一些不和谐因素，两个人共同积极解决掉不但不会造成情感冷淡，反而会因为彼此用心解决的良好态度进一步促进关系的健康发展。

（6）承受爱的挫折的能力。当爱失去时，如何面对这份挫折，也是爱的能力的重要方面。爱是双方给予希望的承诺，在爱的发展过程中，一方中断承诺的现象屡见不鲜。

每个人都拥有接受爱和拒绝爱的权利，因此，失去爱以后，如何积极自我疗愈，并满怀希望去迎接新生活，需要每个人去学习和探索。

(7)保持爱情长久的能力。爱情是可以保鲜的，作为一个成熟的人，是有能力通过不断学习爱的艺术，提升自己的内涵、修养，完善自己的人格特征来获得保持爱情长久的能力。爱不是一劳永逸的事情，长久的新鲜的爱需要双方不断的付出、灌溉和经营。需要在不同阶段主动观察自己并与对方的成长步伐保持一致，互相配合。

(8)发展爱的能力，培养爱的责任。人间风情万种，但最真最浓的莫过于亲情、友情与爱情。亲情是人性的体现，友情是人性的完善，爱情则是人性的升华。这三种情感应该伴随人的一生。只有懂得爱的真谛，才能尽情地淋浴爱的阳光。苏联著名教育家马卡连柯说："爱的力量只能在人类非性欲的爱情素养中存在。它的非性欲的爱情范围愈广，它的性爱也就愈为高尚。"发展爱的能力，并不是非要具体到对某一异性的爱，可以是更广泛意义上的爱。我们的亲人、同学、朋友、祖国和人民，都值得我们去热爱。发展爱的能力，就是要培养无私的品格和奉献精神，要培养善于处理矛盾的能力，有效地化解消除恋爱和家庭生活中的矛盾纠纷，为恋人负责，为社会负责，才能创造出幸福美满的婚恋。

爱一个相伴终生的人，坚持一件喜欢的事情，克制那些不必要的贪欲，这样的人生虽然不能像英雄人物那样叱咤风云，但是一定会非常充实有趣，也一定会有珍视这份爱的人去真心实意地爱你。

二、培养恋爱中的道德意识

恋爱中的道德要求主要体现在如下几个方面：

1. 尊重平等人格

恋人间彼此尊重人格的表现，主要是尊重对方的独立性和重视双方的平等。恋爱的双方在人格上都是独立的，如果把对方当作自己的附庸，或依附对方而失去"自我"，都是对爱情实质的曲解。恋爱双方在相互关系上是平等的，都有给予爱、接受爱和拒绝爱的自由，放纵自己的情感或者对对方予以约束或强迫，都不符合恋爱的道德要求。

2. 自觉承担责任

自愿地为对方承担责任，是爱情本质的体现。无论对方处在顺境还是逆境，是富裕还是贫穷，是健康还是伤病，爱一个人或接受一个人的爱，就意味着始终不离不弃，自觉地为对方承担责任。责任的担当，不是单纯的"我的心中只有你"的反复吟唱，而是需要见诸行动的自觉。

3. 文明相亲相爱

文明的恋爱是指双方采取含蓄、谦恭甚至羞涩的态度，而绝不是在态度、举止、语言等方面的粗俗和放纵。人的感情世界是非常神秘、微妙的。含蓄、文明的恋爱方式是良好修养的表现，是对恋人的尊重和热爱。恋人在公共场所出入，要遵守起码的社会公德，不要对他人生活和公共生活造成不良影响。恋人独处，也要讲文明、讲道德。恋爱中的男女，应充分认识到不文明的恋爱方式不仅有损于爱情尊严，造成爱情的庸俗化、

下流化，而且有伤社会风气，有损于大学生的美好形象。应通过丰富精神、文化生活陶冶情操，使双方在高尚的人格和文明的行为下发展感情，这种感情才能经得住时间与挫折的考验。遵从恋爱道德，就是在现实生活中去维护真正的爱情，这是保持爱情长久的秘密所在。没有道德的护佑，爱情也不会长久。

4. Love（爱）=Listen（倾听）+Obligate（感恩）+Value（尊重）+Excue（宽恕）

爱，需要倾听。在两个人相处的过程中，多多少少都会产生不同的矛盾。但很多时候我们需要倾听对方，而不是相互争吵，一定要用“道理”去证明自己是对的为止。其实，人在生气的时候，就算多有道理的话都是听不进去的，说了只会更加生气。最好的方法就是大家都愿意学会倾听。

爱，需要感恩。能走在一起就是不容易，能包容对方那么多缺点，能为对方付出那么多就更加不容易。很多时候我们要学会感恩，感谢身边的这个人，感谢他（她）一直的陪伴、无论遇到什么事情都不离不弃。遇上一个能相处的人不容易，遇上一个自己爱的人而且希望一辈子走下去的人更加不容易。他（她）是会陪伴你一辈子的人，是你的爱人，你不感谢他（她），你还能感谢谁呢？

爱，需要尊重。每个人都有自己的一个小小空间，都会有自己的一些小小隐私。我们应该尊重对方，尊重对方那个小小的内心世界。爱情很脆弱，人的心更加脆弱，所以别轻易去用一些小事情、一些小烦恼去敲击它，否则爱情易碎，心更易碎。

爱，需要宽恕。我们需要看到更多的是对方的优点，别老计较对方做错什么。只要是人，就会有做错事的时候，做事没错的，那就不是人了。所以别老盯着对方这样做得不好，那样做得不满意，别抱怨太多，否则会因怨生恨。你爱他（她），就请多一些宽恕给他（她），多一些包容给他（她），他（她）没你想象的那么好，但他（她）是你爱的人。

三、觉察爱情的困惑

许多大学生在恋爱问题上感到有很多说不明白的心灵困境或心理困惑，其原因有三个：一是因为在大学生心目中，爱情的理想与现实的差距让人感受到一种无以名状的失落。也就是说，总相信有完美的爱存在，可现实却是，没有十全十美的男人或女人，更没有十全十美的自己。二是由于恋爱能否成功的因素是多方面的，如年龄、外貌、品行、性格、文化、职业、兴趣、爱好、经济状况、民族、宗教信仰、政治态度等，或许只有某方面的相互欣赏和认可就走到了一块，或许也仅仅因为某一点小小的看不惯就分手了。殊不知，要达成多方面的默契是需要时间的，要建立一份永久的爱情与幸福的家庭是需要相互理解、共同努力的。三是由大学生恋爱的心理特征所引发并形成的恋爱低龄化、公开化、高速度进展和恋爱的多元化所致。具体地说，因为他们年级尚低、涉世太浅，缺乏深入了解和正确判断与评价一个人的经验；因为他们过于情感外露、行为外向，盲目地一扫传统的以含蓄、深沉为美的恋爱方式；因为他们年轻、冲动，情爱的发展极易受性生理与性心理发育的控制；因为他们本身面临的就是一个多元化人生价值观念的现实社会。所以，恋爱心理困境的产生便是顺理成章的了。

1. 恋爱心理困惑之一：总感到自己缺乏被爱的吸引力

常有一些人为自己还没有恋人而自卑，认为自己对异性没有吸引力，认为别人瞧不起自己，不敢坦然与异性交往，更怕在异性面前失误，只好用回避与异性接触的办法保护自尊心，并极力掩盖内心深处的痛苦与失落。这种困境形成的原因主要有两个方面：一是自我评价出现偏差。这样的学生往往过于关注别人对自己怎么看，却从未认真考虑过自己如何给自己一个客观的评价。二是对恋爱吸引力的误解与缺乏科学的认知。表面上看似乎人们的择偶心理倾向于外在魅力，实际上男女大学生，在选择异性对象的条件上大多都认为性格、才能、心理相容度、人品和兴趣爱好更具吸引性的作用。随着年级的升高，大学生们对选择恋爱对象的条件越来越实际，一般不会再“跟着感觉走”，也不会只在乎“曾经拥有”。所以，对于有这种心理困境的大学生应从各方面多寻找自己的长处，挖掘和排列一下自己能吸引他人的闪光点及特征，并学着变换一下思维方式，用自己的优点与别人的缺点去对比，以增强自信、悦纳自己。再者，学会辩证地思考问题，看到事物的两面性。一个人是否对异性有吸引力，是否非要在大学期间拥有如意恋人，并不意味着一个人今后的生活如何，“迟到的爱”也许会是真爱，早到的爱也许提前消失。在大学生恋爱过程中常见的“恋爱的光晕效应”必然会导致对自我，尤其是对对方的“认知偏差”和“评价偏差”，这是导致单相思和失恋后严重的心理障碍的关键所在。大胆地去与异性同学交往，多参加有异性同学的集体活动和娱乐活动，去了解和观察自己所欣赏的异性同学，同时也了解自己的恋爱期待心理特征，缩短真实自我与理想自我的心理差距，调节好恋爱心理的内部期待与外部期待的矛盾，矫正恋爱动机和恋爱价值定向。通俗地说，就是在挑剔对方时也挑剔一下自己。在不能接纳自己时，也找找对方的毛病，多给自己一点积极的心理暗示。

2. 恋爱心理困惑之二：能做恋人的异性朋友难寻

这种恋爱心理困境的原因主要在于对友情和恋情的认识还很肤浅，并缺乏对社会中人际关系的科学认识。这更证实了他们的性心理发育的确滞后于性生理的成熟。当然，也不排除由于社会的快速发展与观念更新所形成的复杂人际关系对大学生们的影响及心理冲击。揭示爱情的自然性、社会性和复杂性，引导大学生在寻求爱情的过程中既要有主观上的用心又要顺应自然。择偶中的逆反心理、从众心理、恋爱错觉等都会事与愿违，极易伤害自己和同学。从这个意义上看，恋爱过程中的心理困境，大多源于自身。为此，在与异性的交往中要学会控制感情，勇于说“不”，不自作多情，更不要错把迷恋当爱情。

3. 恋爱心理困惑之三：不知如何面对婚前性行为和“试婚”现象

这除了与大学生性心理发育的成熟及角色的特殊性相关外，一方面是受西方“性自由、性解放”思想的影响，另一方面也与我国学校在性知识教育上的薄弱、大众媒体宣传的不适当有关。教育的重点在于优化大学生们对婚恋与性科学知识的认知和对社会的认知，强化大学生们的责任意识，即对自己、对朋友、对父母、对社会和集体应承担不同的内容与责任。

4. 恋爱心理困惑之四：单相思——如人饮水冷暖自知

“我爱他，但他不爱我，我很痛苦，却无法摆脱。”某调查中32%的学生为此苦恼，这种心理失控的单相思往往使某些学生心情烦躁、意志消沉，处理不好还会导致精神分裂，甚至轻生绝望等，对以后的恋爱和婚姻生活也会有消极的影响，因此陷入单相思的大学生一定要冷静思考，区别对待，及早作出正确的选择。①要理智地分析，如果认为心中的那份爱真的值得追求，就要敢于表达、善于表达。很多时候，我们是不缺乏做事的能力，而是缺乏做事的勇气。做任何事情都需要勇敢面对，真爱就更不该轻言放弃，就算遭到拒绝，也曾经努力，终无悔。②要客观评价对方，寻找对方的缺点，摘掉对方头上的光环。同时，也要正确地认识自己，相信自己的实力，提高自信心。③转移注意力，广泛与同学建立友谊，培养其他的爱好和兴趣，参加一些有意义的活动，如画画、打球、唱歌等，以此来愉悦心情、陶冶情操。

5. 恋爱心理困惑之五：分手后一直沉浸在自己的痛苦里，好像永远都走不出来

有调查结果显示：27.7%的大学生经历过失恋，其中74%的学生认为失恋痛苦或非常痛苦。可见，失恋也是大学生们无法回避的一种考验。现实生活中许多人做了感情的奴隶，尤其是心理尚未成熟的青年学生，一旦失恋又不能正确对待，往往会悲观失望、痛不欲生，甚至反目成仇，狠心报复，直到触犯法律，成为罪人，葬送掉一生的幸福。相反，如果能够正确面对，痛苦过后会变得更加坚强。著名哲学家培根说过：“一切真正伟大的人物，没有一个为爱情而发狂，因为伟大的事业抑制了这种脆弱的情感。”所以，面对失恋一定要冷静思考，正确判断。①失恋不能失去理智，要弄清楚失恋的原因，如果对方的品行不端，是个“薄情女”或“负心郎”，这种人根本就不值得爱，及时分手应该值得庆幸；如果对方是出于理智的思考，发现你并不是他理想的伴侣，那应该尊重对方的选择。爱情追求的是情投意合、志同道合，如果彼此虚情假意，貌合神离，这种成功无异于惨败，甚至还会贻误两个人的青春和整个的人生幸福。②失恋不能失去志气，要自我调节，化痛苦为力量，以坦荡的胸怀面对生活，可以向知心朋友倾诉不幸，也可以到集体活动中寻找快乐。但是，最好的办法还是进行自我调节，把注意力转移到学习成材的目标上来。要明白失恋并不是失去爱的权利，也不是被爱神永远抛弃，在人生的旅途中不乏情投意合的伴侣，在事业的奋斗中也不乏志同道合的战友，只要勇敢地面对现实，投身于伟大的事业，就一定能够获得更加甜美、幸福的爱情。

6. 恋爱心理困惑之六：爱他/她就要随时随地让所有人都知道

大学生是时代的骄子，是知识和涵养的代名词，所以大学生恋爱应该是高格调、高层次的。即便是热恋中的情侣也必须注意情感的表达方式，切不可放纵自己，做出不文明、不雅观的举动。马克思曾经指出，真正的爱是表现在恋人对偶像采取含蓄、谦恭乃至羞涩的态度，而不是随意流露热情和过早的亲昵。在恋爱中，过分亲昵的粗野动作，超越阶段的非礼行为，都是缺乏道德修养的表现。只有把理性和激情结合在一起，才能弹奏出优美动听的爱情之歌。恋爱中的大学生应该携手并进，共同提高，可以一起参加一些有意义的集会，谈论一些有价值的著作，观赏一些大自然的美景等，以此来交流感情，陶冶情操，培养共同的理想、兴趣和爱好，还可以在此过程中，重塑自己的形象，挖

掘自己的潜能，把爱情转化为促进学业和发展事业的强劲动力，也只有这样，恋爱才会绽放出鲜艳美丽而又经久不衰的花朵。

7. 恋爱心理困惑之七：距离产生美的网恋，到底要不要尝试？

随着信息社会的到来，网上谈情说爱也成为大学生热衷的时尚。据调查显示，28%的学生有过不同程度的网上恋爱，两人一聊钟情，彼此相互吸引，直到网上甜言蜜语，网下电话传情，接着是不远千里去追寻。这种新潮的网络恋爱看似浪漫多情，实则荒诞不经，只不过是一场游戏、一场梦，梦醒之后一场空。之所以有一些学生钟情于网恋，或许是因为网络的虚拟性，给人提供了一个自由放松的空间，一份“在水一方”的浪漫。但也正是网络的虚拟性，给人带来了虚伪和欺骗，也许你是在真实地暴露自己的张狂和脆弱，真情地向他倾吐心声、表达爱情，但没有人知道你是谁，没有人真的相信，更没有人给你真情回报。所以，大可不必为上网失恋而痛苦，更不必为他人负你而轻生，一个不敢正视现实的人不是口是心非的感情骗子，就是窥视他人隐私的无聊小人，又怎么值得你一往情深？

8. 恋爱心理困惑之八：因为“没有感觉”而分手，为什么会没有感觉？

热恋时期的唯美浪漫主义和自我迷失，是爱情在面对真实生活时可能幻灭的原因。“没有感觉”可能是对爱情的看法不切实际或者过于独断，表达爱情的方式不对、生活习惯的适配性不强、对彼此行为的归因差异或者缺乏弥补关系裂痕的方法与心态所致。

另外，由于人类的欲望满足有所谓的“边际效用递减率”，两人相处太久难免觉得烦腻，如果没有增加新的“获得感”和“满足感”，爱情容易褪色或者转而追求新奇、新鲜和新增的“获得感”以至一方移情别恋。爱情是活的、有生命的，每一个阶段都有可能会变。爱情是有可能会死掉的，所以需要不断加入新鲜元素，人都是害怕一成不变的，这是人性，所以爱情的火花会熄灭也是正常的。重要的是需要不断努力去找出两个人共同的兴趣，并且以此去寻找新的话题，增加爱情的新鲜血液。

四、失恋后的成长

美好的感情不会一直光鲜亮丽，正如四季交换不舍昼夜。当热恋的激情和甜蜜退去后，分手成了许多大学生恋爱中不可避免的结局。如果那一天真的来临，我们又该如何冷静面对？

首先，如果你是对于主动提出分手的人，你需要考虑的步骤有：

(1)先想清楚自己为什么分手。有哪些理由可以支撑你坚定不移地分手？真的分手后，你能否接受？分手成功后对你有哪些利弊？

(2)在跟对方正式见面约谈分手的事情之前，考虑对方的性格、交往程度、对方可能会出现的态度等，组织好自己的语言与方式。

(3)调整好情绪再出发，注重沟通技巧，尽量客观陈述自己的理由，减少情绪代入，避免指责或怪罪对方。

(4)慎重选择分手的时间和地点，为避免发生意外，尽量选择有旁人或者地势平坦的地方，不要选择空旷无人、地势险峻、封闭私密或者濒临水域的地方。

(5)至少保证1~2个知情人知晓你要去谈分手的事情的时间与地点，以及何时回来等相关信息，请亲近的人在附近地方等你，避免发生意外事件。

(6)分手后保证一段情感空窗期，一方面使自己整理心绪，调节状态，认识这段感情中的自己是怎样的，以后对于感情的看法，总结归纳在这段感情中的成长与收获、不足与缺点，思考自己在感情中应如何提升；另一方面，保留情感界限，让彼此有更清楚的认识，明白你的坚决态度。

如果你是被动接受分手的人，你需要考虑的步骤有：

(1)在对方提出分手之后，首先要保持冷静，先让对方把话说完，不要自己有“我被甩”的心理暗示，而要从“了解对方的不快乐，在这段感情中对方是怎样的心情，感情的问题到底出在哪里”的角度来体会整个事件。

(2)一般来说，被动分手的人会比主动分手的人需要更长的心理调适与恢复期，因此如果自己的情绪在一段时间内无法恢复，请学着接纳自己。

(3)运用自己的个人网络社交平台做适当的情绪发泄。

(4)给自己一段时间放空，处理干净这段感情留下的心理投射。

其次，对方率先提出要求，如何说分手?

(1)下定决心。不要强求“分手了也可以做朋友”或者“我可以认你当妹妹(哥哥)”，通常是在双方协议并且达成共识的情况下分手才可能有机会继续当朋友。下定决心离开，才能顺利过渡。

(2)明说渐离。既然下定决心要分手，就该明明白白地告诉对方自己的痛苦感觉以及分手的决心，不必吞吞吐吐，造成不必要的猜测与误解。除了清楚地叙述外，更要配合实际行动，采用温和渐进的方式，避免对方刺激反应过大。比如可以逐渐减少约会的频率和时间，改变态度，减少联系次数，等等。

(3)切忌恶言恶语。好聚好散，“君子断交，不出恶言”，这是个人的修养也是美德。爱情不再，友谊长存。在漫长人生路上，又有谁敢保证以后永远不相见？为此，不如谨言慎行为对方留下最后的美好。理智冷静地讨论双方以后如何相处以及互相馈赠礼物的分配。

(4)拉开距离。分手后空间距离的拉开也是非常重要的因素。男女之间可能会因为地理位置的接近而互生好感，促进感情升温。反之亦然，拉远距离有利于双方感情的冷却。

(5)依赖时间。时间是最好的解药，相信随着时间一切都会烟消云散。

最后，分手后的心理调适。

分手的情绪视交往时间的长短、对关系的投入程度以及个人的性格而有所不同。一般而言，主动提出分手的人最主要的情绪有歉疚、轻松、解放、难过以及担心等情绪。其中最难处理的便是歉疚心理。而被动分手的人最难处理的情绪是自我存在价值以及自我相处的能力。

心理学家辛普森(Simpson)研究发现，亲密程度、交往时间长短、再找其他伴侣的容易程度，这三个变量可以稳定地预测分手后情绪痛苦的强度和持续时间。一般而言，失恋恢复期会视交往时间长短、两人情感深度、个人情感投入程度、个人对情感的回顾与

醒悟程度、个人社会支持系统、个人自我资源的程度而多有不同。要理性思考或合理化地解释，增强自己的心理建设。

(1)尊重对方的选择，不要提绝对化的要求。别让分手成为仇恨的开始，为什么要去恨一个自己曾经深爱过也爱过自己的人呢？记得不要让分手成为仇恨的开始，不要伤害自己，也不要伤害对方。所谓的爱情就是要付出后得到回报吗？所谓的爱情指的就是当你爱上一个人后，那个人也一定要爱你吗？或许你们的爱情已经不再，但也可以成为珍贵的友情。就算没有办法退回到朋友的地步，也没有必要心怀怨恨，将这段美好藏于心中，偶尔来回忆一场或许是更好的释怀方法。

(2)别不断责备自己。没有最好的人，只有最适合自己的人。因相识而相爱，因了解而分手。事实上，人与人之间的吸引力会导致两人相恋，但是要让恋爱能持续下去的最大因素还是适应。了解这一点，就没有必要在分手之后不断责备自己。没有最好的人，只有最适合自己的人，所谓分手不过是因为不适合，而不是因为自己不够好。

(3)不要死守一份不存在或者不适合的恋情。爱情绝对是单方面的，也就是所谓的单恋，但是，除非你真的可以忍受那种没有回应的爱情而不断付出真心。不然，单恋对人的身心都是一种煎熬。所以一旦你们分手了，一旦对方真的已经不再对你存有所谓的爱情，就试着接受事实吧，显然对方不是最适合自己的人。

(4)对方另结新欢，你真的可以真心祝福而不妒忌吗？一旦分手了，对方将不会再响应你。这个时候你如果继续付出自己的感情，并不是说不可以，也不是说不对。问题只在于你能够平静地守护一个单恋者的角色，只是爱着对方而不求回报吗？

(5)不要去问对方有没有真正爱过自己。被动分手的一方总想知道自己是否曾经被爱过，以为这样就可以平息内心的受伤与愤怒。事实上，这是没有必要的。在交往过程中双方都是真心交往、全力付出，只是深入交往后发现，彼此真的有许多差异无法接受。其实，回忆交往过程的幸福快乐与美好时光，即可说明彼此的爱，假如分手后愤怒地追问对方，不仅丢失了自己的尊严，也会让对方从心底里轻视。

(6)失恋分手不代表自己是失败的。如果可以欣赏彼此的差异，互相接纳，则爱情可以继续发展。反之，如果无法去欣赏对方，接纳对方的不同，长期争吵冲突，批评打压对方，只会让双方更加受伤与滋生心结。分手是另一种觉察与新的开始。所以失恋或者分手，并不代表自己就是一个失败的人。被动分手的一方，千万不要因此自卑而自我放弃。失恋只是生命中碰到的一个挫折，不要以偏概全，过分否定，把自己完全都否定掉了。少数恋情结束于不相爱，多数恋情结束于合不来。真心相爱固然可贵，理性的选择同样不可或缺。

(7)无法接受分手的事实与痛苦，干脆死缠烂打、威胁对方，以挽回恋情。这是非常软弱、非常可怕的一种行为。生命何其宝贵，死缠烂打的结果只会令对方更加讨厌自己，因此接受分手事实，面对自己所受的伤害重新再出发，才是真正成熟有效的方法。

(8)为了减少痛苦和克服孤单寂寞，赶快寻觅另一段恋情。有时被动分手的一方自视甚高、意气用事，为了要报复、示威，分手后立刻就找个条件更好的异性交往，表示自己没有受伤，“你看，你要不要我，我找个比你更好的”。分手后，最忌讳马上开始另一段新恋情。因为十之八九都会出现前一段恋情的阴影，加上还无法从前次失恋经验中

重新了解自己，新的恋情只会让自己的情绪更加混乱，因而无法全心全意再谈另一段恋情。长期下来，是非常不尊重人的一种行为，最后可能会得不偿失。

(9)如果发现自己处理不了、撑不下去，不要死撑或者强忍，一定要找同学、朋友、老师或家人来分享悲伤或压力，通过他们的支持与陪伴，让自己的情绪得到抒发与宣泄。千万不要把痛苦往自己肚子里吞，让懊恼痛苦长期损耗自己的生命。如果发现连续两周以上都出现明显的严重情绪障碍或者自伤自残行为，就需要寻求专业心理辅导和药物治疗，走出阴霾，重新再出发。

(10)放对方走，也让自己自由，这是一个良好的建议。放开对方，让对方去寻找他真正的幸福，这也是爱的表现。在分手后仍然对对方迷恋不已，承受那种煎熬的将只有你自己。下一个恋爱对象会更好，这样告诉自己，并且努力去追求自己所能拥有的爱情吧。如果你不爱惜一个人，请放手，好让别人有机会珍惜。如果你爱的人放弃了你，请放开自己，好让自己也有机会去爱别人。

习　题

(1)什么是爱情？爱情有哪些分类？

(2)根据本章所学爱情相关理论，谈谈自己理想中的爱情是怎样的？

(3)大学生常见恋爱问题与挫折有哪些？我们该如何调适？

(4)请结合本章知识谈谈如何在恋爱中培养爱的能力？

(5)大学生出现各种恋爱问题的原因有哪些？

(6)如果你失恋了，你将如何调节自己的情绪并在这段感情中学会成长？

第八章

大学生的学习心理

案例导读

乔的烦恼

“记得高中时，我一想起自己的目标和理想就很兴奋，会有很多美好的幻想，而正是这些幻想推动着我。那时我可以凌晨3点钟起床学习，可是到了大学我差不多打游戏到凌晨3点才睡觉，很晚才起床。我知道我刚上大学那段时间很颓废，我不想再回到那样的生活状态了，但是也找不到任何激情。我一直对现在的专业很感兴趣，差不多高中时期就决定了大学要读的专业。我那时很喜欢幻想自己的将来，我那时坚信自己的将来一定是很美好的，每每想到自己美好的将来我都会很有力量，可是现在不知为什么，我却很难提起精神来。”

“我发现在自己的目标之下，我总是很难实现我的学习计划，这让我陷入自责之中，我的情绪会变得糟糕，进入恶性循环之中。我好像没有了激情，学习总是有被强迫的感觉，提不起兴致。所以我每天都会告诉自己‘你应该努力呀，你必须要严格要求自己，你不能够再像从前那样放纵自己了’。几乎每天都会对自己说这样的话，但是却没有什么效果，还有一种被强迫的感觉，好像没有了自由，自己被束缚住了，感到特别压抑。我真的很想回到那些有激情的日子，虽然有点不现实。现在的我别说实现自己的目标了，就连学业都应付不了。我很难完成我的计划，有时就是因为没有办法按时起床，结果整体的计划都要受到影响，所以我的心情就很糟糕。”

说到这里乔深深地叹了口气，似乎心头被重重的东西压着透不过气。

这是一个大二学生在学校心理咨询中心求助时对咨询师说的话，看得出他对自己的现状非常不满意，缺乏学习的动力和激情，沉溺于网络，想改变、想努力但却缺乏行动，心里沮丧，陷入了恶性循环中。

第一节　学习概述

一、什么是学习

“学习”是人们日常生活中最常用的词之一，但是长期以来，人们对学习仍没有一个统一的概念。“学习”一词，我国古代文献中早就有之。孔子说：“学而时习之，不亦说乎？”“学而不思则罔，思而不学则殆。”许多心理学家、教育学家和哲学家从不同角度提出了学习的定义。桑代克认为，人类的学习就是人类本性和行为的改变，本性的改变只有在行为的变化上表现出来；加涅认为，学习是人类倾向或才能的一种变化，这种变化要持续一段时间，而且不能把这种变化简单地归为成长过程。我国著名的心理学家潘菽在他主编的《教育心理学》一书中，对“人类学习”下的定义是：“人的学习是指在社会生活实践中，以语言为中介，自觉地、积极主动地掌握社会的和个体的经验的过程。”

一般认为学习有广义和狭义之分。从广义角度看，学习并不是人类的专利，它广泛存在于动物界，是指有机体获得经验以适应变化着的环境的过程。学习效果是以有机体的行为变化和适应能力来体现的，而个体已有的经验是其继续学习的依据。例如，一个孩子在下床的时候，他会小心地从角落滑下来，这个过程就是学习的过程。目前更为人们广泛接受的定义是：“学习是由于经验所引起的行为或思维的比较持久的变化”。

从狭义的角度来看，学习指的是学生的学习，指在各类学校环境中，在教师的指导下，有目的、有计划、有组织地进行的，在较短的时间内系统地接受前人积累的文化经验，以发展个人的知识技能，形成符合社会期望的道德品质的过程。

二、学习的心理机制

不同学派的心理学家，对于学习问题都提出过自己的理论观点。学习机制问题一般分为行为主义的观点、认知主义的学习理论和建构主义与人本主义学习理论三种。

1. 行为主义的观点

(1)巴普洛夫经典条件反射中的学习观。俄国生理学家巴普洛夫发现了条件反射现象。巴普洛夫利用条件反射的原理，对人和动物的高级神经活动进行了许多推测，发现了人和动物学习的最基本的机制。

巴普洛夫认为，大脑皮质的基本神经过程是兴奋和抑制及其之间的转化。兴奋过程表现为条件反射的建立和出现，即由条件刺激引起机体的积极反应，如分泌反应、运动反应等。抑制过程则表现为条件反射的抑制，即反应不出现或强度减弱。巴普洛夫经典条件反射的核心是反射性反应，如唾液分泌、瞳孔放大、膝跳反应等，这些反应是由有机体生物学相关的特定刺激自然诱发反射性行为的刺激，也叫无条件刺激，因此学习对刺激控制行为而言不是一个必要条件。由无条件刺激诱发的行为，叫无条件反应，

与无条件刺激相匹配的是中性刺激，如巴普洛夫实验中的铃声，被称为条件刺激；经过几次反复，条件刺激引发出的反应，被称为条件反应。巴普洛夫实验中一定频率的铃声(条件刺激)与食物(无条件刺激)多次结合。原先只能由食物引起狗的唾液分泌(无条件反应)，在铃声单独出现时也可以引起类似的唾液分泌。也就是说，当条件刺激和条件反应之间形成了巩固的联系时，学习就出现了。

巴普洛夫的实验表明，学习是暂时神经联系的形成。巴普洛夫的经典条件反射学习理论在儿童良好习惯的培养中具有重要的实践意义。

(2)桑代克的联结主义学习论。桑代克和许多早期的行为主义学家们一样，把行为与生理反射联系在一起。早期的学习理论家们提出某些反射如膝跳反射，不用大脑加工就能发生，他们假定其他行为也同样决定于对环境中刺激的反射，而不是通过有意或无意的思考。在桑代克的早期工作中，他也把大多数行为看做对环境中刺激的反应。桑代克超越巴普洛夫之处在于他提出在某个行为之后出现的刺激影响了未来的行为。

桑代克的联结理论是根据其对动物的实验结果提出的，其中最著名的是饿猫开迷箱的实验。一只饿猫被关在他专门设计的实验迷箱里，箱门紧闭，箱子附近放着一条鲜鱼，箱内有一个开门的旋钮，碰到这个旋钮，门便会启开。开始饿猫无法走出箱子，只是在里面乱碰乱撞，偶然一次碰到旋钮打开门，便得以逃出吃到鱼。经多次尝试错误，猫学会了碰旋钮以开箱门的行为。他在博士论文“动物的智慧”中对多年的动物研究进行了总结。

桑代克认为，学习的实质在于形成刺激-反应联结(无需观念作媒介)；人和动物遵循同样的学习律；学习的过程是盲目的尝试错误的渐进过程。桑代克还提出，学习要遵循三条重要的学习原则。

桑代克的学习理论指导了大量的教育实践。效果律指导人们使用一些具体奖励。如口头表扬等。练习律指导人们对所有学生进行大量的重复练习和操练。他对教师的总的劝告是“集中并练习那些应结合的联结，并且奖励所想要的联结”。

(3)在操作条件反射中的学习观。美国心理学家斯金纳在20世纪30年代发明了一种所谓的“斯金纳箱”的学习装置，箱内装上一操纵杆，操纵杆与另一提供的食物装置连接。把饥饿的白鼠置于箱内，白鼠若无意间踏上操纵杆，供应食物的装置就会自动落下一粒食物。经过几次尝试，白鼠会不断按压操纵杆，直到吃饱为止。这可以说明，白鼠具备了按压操纵杆以取得食物的反应能力，按压操纵杆变成了取得食物的手段或者工具，这被称为操作条件反射。在操作条件反射中的学习，也就是操纵杆与压杆反应之间形成固定的联系。斯金纳从操作条件反射的实验中得出结论：学习过程就是外界环境的刺激与有机体的反应之间建立连接或联系的过程，这个联系(学习)的形成与巩固，是不断强化(如奖励和惩罚)的结果。斯金纳认为，教育就是用强化塑造人的行为。教育成功的关键是建立特定的强化措施。

(4)社会学习理论——观察学习。按照条件反射的说法，个体行为的学习，都是通过奖励或惩罚的方式实现的。这对动物来说，或许可以成立，这是由动物的学习能力以及行为的限制性决定的。但对于人类来说，未必尽然，因为人的认知、技能、态度、观念等很多来自间接经验。美国心理学家班杜拉提出的社会学习理论强调观察学习的作用。观察学习是由学习者在社会情境中，通过观察别人的行为表现及其后果(得到奖励或惩罚)的方式间接学到的。间接学习的过程就是模仿，模仿对象即榜样。对榜样的行为进行模仿时，学习者对自己的行为制定一个标准，而该标准是以榜样的行为为依据的。学习者有了标准之后，就会根据标准来评判自己、改正自己，这就叫自我规范。自我规范的结果，如果学习者觉得自己的行为符合了标准，就会感到满足；满足之后自然再加强所模仿的行为，这种心理效应，称为自我增强。通过对观察学习的分析，一方面，证实了强化原则影响行为；另一方面，也证实了人类由能力运用认知过程，借助替代奖赏和替代惩罚来改变行为。

2. 认知主义的学习理论

(1)格式塔的学习观。以德国心理学家苛勒的著名的黑猩猩实验为例。苛勒把黑猩猩关在笼内，为其设置了一个问题情境：在笼内放一把香蕉，笼外放一根棍子，黑猩猩用四肢去抓，都够不着。后来，黑猩猩发现笼外的棍子，它“领悟”到棍子与香蕉的关系，忽然用棍子成功地取到了香蕉，解决了问题。以后在类似的情境中这只黑猩猩仍然能运用已经获得的经验去取得香蕉。

在格式塔心理学家看来，知觉经验变化的过程不是渐进的尝试错误的过程，而是忽然领悟的，所以格式塔的学习理论又称“顿悟说”。

(2)托尔曼的认知论。美国心理学家托尔曼对“刺激-反应”的联结说表示不认同。他首先提出了中间变量的概念。他认为，学习的结果不是“刺激-反应”直接联结的，主张把S-R公式变成S-O-R公式。在后一公式中，O代表有机体的内部变化。为了探索动物在学习过程中的认知变化，托尔曼设计了老鼠走迷宫的实验，证明通过学习老鼠具备了认知地图(即认知结构)的能力，这就是学习的实质。

托尔曼认为外在强化并不是学习产生的必要因素，不强化也会出现学习。他认为动物的行为是有目的的行动，也就是在走迷宫时，根据情境的感知，在头脑里有一种预期(或者假设)效果，动物的行动受到该预期指导。托尔曼同时承认，在学习过程中存在着尝试与错误的过程，在多次尝试中，有的预期被证实，有的未被证实。预期的证实也是一种强化，这可以解释为内在的强化，即由学习活动本身所带来的强化。托尔曼提出的认知学习理论和内部强化理论，对现代学习理论的发展具有一定的贡献。

(3)现代认知心理学的学习观。美国当代著名的认知心理学家布鲁纳和奥苏伯尔认为，学习是认知结构的组织与重新组织。这与格式塔的观点基本一致。但现在认知心理学家更加强调已有的知识经验的作用(即原有的认知结构的作用)，也强调了学习材料本身的内在逻辑结构。在内在逻辑结构的教材与学生原有认知结构关联潜力中，新旧知识发生相互作用，新知识在学习者头脑中被赋予新的意义，这些就是学习变化的实质。

3. 建构主义与人本主义学习理论

(1)建构主义学习观。建构主义理论认为，学习是学习者主动建构内部心理表征的过程，强调学习过程中学习主动性的发挥。学习过程包含两方面的建构：一是对新信息的意义建构，运用原有的经验超越所提供的信息；二是对原有经验的改造和重组。学习既是个性化行为，又是社会性活动，学习需要对话与合作。学习发生于真实的学习任务中，强调学习的主动性。

（2）人本主义学习观。人本主义心理学派认为，学习是指学习者获得知识、技能和发展智力、探究自己的情感，学会与教师及集体成员的交往，阐明自己的价值观和自己的态度，实现自己的潜能，达到自己的境界。他们认为必须尊重学习者，把学习者视为学习活动的主体，必须重视学习者的意愿、情感、需要和价值观，相信正常的学习者都能自己指导自己，实现潜能。

三、大学生的学习

大学的生活是围绕学习而展开的，学习是大学生活最重要的内容之一。广义的学习包括培养思想意识和行为、获得知识技能、提高智力和能力的过程。除课堂学习以外，在日常生活和社会实践中学习，通过网络等媒体学习也逐渐成为大学生重要的学习途径。如何理解学习的真正含义，如何有效地学习，如何通过学习真正地提高自身的素质，培养创新能力，这些都是与大学生学习和心理健康有关的重要课题。

1. 大学阶段学习的特点

每一个大学生都希望顺利地完成学业，掌握立身社会所需要的真才实学。要想在大学期间高效地学习，必须了解大学学习的特点。

（1）学习过程的自主性。学习活动的自主性主要表现在自觉性和能动性两个方面。大学生的学习虽然有教学计划、有老师讲课，但是老师授课之后的理解、消化、巩固等各个环节主要靠学生独立地去完成，这就需要大学生有很强的学习自觉性，而不能像中学生那样由老师布置、检查和督促。另外，大学生对学习内容有较大的选择性。除必修课外，学校里还开设了许多选修课。大学生可以根据自己的需要、兴趣有选择地听课、学习。此外，大学生自由支配的时间较多，这就需要学生充分发挥主观能动性，统筹规划，合理安排自己的学习内容，选择适宜的学习方式，以便在有限的时间内获得较高的学习效益。自主学习可以拓宽学生的学习空间，有利于学生主动探索、主动发现、主动学习、掌握自学的本领，为学生在毕业后不断地汲取新知识、进行创造性的工作打下坚实的基础。

（2）学习方式的多样性。进入大学后，大学生普遍感到知识浩如烟海，各类活动繁多。学校为学生开设大量的选修课程，为每个人的发展提供了广阔的天地。以什么样的学习方式才可以处理好课本知识与课外知识、专业学习与能力培养等诸方面的关系，是大学学习中的重要议题。

（3）学习内容的专业性。专业性是指学生的学习具有一定的专业指向性和职业定向性的特点。这种专业性，是随着社会对本专业要求的变化和发展而不断深入的。知识不断更新，技能要求越来越高，专业目标更具体、更细致是大学专业的显著特点。在校大学生是按国家需要培养的高级专门人才，从一入学就有一个专业定向问题。大学生对自己的专业是否有兴趣会直接影响其学习热情，并进而影响其学习效果。

（4）学习目的的探索性。探索是指大学生在学习过程中，寻求和钻研书本结论之外的新观点。爱因斯坦曾强调，教育必须重视培养学生思考、探索问题的本领。在学习中，大学生不但要掌握所学的知识，而且要掌握知识的形成过程，了解学科发展状况、

存在的问题以及解决这些问题的可能性，掌握科学的研究方法，培养独立思考、探索创新的精神。死记硬背、墨守成规、缺乏灵活性、低创造性的大学生将会在学习中较多地感到压力大和不适应。

上述这些特点既有区别又互相联系，说明大学生的学习活动是复杂的、紧张的，需要很大的心智能量和良好的心理素质、多方面的能力和健康的身体来保障。

2. 大学生学习方式的转变

随着社会的进步与发展，人们的学习观念发生了深刻的变化，对大学生的学习也提出了更高的要求。学生进入大学后，学习方式必须完成五大转变。

(1)由依赖型学习向自由型学习转变。依赖型学习，指的是一种学习上无自立性、无主动性，呈现出被动、依赖等品质和特征的学习。自主型学习也称为主体型学习，表现为自觉地、能动地、有目的地、个性化地和创造性地从事学习活动。

(2)由知识型学习向智力-能力型学习进而向人格学习转变。知识型学习指的是一种重知识、轻能力，重理论、轻实践的传统学习方式。智力-能力型学习强调既重视学习者能力的提高和智力的开发，又重视学习者职业适应能力与职业发展能力的提高，它满足了现代社会能力本位人才观对学习所提出的要求。人格学习不仅重视知识和能力的相互促进和共同提高，而且更重视受教育者人格的健全发展，它要求“千学万学，学做真人”。

(3)由封闭型学习向开放型学习转变。封闭型学习指的是一系列“以课堂为中心、以课本为中心、以教师为中心”的学习方式的总称。开放型学习则是与之相对立的一种面向社会、面向生活多层次全方位开放的学习。

(4)由传承型学习向创造型学习转变。传承型学习表现为重视学习在继承人类文化成果、传递生活经验方面的独特作用，却忽视了学习者在学习过程中的探索、发现和创造，即忽视了创造性的培养。创造型学习是从适应与发展两大任务出发，既强调继承与适应，又强调创造与发展。

(5)由学会型学习向会学型学习转变。学会型学习指的是一种“教什么学什么，学什么会什么”的学习，它用“学懂”“学会”来回答“学得如何”的问题，往往突出了知识的学习，而忽视了方法的掌握。会学型学习不仅包括“学懂”“学会”，还用“懂学”“会学”来回答“如何学”的问题。古人说，“授人以鱼不如授人以渔”。说的就是要学会学习，要讲究学习的方法，要善于学习。

3. 大学生的学习原理与方法

(1)记忆原理。

①记忆的含义：记忆是过去的经验在头脑中的反映，是一种复杂的心理活动。通俗地讲，人们感知过的事物，思考过的问题，体验过的情感或从事过的活动，都会在人们头脑中留下不同程度的印象，其中有一部分作为经验能保留相当长的时间，在一定条件下还能恢复，这就是记忆。

②记忆过程：形成记忆的过程包括识记、保持、回忆三个基本过程。记忆从识记开始，识记是学习和取得知识经验的过程，也就是通过感知得到信息并在脑中留下印象的

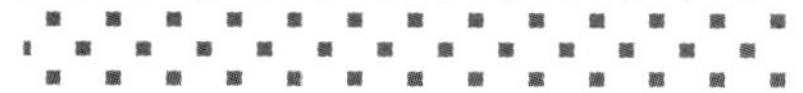

过程，是整个记忆活动的开始，依据事先有无目的，可分为有意识记和无意识记。例如，目击证人有的是有意识记，有的是无意识记。

保持是知识经验在大脑中储存和巩固的过程，从信息处理的角度来说，也就是信息的编码与储存。记忆信息加工首先要对外来信息的轻重缓急加以分类整理，而且，所使用的分类方法和程序必须始终一致。信息编码的方式对以后提取该信息的能力有很大影响。如果我们知觉有误，或分类特征不清，或形成的记忆痕迹与客观事物相差很远，那么我们在提取信息时就会非常困难。这告诉我们要提高记忆的能力，首先要深刻理解记忆材料的实质。比如我们在学习文字时，按事物的形状、声音、意义，分别编成各种代码（文字），包括形码、声码、意码。例如手表，形码为圆形、方形或其他形状的可以戴在手腕上的物体；声码为手表指针动时滴滴答答的声音；意码为查看时间的工具。

回忆是从大脑中提取知识经验的过程，可以归入信息检索里来。回忆部分取决于提取线索。前面探讨的是信息贮存方式，但是对贮存的信息进行适当编码，仅仅是问题的一半，如果没有适当的提取信息的线索作为补充，一个人是难以回想起某一事件的。例如，我们可能常常有这样的体验：试图想回忆某件事情，但开始时就是想不起来，就把它搁在一边。后来再试，似乎当时也没有什么新信息，但却成功地回想起来了。很显然，这方面信息是贮存在记忆中的，最初回忆失败是由于提取的失败，是由于没有找到提取的线索。所以在学习中要从整体着眼，对学习材料进行归纳整理，找出知识点之间的内在联系，进一步形成知识体系，这样可以加深理解、巩固记忆、方便回忆。

③三个记忆系统。

• 瞬时记忆。瞬时记忆又叫感觉记忆，是指个体凭视、听、味、嗅等感觉器官感应到刺激时所引起的瞬间记忆。瞬时记忆留在感官层面，如不加注意，马上就会消失。瞬时记忆记住信息的方式，是外界刺激物的形象，编码方式为形码。

• 短时记忆。当我们对瞬时记忆的信息加以注意的时候，或者说当意识到瞬时记忆的信息的时候，这就转入了短时记忆。短时记忆是指外界刺激以极短的时间一次呈现后，保持时间在1分钟以内的记忆。比如生活中我们从电话本里查找到一个电话号码，然后凭记忆按下电话号码，可是打完电话你却完全记不起电话号码了，这就是你运用了短时记忆。在短时记忆的编码中，语言文字类是声码，非语言文字类是形码，此外还有少量义码，而且视觉记忆的形象占有更重要的地位。

一般的短时记忆只能保持20秒左右，最长不超过1分钟。在这么短的时间内我们能储存多少信息呢？平均为七个项目。短时记忆储存的信息，在检索的时候需要时间，检索的信息越多，需要的时间越长。

• 长时记忆。短时记忆经过复习后就会进入长时记忆，但是如果不加复习就会遗忘。长时记忆的保持时间可以是1分钟以上，甚至终生不忘，所以也可以叫永久记忆。我们生活中所用的知识就来自长时记忆。美国心理学家佩沃提出长时记忆中“双重编码说”，即主张语文信息的处理以意码为主，非语文信息的处理以形码为主。比如，一块手表，我们既可以在脑中形成一个图像，也可以表达为“一种计时工具”。前者是形象的形码，后者为语言的语义码。人们在记忆的时候，语义码和形码是双向并进的，它们既平行又相互联系并且可以互相转换。

信息由短时记忆转为长时记忆，采用什么方式编码，更重要的是看材料本身性质来决定。比如，你看一篇文章，最终留下的应该是意义而不是图像，相反，看到一个帅气的人或漂亮的人，你绝不会记住大概的长相，而是会很长时间记住他(她)的长相。长时记忆的编码有语义编码和形象编码。长时记忆的容量是无限的。长时记忆在保存的过程中会随时间变化而产生量和质上的变化。比如原来知识的内容，被扭曲或简单化，变得更合理或变得更具体、更详细。这些变化会引起记忆检索的困难，因此长期记忆的提取需要一些线索，并且线索中所包含的信息与记忆的内容越匹配越易回忆。就像图书馆里找书需要索引一样。另外，适当的复习可以有效地防止信息随时间变化而被扭曲。

信息从瞬时记忆转入短时记忆，再转入长时记忆的过程中，我们可以发现记忆是有选择性的，影响这个选择的是个体的主观因素。这也就是为什么一个人在专心工作的时候，听不到周围的声音，这就是专心工作时注意力集中的原因。个体的主观因素中最重要的就是注意力，所以集中注意力是提高记忆力的基础。

(2)遗忘。

①遗忘含义：记忆保持的最大变化是遗忘。遗忘和保持是矛盾的两个方面。记忆的内容不能保持或者提取时有困难就是遗忘，如识记过的事物，在一定条件下不能再认和回忆，或者再认和回忆时发生错误。可见，遗忘是记忆的反面，克服遗忘就是加强记忆。

艾宾浩斯是德国著名的心理学家，是第一个从心理学上对记忆进行系统实验的人。他对记忆研究的主要贡献之一就是对记忆的保持规律做了重要研究，并绘制出著名的"艾宾浩斯记忆遗忘曲线"(图8-1)。从曲线图中我们可以发现：记忆结束遗忘就开始了；遗忘速度最快的区段是20分钟、1小时、1天，分别遗忘42%、56%、66%；2～31天遗忘率稳定在72%～79%之间；遗忘的速度是先快后慢，等等。

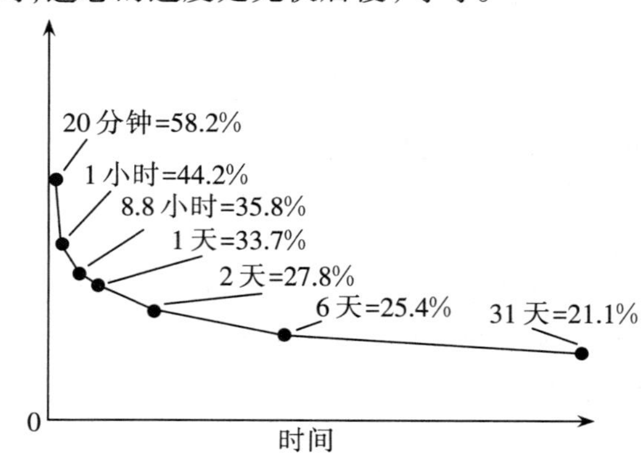

图8-1　艾宾浩斯记忆遗忘曲线

通过分析，显而易见，复习的最佳时间是记材料后的1～24小时，最晚不超过2天，在这个区段内稍加复习即可恢复记忆。过了这个区段因已遗忘了材料的72%以上，所以复习起来就"事倍功半"。我们在复习功课时，有时感觉碰到的好像是新知识似的，这就是因为复习的间隔太长了的缘故。今后我们要有意识地运用这一规律，不能认为隔几小时与隔几天复习是一回事，应及时复习。

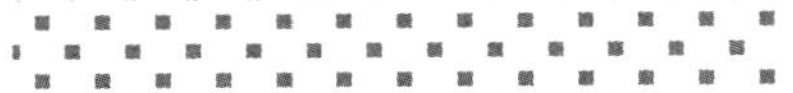

②遗忘规律。

骨架支柱的内容不容易遗忘，细微容易遗忘。

启发：在学习时要学会列提纲，总结大意去记忆。要从宏观上把握所学内容的框架、结构、条理及大体意义。

遗忘速度先快后慢。

在学习识记完某一知识后，遗忘就开始发生，尤其在起始阶段遗忘的速度较快。

启发：在学习完某项内容后应及时复习，在未等记忆的内容遗忘掉之前就再次复习，这样只需要花费很少的时间就能复习巩固一次。如果等所学的内容全忘了之后才去复习，就等于重新学习一次，此时所花费的时间就比较多，学习的效率就比较低。

有意义、能理解的内容不容易遗忘，无意义、不理解的内容容易遗忘。

启发：在学习时应理解地记忆所要记忆的内容。如果所记的内容没有什么意义，那也可以创造性地赋予其意义。

对有兴趣、爱好和需要的内容不易遗忘。

启发：在学习时要培养所记忆的内容的兴趣。要明白为什么要学习这个内容，学习这些知识对自己有哪些好处。

一次记忆同类的内容过多、过久时容易发生遗忘。

启发：在学习时要注意文理学科交替学习、不同学科交替学习。因为不同学科的知识由大脑不同的部位主管，所以学科交替学习就可以使大脑的各个部位得到及时修整。

中间材料容易遗忘，开头与结尾的内容容易记忆。前摄抑制：前面识记的内容对后面识记的内容有抑制作用；后摄抑制：后面识记的内容可影响前面识记内容的记忆效果。

启发：睡觉前和醒来后是两个绝佳的记忆黄金时段。睡前的这段时间内可主要用来复习白天或以前学过的内容，对于24小时以内接触过的信息，根据艾宾浩斯遗忘规律可知能保持34%的记忆，这时稍加复习便可恢复记忆，更由于不受后摄抑制的影响，识记材料易储存，会由短时记忆转入长时记忆。另外，根据研究，睡眠过程中记忆并未停止，大脑会对刚记忆的信息进行归纳、整理、编码、储存，所以睡前的这段时间是很宝贵的。

早晨起床后，由于不会受前摄抑制的影响，记忆新内容或再复习一遍昨晚复习过的内容，则整个上午都会记忆犹新，所以说睡前醒后这段时间千万别浪费。

由于前摄抑制和后摄抑制原理，对所要记忆的内容进行分段来学习，以便增加多个开头与结尾，也可以增强记忆效率。

用脑过度，脑机能下降时，记忆效率低。

启发：劳逸结合，不要在疲劳的状态下学习。每学习四五十分钟后就应当做做广播体操、眼保健操等。这些锻炼一定会有利于你的身心健康，提高你的学习效率，切不可等闲视之。

(3)增强记忆，克服遗忘。

①识记材料性质与数量要适度。识记材料的性质与数量。一般认为，对熟练的动作和形象材料遗忘得慢，而无意义材料比有意义材料遗忘要快得多；在学习程度相等的

情况下，识记材料越多，忘得越快，材料少，则遗忘较慢。因此，学习时要根据材料的性质来确定学习的数量，一般不要贪多求快。

②适度的学习。一般认为，对材料的识记没有一次能达到无误背诵的标准，称为低度学习的材料；如果达到恰能成诵之后还继续学习一段时间，这种材料称之为过度学习材料。实验证明，低度学习材料容易遗忘，而过度学习的材料比恰能背诵的材料，记忆效果要好一些。当然过度学习有一定限度，花费在过度学习上的时间太多，会造成精力与时间上的浪费。

③组织有效的复习。与遗忘进行斗争的首要条件是组织识记后的复习。复习在保持中有很大的作用。刺激物的重复出现是短时记忆向长时记忆转化的条件，没有重述的信息是不可能进入长时记忆的。

四、心理健康与学习的关系

1. 学习对心理健康的积极影响

学习活动可以发展智力、开发潜能。每个人都有与生俱来的潜能，这些潜能可以在学习过程中得以表现并进一步得到开发。心理学认为，一定的智力水平是心理健康的基础，而潜能的开发状况则与心理健康状况直接相关。学习能带来心理上的满足，使人体验愉快的情绪。心理健康专家认为，献身于某些引人入胜的工作，是实现心理健康的基本条件。如奥尔波特倡导实现“成熟个性”就应“专注工作”“全身心地投入某种工作”；马斯洛提出“自我实现者”要求“以自身以外的问题为中心”，“与一般水平的心理健康者相比，他们工作更刻苦”；弗兰克提出的“自我超越者”是“献身于事业的”。乐于工作的人常常能从工作中找到乐趣，每当完成一项任务，取得一项成绩，就会感受到自己的价值和尊严，就会有一种自我效能，有一份喜悦和满足。而在遇到不如意的事情时，若能埋头于工作，就可以实现“注意转移”，使自己忘掉烦恼，从工作成绩中得到安慰。大学生的“工作”就是学习，努力学习，善于学习，有助于大学生的发展与心理健康。

2. 不良学习对心理健康的消极影响

学习是一项艰苦的脑力劳动，在学习活动中，如果学习方式不当，就会事倍功半，影响学习积极性；如果学习内容过多、负荷过重，就会由于压力过大而引起身心不适；长时间的学习会让人产生疲倦、松懈等情绪，如果搞“疲劳战术”，不注意劳逸结合，则会损害身心健康。这些伴随不恰当的学习活动而来的种种不利因素都会直接或间接地影响大学生的心理健康。总之，心理健康与学习是相互联系、相互影响、相辅相成的关系。然而大学生在学习过程中的心理健康问题长期以来没有得到应有的重视。通常人们把那些突然对学习产生厌倦、学习成绩下降、考试不及格、受到黄牌警告、留级乃至不能坚持学习而辍学的学生视为学习不刻苦、对自己要求不严、智能不足或缺乏理想等。不能否认这些因素确实影响了某些大学生的学习。但是严峻的事实告诉我们，大学生的心理健康状况也是影响大学生学习的重要原因。因此，大学生了解大学学习活动的特点和规律，积极主动地学习，有助于促进心理的健康发展。同时，大学生应自觉地关注自身的心理健康状况，提高心理健康水平以促进学习，从而建立学习与心理健康的良性循环。

第二节　大学生学习能力的培养

学习能力泛指个人理解、应用和批判所学知识的能力，它通常包括听课能力、笔记能力、作业能力、考试能力、提问能力等方面。学习能力受一定的先天因素影响，但主要靠在学习过程中获得和提高。比如记忆和思考能力，不能排除先天因素的影响，但后天的训练同样重要。人的学习能力要靠在学习过程中培养和提高，所以就有“学会学习”的提法。当然，“学会学习”包含的内容比较丰富，但核心是学习能力的提高问题。每个人的学习能力有所不同，也有高下之分，但如果能在学习过程中注意提高自身的学习能力，基本上都能够达到创造性学习的目的。创造性学习将学习与探索、研究、实践结合起来，认为学习过程是探索、发现和创新的过程。学习者不仅要接受、消化所学的内容，把它变成自己的，而且要能够分析所学的内容，能够质疑和批判；不仅能够接受新知识、新事物，而且能够探索未知，提出新问题、新观点，从新的角度去看旧的问题。

一、建立科学的学习观

大学生的学习观是大学生对学习的基本观点和看法，是关于学习的基本概念体系，同时也是大学生进行学习活动的指导思想。学习观源于学习实践，又影响学习实践。不同的学习观将导致大学生学习目标选择方向与层次的不同，也会导致学习内容、学习方法与学习品格的不同和学习自主性、创新性的不同，最终影响学习效率的高低以及学习的成败。大学生应该树立的科学的学习观包括以下几点：

1. 终身学习观

学习既是人类生存和社会发展的基本手段，也是与人生相伴的持续不断的终身过程。21世纪的社会是一个终身教育、终身学习的学习型社会，知识经济这种全新的经济形态正改变着我们的物质世界和精神世界，向我们的教育和学习提出了新的标准和更高要求。现如今，信息化社会已打破了学习上一劳永逸的状态。知识更新的速度越来越快，知识倍增的周期越来越短。20世纪60年代，知识倍增周期为八年，80年代缩短为三年，进入90年代之后，知识总量一年就可增一倍。有学者预计，2030年人类将要拥有的知识90%还没有创造出来。这意味着我们再也无法通过一段时间的集中学习，获得可供一辈子享用的知识技能，人生被分成学习阶段和工作阶段的时代已经结束。学习型社会要我们终身不停地吸收新信息，获取新知识，增长新本领，以适应新挑战。如果没有终身学习的思想，只想凭大学阶段所学到的知识包打天下，是行不通的。大学阶段的学习不仅在于获得优良的学习成绩，更在于培养优良的学习素质，为终身学习打基础、做准备。

2. 创新学习观

创新是人类文明的源泉，是知识经济发展的动力。一部人类历史，就是一部创新活

动的历史,就是人类在不断地改造客观世界的同时改造自身,从而不断获得进步和自由的历史。

对于大学生来说,没有创新性学习,就没有学习后的创新。创新性学习是指把学习看成一种创新性活动,在接受知识时思考,在解决问题的各种实践活动中力争提出创新的解决方法和见解。创新学习是培养创新精神、创新意识、创新思维、创新方法和创新能力的学习方法,它着力于培养学生主动性学习、探究性学习的能力,最大限度地激发学生的学习积极性,使学生主体性得到真正体现。

创新学习观是对“传授知识-接受知识”的传统学习模式的挑战。大学生的学习不应仅仅满足于重复前人或他人思维和行为的过程和结果,而应在学习过程中获得和发现前人和他人所未能发现和获取的新知识、新技能,对现在的知识应该有新的理解、新的认识、新的思路和新的应用。

3. 学会学习观

在信息时代,知识更新周期加快,职业变动频繁,因此,只讲求学习而不讲求如何学习是无法适应学习社会的。

刻苦学习是必要的,但光靠勤奋是不够的,仅仅只是提倡“书山有路勤为径,学海无涯苦作舟”“愚公移山”“蚂蚁啃骨头”的精神是不够的。正如托夫勒在《未来的冲击》中指出的那样:“鉴于可以预见的速度,我们能推测出的知识会越来越快地陈旧过时,今天人们认为‘正确’的东西,明天将会成为‘错误’的东西……大学生们必须学会摆脱过时的概念,并且知道什么时候如何去代替这些过时的概念,总之我们必须学会学习。”“未来的文盲不再是不识字的人,而是没有学会学习的人。”大学生只有学会如何学习,才能保证毕业后顺利进入其他教育系统或以其他教育手段和形式继续学习,随时补充、更新自己的知识,以迎接知识经济的挑战。

二、培养和激发学习动机

动机与学习动机的概念是激发、维持并使行为指向特定目的的一种力量。动机对个体的行为和活动有引发、指引和激励功能。它涉及这样三个方面的问题:引发行为的起因是什么?使行为指向某一目的的原因是什么?维持这一行为的原因是什么?在许多有关动机的文献中,心理学家们往往用“动机作用”这一术语来描述个体产生能量和冲动、指引行为朝向某一方向,并将这一行为维持一段时间的种种内部状态和过程。

学习动机是推动学生进行学习活动的内在原因,是激励、指引学生学习的强大动力。学习动机指的是学习活动的推动力,又称“学习的动力”。它并不是某种单一的结构。学生的学习活动是由各种不同的动力因素组成的动力系统所引起的。其心理因素包括学习的需要,对学习的必要性的认识及信念,学习兴趣、爱好或习惯等。从事学习活动,除要有学习的需要外,还要有满足这种需要的学习目标。由于学习目标指引着学习的方向,可把它称为学习的诱因。学习目标和学生的需要一起成为学习动机的重要构成因素。

大学生在日常学习活动中可从以下几个方面增强自己的学习动机:

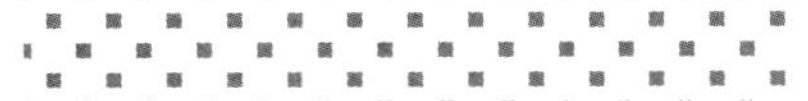

1. 参加竞赛活动和合作学习

竞赛是利用人们的荣誉感及对成功的渴望而激发学生学习动机的有效手段。心理学研究表明,竞赛是激发学生学习动机的有效手段。心理学家切普曼和费德做了对比试验:他们将被试者分成两个等组,一个为竞赛组,一个为非竞赛组,然后进行数学练习,共进行10天,每天10分钟。竞赛组每天的成绩被登记在统计表上作为诱因,而非竞赛组则只做练习,不登记成绩,结果竞赛组的成绩明显高于非竞赛组。试验结果表明,在教学中适当参加一些竞赛活动是必要的,它可以激发学生的学习动机,有利于提高学生学习的积极性,培养学生学习的兴趣,也有利于开发学生的智力。竞赛可以激励学生努力学习、积极进取,消除懈怠情绪。竞赛的外部刺激与强调学习质量及引导思考相比,能有效地刺激学生努力的强度。因此,学生应该适当地参加学校组织的各类竞赛活动,有效的竞赛内容及竞赛方式能够激发学生的学习兴趣、学习动机。

“集思广益”“群策群力”“三个臭皮匠顶个诸葛亮”,这些说法都说明合作学习的意义。1957年奥斯本提出的“头脑风暴法”,就是一种在团队情境中进行讨论,强调推迟判断、推迟批评,以克服创造力产生的障碍,从而产生创造性观念的活动。“头脑风暴”活动必须遵守以下规则:一是禁止提出批评;二是鼓励提出各种改进意见或补充意见;三是鼓励各种想法,多多益善;四是追求与众不同的、与主题关系不密切的甚至离题的想法。大学生的学习应是创造性的学习,集思广益出新意,头脑风暴创佳绩。事实上,合作也能起到很好的激励学习动机的作用,在某些情况下,特别是在完成复杂作业、解决繁难课题或者在团体竞赛中,合作对于提高学生的学习成绩的作用是非常显著的。

2. 加强学习目标教育

美国心理学家耐特和瑞莫斯通过实验发现,如果实验对象认清学习目标,那么就会产生强烈的学习动机。目标是期望达到的成就或结果。人们的所有行为都是为了实现某一特定的目标。用此目标作为一种动因,能引发人的动机,激励人的行为,而目标激励的关键则在于目标的设置是否合理。目标的合理性一般从其价值性、挑战性和可能性三个方面来考虑。目标的价值性表现在实现目标后的意义和影响,其价值性越大,激励的作用就越大,因此老师在平时教学过程中应注意选择那些价值比较大的目标来鼓舞和吸引学生。对于目标的挑战性和可能性,心理学家曾打过一个比方:假如让一个人用圆圈去套一竖立的标杆,如果标杆太近,轻易就能套上,掷圈人不会去重复这种无味的游戏;而如果标杆太远,却根本不可能套上,掷圈人也会放弃这种游戏。这是因为前一种情况缺乏挑战性,而后者则缺少可能性,因此都不能构成激励。这就要求教师或学生在制定目标时,必须综合考虑目标的价值性、挑战性和可能性。在制订长远目标的时候要从实际出发,不能好高骛远,脱离实际;在制订近期目标的时候又要考虑长远目标,不能急功近利、目光短浅。在考虑目标的挑战性时,不要忘记可能性;在考虑目标的可能性时,又不要忘记是否具有挑战性。实践证明,只有经过切实努力才能达到的目标,才是最能起到激励作用的。因此,在一个阶段的学习之初,为自己设置明确的目标,在课堂学习中为自己设置相应的小目标,正确认识学习知识对社会的意义和对个人的价值,了解社会的要求,把当前的学习和个人的前途及祖国的未来联系起来,把学习与自己的现实及理想联系起来,把社会的客观要求转变为学习的主观需要,增强学习的责任感、义务感。学生要促使自己完成学习的转变,由“被动学”转变为“主动学”,由

“要我学”转变为“我要学”，主动培养自己学习的积极性和主动性，激起其学习动机和欲望。

3. 进行适当奖励

当自己的每阶段学习目标实现或者有进步后，可对自己进行适当的奖励，处理好绩效与奖励的关系，真正实现运用奖励激发学生学习动力的目的，从而实现奖励与进步的良性循环。

但是奖励是否真的是万能的呢？近年来，对于奖励的功过，有越来越多的教育学家提出了不同观点。他们认为，奖励使学生把注意力放在了奖励上而不是任务本身上，他们的表现越来越应付了事，他们做事越来越斤斤计较，总在绞尽脑汁用最少的努力赢得最大的奖励，而不是想方设法创造高质量的产品。换句话说，外部奖励可能削弱内部动机。因此，奖励的同时必须充分考虑学生的个别差异，从而有的放矢，对症下药。对自信心差的学生，应给予更多表扬和鼓励；对过于自信的学生，则应更多地提出严格要求；成绩差的学生，易对奖励产生敏感，故宜多奖励；成绩好的学生，往往对批评很敏感，故宜适当惩罚；对女学生宜个别谈话，切忌当众严厉指责，等等。只有这样，奖惩才能起到激励学习动机的作用。

三、明确学习的目标与规划

大学生面前有两个选择：一个是工作，即为自己大学毕业后谋求一份理想的职业而做准备；另一个是继续深造。你如何选择呢？就就业而言，全国普通高校毕业生达到几百万，就业压力空前。很多学生会继续深造，其中一个原因在于它已成为学生迫于严峻的就业压力而延缓就业的一种变通方式。众所周知，继续深造固然是一个延缓就业的方法，但是在深造结束时终将面临就业问题。要想找到一份自己心仪的工作，除了提高自己的能力之外，还要明确了解社会需要什么样的毕业生。

具体地讲，用人单位欢迎那些道德品质优秀、学习成绩优良、专业基础扎实、一专多能、知识面较宽、有组织管理能力和健康的身心素质、善于处理好人际关系的毕业生。同时，从自身的发展而言，也要求每个大学生在上学期间掌握扎实的基础知识，就像盖楼房一样，只有基础打得好，才能盖出高质量的楼房来。大学学习不仅是专业知识的学习，更重要的是在学习知识的过程中培养出优秀的学习能力。因此在大学中要“学会学习”，在学习中为自己的未来积蓄能量。在大学的学习生活中，做好以下几件事对你未来的发展必定是有所助益的。

1. 明确自己的职业理想

所谓职业理想，简单来说是指大学生对自己未来的专业、工作部门、工作种类以及事业成就的向往和追求。职业理想是建立在个人的专业知识与能力、职业兴趣与职业激情的基础上的，它对大学生的学习具有一定的促进和导向作用。比如周恩来在青少年时期就有“为中华之崛起而读书”的志向，乔布斯的理想是“改变世界”，那么你的理想是什么呢？你希望自己成为工程师、作家、律师，还是其他什么呢？如果大学生能在大学期间积累知识经验，认识自己的兴趣、能力等自身条件，并积极为实现自己的职业理想而努力学习，就能够为自己的长期发展奠定比较坚实的基础。简而言之，你想成为

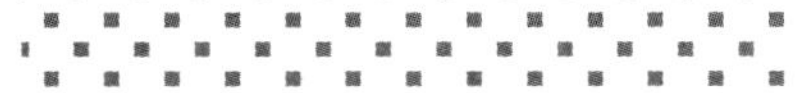

怎样的人，就是你要努力的方向。

2. 明确自己的学习目标

在职业理想确定之后，你要做的就是在不断前行中将自己的理想变为现实。在这个过程中，每个人都要学会将理想具体化。不要停留在每天对自己说“我今天要努力学习”，而是要对自己说“我今天要做好下面几件事，分别是……”。让自己的目标具体化，并让自己知道这个明确而具体的目标怎样才能达到。这对每一个大学生来说是非常有意义的。仅仅明确自己的职业理想是不能够变理想为现实的，重要的是要让理想在自己的行动中逐渐清晰、真实、可触及，让它最终成为自己人生道路上的一个里程碑。将目标具体化，你会感觉到每个进步都是值得欣慰、值得骄傲的。

3. 培养自己的职业兴趣

兴趣是一种带有情绪色彩的主观认识倾向，表现为一种好学精神，之所以称其为“最好的老师”，是因为它不仅能够提高人的工作效率，也能够提高人的耐挫折能力。大学阶段的课程专业性强，学生学习起来难免有枯燥和乏味的感觉，但是如果能够注意所学专业的特点以及其在社会中的应用，结合自己的职业理想和职业兴趣，往往能够克服学习中的困难，并在不断学习的过程中加深对专业的理解，在更高的层次上产生更强烈的职业兴趣。

四、掌握有效的学习方法

1. 学习要采用科学的方法

掌握科学的学习方法，“学会学习”不仅是大学学习成功的保证，也是大学学习的重要任务。大学的学习方法因大学学习的特点而有别于中学的学习方法。大学生必须结合自己的实际情况，寻求适合大学学习特点的学习方法，避免因学习方法不当而产生学习疲劳。

(1)集中与分散学习法。集中学习法是指用较长时间进行学习活动，学习的次数相对较少。一次学习时间的长短取决于学习材料的性质及其他因素。一般来说，对于复杂难懂的材料，采用集中法比较合适，这样可以保证学习者在一定时间内集中注意力，有利于理解并掌握那些抽象难懂的材料。但集中学习的时间不宜过长，否则容易引起疲劳，使学习效率下降。至于多长时间为宜，要视个人的体力与脑力情况而定。分散学习法与集中法不同，它是指将学习时间分成几个阶段，每学习一段时间就休息一会儿。实验证明，假如分散学习的时间不是太短，这种方法是比较有效的。至于每次分散学习的时间多久为好，也要视学习材料的性质以及个人的具体情况而定。

(2)整体与部分学习法。整体学习法是指将学习材料作为一个整体来学习。学习过程中，将材料从头至尾反复学习，以获得对材料的总体印象和了解，进而掌握一些较为具体的内容。部分学习法是指将学习材料分成几个部分或几个具体的概念，每次集中学习其中一部分或一个具体概念。对每个具体的部分或概念根据其难易程度的不同，具体安排学习的时间或次数。

整体学习法与部分学习法各有利弊。整体学习法使人比较容易把握学习材料的全貌，但不利于掌握具体的材料内容；而部分学习法则能使学习者较好地掌握每一具体部分,但却难以对材料形成一个总体印象,从而使具体学习的各部分内容不能很好地融会贯通起来。要使这两种方法更好地发挥作用,可以将两者结合起来使用。具体做法是:首先,采用整体学习法对所学材料进行大概了解,形成一个较为清晰的轮廓;其次,采用部分学习法对学习材料进行“各个击破”,并重点学习那些较难或较重要的部分;最后,再采用整体学习法将已仔细学习过的材料作为一个整体重新复习一遍,让各部分的具体内容前后联系起来,从而在头脑中形成一个更为清晰、全面的印象。实践证明,两者相互结合的方法比单独采用其中一种更有效。

(3)注重复习策略的使用。复习策略指导学生对所学内容进行适当的重复学习,主要用于信息的长时记忆与保持。根据遗忘发生的规律,采取适当的复习策略来克服遗忘是学习活动中至关重要的一环。复习时间的长短、次数的多少和复习方法的选取对复习效果均有重要影响。

①复习的时间。应注意复习的及时性和系统性。及时复习可以较大限度地控制遗忘,但它也不是一劳永逸,要想长时间保持所学内容,还必须进行系统的、不断的复习。通过学习艾宾浩斯的遗忘实验我们可以得出结论:复习的最佳时间是记材料后的1~24小时,最晚不超过2天,在这个区段内稍加复习即可恢复记忆。过了这个区段因已遗忘了材料的72%以上,所以复习起来就“事倍功半”。我们在复习功课时,有时感觉碰到的好像是新知识似的,这就是因为复习的间隔太长了的缘故,今后我们要有意识的运用这一规律,不能认为隔几小时与隔几天复习是一回事,应及时复习。

有效的复习时间可以作如下安排:

第一次复习:学习结束后的5~10分钟,课后5~10分钟及时背诵所学要点;或者阅读后尽快用自己的语言复述所学内容。第二次复习:学习当天的晚些时候或学习的次日。学习者在此次复习中应重读有关内容,将要点用自己的语言进行复习。第三次复习:一个星期后。第四次复习:一个月后。第五次复习:半年后。通过合理安排时间,可以有效提高记忆的效果,避免遗忘。

②复习的次数。复习策略的另一个重要方面是如何确定复习的次数。学习完某一新内容后,复习多少次最有利于记忆?是否复习次数越多,记忆效果就越好呢?究竟复习多少次才能实现最佳记忆呢?这就牵涉到过度学习的问题。过度学习是指在恰能背诵某一材料后再进行适当次数的复习学习,它可以加深记忆痕迹以增强记忆效果。一般来说,过度学习的程度达50%至100%时效果较好。如果一个学习者需要读三遍才能记住某一学习材料,那么他最好再多读一两遍。但要注意,这并不意味着重复次数越多越好,超过100%的过度学习反而会引起疲劳、注意力分散甚至厌烦情绪等,效果不好。

③复习方法。大多数人在复习时经常采用反复地、一遍遍地阅读某种材料的方式来达到记忆的目的。虽然这种方法也能够使学习者最终记住有关内容,然而它却不是最有效的复习方法。因此要注意选择有效的复习方法,良好的复习方法能够帮助学习者在较短的时间内,花费较小的心力,记忆较多的内容,提高复习的效果。目前,较好的方法是尝试背诵法,即阅读与背诵相结合,一边读,一边试着背诵。这样,可以使注意力集中于学习中的薄弱环节,避免平均分配学习时间和精力,可以提高学习效率。此外,学习者还应尽量地调动多种感官来共同进行记忆,眼到、口到、耳到、手到、心到,通过多种感觉通道的合作来增加信息的输入和存储,提高复习的效果。复习策略的主要

目的是把信息长期、牢固地保持在学习者头脑中。研究表明，复习中的死记硬背不适合长期记忆，只有在理解基础上的记忆才能长期保持，不容易遗忘。因此，复习策略应该与其他的学习策略起协同作用，共同促进学习效率的提高。

2. 多渠道多途径学习

在《学习的革命》一书中，作者指出，所有通过感受器官通向大脑的活动都是学习，“我们所看、我们所听、我们所尝、我们所触、我们所嗅、我们所做”均为学习的途径。有研究者提出，应从实践中学习，即边做边学；从观察中学习，即边看边学；从教导中学习，即边听边学。变被动学习为主动求知，能动地发现、探索和创新；在时空上，走出课堂、学校，走向社会，走向生活，拓展学习的空间，不断积累经验。

（1）要善于学习课外知识。大学学习不仅仅是完成课堂学习的任务，更重要的是发挥自学的能力，在有限的时间里去充实自己，选择与学业及自己的兴趣有关的书籍来读是最好的办法。莎士比亚说，书籍是全世界的营养品。培根也说，书籍是在时代的波涛中航行的思想之船，它小心翼翼地把珍贵的货物送给一代又一代。学会在浩如烟海的书籍中选取自己必读之书，这就需要掌握读书的艺术。首先，要确定读哪些书。其次，要对确定要读的书进行分类。一般来讲可将要读的书分为三类：第一类是浏览即可的书；第二类是要通读的书；第三类是要精读的书。正如“知识就是力量”的提出者培根所说：“有些书可供一赏，有些书可以吞下，不多的几部书应当咀嚼消化。”浏览可粗，通读要快，精读要精。这样就能在较短的时间里读很多书，既广泛地了解最新科学文化信息，又能深入研究重要理论知识，这是一种较好的读书方法。读书时还要做到如下两点：一是读思结合，读书要深入思考，不能浮光掠影、不求甚解；二是读书不唯书，不读死书，这样才能学到真知。

（2）要善于在生活中学习。生活是最好的老师，学习是生活的一部分，如果能寓学习于生活，就会取得事半功倍的效果。比如文学侧重的是吸收和表达能力，那么在生活中如果能多读一些大家的作品，并勤于练笔，这对培养自己的语言表达能力会有很大的帮助；英语侧重记忆和应用能力，参加英语协会、英语角以及观看一些原版的英文电影，听VOA或BBC、希望英语、空中英语教室等英文广播，肯定会提高英语的听力和表达能力；哲学侧重于抽象思维能力，平时注重思考问题，读一些哲学家的著作以及浏览一些专业期刊，尝试写一些思辨性的文章，等等，也会帮助你提高自己的专业水平。还要善于向他人学习。孔子说，三人行，必有我师。这就是说每个人都有长处，要善于学习别人的优点，弥补自己的不足，而不要夜郎自大、自以为是。在生活中，多观察周围的同学，仔细体会他人的学习方法和经验，并根据自己的实际情况有效地模仿和实施，也会取得不错的效果。同时，还要善于学习名人的学习方法。成功人士多有一套适合自己的学习方法，当然这些方法不一定适合你，重要的是吸取这些方法的精髓，综合创新，为己所用。

3. 科学用脑，消除疲劳

大学生在学习生活中要遵循劳逸结合的原则。很多大学生在学习时都会感到疲劳。学习疲劳是因学习时间过长、学习强度过大而在生理和心理上产生劳累感，从而使学习效率下降。学习疲劳最明显的生理表现是腰酸背痛、肌肉痉挛，眼球发胀发疼、打

瞌睡等，而在心理上，则表现为感觉器官机能降低、注意力涣散，思维迟钝、情绪烦躁、易怒、忧郁等。学习疲劳是大脑的一种保护性抑制反应，它使大脑的活动水平降低，从而使大脑得到休息。长期过度的疲劳可能造成神经衰弱，但一般的学习疲劳经过适当休息即可消除。那么，怎样消除学习疲劳？

（1）科学用脑。大脑有左右两半球，两半球的主要功能不同，左半球主要与抽象的智力活动，如数学计算、语言分析等逻辑思维活动有关；右半球则主要与音乐、色彩、图形、空间想象等形象化的思维活动有关。为了克服疲劳，就要交替使用大脑左右两半球，把数学、哲学等需要高度抽象思维的活动同音乐、绘画等活动交替进行，以利于克服疲劳。

（2）劳逸结合。根据大脑神经活动兴奋-抑制交替进行的规律，张弛有度、劳逸结合是预防心理疲劳的有效方法。保证充足的睡眠，在学习一段时间后，休息片刻，放松一下；或者在学习之余，参加一些文体活动，可以使身心都得到放松和调节。通常，脑力劳动者最好采用活动的方式缓解疲劳，即在一定的脑力耗费之后，做一些不太剧烈的活动，如散步、慢跑等。学习过程中要适时地进行休息，特别要注意使脑力劳动与体力劳动、文娱体育活动结合起来交替进行，这样有利于消除学习疲劳，同时应保证有充足的睡眠时间。

（3）顺应生物钟的节律。按照人体生物活动的规律，上午7～10时人体的生物机能处于上升状态，10时左右精力最充沛，此时是学习与工作的最佳时间，此后身体机能逐渐下降，至下午5时后又再度上升，到晚上9时达到最佳状态。学习时间的安排应顺应人体生物钟的节律变化。但这一变化规律会因地区与个人而有所不同，应研究自己身体机能的规律以合理安排作息时间。

（4）积极锻炼，增强体质。人的大脑与躯体是一个统一体，身体的消化、循环、呼吸、泌尿等系统的新陈代谢旺盛，才能供给大脑更多的氧气和养料。锻炼身体，有很多好处：可以保证作息有规律，调节脑细胞的工作；可以帮助人更好地睡眠，消除疲劳；可以促进新陈代谢，改善大脑的营养状况。因此，大学生要积极锻炼身体，增强体质。

（5）学会放松自己的身体。在生活中每个人都会紧张。当我们处在紧张状态时，全身的肌肉都会变得紧张起来，而肌肉的紧张会引起身体上的各种反应：脸红、心跳、额头和手心出汗、手发抖、身体僵硬或颤抖等。这些反应会进一步导致紧张，形成一种恶性循环。缓解身体紧张的最有效的方法，就是学会在紧张反应时进行放松。放松训练是一种专门的放松技巧，使用方便。身体放松以后，就能消除或者缓解焦虑以及身体不适感。而且，当你的身体放松时，你的心理也能放松。

放松训练的一般原则：

（1）每次进行放松练习后，要下决心坚持每天都练习以形成一种习惯。

（2）每天练习两三次，练习越多越容易放松。

（3）不要在空腹或饱餐后练习，练习的房间不能太热或太冷。

（4）初练者可选择一种舒适的姿势躺着，穿宽松的衣服。以后也可坐着或站着练习。要以“自然的态度”去练习，不必太看重自己的表现，不必担心自己能否达到放松。

（5）练习时，要注意采用正确的呼吸，即通过鼻子呼吸，尽量让肺部肌肉张开。呼吸要缓慢、均匀，避免快速的深呼吸。

(6)记录练习的过程,评价放松的步骤是否适合自己。应该知道每天的放松训练的效果会有差异,有时容易放松,有时比较困难。同时还要记住,肌体放松对环境要求较高,一般要求房间安静整洁,光线柔和,没有噪声;练习时避免他人打扰。当你练习时,做到以下几点有助于提高你的放松效果:①闭上眼睛以一个舒适的姿势坐着。想象你的身体逐渐变得发沉和放松。②用鼻子吸气,并把注意力集中于你的吸气过程。呼气时,注意心理感受,并且呼吸要自然、放松。③不要担心自己能否掌握这一方法,按照自己的节奏让自己紧张和放松。练习时,分散注意力的念头可能会进入你的脑海里,不必担忧,顺其自然,继续注意你的心理感受和呼吸。④练习持续的时间就是你能感到放松的时间。这一过程有的人需要2分钟,有的人需要20分钟。结束练习的判断标准是你感到了放松。⑤当你完成练习后,闭上眼睛静静地坐一会儿,然后睁开双眼。起身时,动作不要过快过猛。

五、开发大学生学习潜能

所谓学习潜能,就是学习者内在的并在一定条件下(如激励、模仿等)可以外化、转变成现实的心理、生理能力。大学生的学习潜能只要得到合理开发,就会表现出自觉主动的学习状态,学习能力就会相对增强,能够由厌学转变为乐学,由苦学转变为会学,能够相信并真正实现"比原来学得更好"。

如何开发大学生的学习潜能?

(1)要创设优良的学习环境、活泼热烈的学习气氛。高等学校要注重提高大学生对教学活动的参与度,建立心理上互相支持的学习集体,切实加强校风、班风尤其是学风建设。

(2)要培养、激发、强化大学生个体学习的"自我效能感"。在学习活动中,首先要为大学生提供获得成功体验的机会,引导大学生增强学习自信心。

(3)要加强心理素质教育与心理健康教育。高等学校要通过开设大学生学习指导课,举办系列学习讲座、组织学习经验交流报告会以及各学科教学的有机渗透,指导大学生自觉预防和矫正学习心理障碍,自觉完善学习心理品质,培养自己良好的观察力、记忆力、思维力、创造力和想象力。

(4)要坚持全方位、立体的学习潜能开发策略。全方位的学习潜能开发策略要求高等学校实现由学科课程开发扩展到各类活动的开发,由教师开发拓展到大学生的自我开发,从校内开发发展为校内校外相结合,学校、家庭与社会共同开发。

第三节　大学生常见的学习心理困扰及问题调适

一、大学生常见的学习心理问题

1. 学习动力不足

小明是数学系的一年级学生,因为高考报志愿时在"是否服从调剂"选项上选择了"服从",因此被调剂到某高校的数学专业。小明说自己所在的中学是重点中学,自己

一直喜欢计算机，高考后填写的志愿是北京某高校的计算机专业，然而最终收到的是该校数学专业的入学通知书。“尽管心有不甘，但我也没有选择复读，因为我受不了高考的压力和别人的言论。”小明说。在这种低迷的情绪中入学后，小明对所学的专业课没有多大兴趣，总在羡慕那些考上名牌大学的同学。懵懂之中，期中考试到了，又给了他当头一棒：有两科成绩没及格，其余几门也不理想。拿到成绩的那一刻，小明愣住了，不由地问自己：“我还是那个一贯努力学习、考试游刃有余的我吗？”

小明的情况是很多大学生学习状态的真实写照。北京某高校大一学生心理健康课的调查显示，有将近40%的学生上了大学后失去了努力的方向，不知道自己为什么学习，学习的动力不足。学习动力不足，是指学习没有内在驱动力量，没有明确的学习方向和兴趣，不想学习，甚至厌倦学习。学习动力是影响大学生学业成败的一个重要因素。

（1）学习动力不足的表现。

①缺乏方法。动力不足的学生把学习看成是奉命的、被迫的苦差事，不愿积极寻求一些适合自己的学习方法，总是死记硬背，应付考试。由于缺乏正确的、灵活的学习策略和方法，动力不足的学生往往不能适应新的学习情境。

②独立性差。动机缺乏的学生在学习上缺乏明确的目标，学习行为往往表现出从众性与依附性，随波逐流，极少有独立性和创造性。

③厌倦情绪。动机不足的学生对学习冷漠、畏缩，常感厌倦，对学校及班级生活感到无聊。学习时无精打采，很难享受到学习成功带来的快乐。

④懒惰行为。懒惰行为主要表现为不愿上课，不愿动脑筋，不愿完成作业，贪玩。学习上拖拉、散漫，怕苦怕累，而且经常为自己的懒惰行为找借口。

⑤容易分心。动机不足的学生注意力不集中，不能专心听课，不能集中思考，兴趣容易转移。他们对学习的认识肤浅，满足于一知半解。行动忽冷忽热，情绪忽高忽低。

（2）学习动力不足的原因。学习动力缺乏的原因是多方面的，归纳起来可分为外部原因和内部原因两方面。

①外部原因。从学校来看，课程设置不合理、专业培养与社会需求脱钩、教学内容陈旧、方法刻板、教学效果不佳、教学管理不严、教学条件跟不上等都是造成大学生学习动力缺乏的直接原因。从整个社会来看，知识分子的待遇有待提高、尚未完全建立合理的用人制度、就业不合理与不公平的现象依然存在，这些都是影响大学生学习的重要原因。从家庭教育来看，家长不恰当的愿望、过高或过低的要求也是导致大学生学习动力缺乏的间接原因。

②内部原因。很多大学生缺乏学习动力是源于对自己所学的专业不感兴趣。当学生所学专业与其兴趣爱好相去甚远时，学生容易在学习时感到疲乏和厌倦，从而减弱学习动机。其原因主要有以下三方面：其一，部分学生由于高考分数的限制，没有选择专业的条件；其二，部分学生屈从于家长的意志，从当前社会热点出发，填报了所谓好找工作又挣钱多或相比之下比较轻松的专业，但事实上，其本人对家长所选的专业并不感兴趣；其三，在高考填报志愿时，学生对所选专业缺乏了解，具有一定的盲目性。当这些大学生进入大学后发现自己所学的专业与自己想象中的就业前景和兴趣完全对不上

时，就会感到前途暗淡，心灰意冷，情绪懈怠，难以有长远打算，对“为什么上大学”等问题缺少现实性思考，出现学习动力的“真空带”。

目标失落。在高中阶段，学生学习目标非常明确——考上大学。一旦目标实现，进了大学，原有的目标完成了，读研或就业都还远，自己也希望在大学里好好放松一下紧张的学习神经，因此就容易产生松懈心理，不能及时明确自己下一步的学习目标，进而造成了考上大学前后的“动机落差”。

生活重心转移。很多大学生在进入大学后不再以学习为中心，而是去满足自己内心未被满足的需要，生活重心发生了转移：有的人忙于自己上大学之前被压抑的爱好兴趣，有的人忙于恋爱，有的人忙于考证、兼职、社团等活动，没有把主要精力放在学习上。因此，大学生的学习成绩必然要受到影响。

除此之外，学习动机不正确、社会责任感不强、价值观念不健全、自我意识不成熟、学习态度不端正等都是造成学习动力不足的重要原因。

2. 学习动机过强

心理学研究认为，学习动机过强会使学生专注于自己的抱负和外部的诱因（如奖惩），从而阻碍正常学习，引发学习问题，也需要引起高度重视。学习动机过强主要分为学习成就动机过强和奖惩动机过强两种，主要表现为对学业期望过高、对学习能力估计过高和学习强度过大等。

（1）学习动机过强的表现。

①学习强度过大。如学习时间过长，使学生往往处于疲惫状态。

②奖惩动机过强。对奖惩考虑太多，一心只想获得奖励，避免受到惩罚。奖惩动机过强的大学生大多被动地学习，因而不注重能力的培养，往往成绩不错，但思路狭窄、能力不高。

③成就动机过强。急于取得成就并超过他人，所树立的抱负或期望远远超过自己的能力，只能成功，害怕失败，给心理造成很大压力。

（2）学习动机过强的原因。学习动机过强的原因主要有以下几个方面：自尊心太强，过分看重荣誉；补偿心理，用学习来弥补自己其他方面均不如人的劣势；性格原因；自我认识不足，如对自己的能力认识不足，估计过高。

（3）学习动机不当的自我调适。当学习动机不足时，一是正确认识学习的价值与大学的目标，重新规划学业与人生；二是调整心态，以积极的心态对待学习特别是学习中遇到的挫折与困难，用自身的意志战胜惰性；三是改进学习方法，提高学习效率与学业自我效能感，提高学业的自我价值与社会价值。在学习动机过强时，一是正确认识自己的潜质，制订恰当的学业目标与学业期望，调整成就动机，与此同时，脚踏实地，循序渐进，不要好高骛远；二是转换表面的学习动机为深层学习动机，淡化外在奖励特别是学业成就的诱因，正确对待荣誉与学业成绩；三是端正学习态度，树立远大理想，保持旺盛的学习热情，坚持不懈，便会取得预期效果。

3. 学习适应不良

学习适应性是指学生能够正确地对待学习，保持适当的学习动机、掌握科学的学习方法、获得预期的学习成效等学习行为过程，是衡量学生对学生角色的适应、对学习职

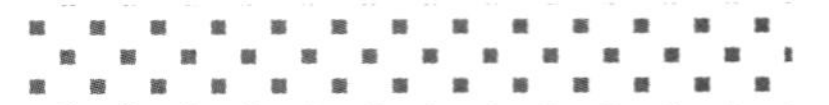

责的承担以及对学习效果的获得等学习适应状况的重要指标。大学学习与中学学习的差异容易造成大学生在学习适应方面的问题。包括不会听课、不会复习、不能制订合理的学习计划、不能掌握大学的学习方法等方面。这一问题在大学各年级中都存在,只不过表现的方式和程度不同,在一年级新生身上表现得最为明显。

(1)新生学习适应不良的表现。

①学习方法不适应。对于很多大学新生来说,大学学习第一大问题就是学习方式、方法的适应问题。高中时,老师都“盯”得很紧,授课以知识灌输为主,课后以练习为主,还不时地有这个测验那个考试,想不努力都难。但是进了大学,老师的灌输少了,作业少了,连上课地点也不固定了。面对这么宽松的学习方式,不少大学新生手足无措。大学新生对教师有依赖心理,习惯于由教师来安排自己的学习内容,不知道如何制订学习计划、如何利用时间。另外,大学新生不能充分利用其他的学习途径,如去图书馆查资料、参加讨论会等。

②学习时间不适应。有些同学习惯了高中时每天时间被安排得满满的,上了大学,时间一下子充裕很多,反而觉得不知所措无所事事,每天上完课之后如何处理大量的空余时间成了他们最头痛的问题。大学学习的课程多,课时少,每天的上课密度也不一样,有时甚至会出现一天仅有一两节课的情况。大量的空余时间决定了自主学习是大学里主要的学习方式。

③师生相处模式不适应。很多大学新生发现大学老师不像中学老师那样一直在办公室里,有问题时也很难及时在办公室找到人解答,需要自己通过电话、邮件的方式主动联系老师,而高中时都是老师主动找学生。可是不找老师,很多问题又得不到解答,着实让人为难。每个大学生都要走过这样一个从不适应到适应的过程,只是每个人在这个过程中所花费的时间和精力不同而已。因此,大学生要尽快找到造成问题的原因,对症下药,尽早适应大学学习。

④对本专业的要求不明确和认识不够。大学新生对本专业的要求不明确和认识不够主要表现在不知道怎样围绕专业要求展开自己的学习。

(2)学习适应不良的原因。

①客观原因。

• 环境因素的影响。对大学校园环境适应不良是导致学习适应困难的原因之一。进入大学后,在陌生的环境中开始新的学习生活,人生地不熟,一切需要从头做起。一些新生会产生失落、无助和孤独及对竞争压力恐惧等消极情绪,如不作适当调整,极易产生焦虑、抑郁等负性情绪,导致学习上的自信心和对困难的耐受性降低,影响其学习的效果和积极性。

• 家庭教育的影响。有些学生因被其家长强迫就读自己不喜欢的学校或专业,入学后对学校没感情、对学习没兴趣;还有些被家长抑制了业余爱好及个性发展的新生,面对多才多艺的同学在丰富多彩的大学生活中脱颖而出,会产生自卑心理。这些因素都会影响学习效率,容易造成学习适应困难。

②主观原因。由于年龄、阅历等因素的制约,大学生的心理还未完全成熟,心理适应能力较差。一般来说,随着大学生自我意识的进一步觉醒,独立的成人意识越来越强

烈。然而大学生毕竟还处在青年中期,自我意识不成熟,社会阅历浅、经验少,缺乏深入而广泛的社会实践。再加上由于高中时期为应付升学考试,无论是学校还是家庭,在重视学生学习的同时,忽视了其他方面的培养教育,使得大学生在环境发生变化时,明显暴露出适应力差的弱点,如仍有依赖心理、不懂得如何调整等。自身不能及时进行有效的角色转换,适应新的教育、教学模式,表现为缺乏明确的学习目标,学习动机、学习方法不当,自我评价不当等。

(3)学习适应问题的自我调适。

①转变学习态度和方法。在进入大学后,应迅速转变学习心态,明确学习目的,培养浓厚的学习兴趣和强烈的学习动机,树立坚定的信心,摆脱依靠家长、老师督促的学习惰性,养成认真自学、自我提问、独立思考的自主学习方式,在学习中应做到善于找到知识的重点、难点,能够独立提出问题,主动参与讨论,认真听取他人的观点、意见,敢于发表自己独到的见解。在学习中应该坚持真理,勇于修正错误,独立思考,不盲目从众。应通过自己的学习与思考,找出知识的内在联系,注重知识的综合应用,能将理论与实践紧密结合,提高理解力与分析判断能力。

②寻求合适的学习方式。大学期间应培养学习上的独立性与自主性,形成自学习惯,而不只是被动地接受现成的解答,努力探索发现新的知识技能。除了学习系统的理论知识,各方面的实践也非常重要,大学生应该能将所学到的理论知识贯穿于实际应用中,平时重视培养各方面的能力,为走出校门走向社会一展所长打好坚实基础。大学期间,应根据自己的实际情况参加各种形式的文体活动、社会实践活动以及其他形式的学生活动,在亲身参与中享受乐趣,真正做到理论联系实际,通过对一些活动的积极策划组织、亲身投入,提高动手动脑能力,大大增长实践能力,扩大知识面,开阔思路,对于表达能力、适应能力、组织管理能力、社会实践能力和人际交往能力、创造能力等培养锻炼提高都非常有益。

③做好学习规划。从实际出发来制订学习计划,安排好常规学习时间和自由学习时间,提高时间利用的效率,计划要留有余地,注意效果,及时调整。

④加强学习交往。充分利用各种途径加强与家人,朋友和老师的课后交流与沟通,及时解决学习、生活中的难题,不断拓宽交际面,培养社交能力。

4. 学习过度焦虑

焦虑是指个人预料会有某种不良后果或模糊性威胁将出现时产生的一种不愉快的情绪状态。通常表现出紧张不安、忧虑、烦恼、害怕或恐惧,可能伴随出汗、颤抖、心跳加快等生理症状。学习焦虑是焦虑的一种特殊形式,泛指学生在学习过程中产生的最为普遍的消极情绪反应,对学习有消极作用,是影响学习进程的最普遍的因素之一。适度的学习焦虑是一种正常的心理体验,它不仅不会影响学习,而且还会促进学习;但是过度的学习焦虑,如害怕考试、害怕学校、害怕老师,甚至讨厌学习等,则对学生的身心有百害而无一利。

(1)学习过度焦虑的原因。考试只是检验学习结果的一种手段而非目的,不能全面反映学生的学习能力。大学生更看重考试的外在价值(如获得奖学金、保送研究生等各种荣誉),对其掌握知识的内在价值却重视不够。造成考试焦虑既有客观因素,也有主观因素。

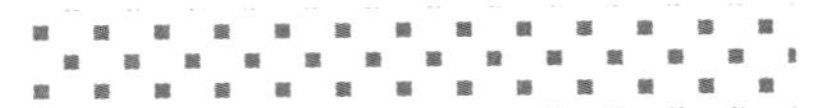

造成大学生考试焦虑的客观因素主要有：一是考试本身，如考试的重要性、难易程度、竞争程度等。越重要的考试，越容易产生考试焦虑；题目越难，越容易产生考试焦虑；竞争程度越激烈，越容易引发考试焦虑。二是学生的学业期望。一般而言，学业期望越高的学生，对学习投入的精力越多，越看重学业成绩，因而对考试失败的恐惧感越强，越容易产生考试焦虑；而那些学业期望较低的学生，满足于60分，一般不会产生考试焦虑；而当学业期望较低的学生面临学业失败时，也可能会导致其考试焦虑。三是知识掌握程度。考试的难易是相对的，一部分学生上课不认真，下课不复习，推崇考前一周效应，平时不努力，临阵磨枪，匆忙上阵，面对难题，便产生考试焦虑。四是考试压力的传递。学生间的相互影响也会造成考试焦虑。

形成考试焦虑的主观因素主要有五个方面：一是性格气质特点。敏感、易紧张、过于内向、缺乏安全感和自信心、做事追求完美的学生容易产生考试焦虑。二是考试经验不足。大学生多数在中学时代都有考试成功的经验，而进入大学后，偶然的考试失败会加剧这部分学生的考试焦虑，将过去考试成功归于题目容易、运气好，而将大学的考试失败归结为自己不聪明、能力差，就会对自己失去信心，就会紧张焦虑。三是学生知识经验储备不足，记忆提取困难，难以应对考试时就会焦躁万分。如考试中有不会做的题目十分紧张，或者对以前考试失败和挫折体验太深刻，焦虑水平逐渐变高。四是认知评价能力偏差。个体对考试性质的认知程度、对考试利害关系的预测程度及对自身应对能力的估计程度直接影响其焦虑水平。如果一个人把某次考试与自己终身前途联系在一起，其焦虑水平必然会高。五是个人成绩期望值过高。学业成绩优异及较差的大学生，担心考试失败的心理压力更大，更容易出现考试焦虑。六是身体状况。身患疾病、体质虚弱、疲劳过度、经常失眠的人，容易激起较强的情绪波动，产生过度学习焦虑。另外，由于遗传的神经类型的强弱不同，有些学生对刺激容易产生紧张反应，导致过度学习焦虑。

（2）学习过度焦虑的表现。学习焦虑在心理上多表现为情绪躁动，寝食不安，郁郁寡欢，面无表情，精神恍惚，忧虑，紧张、恐惧，坐立不安、慌乱，面对繁杂的学习内容心乱如麻，茫然无绪，思维紊乱、不知所措，不能集中注意力，记忆力减退，思维迟钝，学习效率下降，情绪抑郁，易怒、烦躁，缺乏自信心，夸大失败，依赖性强，独立性差等。在生理上表现为肌肉紧张、呼吸急促，心跳加快，头晕、大小便频率增加，多汗、恶心、睡眠不良、食欲不振、肠胃不适等。学习压力大，精神长期高度紧张，思维迟钝，记忆力下降，注意力涣散。有严重学习焦虑的大学生在考试前表现更加明显，考试日期越近，精神就越紧张，即便已经投入很多精力和时间，准备得非常充分，仍然不放心，惧怕考试通不过或不如别人。

（3）学习焦虑的自我调适。对于有学习焦虑症状的学生来说：一是充分复习，80%的人考试焦虑是因复习准备不充分引起的，因此牢固掌握知识是克服考试焦虑的根本办法。二是正确评价自我，确立恰当的学业期望，培养自信心，正确对待考试结果。三是学会放松。考前适度放松，做一些自己喜欢的事情来转移考试前的紧张心情，如听轻音乐，畅想各种没有压力的情境来帮助自己减轻压力。四是寻求考前心理辅导。一些敏感、焦虑、抗挫折能力差的学生，考前可以寻求有针对性的心理辅导，以缓解心理压力。

5. 学习疲劳

学习疲劳是指学习者由于学习过度或学习方法不当而产生的学习效率逐渐降低，并伴有渴望停止学习的生理和心理现象。

(1)学习疲劳的表现。学习疲劳是因学习时间过长、学习强度过大而在生理和心理上产生的劳累感，易形成学习效率下降或头晕目眩、学习不能继续的状态。学习疲劳在生理上的最明显表现是腰酸背痛、肌肉痉挛、眼球发胀发疼、打瞌睡等。在心理上则表现为感觉器官活动的机能降低、注意力涣散、思维迟钝、情绪烦躁、易怒、忧郁等。

(2)学习疲劳的原因。心理学家研究表明，心理疲劳是由于长期的精神紧张、反复的心理刺激及恶劣情绪影响而逐渐形成的。对北京市海淀区六所大学的调查显示，每天学习时间在9～11小时的学生占20.5%，11～13小时的占34.1%，13个小时以上的占30%。长时间高强度的学习不仅直接影响睡眠质量，还会造成上课时注意力无法集中、思维迟钝、学习效率低下。同时，大脑长期处于高度紧张状态而得不到及时改善还会对身体造成伤害，导致神经衰弱、严重失眠、忧郁等心理疾病的形成，影响大学学业的完成。学习疲劳的产生从脑生理机制上讲是指脑细胞活动持续时间过久，转入了抑制状态。因此，从大学生的学习活动来看，缺乏调节是学习过度疲劳的直接原因，如学习内容长时间过于单调，学生缺乏休息；因内容难度较大，使大脑持续处于高度紧张状态；其他因素干扰导致情绪低落，从而使大脑神经活动处于抑制状态。

学习疲劳的产生有个体原因与社会原因。从个体角度看，当一个人形成了不良的学习习惯与用脑习惯，不注意劳逸结合、张弛有度，就容易引起学习疲劳。就社会原因看，学业负担过重和竞争加剧是导致大学生学习疲劳的主要原因。心理的疲劳一般不像身体的疲劳发生得那样迅速，所以一个人有了强烈的学习动机和积极的学习态度，就能够较长时间地持续学习而不感到十分疲劳。但是，集中精力持续学习时间过长，也会产生疲劳，使学习的质量和效率受到影响。许多研究指出：需要高度集中注意力、积极的思维和记忆的学习活动，都容易发生疲劳。不愉快的作业较愉快的作业更容易导致人疲劳，学习内容的单调也会引起心理疲劳。另外，在异常的温度、湿度、缺氧、噪声、光线不良等外界环境条件下学习，也容易疲劳。

疲劳的产生有个别差异。由于个体的生理和心理特点不同，如身体的强弱、能力、气质、兴趣、习惯的不同，个体产生疲劳的程度也不同。

(3)学习疲劳的自我调适。一是要改进学习方法，减轻心理负担，提高学习效率。只有放下心中的学习负担，努力改进学习方法，才能提高学习效率，克服学习的心理疲劳和生理疲劳。二是要合理安排学习时间。首先要注意学习材料的性质和数量问题。学习材料过难或过多，容易引起高度的疲劳。其次各科学习时间的排列要适宜。如果学科时间的分配不当，相继排列困难的学科，也容易陷入高度的疲劳。三是要适当休息。疲劳可以由休息而得到恢复。因为身体的活动消耗了的有机物质可以由呼吸和营养物质等得到补充。睡眠是一种彻底的休息，睡眠可使疲劳消除，对肌肉、神经系统具有恢复作用。睡眠时间的长短和年龄有关，也和个人的习惯、工作性质、气候、地域有关，所以睡眠时间的长短因人而异。午睡对恢复白天活动的疲劳是很有效的，可养成午睡的习惯。四是要选择适宜的学习环境。如选择照明适当的学习环境。光线不当将妨

碍视力，使视觉器官呈过度的紧张状态，容易产生疲劳。选择安静的学习环境，防止分散注意力的噪音干扰。选择清新、干净的学习环境，空气的污浊和不流通，以及温度过高或过低，都足以增加疲劳。

6. 考试作弊问题

考试作弊问题被称为当代大学的流行病，引起了越来越多人的关注。

（1）考试作弊的原因。考试作弊既有学生自身的原因，也有考试纪律松懈及不良社会风气等客观原因。从学生方面看：一是学习及学位的压力，在作弊问题上，学位是一把“双刃剑”，既是学生不作弊的主要原因，“担心被抓，丢掉学位”，也是作弊的主要原因，成绩较差的学生特别是当面临丢掉学位的现实压力时，可能铤而走险，而更多的无个人明确作弊动机的学生是受小团体氛围的影响。如果在一个都寻求考试捷径的环境中，如果个体不作弊，学生会认为别人作弊对他不公平，也就随大流去作弊。二是利益的驱使，目前与学生利益相关的评奖评优均与成绩息息相关，成绩较好的学生希望在考试中获得成功，保持学业上的优势；成绩较差的则希望通过作弊来获得好成绩。三是课程的重要程度及个人兴趣爱好。学生对那些自认为不重要或不感兴趣的课程，容易产生厌学情绪和作弊行为。

以上是大学生考试作弊的外部因素，而起主要作用的是学生的内在因素。首要的内在因素为侥幸心理和投机心理，希望侥幸通过考试。其次为道德观念的弱化。大学生不仅不认为作弊可耻，而且还为自己的作弊行为寻找各种借口，如教师授课存在问题、试卷过难、其他人也作弊等。最后，纪律观念的缺乏也是一个重要因素，对作弊后果考虑不足也是一个重要方面。

社会大环境的影响也不容忽视。现代社会中存在的部分不良作弊习气，对大学生产生了负面影响。大学生的欺骗行为不仅发生在考试中，也包括抄袭作业，提供虚假信息等行为。

（2）考试作弊的防治。一是增强学生内在学习动机。内在学习动机不足与匮乏是大学生考试作弊的深层动因。从心理健康的角度，提高大学生学习的积极性、主动性，激发其内在学习动机是防治作弊的核心手段。二是加强道德教育，提高学生的思想道德素质和诚信意识。三是加强学风建设，强调考风考纪。良好学风对学生成才起着潜移默化的作用。四是营造积极向上的学习与考试氛围。帮助学生确立正确的学习观，正确对待考试与荣誉，增强学生的自信心。

二、学习问题的调适

要面对学习中出现的各种问题，应注意从以下几方面进行调适。

1. 养成良好的学习习惯

学习是持之以恒的工作。冰冻三尺，非一日之寒，要达到学习好的目的，除了靠“歼灭战”，更要有打“持久战”的准备。平时养成良好习惯，在学习过程中才能持之以恒地保持较高的学习效率。

2. 客观评价自我

绝大多数学习困难者都与自信心不足有关，过去的学习经历中有过惨痛的失败体验、与同学的竞争中仍有差距或自己的学习目标一时无法实现，都有可能导致学生对自己能力的怀疑和前途的担忧。对自己过于苛求，只会导致更高的学习焦虑。反之，如果能够自我接纳、自我尊重，不断从自身的努力中汲取力量，从点滴的进步中看到希望，那么，学习焦虑程度就会得到较好的控制。

3. 正确对待考试

学习成绩不代表一切，不完全代表过去，不代表现在，更不代表将来。它只能代表过去某段时间的学习状况，从成绩中我们看到的是自己前一段时期的学习情况。通过对它的认真分析，发现自己在前一段学习中存在的不足，寻找合适的方法及时调整自己；好的方面要继续保持和发扬，不足之处要加以避免和改正。同时，还要认识到即使是最好的试卷也无法把学过的所有内容都考察一遍，成绩有时也存在偶然因素的影响。要认识到这一点，学会肯定自己，学会对自己说："我努力了！"要认识到考试只是衡量学习好坏的手段之一，是学校教育中的一个重要环节。但是，成绩不能完全准确地反映一个人的知识水准，特别是能力水平。所以，大学生应该重视考试，但不必过分要求高分，应该做到不为分数所累，轻装上阵，沉着冷静地应试。

4. 正视自己学习的失败

担忧和恐惧失败，往往是学习焦虑产生的直接原因。解决的办法只有一条，那就是勇敢地面对失败，承认失败，从积极的角度去认识失败的价值，然后从失败中吸取教训，发现不足，明确今后的努力方向。

5. 提高应试技巧

合理安排作息时间，不要使大脑过度疲劳，以免影响学习效率，尤其是临考前几天应保证充足的睡眠，这样才能以清醒的头脑和充沛的精力应对考试。在考前4~6周进行"强化复习"，将一学期所学的内容进行系统的整理，边整理、边回忆、边思考，以面到点，以点到面，不断深化，使所学的内容形成一个清晰、完整、有逻辑联系的整体，加深印象。复习时先制订时间表，合理分配各门功课的复习时间，并把相似学科的复习时间错开，以免各科间相互干扰。临考前一天晚上，再用1~2小时的时间进行最后一次强化训练，将会使考前复习达到非常好的效果。

6. 完善知识结构，注意能力培养

所谓合理的知识结构，就是既有精深的专门知识，又有广博的知识面，具有事业发展实际需要的最合理、最优化的知识体系。李政道博士说："我是学物理的，不过我不专看物理书，还喜欢看杂七杂八的书。我认为，在年轻的时候，杂七杂八的书多看一些，头脑就能比较灵活。"大学生在学习中一定要避免知识面过窄，要建立合理的知识结构。建立合理的知识结构并没有固定的形式，要根据每个学生的特点自己确定。一般来说，可借鉴一下这样一个程序：首先，要根据职业目标确定自己知识结构的类型；其次，根据组合后的知识结构的情况，决定需要补充的学习内容，进一步使之完善；最后，在毕业前还要根据社会与科学技术的发展，根据将从事的职业在其所属的社会组织中的具体层次进一步调整知识结构。建立合理的知识结构，没有捷径可走，其基本途径只能是学习和积累；建立合理的知识结构也绝非一劳永逸，必须持续不断地付出艰辛的劳动。大学生还要注重培养自己的能力。武汉大学进行了题为“社会究竟需要什么人才”的用人市场调查，研究结果表明，当代大学生相对优秀的因素有爱国热情、专业水平、知识结构、适应能力等；相对不足的因素有计算机使用能力、处理人际关系能力、身体素质、文明修养、合作精神、敬业精神等；绝对不足的因素主要是心理素质、创新能力、写作能力、科研能力、自知之明。由此可见，要让自己被用人单位、社会认可，凭借的不仅仅是学习成绩。因此，在大学期间应当明确自己的学习目标，培养除了专业知识能力以外的人际关系能力、语言表达能力等各种能力，提高自己的综合实力以适应社会的需求，为自己的发展打下良好的基础。

需要注意的是，如果通过自身努力调节的方式仍不能摆脱学习问题的困扰，就应寻求专业的心理治疗。

习　题

（1）艾宾浩斯遗忘实验发现的遗忘规律是什么？在日常生活中，我们应该怎样运用遗忘规律进行复习？

（2）考试焦虑的原因是什么？应该怎样进行自我调适？

（3）进行放松训练的原则是什么？如何进行放松训练？

第九章

大学生的网络心理

案例导读

王小强经过三年刻苦拼搏，终于在2017年以优异成绩考入某“985”“211”重点大学学习。在刚到大学学习之初，他充满了抱负和希望，但是后来才发现达不到自己预期的期望。大学的专业课令他失去兴趣，跟周围的同学舍友也没有过多的深入交往，虽然在陌生的新环境里学习、人际交往都不顺利，但在网络游戏技术上进步很快，在游戏中他找到成就感和满足感。在与同学和老师的交往中，也失去了中学时期的中心位置，他感觉受到了冷落。在网络中他却交到了很多的朋友，网络让他摆脱了现实的孤独寂寞。一段时间之后，他对网络的使用和游戏有强烈的渴求和冲动感，与同学交流渐渐减少，性格变得内向，时有自卑感，情绪低落，甚至与家长对抗，对自己曾经非常喜欢的文化知识、体育运动和其他事物的兴趣急剧下降，出现一系列的心理问题，并经常逃课，彻夜不归。经同学和班主任劝告，一段时间内停止网络游戏，但出现周身不适、心烦意乱、易激动、上课注意力不集中、睡眠障碍等现象，后来他再次沉迷网络和游戏，网络已经成为其逃避问题或缓解不良情绪的途径。

为什么王小强会出现网络成瘾的问题呢？作为当代大学生，我们要怎样对待这日新月异的网络信息技术，防止大学生在网络中迷失自我呢？

第一节　互联网与大学生

一、互联网的形成与发展趋势

互联网于20世纪70年代在美国形成，并与1992年进入我国，在那时，上网是一件奢侈的事情，而现在，互联网已经进入千家万户，已经渐渐像空气、水、电一样融入人们的生活，必不可少。互联网的形成与发展，深刻地改变了人们的生活方式、思维方式，并成为未来发展的主要方向。

互联网始于1969年的美国，又称因特网，是美军在ARPA制定的协定下将美国西南部的大学加利福尼亚大学洛杉矶分校、斯坦福大学研究学院、加利福尼亚大学和犹他州大学的四台主要的计算机连接起来形成的。这个协定由剑桥大学的BBN和MA执行，在1969年12月开始联机。在我国,先后经历了电子邮件使用阶段(1987年—1994年),教育科研网发展阶段(1994年—1995年)和大众应用阶段(1995年至今)三个阶段。

互联网除了有技术性的开发外,还有其他属性的发展。互联网经历了三个发展阶段:

第一阶段:互联网作为通信工具发展阶段,即工具性发展阶段。互联网最初是作为信息传输工具而发明的,而互联网的功能属性为传输信息,作为一种新的传播方式,互联网传输信息的时效性,加快了生产效率的提升,同时扩展了信息的内容,人们在互联网上自主选择自己需要的信息,扩展了人们获取信息的渠道。

第二阶段:互联网作为信息储存空间来发展,即空间性发展阶段。互联网通过由0和1组成的字节而传递信息,形成数字化信息流动的空间,即以虚拟空间形式存在,其数字化的超越物理空间的信息存储,使得它从人们的心里、头脑中走出,形成虚拟现实。

第三阶段:互联网作为人的生存和发展的新场域,即社会性发展阶段。互联网的信息传输、空间存储等离不开主体人的存在,互联网已经成为人化的交往社会场域,人们在这个虚拟空间进行虚拟实践活动,并形成虚拟社会关系,形成了人化的社会。

互联网经历了很长时间的发展,网络信息、网络传输速度、网络存储技术都有了质的飞跃,个人计算机的出现和发展使得每个人的生活都和互联网有联系。移动网络的出现让互联网的使用更加便捷,不再受时间和空间、硬件的限制,随时随地上网,信息的传播更加快速。新媒体技术的出现,改变了人们知识和信息获取的渠道,微博、微信、直播平台、视频录制记录与分享,人人都可以是新闻的发布者,人人都可以是知识和思想的传播者,即时通信工具加快了人们的生活节奏,沟通更加及时和频繁,通信成本也在不断降低。智能冰箱、智能手机、智能家居等词汇进入人们的视野,人工智能也成为大家热议的话题,物联网和"互联网+"时代的到来给人们带来更多的可能性,人们正感受着互联网带来的日新月异的生活,为每一个生活的改变而惊喜。从拨号网络到移动网络到新媒体再到物联网,互联网正在以不可阻挡的形式渗透至人们生活的方方面面,城市管理、家居设计、一日三餐都将会与互联网连接,变得智能、便捷,解放人类。当前全球互联网呈现出了四大未来发展趋势:

一是互联网将成为全球产业转型升级的重要助推器。互联网正在为全球产业开展构建起全新的开展和运转形式,推进产业组织形式、效劳形式和商业形式全面创新,加速产业转型升级。众包、众创、众筹、网络制造等无边境、人人参与、平台化、社会化的产业组织新形式将让全球各类创新要素资源得到有效适配和聚合优化,挪动效劳、精准营销、就近提供、个性定制、线上线下交融、跨境电商、聪慧物流等效劳将让供求信息得到及时有效对接,按需定制、人人参与、体验制造、产销一体、协作分享等新商业形式将全面革新产业运转形式,重塑产业开展方式。互联网构建的网络空间,将让产业开展更好地汇集创新要素,更好地应对资源和环境等外部挑战,将推进全球产业开展迈入创新、和谐、绿色、共享、开放的数字经济新时期。

二是互联网将成为世界创新开展的重要新引擎。互联网曾经成为全球技术创新、效劳创新、业态创新和商业形式创新最为活泼的范畴,互联网企业正在成为将来全球创新驱动开展中最为普遍、最为耀眼、最为强劲的创新动能源泉,成为全球技术创新、产业创新、业态创新、产品创新、市场创新和管理创新的引领者。人口、资源、市场等驱动国家开展的传统红利要素，正在全面让位于互联网创新开展的红利，互联网创新将成为推进世界持续开展的重要新动能，带着人类全面跨入创新开展的快车道，创新、智能、革新的社会正由于互联网创新加速到来。

三是互联网将成为造福人类的重要新渠道。科技铸就将来、让生活更美妙，正在由于互联网开展得到普遍体验。互联网促进了开放共享，泛在化的网络信息接入设备、便利化的“互联网+”出行信息效劳、全天候的指尖网络批发形式、“一站式”旅游在途体验、数字化网络空间学习环境、普惠化在线医疗效劳、智能化在线养老体验、无时空的网络社交文娱环境将全面点亮聪慧地球，开启人类聪慧生活新时期，将极大地促进国家、区域、城乡、人群等的和谐、开放和共享，促进世界开展成果更好地惠及全人类。

四是互联网将成为各国治国理政的新平台。“指尖治国”将成为新常态，“互联网+”政务效劳、挪动政务、大数据决策、微博、微信、脸谱、推特等的普遍应用将深入改变政府传统运转形式，构建起网络化、在线化、数据化和智能化全天候政府，精准效劳、在线监管、预测预判、事中事后处置、网络民意调查等才能全面提升，不只创新了宏观调控、社会管理、公共效劳和市场监管形式，更能促进宏观调度才能和管理体系现代化发展。

二、网络的特点

1. 自由性

互联网是一个无国界的虚拟自由王国，在上面信息的流动自由、用户的言论自由、用户的使用自由，没有任何限制，只需要有网络覆盖，一台电脑、一部手机就可以最大程度满足自己的社会交往需求，在网络上通过声音、图像、文字将自己与千里之外的人连接起来。不同年龄、不同性别、不同社会阶层、不同文化背景的人们都可以随意选择自己感兴趣的网络空间，选择自己乐意交谈的对象敞开心扉、畅所欲言，而不必考虑遵循什么既定约束。这打破了现实的局限，可以自主地决定与网络中的哪些人进行交往、互动，也可以随时终止交往，离开那些使自己感到压迫的个体或群体，也打破了现实交往的一对一的、线性的沟通。

2. 开放性

互联网是世界上最开放的计算机网络。任何一台计算机只要支持TCP/IP协议就可以连接到互联网上，实现信息等资源的共享。开放性意味着任何人都能够得到发表在网络上的任何事物，意味着任何个人、任何组织包括国家和政府，都不能完全控制互联网。这实质上意味着个体权利和能力的扩张及其对传统金字塔模式的社会政治经济结构和体制的消解。

3. 免费性

在互联网内，虽然有一些付款服务，但绝大多数的互联网服务都是免费提供的。而且在互联网上有许多信息和资源也是免费的。从互联网进入中国的第一天开始，互联网对于中国人来说就是免费的，比如新闻、电影、音乐等，就连本来中国玩家接受按照时长付费的网络游戏也变为免费，而玩家可以在游戏内付费购买各种装备道具。以拥有几亿用户的QQ为例，普通的一款即时通讯软件，以免费的门槛招揽了海量的用户，

而且围绕这个QQ平台上的诸多产品，也都是免费的模式，比如QQ空间、QQ音乐、视频、游戏等。

4. 平等性

互联网上是“不分等级”，一台计算机与其他任何一台一样好，没有哪一个人比其他人更好。在互联网内，你是怎样的人仅仅取决于你通过键盘操作而表现出来的你，所有人在网络世界中没有高低贵贱之分，因此相对于现实世界的人际关系和社会阶层而言，网络世界提供了人人平等的平台。

5. 交互性

互联网作为平等自由的信息沟通平台，信息的流动和交互是双向式的，信息沟通的双方可以平等地与另一方进行交互，而不管对方是大还是小，是弱还是强。网络平台进行的交互活动，除容量巨大、渠道通畅外，更重要的在于，它不仅可以同步交互，也可以异步交互。即：互动主体的活动可以在同一空间、同一时间进行，如朋友之间的聊天就是一种典型的同步交互。微博、MSN、QQ等平台上进行的交互，就是同步交互。而异步交互是指主体不在同一时间和空间中进行交互，典型的如电话留言，当受话人不在时，发话方在电话上留言，受话方在未来的某一个时间、空间中接收对方的留言并给予回应。这样，异步交互就实现了。在网络上，异步交互实现更为简易，如对电子公告栏中的发帖你可以选择任何时间给予回应；对任何一条新闻，你可以在任何时间发表跟帖；对电子邮箱中的邮件，你可以选择任何时间阅读并给予回复。帖子、邮件、新闻就储存在电脑中，不管你读或者不读，它就在那里，它既不会离开，也不会消失。

6. 合作性

互联网是一个没有中心的自主式的开放平台。互联网上的发展强调的是资源共享和双赢发展的发展模式，无论是互联网还是传统行业都在窥视着这一合作模式的成功。比如互联网创新出虚实电子货币市场的合作模式，兴业银行携手腾讯推出国内首张虚实合一的信用卡——兴业银行QQ秀信用卡，面向腾讯QQ秀一族提供包括虚拟卡支付、财付通还款、在线申请、电子账单通知、即时消息提醒等多种网络特色服务。

7. 个性化

互联网作为一个新的沟通虚拟社区，它可以鲜明突出个人的特色，只有有特色的信息和服务，才可能在互联网上不被信息的海洋所淹没，互联网引导的是个性化的时代。比如利用网络来缓解年轻人婚恋问题。快节奏工作生活而导致的社交圈缩窄，青年接触到和自身婚恋标准相匹配的同龄人的难度不断增加。需求信息不对称、交流不充分、分布不平衡，而移动互联网针对每个人的不同需求，能够帮助青年利用碎片时间扩大交友圈，低成本地维系网上各种人际关系，满足不同年龄、背景、求偶标准的人群。

8. 虚拟性

互联网的一个重要特点是它通过对信息的数字化处理，以信息的流动来代替传统实物流动，具有许多传统现实实际中才具有的功能。在网络当中，人对自己的知觉结果产生新的认识，对自己很容易产生新的价值观定位，以至于有的人会把匿藏在内心深处、在现实中不敢显露的，如喜恶作剧等不良嗜好表露在无人监督的网络里。网络这个

虚拟空间，给居心不良的人提供了一块很好的“作案场所”。虚拟社会的技术平台使人们的活动具有了完全的自控权，而且不用考虑自己的行为会给现实生活带来什么负面影响，这正是虚拟社会吸引人的独特之处。

9. 持续性

互联网是一个飞速旋转的涡轮，它的发展是持续的，今天的发展给用户带来价值，推动着用户寻求进一步发展以带来更多价值。Internet是Intel公司前总裁安德鲁夫所称的“十倍速力量”。

10. 全球性

互联网从一开始商业化运作，就表现出无国界性，信息流动是自由的、无限制的。因此，互联网从一诞生就是全球性的产物，当然全球化的同时并不排除本地化，如互联网上的主流语言是英语，但中国人习惯的还是汉语。网络媒体的传播范围远远大于报纸、广播和电视，是全球性的。“网络传播无国界”，网络传播空间理论上没有国家和地区的限制。任何一个国家或地区，如果不采取特别的技术措施对境内外个别有害网站实施封锁，世界上任何一个网站登载的内容，都有可能供全球网民访问、浏览和下载。同样，世界上任何一个具备上网条件的地方，均可轻松浏览全球网站。

三、网络对大学生的影响

1. 网络对大学生的积极影响

第一，网络带来了大学生生活方式的改变。在网络中，大学生的文化生活得到极大丰富，他们可以同时以文字、声音、图像等形式接受来自世界各地的文化信息和娱乐节目，一些思潮、观念、生活方式、学习方式、消费方式、娱乐方式等都会通过各种渠道对学生产生直接或间接的影响。

第二，网络为大学生的生活提供了便利。大学生利用日渐成熟的电子商务，在网上购买教材、衣服、电脑等，也可以在网络上交易二手商品；还可以在网上为自己手机充话费，更改电话服务套餐；还可以通过远程网络视频和远方的亲人面对面地交流。

第三，网络为大学生的学习提供了便利。过去，学生基本上从老师及课本上获得知识；查阅资料，往往只能到图书馆才能实现。随着高校招生人数扩增，各高校图书馆资源都十分紧张，压力很大，并且图书馆到了下班时间就会闭馆，所以许多同学很难及时查询到所需资料。网络很好地解决了这一难题。因特网及数字图书馆的出现，让大学生不仅可以很方便地查到自己所需要的信息，还可以及时了解国内外大事件及学校的重大工作安排。

第四，网络为大学生就业提供了便利。大学生可以通过招聘单位的网站了解一些招聘信息，通过发Email的方式同招聘单位取得联系。这样，大大减少了应聘的盲目性，既减少了经济开支，也节省了很多时间和精力。

第五，网络带来了大学生交往方式的改变。网上交友是大学生人际交往的一种重要方式，由于网络的虚拟性，这种方式去除了互动双方的诸多社会属性，网友可以直接交流思想，使个人有更多的机会表达自己的观点，既可推心置腹，又可任意调侃，没有任何心理负担，缓解了生活中交友的心理压力，扩大了交际面。

2. 网络对大学生也存在着很多消极影响

第一,网络文化的虚拟性容易导致大学生产生人际交往心理障碍。网络文化的虚拟世界,为大学生提供了与外界交流的途径,这种交流是广泛、安全和隐匿的,人们可以时刻扮演着自己非现实的理想角色,可以在虚拟的环境中为所欲为而不用受过多的约束。这种虚拟的环境对于好奇心强,喜欢憧憬、刺激,幻想新奇的大学生们来说是极具诱惑力的。网络社交虽然可以对大学生人际交往有一定的正面影响,但同时由于脱离了现实交往,长期处于虚拟状态,在互联网上得到情感认同与满足的同时,很多大学生开始由心理上对网络的强烈归属感和依赖感延展到对现实的厌倦与冷漠,在这种消极的不为世情所动的抵触心理下,自我封闭和网络双重人格的形成便在所难免,更使得大学生网民容易游离于集体、群体之外,现实的人际关系淡漠、交往困难。网络打破了以往传统的时空观,把距离和时间缩小到最小,几乎是接近即时、零距离,实现了形式上的"天涯若比邻"。但与此同时,由于这一切都是借助电脑和网络完成的,脱离了这个特定环境,也许会出现相见不相识的情况,反过来又使"比邻"若"天涯"。

第二,网络文化的交互性和开放性容易导致大学生身心受到危害,由于互联网的开放性、匿名性和交互性,使得任何人都可以借助网络工具交流沟通,封建迷信、色情暴力、反动言论等不健康的信息以及低级趣味的网上游戏不经意间便在网络上泛滥。大学生群体正处于人生观、世界观、价值观建立的关键时期,其本身又缺乏对信息的准确判断,极易受到网络文化不良观念的干扰,引起人格扭曲。互联网的隐蔽性更是加剧了网络不良文化对大学生人格的影响,借由互联网的隐蔽性进行的欺诈、诽谤等,对于大学生的正常生活学习甚至个人物质利益都有着严重的危害。由于网络传播具有速度快、范围广和极易被复制的特点,有害信息在网上滋生蔓延的速度超过以往任何传统媒介。网络舆论极易成为整个大学生信息舆论系统的不稳定因素。

第三,网络文化导致大学生道德意识弱化。由于网络文化具有多元性、开放性和自由性的特点,网络的发展加速了各种文化之间的相互吸收、融合,使其在广泛传播中得到发展。网络文化无形中影响了大学生的各种人生观、价值观的形成,也容易使一些西方国家的价值观和意识形态渗透到大学生中,破坏他们已有的思想、价值和文化。大学生的思想观念、价值取向在虚拟空间难免发生改变,在没有形成稳定的世界观和独立价值判断能力之前,如果没有适当的引导,就会处于寻求新鲜刺激的心理状态,从网上获取和传播各类信息,可能会导致一些不良行为的发生和不良信息的传播,对大学生社会化产生不良影响。如果缺乏清醒认识,久而久之,就会导致道德意识弱化、价值判断能力弱化,进而产生道德危机。

第四,网络使大学生易产生焦虑和浮躁心理。物欲的膨胀,网络技术的迅猛发展,并不必然带来心性与修养的同步提高。信息的爆炸性增长有时会使得青少年学生无所适从、心绪不宁,产生焦虑或浮躁。"互联网成瘾综合征",起初表现为精神上的依赖,继而发展成为身体和生理上的依赖。一旦离开网络,就会出现情绪低落、思维迟钝、头昏眼花、疲乏无力、食欲不振等症状,甚至产生自杀的意念和行为。

第五,增加大学生经济负担。随着各种购物软件、社交直播、网络游戏、视频平台等网络化服务的推陈出新,大学生在与同辈群体的交往中,为了跟大众保持一致获得群体归属感,不可避免地出现攀比心理、虚荣心理、超前消费、冲动消费、负债消费等问题,

从而加重家庭和自己的经济负担。一旦这种消费心理得不到及时满足，就有可能走上歪门邪道，堕于自我毁灭。除此之外，网络流量的购买、网络购物、网络平台打赏等支出项目也在不同程度上加重了大学生经济负担。

第二节　大学生的网络心理

一、大学生的网络使用现状

面对互联网构建的虚拟世界，当代大学生表现出了极高的认同度和参与热情。而与网络行为相伴而生的各种各样的心态，要求我们必须充分关注并采取相应的疏导和调适措施。心理学也应呼应网络迅猛发展的态势，强化时代感和适用性。

随着网络的发生、发展，大学生对网络的亲和力以及与此相关的网络行为，引起了研究者们不同角度的关注和思考，如文化学、教育学、社会学、青年学等。那么，在心理学视野里，大学生的“网络情结”该如何解读呢？

网络的发展是超常规、跳跃式的，用瞬息万变、一日千里来形容一点也不过分。在人们尚没有充分的思想和心理准备，或者说根本就没有明确预期的情况下，互联网便迅速渗透到了社会生活的方方面面。如今，当我们理性的思考已经发现这一切的时候，我们不得不说，网络社会既是一个有序的社会，也是一个无序的社会。就硬环境而言，网络社会具有有序性；但对于软环境以及诸多网络行为而言，却具有极大的无序性。现代科技用精密的电子元件和严密的电脑程序构建了网络社会强大的“经济基础”，但网络社会的“上层建筑”“意识形态”却不是科技手段能够建造的。可以说，网络社会从一开始就具有心理、精神层面先天不足的缺憾。这种矛盾所带来的后果只能是对既有事实的逐步适应，其心理震撼是可想而知的。信息时代人类的焦虑与不安成为一个普遍的事实，大学生们自然在所难免。他们迷恋网络，却不知如何利用才对自己更有利；他们渴望独立思考却又往往对网上的虚假信息深信不疑。所以目前存在一个悖论，即信息技术给人类社会生活带来的巨大变化所引起的震动同我们对于信息技术的反应迟缓并存。

网络作为一把“双刃剑”，对大学生的日常学习和生活产生的影响也在日益增大。它不但给大学生提供便捷的信息交流平台，而且使不少缺乏自控能力的大学生整日沉迷于网络，不思学习，不求进取，迷失了自我。现在大学生上网已经成为普遍的现象，虽然上网成瘾者在大学生网民中的比例不是很高，但经过一些调查研究发现，大学生网络成瘾问题正呈现出日趋严峻的趋势，的确是令人担忧。有调查表明，国外网络成瘾的人群集中在20～30岁，中国却集中在15～23岁；国外网络成瘾的内容比较分散，而中国80%～90%集中在网络游戏；国外网络成瘾罕见极端事件，而中国人网瘾的极端程度也超过国外。在国外，不论是发达国家，还是发展中国家，很少见到中国这样“繁荣”的网吧业。国内有的城市盖起了几层楼的网吧，而且总是人满为患，生意兴隆。但同样是亚洲国家，在日本、新加坡、泰国的网吧里，不过十几张电脑桌，人也很少，非常清静。当社会各界开始严重控诉“网络害了下一代”时，心理学家对国内外网络成瘾现象所做的比较却不得不让我们思考：为什么这么多年轻人会迷恋网络？为什么网瘾会找上中国下一代？截至2018年6月，我国网民规模达8.02亿，互联网普及率为57.7%；2018年上半年新增网民2968万人，较2017年末增长3.8%；我国手机网民规模达7.88亿，网民通过手机接入互联网的比例高达98.3%。2014—2018上半年中国网民规模和互联网普及率情况如图9-1所示。随着各种社交平台、游戏软件的陆续推出，越来越新颖、便捷、有趣的上网方式广泛普及，在年轻群体中也产生一种特有的“网络文化”。大学生作为社会中好奇心旺盛和求知欲强烈的年轻群体，更渴望获取大量的信息知识。尤其是在当今信息技术高速发展的今天，依靠网络媒介作用来实现学校“象牙塔”与外界的信息交流已成为大多数大学生生活中不可或缺的一部分。这种新型生活方式促使传统的面对面人际交往急剧减少，带来便捷、丰富、多元、开放、新潮的同时，也削弱了我们作为社会人的人际交往能力。

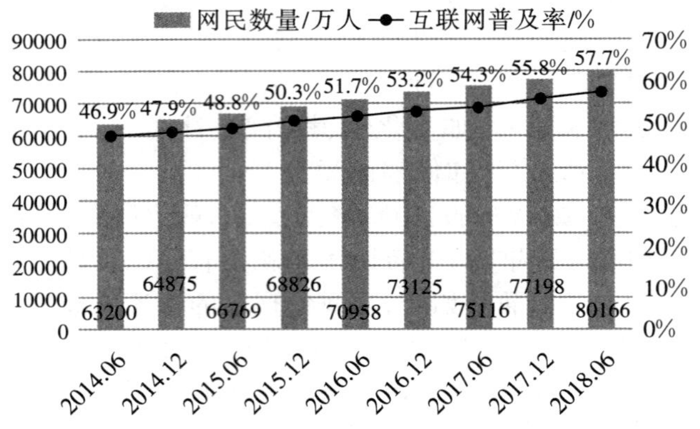

图9-1　2014—2018上半年中国网民规模和互联网普及率情况

中国互联网信息中心每年发布两次《中国互联网络发展状况统计报告》，从历年调查结果来看，网民年龄构成中，18~24岁的青年最多，远远高于其他年龄段的网民，占据绝对优势。从普及率来看，18~24岁的青年互联网普及率最高，已经接近这一群体的50%。从近几次的调查数据来看，年龄在18~24岁之间的网民平均每周上网的时间也最长，为20个小时以上。

据调查，在18~24岁的青年网民中，有一半以上是大学生。高校处于互联网发展的前沿阵地，大学生们最先享受着信息社会带来的便利。大学生接触网络主要通过两种接入方式：一是宽带；二是手机。随着手机的普及，再加上手机上网具有方便性、快捷性、随时性等特点，手机上网已经越来越广泛，逐渐成为现代生活最重要的上网方式之一。据中国互联网信息中心在2018年3月发布的《2017年中国青少年上网行为研究报告》显示，使用手机上网的网民中，在校大学生网民使用手机上网的比例最高。

显然大学生网民在全国网民中占有相当的比例，网络的普及率在这一群体中也占相当优势，随着互联网的日益普及，中国大学生网民的队伍也会越来越壮大。

既然大学生是互联网的忠实追随者。那么，大学生上网都做些什么呢？调查和研究表明，青年大学生上网主要有以下几种情况：

1. 信息查询

互联网的开放性，使得Internet如同一个信息的聚宝盆，应有尽有。这些取之不尽、

用之不竭的多彩信息赋予了网络无穷魅力，很多大学生正是把互联网看做一个庞大的信息库，而经常上网来寻奇觅宝的。这也正是大学生们上网最主要的目的。网络让大学生接触到了多元的世界文化，接触到开放意识、效率意识、竞争意识、平等意识和全球眼光；他们通过阅读网上大量的超文本信息，潜移默化地学习了现代的发散性思维方法，懂得在处理复杂事物时必须考虑它与周围事物的种种联系，从而改变传统线性思维固有的死板和狭隘。网络还使大学生对世界的认识大大超出他们所能直接体验的生存世界。85.6%的上网大学生认为网络对自己最大的影响是改变了自己的学习方式，增加了信息量。59%的上网者是在上机过程中学习网络知识。第11次中国互联网发展状况调查中的有关数字也说明了这一点。用户上网最主要的目的情况统计如下：获取信息占53.1%；学习占4.8%；学术研究占1.0%；休闲娱乐占24.6%；情感需要占1.1%；交友占7.0%；获得各种免费资源占1.9%；对外通讯、联络占3.8%；炒股占1.1%；网上购物占0.1%；商务活动占1.0%；追崇时尚/赶时髦/好奇占0.3%；其他占0.2%。

2. 收发邮件

随着学习生活节奏的加快和电子信箱的普及，Email作为一种能传递信息且迅速及时、费用低廉的通讯方式，正在逐渐取代传统的书信而成为大学生人际交往的重要手段。每天开邮箱收发邮件已逐步成为当代大多数日常生活的一部分。在第11次中国互联网发展状况调查中，92.6%的用户经常使用电子邮箱。

3. 网上聊天交友

目前，聊天交友是大学生上网的一个普遍现象。在大学生的各种网上娱乐活动中，聊天交友高居榜首。QQ等交友软件、各大高校校园网站、网络聊天室等是大学生常用的聊天平台。现在的大学生大多渴望友谊，渴望同龄人之间的倾诉和理解，渴望寻找与自己兴趣爱好相似的人，互相交流和支持。网络恰恰给他们提供了一个这样的空间，在网络上可以结交到天南海北、千里之外甚至远在异国的朋友们，既开阔了眼界，又使得自己的生活丰富多彩，既满足了他们交往的心理需求，又能增强群体认同感。

4. 网上游戏

在网络娱乐活动中，玩游戏的人数仅仅次于聊天交友。大多以男生为主，他们热衷的游戏五花八门，大多是格斗、棋牌类的游戏。女生一般选择比较简单的，画面比较美丽的游戏。一些学生觉得通过玩游戏可以调节自己心情，甚至获得成就感。此外，网络游戏还为大学生们提供了一个交友的广泛平台，不但可以通过语言表达，还能通过玩家角色的行动互相交流。在网络中人们可以通过游戏中的相互合作、相互帮助、相识相知，成为肝胆相照的好朋友，这样不仅能够轻松获得其他玩家的认可，而且可以满足大学生的群体归属感。

二、大学生网络心理需求

1. 猎奇心理

喜新猎奇是青年大学生的鲜明的个性特点，而网络超乎想象的丰富资源是其他媒介所不具备的，这便大大催化了大学生的猎奇心理。大学生正处于精力旺盛、求知欲强、想象力丰富的人生阶段，网络上丰富的信息资源足以满足他们的猎奇心理。尤其是

大学入学新生，由于缺乏社会生活经验，因此对许多在日常生活中难以获知而在网络上可以找到的事物和信息痴迷沉醉。由于好奇心的驱使，他们盲目地在网络上寻找刺激其感官的事物和信息，而一些暴力游戏和色情信息恰恰具有这样的特点。而且，随着网络技术的不断进步，一些新事物层出不穷，网恋、网婚等吸引了很多学生的眼球。

2. 逃避心理

在学习和生活中，大部分青年学生都渴望建立一个良好的人际关系环境，渴望周围人的理解与支持。但在交往中存在因缺乏经验、技巧而不善交往，因害怕他人拒绝而不敢交往，因性格内向孤僻而不愿交往等现象，由此造成与他人难以沟通，感到压抑孤独，遭遇到了令他们难以克服的心理恐惧甚至心理障碍。在这种心理作用下，一旦学习、感情或交往遇到挫折，很容易产生逃避心理。然而，由于网络的隐秘特点，学生在虚拟的网络世界里可以尽情交往，而不必担心或者害怕什么，可以想说真话就说真话，想说假话就说假话，而不必承担什么责任和后果，于是网络就成了一部分学生逃避现实失败与挫折的避风港。

3. 获得自我价值感的需要

社会心理学认为，为了使自己的人生具有价值，获得明确的自我价值感，大学生需要了解别人，需要通过别人来了解自己，需要爱与被爱、归属和依赖，需要展示自己。而所有这些都是他们需要和别人交往，以建立并保持一定的人际关系，而且虽然大学生阅历增加，他们同别人交往的愿望也越来越迫切。然而，现实中，人际关系的复杂及大学生思想的单纯使得他们不断承受到人际关系的烦恼。这使他们的自我价值感得不到满足。于是，他们便寻求网络关系的支持，诸如结交网友、设置个人网页、建立自己的博客等。当然这些都符合大学生自由、平等、多向交流、开放、超时空的现代要求。

4. 获得成就感的需要

马斯洛需要层次理论指出，在人的某种需要得到满足以后人们将追求更高一级的心理需要。自我实现就是需要层次中的最高级的需要。而对于大学生而言，“自我实现”在大学校园显然是难以实现的，特别是那些经历过挫折感的大学生。于是，他们便在网络中寻求满足感和成就感。这一点在网络游戏中表现得淋漓尽致，在网络对抗互动游戏中，每升一级或过一关都会产生一种愉悦感和高峰体验。而这种体验要比现实生活来得更容易，这使他们体验到自己的成功，而这种感觉又反过来强化了他们的上网行为。成功是绝大多数人的梦想，高校青年学生当然也不例外。然而，应试条件下，学习道路上竞争的残酷和艰辛，令许多青少年学生望而却步。虚拟的网络给了他们一个实现自我、满足自我的便利途径。在网络世界里，现实中学习和生活的烦恼和压力一扫而光，他们既可以享受网络中的自由环境，也可以成为虚拟世界的主宰，可以通过游戏战胜他人，实现自我，满足自己的虚荣心，享受成功的高峰体验……

5. 表达自我情感的需要

对处于人生青年期的大学生来说，情感表达是他们重要的内在的心理需要。而现实中，许多大学生往往由于自己性格或其他的社会因素总是与周围的人保持一定的距离，这种情感表达的需求便无法得到正常渠道的满足。于是，他们便通过上网需求满足，反过来说，这种情感表达的心理便成为上网的一种潜藏的心理内部动机。这种需求表现在行为上有网上聊天、网上建博、建立个人主页、在BBS发表自己的观点甚至网恋。生活中、学习上会有很多问题令一些大学生感觉到疑惑或不解。尤其是师长们居高临下的态度和师道尊严的冰冷面孔，令许多大学生对自己的观点不愿提、不敢提，或觉得即使自己提出了也没有人理会。而网络却是一个可以随心所欲发泄自己欲望和情感的空间。在互联网上，想说就说，想骂就骂，想爱就爱，想恨就恨，可以做很多在现实生活中不能做或者不敢做的事情，说出现实生活中不敢说的话，很多在校大学生正是基于这种心理而走进网络世界的。网络的全方位、超时空、互动性和隐蔽性为大学生的社会交往提供了更为广泛的机会。学生可以利用快捷的电子邮件与他人进行远距离交流，这种“戴面具”的交往方式可使大学生在平等、宽松的社交环境中尽情展现自我。

6. 减压心理

随着社会竞争的日趋激烈，大学生对自己的要求越来越高，这使他们承受了巨大的压力，进而引起一系列的不良后果，诸如莫名的情绪低落、学习成绩下滑等。这将使他们寻求感情的释放、心理减压的渠道，而网络自然成了首选。精神分析学派认为，人的行为“心理驱动系统”有两种心理倾向构成：一是寻求满足、进取的心理倾向；二是避免伤害的、防卫的心理倾向。大学生在巨大的心理压力面前则不免选择了后者，上网可以解决各方面带来的心理压力，这表现在有些大学生到网络聊天室中无休止地聊天，或到网络对抗游戏中冲杀一番。

三、大学生的网络心理障碍

网络心理障碍是指因无节制地上网导致行为异常、人格障碍、交感神经功能失调。其表现症状为：开始是精神上的依赖，渴望上网；随后发展为身体上的依赖，不上网则情绪低落、疲乏无力、外表憔悴、茫然失措，只有上网后精神才能恢复正常。大学生网络心理障碍大多数表现为感情上迷失自我、角色上混淆自我、道德上失去自我、心理上自我脆弱、交往上自我失落。大学生网络心理障碍主要包括五类：网络恐惧、网络依恋、网络孤独、网络自我迷失与自我认同混乱、网络成瘾综合征。

1. 网络恐惧

大学新生特别是来自经济落后地区的农村学生，几乎没有接触过互联网或接触很少。当他们进入大学面对色彩斑斓的网络界面，看到层出不穷的各种网络书籍、电脑软件，瞧着周围的同学熟练地使用电脑、自由地浏览、聊天时，一部分学生感到害怕和迷茫。“怕”是怕自己学不会或学不好计算机操作，以至于不能有效利用网络来学习和生活，甚至可能成为“网盲”；怕自己学不好计算机而被他人嘲笑为无能或赶不上他人而落伍，“无能感”油然而生。“迷茫”则是因为五花八门的电脑书籍和软件使得他们眼花缭乱，不知道学什么，由此产生对网络的畏惧感。大学新生常产生这种网络畏惧心理。另外，一些对网络比较熟悉的大学生也有这样的障碍，他们对网络的畏惧主要是害怕跟不上网络的快速发展，怕掌握不了新的网络技术而被淘汰。这种恐惧会伴着大学生走过人生的四季。

2. 网络依恋

长时间沉溺于网络游戏、上网聊天、网络技术(安装各种软件,下载使用文件,制作网页),醉心于网上信息、网上猎奇,造成对网络的过度依赖和依恋,导致个人生理受损,正常学习、工作、生活及社会交往受到严重影响。网络迷恋心理障碍包括这样几种类型:网络色情迷恋——迷恋网上的所有的色情音乐、图片以及影像;网络交际迷恋——利用各种聊天软件以及网站开设聊天室长时间聊天;网络游戏迷恋——沉迷于网络设计的各种游戏中,他们或与计算机对打,或通过互联网与网友联机进行游戏对抗;网络恋情迷恋——沉醉在网络所创造的虚幻的浪漫的网恋中;网络信息收集成瘾——强迫性从网上收集无关紧要的或者不迫切需要的信息,堆积和传播这些信息;网络制作迷恋——下载使用各种软件,以追求网页制作的完美性和编制多种程序为嗜好。在这六种类型中,网络交际迷恋者、网络游戏迷恋者、网络恋情迷恋者及网络信息收集成瘾者占大学生网络迷恋群体中的多数。

3. 网络孤独

网络孤独主要是指希望通过网上获取大量信息、网上娱乐、网上人际交往来提高或改变自己,但上网未能解除孤独(甚至加重了原有的孤独),反而因为触网而引发孤独感这样一类不良心理状况。一些大学生(女生居多),由于性格内向、自卑、惯于自己承受心理负荷、心思敏锐,不愿意或不善于与他人交往,厌恶社会上那种虚情假意的人情来往。当互联网走进他(她)们的生活时,他(她)们青睐于网上交往这种匿名、隐匿性别和身份的形式。常上网向网友发泄自己的不良情绪,排解忧虑,讲自己的"心情故事",这时他们觉得心情得到一定的放松,从网友那里得到了一定的心理支持。可下网后他们发现自己面对的依然是四壁空空的孤独,并且,由于人与人之间的交往中80%的信息是通过非语言的方式(身体语言)如眼神、姿势、手势等传达的,当那些善于通过这些身体语言来解读对方心理的性格内向者,试图借助网络来排泄自身的孤独时,网络所能给的只能是键盘、鼠标和显示器所造就的书面语言,这使得他们感到网络对孤独抑郁的排解只是"隔靴搔痒"。还有一些大学生原来社会交往活动比较频繁,现在由于把大部分时间投入到网上交友聊天中,网上交友机会增加了,但现实生活中认识新朋友的机会减少了,也减少了与现有朋友的联系。友情淡化、现实中的交往的狭窄化,无形中缩小了个人生活的圈子。当他们从热烈火爆的网上交往气氛中退下来,回到平静单调的现实生活时,强烈的心理落差使得他们产生心理孤独。

4. 网络自我迷失和自我认同混乱

在以计算机为终端的网络中,由于匿名性而隐去了身份,许多现实社会中的规范、规则、道德在虚拟世界中被冻结,大学生上网者在表现个人自我时,把社会自我抛得越来越远,甚至企图借助网络在现实社会中凸显自我,将自我凌驾于社会之上,网络黑客,网络犯罪就是这方面的典型例子。此外,某些大学生对一些社会现象愤懑不满,他们想通过上网发泄不满,逃避社会,希望在网上有一个"清洁"的交往环境,构建一个良好的自我。然而网上充斥的色情图文、脏话、无聊的帖子、庸俗的话题,使他们在对社会产生失望之后又对网络产生了失望。

5. 网络成瘾综合征

网络成瘾综合征也叫网络依赖症。匹兹堡大学的金伯利·S. 扬(Kimberly S. Young)博士最早对互联网成瘾现象进行了研究。她设计了下面一系列问题,通过调查对象对这些问题的回答来判断其是否患有“互联网依赖症”:

你是否着迷于互联网?

为了达到满意你是否感觉需要延长上网时间?

你是否经常不能控制自己上网、停止使用互联网?

停止使用互联网的时候你是否感觉烦躁不安?

每次在网上的时间是否比自己打算的要长?

由于互联网你的人际关系、工作、教育或者职业机会是否受到影响?

你是否对家庭成员、治疗医生或其他人隐瞒了你对互联网着迷的程度?

你是否把互联网当成了一种逃避问题或释放焦虑不安情绪的方式?

在上面八个问题中,如果被调查者对其中的五个问题的回答是肯定的,扬博士就断定他已经患上了互联网依赖症。结果在600名调查对象中,2/3的人符合互联网依赖症标准。这些人平均每周花费在网上的时间为38.5小时,既不是为了参加网上的学术活动,也不是为了寻找一份满意的工作,与一周的工作时间基本一致,但只有8%的人是从事高新技术工作。这项研究还表明,“依赖型”和“非依赖型”上网者的不同,并不是仅仅指网民每周上网的时间,更主要的是在网上利用时间的方式。在依赖型上网者中,他们35%的时间用于聊天室,28%的时间用于多用户互动游戏;而在非依赖型上网者中,他们55%的时间用于接发电子邮件和万维网,24%的时间用于查阅网上图书馆、下载软件等其他信息的收集上。经过具体分析,我们了解到网络心理障碍的原因主要有以下四个方面:

第一,大多数家庭都是独生子女,沟通的机会少。当孩子想与家长沟通时,家长却因为忙于工作,没有时间陪自己的孩子,因此父母与子女的情感交流变少。这样,孩子就会寻求一种自认为能更好地排解心中的不安和忧虑的方式,比如说上网。通过上网,他们可以诉说自己内心的情感,排解心中的孤独寂寞。在进入大学之后,他们也会将这种习惯带到新的校园中去,形成过度依赖或过度排斥的极端恶性循环,并影响同寝室的其他同学。

第二,在当今的信息时代下,大学生需要得到的信息量大,传统媒体根本满足不了大学生的要求。一些大学生开始只是单纯上网查找一些自己需要的资料,但是在渐渐熟练地使用网络后,他们逐渐知道网络提供的不仅仅是查资料这么简单,而是包括更多其他的“有价值”的东西。他们对网络的依赖性也就越来越大。

第三,一些大学生进入大学后,教学和生活的方式都发生了很大的改变,由于自己的环境适应能力比较差,在学习上可能相对比不上高中;在生活中与同学的交往相对不够融洽。这样,他们在学习和生活上都存在着一定的落差,达不到自己的期望。然而在网络的虚拟世界中就不同了,他们可以在网络中畅所欲言,交到很多朋友,还可以在网络游戏中得到成就感和满足感来弥补现实生活中的失落。

第四,大学生自制力还不够强,容易被新奇的事物诱惑。大学的学习同高中阶段的相比,课程更少更轻松,管理也更加放松,变得“没事做、没人管”,这是迷恋网络的大学

生人数突然增多的一个重要原因。许多人在现实社会生活中缺乏成就感,交际圈和交往的期望值未能达到预期效果。就已经深深陷入虚拟网络世界中,也就是虚拟社会。它打破了现实社会中在交流和交往中对时间和空间的要求,使得跨地域的人们在转瞬之间就可以进行交流和互动,大大地拓展、延伸了人们社会交往的范围和空间;网络群体之间的互动交流是多向的、共时的、非线性的,一个人在网上可以同时与多人进行交流和互动,这在很大程度上满足了人们渴望交流和沟通的心理需求。网络虚拟社会的时空无形化、主体多元化、身份隐蔽性、行为自主性、交流互动性等特点,容易给人一种放松的身心体验。

大学生网络心理障碍的外部原因有很多,其中自身因素更为突出。大学生作为网络受众群体之一,在互联网已成为大学生获取信息、沟通交往的重要手段和主要途径的时候,大学生在网络实践活动中日益暴露出其主体性缺失的问题,主要表现在两方面:第一,大学生在网络实践中的主观性比较强,仅凭借自己的主观意愿和知识技能,在网络虚拟社会中为所欲为,放纵自我,做出违背网络社会规则的行为,如在网上发布不健康的信息、进行人身攻击、发表错误的言论等。第二,大学生在网络虚拟社会中主体性的缺失还表现为盲从性,即大学生在面对网络中的复杂多样的信息和现象时,缺乏自主性和有效的选择性,从而容易在网络中迷失自我,无法自拔。因此,要发挥网络社会在大学生学习和生活中的作用,引导大学生正确地参与网络社会的各种实践活动,发挥网络资源共享的效用,防止大学生迷失自我,形成网瘾,就要加强网络的规范管理,加强网络思想政治教育,从思想意识上引导大学生的网络行为,提高大学生在网络社会中的主体性。大学生在网络中的主体性的提高可以增强其自控性和自律性,对于沉迷虚拟的网络而无法自拔的现象的改善会有所帮助。同时,通过积极信息的传导,加强网络思想教育的心理疏导,让迷失网络的学生找到直面现实困难的勇气,让他们走出网络虚拟“避难所”,回归现实生活。

第三节　大学生网络成瘾问题及调适

一、网络成瘾的界定

网络成瘾是随着互联网的普及而产生的一种新的社会现象,至今国际上对于手机成瘾的界定还没有公认的标准。与传统的物质成瘾,如毒品成瘾、酒精成瘾、咖啡因成瘾、暴力成瘾、色情成瘾不同,网络成瘾并无明显的外界物质刺激依赖,但仍然会出现类似物质成瘾的戒断反应、控制丧失和心境变化。目前主要有以下几种说法:

美国精神病学家伊万·戈德堡(Ivan Goldberg)宣称自己在临床上发现了一种新的心理疾病,并把它命名为IAD(Internet addiction disorder),指的是个体由于过度使用因特网而导致明显的社会心理功能损害的一种现象。

美国匹兹堡大学的扬博士最早用实证方法对网络成瘾进行定量研究。扬博士通过调查证实网络成瘾现象确实存在。她认为,网络成瘾和药物依赖不同,它更像是一种冲动控制障碍。网络成瘾是指在没有明显成瘾物质的情况下的上网行为冲动失控,表现

为由于过度上网,导致社会和心理的适应行为损害。

网络成瘾的概念也受到了部分学者的质疑,有些反对者认为“成瘾(addiction)”这一术语是指有机体对某种药物在心理上和生理上的依赖,是用于摄入某种化学物质或麻醉药的行为,比如吸毒,网络对用户的吸引不同于化学物质的依赖。基于此,Davis主张以“病态网络使用(pathological inter use)”来取代“网络成瘾”这一概念。Davis针对一些学者对“网络成瘾”这一名称的质疑,提出了PIU(Pathological Internet Use)的概念,国内把它译成“病理性网络使用”,并区分出一般病理性网络使用和特殊病理性网络使用。心理学家霍尔和帕森斯提出网络行为依赖的概念,他们认为网络行为依赖的并发症包括意志消沉、冲动控制障碍和低自尊,这是一种适应不良的认知应付风格。

中国台湾学者陈椒惠将网络成瘾症(inter addiction disorder)定义为“由重复的对于网络的使用所导致的一种慢性或周期性的着迷状态,并带来难以抗拒的再度使用之欲望。同时并会产生想要增加使用时间的张力与耐受性、克制、退瘾等现象,对于上网所带来的快感会一直有心理与生理上的依赖”;更有学者将网络成瘾定义为“以网络为中介,以网络中储存的交互式经验、信息等虚拟物质、信息为成瘾物所引起的个体在网络使用中,沉醉于虚拟的交互性经验、信息中不能自主,长期和现实社会脱离,从而引发生理机能和社会、心理功能受损的行为”。

综上所述,我们可以得出网络成瘾必须具备以下三个条件:一是这种成瘾行为一定要以网络为中介;二是成瘾物必须是虚拟的;三是对这种虚拟物的追求必须是长期的,并让个体的生理、社会、心理功能受损。

也有人认为网络成瘾是一种被心理健康专业人士和研究者夸大的说法。目前的研究尚无法确定网络过度使用是一种新的瘾症还是其他心理疾病的一种表征,或许具有某种心理疾病的人更容易过度使用网络。

二、网络成瘾的类型

1. 网络游戏成瘾

1997年多伦多和1998年旧金山两届美国心理学会上,研究者们认为,网络游戏成瘾是指个体对网络游戏过分依赖以至于影响个体正常生活的进行所表现出来的一种症状。判断的标准:一是较强的耐受性,表现为需要增加玩网络游戏的时间才能获得满足感;二是若停止或者减少玩网络游戏的时间,会产生焦虑、精神运动型烦躁、随意或不随意地做手指敲击键盘的动作、幻想网络游戏中的内容;三是花费大量时间在与网络游戏有关的活动上,使自己的学业、社交和生活受到严重的影响;四是虽然能意识到玩网络游戏的危害,但还是无法控制不玩的冲动,继续花费大量时间在网络游戏上。只要符合其中两点标准,便可判断为网络游戏成瘾者。它的临床表现有:情绪低落,无愉快感,兴趣丧失,睡眠障碍,生物钟紊乱,食欲下降和体重减轻,精力不足,精神运动性迟缓和激动,自我评价降低和能力下降,思维迟缓,有自杀意念和行为,社会活动减少,大量吸烟,饮酒和滥用药物,等等。

网络游戏的分类:按照游戏所涉及的网络区域分类,包括社区类网络游戏和大型网络游戏;按照游戏运行平台分类,包括视频控制台的网络游戏、PC(personal computer)网络游戏交互电视网络游戏和掌上网络游戏;按照游戏内容架构分类,包括赛车类、战略

类和策略类、模拟类、动作类、冒险类、棋牌类和角色扮演类。

网络游戏具有自愿性、自由性、虚拟化、娱乐性、互动性、娱乐性等特征。

网络游戏给出华美的视觉画面，悦耳的听觉效果，并伴随玩客聊天，组队协同作战，牢牢地把玩家锁定在用更多时间去争取“经验值”提升和“宝物”的获取上，好玩耐玩，单位时间费用相对较低。游戏程序设置的悬念促发了玩家的心理期待，起到了吸引玩家继续游戏的作用。网络游戏具有的以上特性让人很容易上瘾。

此外，大学生自身的因素也极大程度地促进网络游戏成瘾。①大学生缺乏自我控制能力，大学生还没有形成比较完整稳定的世界观、人生观和价值观，对新鲜事物的好奇与探究的欲望十分强烈。禁不住其他玩家的蛊惑、宣传和自己猎奇心理的驱使，开始也许只是想一试身手，但往往因为自制力薄弱而深陷其中，与吸毒的机制相似。②沟通和社交能力低下，孤独感强。孤独感和网络游戏使用的增加呈正相关。台湾学者张春兴(1993)认为，经常感到孤独的人难以与人建立良好的人际关系，或者说缺乏良好的人际关系。大学生为了摆脱孤独，上网聊天、游戏，与虚拟世界的玩家同甘共苦、互相救助、切磋技艺，畅游在网络游戏的世界。心里的压抑和孤独通过玩游戏得到了宣泄和释放。③自学能力差，学习上无满足感。进入大学后学习方法和学习内容与高中时的填鸭式教学模式大相径庭，许多同学一时无法顺利完成角色转换，空虚无助。而在网络游戏中他们可以暂时忘掉现实生活中的不快，从而得到一种强烈的满足感和快感。④有些大学生心理变态，企图在网络世界中寻找平衡。正像一个大学生在日记里所写到的：“在白天，在公共场合，所有的人都表现得彬彬有礼、道貌岸然、美德无限。于是我期待着夜晚的来临，满怀着活着的疲惫，进入虚拟的网络游戏世界，卸去伪装和面具，露出原始的狠毒。千万不要惹我，现在的我是阴险的、狭隘的、睚眦必报的。不过就算你没有惹我，我也许仍然会微笑着让我的刀锋划过你的喉咙，并在你倒下之后搜刮走你身上的所有物品。于是我得到了一种抢劫和杀戮之后不负责任的快感，并找到了白天与夜晚的平衡。”⑤虚拟世界的满足感也是一大原因。抑郁、焦虑得分较高的人在现实生活中易感受到更大的挫折，而在网游这个虚拟的世界中，可以获得社会支持，寻求安慰和减压，获得满足，使得那些正经受着低自尊、情感不满足或常被他人非难的人可以依赖游戏里理想的自我来逃避那些不愉快的想法或环境，全新的自我形象允许他们突破现实中的形象，扩大情感体验及对他人表达的范围，并使个体获得被认可及充满力量的感觉，这都对网络使用者充满了诱惑，一旦发现网游给他带来好处，便会更加寄托网络，强化了这种行为。⑥理想和现实的差距所产生的失落感也是网络游戏成瘾的另一原因。大学生在高中时对于大学都有自己美好的憧憬。但是，到了大学后，现实和自己的想象产生了巨大差距，于是产生失落感。对所在学校或所学专业不满意，开始通过网络游戏来麻痹自己，并深陷其中不可自拔。⑦大学生的自尊心强和依恋情结强。个体的自尊和自我评价经常对建立和维持令人满意的人际关系产生消极影响，使个体对人际交往缺乏信心，自己的交往需要难以满足，从而产生孤独感。而孤独者又可能因为自己缺乏人际关系，渴望一种归属关系而降低了自我价值感。这些自尊心极强的同学成为网络游戏成瘾的高发人群，并且网络游戏大多采用升级的模式，玩家从低级别到高级别需要很长的时间，这个过程好像一个抚养孩子的过程，又像是玩家自己成长的过程，玩家在游戏的过程中逐渐产生对自己的“孩子”和“自己”的依恋的情结。玩家在游戏中倾注了自己的感情，因此一不玩游戏就会产生离别、思念的感情，导致网络游戏成瘾。

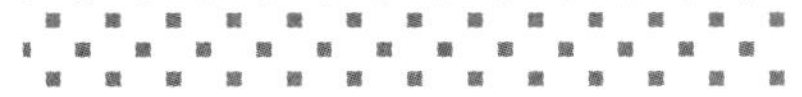

总之，根据马斯洛的需要层次理论，网络游戏能够满足大学生情绪宣泄、人际交往、排遣时间等的需要，所以网络游戏才能危害到数量如此之多的大学生。

2. 网络关系成瘾

网络关系成瘾通常是指沉溺于通过网络聊天来结识朋友、进行社会交往。其主要表现是，上网者每天花费大量的时间，利用各种聊天软件以及网站开设的聊天室进行聊天活动，与通过网络认识的人建立友谊或者爱情，并且用这些关系取代现实生活中真实的人际关系，网上朋友很快变得比现实生活中的家庭成员、朋友或同学更重要。此类成瘾者可分为三种情况：网络交友成瘾、网恋成瘾、网婚成瘾。网络交友成瘾往往是指过分迷恋在线人际关系，将全部精力投入在线人际关系的建立，在线朋友变得比现实生活中人际关系更为重要。长时间的在线聊天代替了真实的社交活动，达到了成瘾的程度。而网恋成瘾的交谈对象一般为异性。双方在网上通过聊天确定恋爱关系，并且享受着爱情带来的甜蜜与欢乐，沉醉在网络所创造的虚幻的“柏拉图之恋”中，难以自拔。聊天过程中常常使用网络语言，甚至很多人在迅速确定恋爱关系后，每天花费大量时间在网络上谈情说爱，深陷网络恋情不能自制。有些人不但网恋，还玩成了网婚。网婚是上网者利用网络虚拟结婚的一种网络游戏行为。网婚双方通过网络，利用语言、视频、图片等创造出一些刺激场景和虚拟温情，开始居家过网上生活。网络婚姻需要的道具很简单，一台电脑、一根网线、一个虚拟婚姻的网站，找到自己喜欢的虚拟爱人，网婚生活就这样开始了。有一些网站还提供全套的网络婚姻服务，登记结婚、制作结婚证、举办婚礼等都可以在网上完成。据统计，近五年来，参加网婚的人数迅猛增长，其中以年轻人居多。大学生也沉浸其中，有的甚至娶了好几个“妻子”，有的嫁了好几个“老公”，有的还生了好多“孩子”。

3. 网络色情成瘾

网络色情成瘾是互联网成瘾症中的一类，可以将网络色情成瘾定义为人通过互联网获得性兴奋或性满足的一种病态性习惯行为。其中，互联网是情色信息的载体或提供情色服务的媒介；病态性指对网络性失去控制，有强迫冲动、强迫思维以致强迫上网行为的发生。正像心理学家施瓦兹博士所说，“网络上的性就像海洛因一样，它夺走了他们并且拿走了他们的生活，而且因为感情上不愿意放弃，非常难以治疗”。网络色情成瘾者如果被迫停止上网，就会出现与吸毒者类似的戒断综合征，如焦虑、烦躁不安、冲动行为和歇斯底里，网络色情并不是性行为，网络色情和真实的性行为并不相同，就好比现在的电子游戏和西洋棋。观看满屏幕的色情刺激，并不能自动防止人对性兴奋成瘾。在一项荷兰的研究中发现，事实上在所有网络活动中，最有潜力让人上瘾的就是色情片了。原因是大脑的奖励回路、进化驱动使我们去获得自然回报。

4. 网络信息成瘾

神经科学家拉斯·波德瑞克认为，人们一次次寻求信息的刺激与一次次寻求毒品的刺激是非常类似的。“在毒品和电子或者其他设备上，我们大脑面对了进化史上不曾出现的新刺激，而相较于这些新颖之物带来的刺激和冲动，我们的自控力就太弱了。”上午一来教室上课，本来想好好听讲，却发现软件弹窗弹出一个娱乐新闻，是自己很关注的明星，然后搜索一下，接着继续搜索权威评论，然后几个小时过去了；想查资料时，蹦出来一个购物广告，刚好自己想买，然后就点进去搜索，各大电商对比，这一天就这么过去了。也有因工作、学习时查询某一词汇，结果一级一级关联，能搜出整个百科手册。信息成瘾，多发于年龄25～40岁之间的人群。具体症状就是每天花大量时间上网浏览信息、看报纸杂志，心里觉得不踏实，总觉得漏掉了什么，想多学点多知道点知识。有意识或者无意识进行大量信息浏览操作。信息成瘾和化学物质成瘾一样，行为成瘾者会重复做一件事情而无法克制。比如不能控制自己上网，不能控制自己去搜集信息，不仅在行为上成瘾，而且在心理上已经成瘾。人的大脑有三分之一的结构属于行为强化系统。反复做一件事情，就会使行为强化系统过度兴奋，交感神经系统高度变化，这样人便会对反复从事的行为成瘾。当成瘾的行为模式受到挫折而不能进行下去的时候，就会产生与吸食鸦片的人突然被强制戒毒时类似的反应。

网络信息成瘾的人群一般由于职业上的重复行为容易造成“成瘾”。北京大学心理学系沈政教授认为，信息成瘾者对于浏览信息有着极强的心理需要，不停地重复着收集信息这一行为。一旦被迫中止，就会产生痛苦、焦虑的情绪，还会出现躯体症状。很多人都会从事不断收集信息的工作，但为什么不会“信息成瘾”呢？沈教授认为，工作心理决定是否会“信息成瘾”。“信息成瘾”的人工作很被动，工作目的大多停留在维持生活上，而没有把对生活的理想和追求寓于工作之中。在收集信息的过程中，他们没有主动地发挥自己的创造性，甚至找到有价值的信息时，只是觉得有得交差了，而根本没有成就感。查阅信息时没有明确的目标，生活没有明确追求。如果在查阅信息时有明确的目标，我们就能够锁定查阅的范围。如果没有明确的查阅目标，我们就会无限地浏览信息，查到任何时候都不够，心理上也得不到获得所需信息后的成就感，只有不停地查下去。这在客观上就导致了不断重复同一行为，使大脑内部发生变化，最终形成“信息成瘾”。也有小部分成瘾者浏览信息只是为了消磨时间。他们的工作比较清闲，对于事业没有追求，只有在不停浏览信息的时候，他们才感觉自己是充实的，一旦停下来，他们就不知道干什么才好，觉得生活失去了意义。而且性格内向、拘泥细节的人容易患“网络信息成瘾”。性格内向、拘泥细节的人，通常做事情会钻牛角尖，大有“不达目的，誓不罢休”的劲头，而且做事情的时候很追求面面俱到。他们做一件事情的时候，会非常投入，并且一旦认定某件事情就很难改变。因此他们更容易固执地去收集海量信息，并且不愿意漏掉任何一条哪怕是毫无意义的信息。这种行为不断重复，最终他们自己也无法控制，从而形成“网络信息成瘾”。

5. 网络购物成瘾

“一入网购深似海，从此钱包是路人”“开了支付宝，生活真潦倒”，近几年声势浩大的“双十一”网上购物狂欢，让中国电子商务的交易额不断再创新高，也让无数网友的钱包再创“新低”，痛定思痛，无数人喊出“再买剁手”的誓言。然而，“双十二”“圣诞狂欢”“元旦促销”接踵而至，你打算“剁哪只手”？虽然很多人自称自己为“网购成瘾”，但是关于“网购成瘾”还存在很多的争议，我们可以参照精神医学上诊断成瘾的标准来理解一下自己是否真的患上了“网购成瘾”。要判断一件事情或一种物质达到成瘾的程度主要有三点：一是对某件事情或事物有不可控制的渴求心理；二是该行为给当事人带来痛苦；三是该行为让当事人的社会功能受到影响。具体来说，如果你有以下状态，有可能就是“网购成瘾”：第一，你对网购有一种不可控制的渴求心理，每天必须打开购物网

站，每天不买点东西心里就难受，即使工作再忙，也要挤出时间网购；第二，网购时非常快乐，看到自己买到的无用的东西或瘪瘪的钱包时又非常痛苦，看到就想买，买了又后悔，但是还是控制不住地买，痛并快乐着；第三，社会功能受到影响，网购影响了你的工作学习，比如你无法安心专注手里的事情，只要打开电脑或手机就想购物，无论手头有多么重要的工作也无法阻挡你购物的欲望，从而导致工作学习延误并造成严重的后果，甚至不能集中精力；第四，网购影响了你的人际关系，比如说由于沉迷于网购，不愿意与人接触，不愿意走进现实生活，性格越来越孤僻，还有的是因为网购四处跟亲戚、朋友借钱，导致“众叛亲离”。当然了，如果你只是忙里偷闲才在网上购物，大多数网购行为属于合理范围内，更没有影响自己的学习、工作、家庭关系等，就不是“网购成瘾”，也要不要随随便便就给自己扣大帽子。

三、大学生网络成瘾的原因分析

（1）网络自身的强大吸引力的影响。被称为“第四媒体”的网络以其大信息量、交互性、平等性、虚拟性、匿名性、安全性对大学生形成了强大的吸引力，并构成了他们生存的“第二空间”。与传统媒体不同，在网络媒体面前，大学生不仅仅是读者，而且是演员，可以通过角色扮演的方式融入网络之中，网络互动可以满足大学生的心理需要和社会需要，并产生愉快的体验，这就容易使大学生混淆虚拟世界与现实生活的区别，导致他们对网络不同程度的依赖。

（2）大学生身心发展特点和独生子女成长方式的影响。处于青年中期的大学生，生理发育已经处于基本成熟、逐步稳定的阶段。伴随着生理的成熟，自我意识开始增强，但还缺乏稳定的自我控制能力，人际交往的需要强烈，渴望被人理解，但心理上又具有一定的闭锁性。而且我国大学生中独生子女比重极大，因为缺乏与兄弟姐妹年龄略有级差的同辈的交流，他们在现实生活中往往不会处理人际关系。他们大多在优裕的物质生活环境中成长，父母对他们过分溺爱，对他们的期望极高，希望按自己的意志去培养他们，结果给独生子女造成了很大的心理压力。这些因素都容易使他们到网络中寻找可归依的群体，迷恋网上的互动生活。

（3）高校宽松的生活环境的影响。高校有宽带网，有较多的自由支配时间，有较多的供自己支配的金钱，又可摆脱父母对自己的监控。高校的教育和管理缺乏人文关怀，校园文化生活比较单调，学生之间又有从众心理和攀比心理。大学生在遭遇情感危机、学习危机、就业危机时，往往把网络作为宣泄情绪、逃避现实的工具。现在大学生中有相当一些人没有正确的人生目标，在父母的安排下上了大学，自己却缺少对人生的思考，没有把大量宝贵的时间和精力投入到学习中，而是去上网。另外，从中学到大学环境发生了很大的变化，有一些学生自控力差，无法自我约束，在没有良好自觉学习的习惯下，就会把大量的时间、精力、金钱消耗在网吧里。

（4）社会因素的影响。当今社会信息技术高速发展，网站、网吧多如牛毛，这为大学生求学提供了便利，也为大学生网络成瘾提供了诱因。由于我国网络管理制度尚不健全，有关部门缺乏有效的监控手段，“黄、赌、毒”等非法网站沉渣泛起，社会不良思潮如享乐主义、拜金主义、个人主义等在网上泛滥。这些因素很容易让大学生在眼花缭乱的虚拟世界中迷失方向。从深层次分析，我们发现大学生网络成瘾的发生还具有一定的社会时代背景。由于当代大学生正处于社会变革的关键时期,对外开放带来的国际经济、文化交流,使西方文化也不断渗透进来,以致有些当代大学生在价值理念上更趋于表层化。时尚成为当代大学生生活中的一个重要组成部分,追求时尚也相应成为大学文化建设中的重要方向。由于当代大学生都接受过现代高等教育,自主意识又非常强烈,在文化品位上需要具有自己独特的个性,而网络这种既符合时代潮流同时又含有较高知识信息的新事物,在他们眼里便成为一种高雅的时尚的东西,这也是成瘾现象的一个重要诱因。

(5)同辈群体因素。我们发现,过度使用网络已在大学生中显现出"小群体"的现象,往往集中在一个宿舍或一个小组。产生这种现象的原因大致有两个方面:一是大学生具有群体归属的需要;二是大学生具有被群体认同的需要。大学生作为集体生活环境中的一个成员,不希望在群体中被孤立起来受到众人的攻击或排挤。因此,他们会遵从群体的意愿,采用与群体一致的行为,而这种群体内部的"从众"行为在一定程度上削弱了个体的判断能力及自我意识,盲目地顺从群体的行为导致过度上网现象的发生。

(6)家庭原因。当前我国大学生中独生子女比较多,且绝大部分远离父母来到异地求学。成瘾学生的家长往往忽略了与子女的情感沟通,用物质和金钱来表达对孩子的爱,从而把亲子关系物质化,并一味地把自己的愿望强加到子女身上。这种教育方式更多地显现出拒绝、否认和惩罚严厉,很少显现出应有的情感温暖、理解和支持,导致子女不愿向家长倾诉成长过程中的困惑,而是选择网络作为他们精神寄托和压力释放的途径。另外,在应试教育下,家长一味地追求学生的学业成绩,忽视学生的情感、心理等问题,缺乏关心与交流,当家庭不能作为其心灵的避风港时,他们就会把网络当做心理慰藉和情绪发泄的"快乐世界"。不少家长的教育理念存在误区,教育方式表现出过于干涉、过于溺爱、异常严格、简单粗暴等特征,在这样的家庭教育环境成长的孩子会与父母叛离,更倾向于通过网络寻求安慰。在父母长期出外打工、单亲家庭、父母感情不和的家庭中,一方面由于家长无暇照顾孩子,另一方面由于不和谐的家庭环境的影响,父母与孩子的交流少,关系冷漠。在缺少家庭温暖和关爱的情况下,这些孩子也容易患上网瘾。

(7)学校因素。由于教育体制原因,我国的学校过分注重学生考试成绩,忽视了对学生的养成教育。上网成了他们唯一的兴趣。此外,同学中有一人上网,就会很快影响一群学生,甚至波及全班,而学校和老师只是提出反对上网或列举上网的危害,而没有做细致的分析和有效的预防。另外,学校监管不力也是一个重要因素。大学生自由时间比较多,学校及老师监督存在疏漏,不少学生往往游离于监管之外,因此,学校及老师很难第一时间发现学生渐趋成瘾的动向,等到察觉出问题时,学生已发展到重度成瘾的程度了。所以,学校管理松懈、防范不力也是一个重要原因。

四、大学生网络成瘾问题的预防与调适

1. 家庭方面

父母应当转变教养方式,加强与子女的有效沟通。有学者在网络成瘾调查问卷中发现,60%的大学生表示很少对父母说心里话,认为父母并不了解自己。他们宁愿在网络上与朋友、网友倾诉也不愿意对父母敞开心扉。毫无疑问,手机成瘾现象与父母教养

方式、家庭氛围有密不可分的联系。权威型父母教养方式下的孩子容易出现羞怯、内向、孤僻等人格特质，在人际交往中常处于被动位置，常借助手机、网络等工具来间接表达；而民主型父母教养方式下的子女大都活泼外向，善于融入陌生情境，直接主动地表达自我。大学生父母应当主动组织家庭会议，了解子女动态，鼓励他们分享自己的感受和经历，尊重他们的情绪和隐私，营造民主开放的家庭氛围，激发他们人际交往的热情。家庭是青年学生最重要的活动场所，父母对子女的态度及家庭氛围会对青年学生产生非常大的影响。家庭氛围非常和谐，父母以民主的态度对待子女的日常活动，给每个家庭成员表达自身意见的机会，对培养青年学生的健全人格具有非常重要的作用。在青年学生的成长过程中，肯定会面对很多问题。作为父母，应该以一种平等的态度对待他们的言行。多鼓励子女做实践性的思考，促进其心智成熟，学会辨别是非，通过合理的方式表达意见等。

随着大学生自我意识的成熟，这个阶段大学生的好奇心是与生俱来的。作为父母，应该通过正确的方式对其加以引导，让孩子正确地使用网络。在现实过程中，会经常出现这种问题，父母发现孩子上网时间比较长，通常会通过各种特殊的方式让孩子立即结束上网活动，孩子大多是在表面同意，心理却不同意的状态下停止上网活动。于是，他们便将上网场所变到了父母看不到的场所，时间久了，很容易造成网络成瘾问题的出现。这一方面体现了青年学生的心智不成熟，比较叛逆；另一方面，也说明了父母与子女之间缺少有效的沟通，作为父母，不能正确地对待孩子的心理需求。在大学生的培养过程中，父母给予的鼓励应该多于指责。积极发现他们身上的优点，让他们知道通过自己的努力可以获得应有的能力。通过在现实生活中满足大学生的自我认同感来减少对虚拟网络的依赖。家庭教育方式对孩子的成长和发展有着至关重要的作用。比如，西方家庭教育从小就注重培养孩子独立的能力，并且父母与子女是平等的；而中国的家庭教育往往比较片面，出现父母的过度拒绝和过度保护等教育方式。过度拒绝的父母喜欢归罪、惩罚及在旁人面前过分批评、责骂孩子，这些行为易使子女产生自卑感、无助感和不安全感，在社交中把注意力集中在避免被别人否定上，这是许多大学生在遇到挫折时，转向网络寻求逃避的一个重要原因。父母的过度保护、溺爱，阻碍了子女独立性和社交能力的发展，使子女缺乏自信、过分自我约束和依赖他人，这也是网络成瘾大学生的重要特点。因此，家长应注意转变教育方式，尽可能多地与孩子进行平等的沟通和交流，培养孩子的独立能力，让孩子形成良好的性格；加强学习计算机和网络知识，与子女在上网问题上建立共同话题，互相沟通和交流，培养家庭成员多方面的共同兴趣和爱好。

2. 学校方面

（1）加强组织各种积极向上的校园文化活动，引导学生合理科学地使用网络。我们可以通过开展丰富多彩的校园文化活动来增强学生的凝聚力和沟通力，从而使那些性格内向孤僻的学生融入到校园文化生活中，摆脱虚拟世界，走进现实。高等院校是在校大学生学习和生活的主要场所，高校自然就成了防控大学生网络成瘾的主阵地。高校要高度重视大学生网络成瘾问题，将防治大学生网络成瘾作为和谐校园建设的重要组成部分，针对大学生的身心发展特点，加强对大学生的网络文明教育；要加强教育教学改革，提高课堂教学的趣味性。对有网瘾的大学生，不能歧视，要积极地对他们进行心理辅导和心理治疗。辅导员、班主任、学生干部和学生家长要配合起来主动干预，加强对网络成瘾学生的教育和引导，并且建立家长联系制度，对于自制力差的学生，学校要和学生家长经常联系和沟通，家长要帮助孩子合理安排课余时间，帮助其制订学习计划，监督其学习过程，使其学习生活逐渐转变到正常轨道上来。

(2)老师与学生多沟通交流，对上网成瘾学生开展思想政治教育和心理健康教育。一是通过辅导员老师与成瘾学生的谈话，倾听他们的心声，让他们压抑苦闷的内心得到释放。同时引导这些学生树立正确的人生观、价值观、道德观和职业观，让他们在意识形态上得到正确的指引。二是通过专业的心理学老师开设心理健康讲座，开放心理咨询室，加强对这些学生的心理辅导。这是针对特殊群体采取的个别矫治方法。同时也可以通过学校老师向全体同学做好网络知识的宣传，让同学们意识到网络的利与弊，引导学生健康上网，达到一种预防的目的和效果。三是心理健康教育机构要使用大学生健康状况调查表进行排查，对有问题的同学建立个人心理档案，要全面准确地把握轻度沉迷网络人群的情况，认真梳理和分析每一个人的具体资料，在学生工作干部的大力支持和配合下，制订个性化的心理治疗方案和帮扶转变计划。

(3)班级同学多关注关心这些同学。通过一些班级干部、党团员、积极分子、青年学生骨干建立戒除网络成瘾的帮助组织，采用各种帮扶措施，与网络成瘾学生结对，通过与他们一起上自习、帮助其补习功课以及聊天谈心的方式，引导他们逐步摆脱网瘾，开始健康的学习生活。可以在本班学生中实施“一帮一”工程，针对网络成瘾学生存在的问题，动员、安排班级学习成绩优异、生活积极向上的同学帮助其戒除网瘾。在班级活动中有意识地给其安排一些任务，积极带动其参加班级活动，增强与人际沟通能力，逐渐融入班集体。

(4)广泛开展“网络教育”。由于专业学习的需要，大学生们需要经常借助网络的平台开展相关学习和研究工作，针对学生密集接触网络的特点，学校相关机构应该广泛开展网络知识的宣传、网络讲座、网络心理广场咨询等活动，努力在全校营造“健康网络，和谐心理”的良好氛围，发挥网络“双刃剑”的积极作用，积极引导大学生合理使用网络。通过网站、校园广播、电子屏、官方社交平台、主题班会、黑板报、手抄报、会议活动等多种渠道和形式，开展网络宣传教育主题活动，大力宣传倡导依法上网、文明上网、科学上网，引导学生树立正确的网络意识，普及网络安全知识，维护网络环境，了解网络成瘾的危害，增强网络道德意识，自觉远离不文明网络行为。还可以在校园网上开辟心理咨询专栏，第一时间了解他们的问题，并通过网站反馈自己的一些建议。另外，也可以通过QQ、微博等来解答处于成瘾边缘的青少年问题，最大限度地防止他们上瘾，从而促进边缘青少年的自我成熟、人格健全和完善，增进他们对上网的认识和心理控制能力的提升。

(5)建立和完善学校心理辅导系统。心理辅导老师要多关注那些交往困难、内心敏感、容易受挫的学生，及时与他们沟通，进行相应的心理辅导。学生心理普查可以增加成瘾人格的测量，以便做到早期发现、早期干预。通过讲座、展览等形式说明网络成瘾的危害，提高学生的“免疫力”。通过团体训练等形式加强学生人际关系的建立与沟通维系技巧的训练，以防止他们过度依赖网络。有些大学生过度使用网络是因为自觉空闲时间过多，因此帮助学生确立生活的目标，充实业余生活，规划学习时间，掌握压力管理等都将有效地帮助学生避免过度地使用网络，预防网络成瘾的产生。大学生良好心理品质的形成，需要正确的引导和鼓励，尤其是那些已经上网成瘾或者处于上网成瘾边缘的学生，更需要心理健康的指导。因此，在学校全面开展心理健康教育是防止大学生上网成瘾的重要举措。学校与社会工作者可对需教育者对症下药，因人而异地进行心理辅导。

3. 社会方面

(1)净化网络环境。政府有关部门应加强对网络媒体的监管力度，明确网络媒体在网络建设中的主体职责；有关部门应加强对网络信息的监控过滤，营造健康的网络环境；国家要建立和健全网络管理的法律法规，用法律形式规范网络行为。

(2)建设青少年网站。当前，可建立专门为青少年服务的网站，通过服务来吸引青少年的“眼球”。这种网站的特色应旗帜鲜明、积极向上。如果能很好地利用现有网站，就可以有效地整合网络资源，节约教育成本，增强教育成效。

(3)在网络上宣传中华民族的优秀文化。继承和发扬中华民族上下五千年的优秀文化，取其精华，去其糟粕，是我们对青少年一代的要求。互联网是一个多种文化相互冲突与整合的世界，我们既要引导青少年正确利用人类社会的优秀文化成果，又要增强青少年的“免疫力”，消除网络上西方意识形态的无形渗透，这是网络时代青少年工作者的一个重要任务。

(4)构建网络伦理的理论和实践规范体系。网络伦理，是在计算机信息网络专门领域调节人与人、人与社会特殊利益关系的道德价值观念和行为规范。青少年的网络道德源于社会生活中的道德体系，又有别于现实道德。我们应加强对网络伦理规范的研究和探讨，明确各种网络主体之间的权利、义务和责任，以及网络道德的基本原则，构建和规范网络伦理，为青少年进入网络社会创造一个良好的道德环境。

(5)推动网络立法工作。应修改和完善现行法律中关于计算机犯罪的惩治条款，推动网络立法工作。同时必须加强青少年的网络法制教育，帮助青少年形成正确的价值判断能力。

4. 个人方面

提高大学生的自身素质。大学生要树立远大理想，积极参加社会实践，培养广泛的兴趣爱好和乐观向上的生活态度，养成良好的意志品质，增强抵御网络负面影响的能力；大学生要端正上网目的，严格控制上网时间，养成良好的上网习惯；发现自己有网瘾症状时，应积极调整心态，逐渐弱化对网络的依赖。作为已成年独立的大学生，应具备自我控制调节能力，网络成瘾的病理之一就是使用者缺乏自我控制能力。在纷繁的网络世界里，大学生应能够把握自我，不断地强化主体意识；正确认识网络也是正确使用网络的关键，在使用网络时，要把握使用尺度，提高健康使用网络的意识，加强抵御网络对个体身心的侵蚀和控制的能力。大学生要广泛培养自我的兴趣爱好，积极参与广泛的社会交往，在交往中体验沟通的乐趣，摆脱孤独感，用现实的人际关系取代虚拟的互动空间。具体可采用以下方法：

(1)自我警示法。为了帮助成瘾者将精力放到减轻和摆脱成瘾行为的目标上来，可以让成瘾者分别用两张卡片列出网络成瘾导致的主要问题和摆脱网络成瘾将带来的主

要方面的好处。然后，让成瘾者随身携带这两张卡片，时时处处约束自己的行为。另外，让成瘾者列出网络成瘾后被忽略的每一项活动，并按照重要性进行排序，使其意识到自己以前在成瘾行为和现实生活之间所作的选择的差异，并使其从现实生活中体验到满足感和愉悦感，从而降低其从网络环境中寻求情感满足的内驱动力。

(2)时间控制法。一般上网成瘾的学生是没有正常的时间观念的。包夜通宵是最常见的现象。很多宿舍里没有通网络的学生就把“战地”转移到校外的网吧。如何才能将这些学生“控制”在校园内，打破他们固有的“网络时间”？根据笔者的工作实践和整治效果，可以采用如下方法：每天晚上11点半至12点，用宿舍电话打父母的手机或者家庭电话，向父母汇报自己的行踪，来电显示的号码足以证明其是否在宿舍内。持续一个月左右，方可见效。

(3)加强自我教育。通过提高大学生的心理素质，增强他们自我调控、自我完善的能力，使其不会对网络形成依赖。在现实生活中，几乎任何人都难以避免产生心理问题，但有许多心理问题是可以通过自己的努力加以克服的。大学生通过自我教育来克服心理问题，从很细小的事情上便有所体现。比如，大学生在学习和生活中遇到一些不顺心的事，虽然免不了会出现焦虑、伤心、暴躁等情绪，但如果立即调动自己心理调节的意识，唤起正确合理的观念，便可以与头脑深处的不合理信念做斗争，进而树立起信心，形成乐观向上的生活态度，摆脱心理问题。心理问题得到排解，即使上网也会有所节制。

(4)改变大学生的认知观念。网络成瘾问题最关键还是在于大学生自身，大学生作为已进入成年阶段的独立个体，要增强对自己、家庭、社会的责任感，养成良好的意志品格，培养有益身心的兴趣爱好，追求高层次的自我实现。对待网络，不应把它当作逃避问题和封闭内心的空间，而要明白互联网只是一种工具和一个平台，网络可以对大学生掌握知识、提升自我、开阔视野起到积极作用，健康正确的网络观才是发挥网络最大作用的关键。

五、大学生网络成瘾的心理学干预

对网络成瘾使用采用心理治疗是目前国内外比较通用和富有成果的方法。国外最早于20世纪90年代中后期开始这方面的研究，我国则是从近几年才开始的。目前国内外应用的比较多的心理治疗方法主要包括认知行为疗法、焦点解决短期疗法(SFBT)、家庭治疗法、精神分析疗法、厌恶疗法、系统脱敏疗法、团体心理辅导法、强化干预法(包括奖励和惩罚)、转移注意力法、替代延迟满足法等。

1. 强化干预

强化是使有机体增强某种反应重复可能性的力量，它可以分为奖励与惩罚两种。在实际操作中，这种干预方法的使用最为普遍，效果也最好。在网络成瘾的干预中，奖励的使用条件是一旦发现成瘾学生有了减少上网的行为时，就给予奖励、表扬或肯定性评价。惩罚的使用条件是一旦发现成瘾学生上网时间增加时，立即给予处罚。处罚可以是物质性的，如取消他获得他最想要的东西的权利，也可以是精神上的，如校纪处分等。

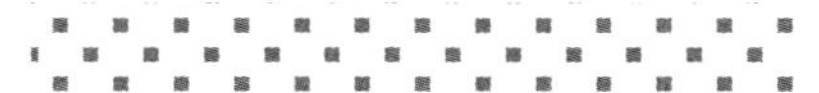

2. 厌恶干预法

厌恶干预指采用惩罚性的厌恶刺激来减少或消除一些适应不良行为的方法。常用的做法有橡皮圈拉弹法、不赞成干预、内隐致敏法等。

(1)橡皮圈拉弹法，是指成瘾学生预先在自己手腕上套上一根橡皮圈，当他坐到电脑前准备上网时，自己用力拉弹手腕上的橡皮圈，使其手腕有强烈的疼痛感，从而提醒自己下网。也可借助外力，如闹钟发出尖利的噪音，来促使自己停止上网。

(2)社会不赞成厌恶干预，主要是运用图片、影视、舆论等手段，使学生在上网的同时产生一种来自社会的压力，并在心理上造成威慑和畏惧心理，从而达到戒除网瘾的一种干预方法。

(3)内隐致敏法，又叫想象性厌恶干预，是指用想象上网的过程和结果的办法，使自己对上网产生厌恶感，从而逐步减少上网时间直至戒除网瘾的一种干预方法。这种方法可与橡皮圈拉弹法结合使用，效果会更好。

3. 转移注意力法

学校或班级通过组织各类有意义的文体活动，让成瘾学生参与其中，从而转移他的注意力和减轻他对网络的迷恋程度的一种干预方法。

4. 替代、延迟满足法

一方面学校和老师要帮助学生培养替代活动(其感兴趣的课外活动)吸引其注意力，并弄清他的上网习惯，然后使其反其道而行之，在原来上网的时间里做其他事情。另一方面，了解问题学生的上网时间(起初要控制上网时间，不必绝对戒除)，将其上网总时间列表，纳入周计划，在可以控制的前提下，逐步减少上网时间最终实现戒除网络成瘾的目标。

5. 团体辅导法

团体心理辅导法是心理咨询中常用的一种方法。将患有网络成瘾症的学生组合成一个团体，由富有经验的老师作为指导者，运用团体动力理论做理论基础，综合运用团体咨询的原则和各种方法，达到使参加团队的成员整体戒除网瘾的目标。①团体成员之间的认同感对于团体成员在认知和行为上的改变有着巨大的支持作用。团体成员“能够认识到别人也有跟自己相同的问题，自己支持别人，也得到别人的支持，从而获得道义心，可以增进信心”。②团体咨询可以使网络成瘾的学生获得安全感。网络成瘾的学生因对自身的网络使用不当问题投入较多关注，而忽视自身其他方面的优势及能力，团体咨询可以使其注意到自己的能力，对团体其他成员的成长有所贡献，也可以增强自信心和安全感。③团体成员们共同签署的契约对团体成员有强烈的约束作用，同伴之间既有支持又有监督。网络成瘾的学生在团体中做出改变不当行为的承诺后，会因团体的监督作用而努力维护自己的诺言，由此使行为的改变得到长期的坚持和巩固。近年来，随着越来越多的青少年陷入网络中而不能自拔，一些学者如樊富珉、杨彦平、乐国林等将这种方法推广到防治青少年的网络过度使用上来，取得了比较好的效果。团体心理辅导有一套系统的咨询程序，它包括团体咨询目标、求询者网络心理障碍的预处理、确定团体的规模与结构、确认团体心理咨询的咨询间隔时间和咨询方式、制订计划和确定团体活动内容、团体心理咨询过程或会面等。对网络过度使用者进行团体心

理辅导的目的在于协助网络过度使用者从失序的上网行为与失序的生活中回归秩序与平衡。辅导的目标不是戒除上网，而是合理地上网，可以有控制地上网，合理安排上网与非上网的时间，可以将网络世界与真实世界加以统合并达到协调与平衡。

6. 认知行为疗法（CBT）

认知行为疗法是心理治疗的常用方法。它包括认知治疗和行为治疗两部分，常使患者暴露于刺激之中，挑战上瘾者对网络的不适应性认知，并训练大脑以不同的方式进行思考。在治疗过程中，患者要接受心理医生教给他的观念和行为，并反复加以练习以使大脑得到新的学习，久而久之这种练习就变成患者自发性或习惯性的行为。CBT包括给患者布置家庭作业，并要求严格执行治疗方案。近年来，CBT已被学者和临床医生用于网络过度使用障碍的治疗中，成为治疗网络过度使用的主要方法。对于这种疗法的研究，美国学者金伯利·扬和加拿大学者戴维斯分别提出了自己的认知行为疗法，也是最为系统性和理论化的疗法。扬认为，由于互联网的社会性功能，很难对网络过度使用者采取传统的节制式干预模式。在借鉴相关成瘾症的研究和治疗方法的基础上，扬提出了自己的认知行为治疗方法，主要分为8个步骤，分别是反向实践、外部阻止物、制定目标、节制、提醒卡、个人目标、支持小组和家庭治疗。他主要是从时间控制、认知重组和集体帮助的角度提出的一种方法，强调治疗应该帮助患者建立有效的应对策略，通过适当的帮助体系改变患者上网成瘾的行为。而戴维斯则根据他自己提出的“病态互联网使用的认知-行为模型”，提出了一套系统的治疗网络过度使用的认知行为疗法，他把治疗过程分为7个阶段，依次是定向、规则、等级、认知重组、离线社会化、整合和通告。戴维斯的整个治疗过程需要11周完成，从第5周开始给患者布置家庭作业。这种疗法强调弄清楚患者上网的认知因素，让患者暴露在他们最敏感的刺激面前，挑战他们的不适应认知，逐步训练他们上网的正确思考方式和行为。国内杜亚松报道以学校为基础的小组认知行为治疗对儿童和青少年的网络过度使用有效，尤其在改善成瘾者的情绪状态和行为的自我管理方面。

7. 家庭治疗法

具体地说，网络成瘾的形成与网络成瘾患者所受的家庭教育模式、成员之间的相处态度分不开。换句话说，网络成瘾症可能是家庭功能失调的表现。因此，家庭治疗所要处理的问题就是修正、调整家庭成员之间的和谐关系，通过家庭成员的共同努力，改变网络成瘾症产生的家庭动力机制，使症状消失。网络成瘾家庭治疗原则是针对整个家庭成员，进行集体治疗，纠正共有的心理病态；明确网络成瘾患者的症状只是外在表现而已，其家庭病态情感结构才是真正根源；让每个家庭成员了解家庭的病态情感结构，以改善和整合家庭功能。具体的网络成瘾家庭治疗措施：一是制定家庭公约。公约要建立在尊重、真诚、平等、信任的基础上，要求家庭成员营造轻松、和谐的家庭氛围。公约应要求家长强化鼓励孩子的长处，必要时可暗示不足之处；让孩子独立承担家务劳动，并长期坚持；经常与孩子共同完成其力所能及的工作；遇事征求孩子的意见，并采纳合理的建议；关心孩子的身心健康，及时协助孩子调整负性的心理状态。二是倡导正确的家庭教育。中国的家庭教育体系存在很多弊端，有很多不完善之处。许多父母教育方式过于简单，要么一味溺爱、放纵，最终导致孩子性格不成熟，独立处理问题能力差，使孩子不能合理应对外界事物；要么对孩子严加看管，甚至将其关在家里，不能出门。一旦孩子网络成瘾，便恨得咬牙切齿，恨不得将孩子一棍子打死。这些对孩子的错误教育方式，都是导致网络成瘾的高危因素。事实上，对孩子施行正确的家庭教育，是改变网络成瘾问题的关键。三是家长要了解和学会使用网络。调查结果告诉我们，有近40%的家长根本不了解电脑。对于孩子玩网络游戏，63%的家长表示“很无奈”，因为现在很多家长自己是“网盲”，根本无法引导孩子如何正确掌握、使用网络。所以，父母首先应该具有一定的网络知识，才能正确引导孩子；其次，父母要用自己对网络的处理态度影响孩子正确认识、使用网络。四是家长要掌握一定的心理学治疗知识。很多家长面对子女网络成瘾，往往是苦口婆心地劝说、哭诉，最终又束手无策。正确的做法应该是正确面对，并用适当方法去改变孩子，转移孩子的兴趣，帮助他们走出网络成瘾这个迷阵。在整个家庭治疗过程中，家长起着非常关键的作用。

8. 焦点解决短期疗法（SFBT）

焦点解决短期疗法的基本精神是：强调如何解决问题，而非发现问题原因；以正向的、朝向未来的、朝向目标的积极态度促使改变的发生。主要有以下几点体现：一是表达同理心——想沉浸在网络中是很正常的。除了反映网络成瘾者的感受之外，更会暗示事情是有其他可能性的存在，并企图松动网络成瘾者的负面感受，改变自我觉知。二是增加可能性的词语句。比如经常引导网络成瘾者“只是目前暂时还没有找到控制自己沉迷网络的方法”。咨询师运用语句的暗示，暗示网络成瘾者接受各种可能性的存在，以否定网络成瘾者觉得自己毫无选择余地的错觉。三是重新再架构：“你希望在网络世界里成功，表示你也很想有成就”，就网络成瘾者所描述的事件，重新诠释，赋予新的正向意义，或者特别强调或反映其中正向的价值，因为焦点解决短期疗法相信任何事情都有正反两面，咨询师可以引导网络成瘾者看到正向的意义，并且重新诠释创伤事件的正向意义。四是例外架构：“你什么时候对网络没有那么强烈的欲望？”即带领网络成瘾者去看到问题不发生、问题比较不严重的部分，已开发过去成功的解决方式，使网络成瘾者有意识注意到自己过去是如何成功的，而从注意问题的严重性转而看到问题可以解决的可能性。让个体看到例外的存在，这样能激发个体的能力、力量与信心，更懂得有意识地来选用这些成功的方法。这个过程不是由咨询师去说服个体，而是通过问话的方式进行。比如咨询师会询问个体问题何时没有发生：“什么时候你比较没有想到去进入网络世界？那时你有什么不同？”“那时你在做什么？”“你是如何做到的？”五是假设解决架构：“如果有一天你不再过度沉迷网络了？”引导个体假想未来问题已经解决的愿景，鼓舞个体拥有希望，并由未来的远景中找到从现在发展到成为未来的路径，以及现在就可以开始做的步骤。比如可以进行奇迹式问句：“有一天，你睡觉醒来，有一个奇迹发生了，你的网络成瘾问题解决了（或你看到问题正在解决中），你会如何得知？有什么事情会不一样？你不必跟你周围人说，他们就知道了，你猜他们是如何知道的？那时，你又会做些什么？有这种新的感受、很棒的感觉后，你又会做些什么（你又会有什么不同）？谁会因此有什么改变呢？”焦点解决短期疗法倡导以未来、目标为导向，以鼓励、振奋性的沟通为酵母进行会谈，让个体能为自己的问题负起责任，增强自身内部进行改变的驱动力，从而在获得的成效上增强解决网络成瘾的自信心。在网络成瘾者取得自我前进的动力后，会积极主动了解自己的问题，知道如何做才能解决自

己问题的时候，也就是服务该结束的时候，这是焦点解决短期治疗的重要观点。

9. 其他治疗方法

杨放如等（2005）对52例网络成瘾青少年以焦点解决短期疗法为主并与家庭治疗结合的心理社会综合干预进行治疗，疗程为3个月，治疗显效率和总有效率分别为61.54%（32例）和86.54%（45例），其治疗后的网络成瘾诊断问卷（IAD-DQ）评分、上网时间较治疗前均明显下降，情绪和心理功能明显改善。梁宁建等（2004）研究证明，运用评价性条件反射技术（EC）训练，促使网瘾者形成新的互联网信息——评价连接，这种新的连接具有较强的可接近性和易变性，使他们更容易从新的角度来提取互联网的相关信息，从而有可能改变成瘾性的网络心理和网络行为。

陷入网络依赖或成瘾的学生，往往反映了其现实生活的某些需要得不到满足，禁止或减少上网行为虽然必要，但从源头解决问题才是根本。所以，应针对不同的网络成瘾原因，采取不同的干预方法。值得一提的是，对大学生的网络成瘾，重点应放在预防，而不只是对网络成瘾学生的补救性矫治。

习　题

（1）网络有哪些特征？对大学生有哪些影响？
（2）大学生网络心理需求有哪些？
（3）大学生网络心理障碍有哪些？
（4）网络成瘾的类型有哪些？有哪些原因？
（5）大学生网络心理问题的预防与调适应当从哪些方面进行？
（6）目前网络成瘾的心理学干预措施有哪些？

第十章

大学生的生命教育

案例导读

不理会太阳的向日葵

台湾女孩陈子衿7岁罹患罕见的“右肠骨纤维化”，从此在药味、消毒水味以及“刀光血影”的伴随下成长。成年后，她不幸又患骨癌与胆管癌，被告之可能活不过30岁。子衿并不愁苦、绝望，以笑容勇敢面对生命中接踵而来的病痛和磨难，用乐观、努力、欢笑去感染他人，被网友称赞为“世界无敌超级勇敢抗癌美少女”。子衿说，她当然也痛苦过、害怕过，但每次觉得快要被击倒时，她都熬了过来，而且变得更坚强。对她而言，多得一种癌症，不过是5分和10分之间的差别而已，这反而让她不那么焦虑，她不再去想自己能不能活过30岁，而是发誓要在有限的生命里，让自己没有遗憾，要像一颗小太阳一样，让生命发光、发热，照耀全世界。陈子衿的故事被网友广泛流传，感动了成千上万的人，大家不仅主动帮她成立“不理会太阳的向日葵”个人网站，为她加油打气，更希望她积极、正面的人生态度和生命勇气能给更多人以鼓励。陈子衿在《不理会太阳的向日葵》里，讲述了自己从小与死神搏斗的生命历程，鼓励大家勇敢面对生命中的磨难，决不要轻言放弃！她写道：“人生不是一场梦，我知道，我很多的梦想并不会有实现的一天。在血泪交织中，我努力地爬起来，用力地以我微小的力量，让我的生命发光发热。我的气色好得不得了，红光满面的，看起来实在不像癌症病人，更不像同时得了两种癌症的病人，整天笑眯眯的，用我的美色赢得友谊。不要怀疑，尼姑也有美丽的，阿弥陀佛……嘻嘻……也许你正在为了一些事情烦恼，但愿，在分享我的故事后，你能更加珍惜你所拥有的一切。”

人生是个有始有终的过程。我们每个人无法决定生命的长度，但我们可以拓展生命的宽度，即活出人生的精彩、展现自我的价值。生命总会面临无尽的挑战，唯有探索生命的意义、培养尊重生命的态度，热爱生活，你才会拥有幸福人生。

第一节　生命与生命教育

开展大学生生命教育的目的，就是对大学生进行生命与健康、生命与安全、生命与成长、生命与价值和生命与关怀的教育，帮助和引导大学生正确处理个人、社会和自然

之间的关系，使大学生学习并掌握生存的技能，认识、感悟生命的意义和价值，引导大学生加深对自身、对他人和对其他生命的尊重、敬畏与热爱之情，提升大学生对生命价值与人生态度的深刻认识。

一、认识生命

1. 生命的含义

“生命”是个很直观而又很神圣的字眼，也是人们常常挂在嘴边的词，好像谁都知道。但是，到底什么是生命？生命从何而来？生命是由什么组成的？生命的意义何在？你是否觉得每个人对自己的生命皆负有完全的责任？你对生命的意义是如何理解的？这些问题不是每个人都能回答上来的。

生命的含义有广义和狭义之分。广义的生命是指生物体所具有的活动能力。它是蛋白质存在的一种形式，它最基本的特征就是蛋白质能通过新陈代谢作用不断地跟周围的环境进行物质交换。狭义的生命主要指人的生命，人的生命不仅仅是一个生与死的自然物质生命过程，还是一个精神生命过程。

2. 生命的特征

(1)生命的有限性。人的生命有限性表现在三个方面：第一，生命存在的时间有限，人的自然寿命平均七八十岁，最多百十来岁。第二，生命具有无常性，表现在生老病死、旦夕祸福等不可预测方面，任何人都逃脱不了。第三，生命具有联系性，表现在个体不能离群索居，不食人间烟火，每个人都需要别人的帮助、支持和关怀。正是生命的有限性促使人去努力思考、发奋创造、积极生活，去实现自己生命的意义。生命是有限的，人死不可复生，每一个人必须珍惜自己的生命，进而去珍惜他人之生命。

(2)生命的双重属性。人的生命存在着两种属性：一种是人作为肉体的存在，是自然界的一部分，受自然规律决定和制约，具有自然性；二是人作为精神的存在，受到社会伦理和道德规范的影响，具有社会性。青少年要构建良好的人际和社会关系，来获得人生的顺境与成功。

人的生命是自然生命和价值生命的统一体。自然生命是价值生命的载体，价值生命是自然生命的灵魂，舍弃两者中的任何一个，生命都是不完整的。对自然生命，我们应该尊重、关爱和珍惜。对价值生命，则应在充分理解生命意义的基础上，提升我们的价值生命，使我们的生命更富有价值和意义，不至于平庸、碌碌无为地了却一生。每个时代、每个人都必须面对生命的这两种属性，人就是在生命的这两种属性中寻求生命的意义，实现生命的价值。

(3)生命的创造性。人的生命本身就是一个不断成长、发展的过程。生命就是运动、不间断的运动，一切静止就是死亡，但生命比单纯的持续运动更为丰富。生命乃是在持续运动的基础上不断产生新内容的创造性运动，生命的基本特点就是创造性。人通过创造去把握生活的变化，通过创造去发现生命的意义，通过创造去实现对自己生命的认识、把握和超越。每个人的生命过程都是不同的、独特的。

(4)生命的完整性。德国哲学家雅斯贝尔斯非常强调人的生命的完整性。他指出，毋庸置疑，生命是完整的。它有着年龄、自我实现、成熟和生命可能性等形式，作为生

命的自我存在也是向往着成为完整的，只有经过对生命来说合适的内在联系，生命才能是完整的。

（5）生命的曲折性。“天有不测风云，人有旦夕祸福”，没有人的一生是风平浪静的，生命中多多少少、大大小小都会遇见一些挫折。大学生要培养自己承受各种挫折与失败的气度与能力。

3. 理解生命意义及其作用

生命意义是关于生命的积极思考，是个人正在努力实现的、自己给予高度评价的生命目标。弗兰克认为，人们对于生命意义的追寻是生活的基本动力，或者说是第一位的动力。

（1）生命意义的内涵。有学者认为，生命意义的内涵包括三个方面：第一，生命意义是对个人所理解的“生命”的执着；第二，生命意义是关于“生命”价值的内部标准；第三，生命意义是按照“标准”评价自己“生命”的价值。因此，概括说来，生命意义主要包括两个方面：对生命意义的执着和对生命意义的理解。一个人对自己生命意义的认识一般比较稳定，会逐渐转化为生命发展不同时期的信念和价值体系。

（2）生命意义对大学生的影响。韦尔特进行的一项调查表明，1967年大约有83%的美国大学生把“过有意义的生活”作为他们生活的主要目标；到1984年，大约只有47%的美国大学生抱有这样的生活目标。韦尔特认为，当人们生活在贫困当中的时候，生存具有重要的意义；但是，当生活富裕的时候，人们的生活就缺少了目标。换句话说，人们对生命意义的追寻也受到社会生活环境的影响，贫穷困难的生活能够提高人们追寻生命意义的动力。

韦尔特在对25000名大学生进行研究时发现，大学生缺乏对生命意义的理解主要由于三个原因：追求金钱、追求享受、缺乏感恩。感恩很重要，因为它可以让人们体会生命的意义。总之，了解生命存在的意义与价值，学习个人所作所为与他人、团体以及社会的关联，学会感恩，懂得感恩，有助于认识自我、珍惜生命、尊重他人。

二、生命教育

1. 生命教育的内涵

1968年，美国学者杰·唐纳·华特士首次提出了生命教育的思想。近半个世纪以来，生命教育的理念与实践已在全球迅速传播和落实。

生命教育的内涵主要是教人认识生命、保护生命、珍爱生命、欣赏生命，探索生命的意义，实现生命价值的活动，或者说在个体从出生到死亡的整个过程中，通过有目的、有计划、有组织地进行生命意识熏陶、生存能力培养和生命价值升华，最终使其生命价值充分展现的活动过程，其核心是珍惜生命、注重生命质量、凸现生命价值。

2. 树立正确的生命观

生命观，指人们对生命的根本认识和看法。当代大学生要认识生命，感悟生命，树立正确的生命观。

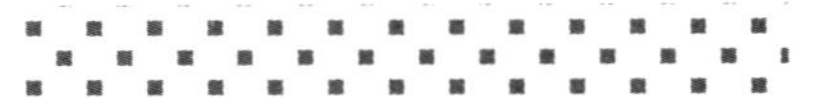

(1)生命是一种权利。我国《民法通则》在第五章"民事权利"的"人身权"一节中开宗明义地规定:"公民享有生命健康权。"这就表明,生命权在各项人格权中居于首要地位。生命权的具体内容包括:

①生命享有权,即每个人都享有自己的生命利益权。人只有享有生命,才能作为一个主体,在社会中生存并与他人交往,追求自己存在的价值。

②生命维护权,包括每个人对生命利益享有的消极维护权,以及在遭受侵害时享有的积极防卫权。生命的性质决定了它不能被使用和处分,通常在生命受到侵害、妨碍或威胁时,权利人才能够行使此项权利。生命维护权还包括自卫的权利,当个人生命面对正在进行的危害或即将发生的危险时,权利人有权依法采取相应的保护措施,以排除侵害,维护自己的生命安全。

③生命利益的有限支配权,即个人对生命利益享有有限的支配权。这里的"支配",并不是指权利人可以随意处分自己的生命,恰恰相反,权利人是不得随意处分自己的生命利益的,任何与他人订立合同,随意处分自己生命的行为,都是违反法律和公序良俗而无效的。

(2)生命需要尊重。承认生命权,意味着我们不仅要尊重和保护自己的生命权,还要尊重和保护他人的生命权利。生命是平等的,每一种生命都有其存在的价值和理由,不能遭到漠视和践踏。要尊重每一个人存在的价值和尊严,尊重其人格和个性。人人都希望自己的生命不要受到伤害,都希望别人尊重自己的生命和健康,这是人与生俱来的权利。生存的欲望和勇气,这是生命最起码的尊严。懂得关爱自己的身体,因而关爱别人的身体,是维护生命尊严最重要的内容,只有当我们具有生命尊严意识时,才会认识生命,理解生命的价值,从而珍惜生命、保护生命。

三、大学生生命教育的目标及内容

1. 大学生生命教育的目标

生命教育的宗旨就在于:捍卫生命的尊严,激发生命的潜能,提升生命的品质,实现生命的价值。"关注生命,尊重生命,珍爱生命,欣赏生命,成全生命,敬畏生命"构成生命教育的目标。

(1)珍惜生命。这一目标要求大学生既能珍惜自己的生命,又能珍爱他人的生命,还包括宇宙间万物之生灵,懂得人的生命是可贵的,它是一切情感、智慧、美好事物的载体。生命的可贵,始于生命的源远流长,始于生命诞生的艰辛,还在于生命探秘的永无止境。

大学生珍爱自己的生命应做到:了解自己的身体构造及生命的基本特征,熟知有关保持身体健康和心理健康的知识,知道如何拥有强健的体魄,并懂得如何维护和增进心理健康,掌握基本的生存技能,如懂得在遭雷击、火灾或溺水时如何自救和他救,在野外没有外援的情况下如何生存等。在遭遇挫折和痛苦时,能调节不良情绪,懂得即使输掉一切,也不能输掉对生命的信念。

大学生珍爱他人的生命应做到:像尊重自己的生命一样尊重他人的生命,不怨天尤人,不伤害他人,能与他人和谐共处。与人相处时有人道主义精神,能遵循"以人为本"

的理念。同时爱世间万物，爱护自然，保护自然，懂得大自然的一切事物都有生命，践踏草坪、摘折花木、捕捉动物都是一种伤害生命的行为。

(2)积极主动地创造生命价值。生命是一切实践活动的前提和基础，生命不仅在于生物体的“活着”，更在于活着的意义和价值。人只有不断地、积极地创造生命价值，才能实现人生的价值目标，成为真正意义上的人。大学生不仅要珍爱生命，而且要在拥有美好生命的基础上积极主动地创造生命价值。

大学生积极主动创造生命价值的目标要求有：大学生应有理想、有追求，要明白成功是在不懈的追求与奋斗中实现的；充满青春与活力，朝气蓬勃；无论是身处顺境还是逆境，都能积极乐观地面对。

(3)自觉提升生命价值。生命价值升华是人生的最高层次。生命本身有着崇高的价值，生命不仅仅意味着肉体的存在，而且是一种意识观念的载体，其价值不在于寿命的延长和外表的美丽，更重要地在于心灵的善良、人格的健全、灵魂的美丽，在于为社会作出了多大贡献。人的生命具有双重的特性，即自然赋予人的肉体生命和后天教育获得的精神生命。一个完整的生命是自然生命和精神生命的和谐统一，因而人的生命价值也具有双重性，体现在生命的存在的本体价值和生命的延续本身的精神价值两个方面，生命价值是生命主体的自我价值和社会价值的辩证统一。

2. 大学生生命教育的内容

(1)生命意识教育。生命意识教育就是珍惜生命教育，帮助大学生形成科学、正确、完整的对生命的认识，形成对生命的热爱、珍惜、尊重、敬畏、欣赏，并能主动维护生命的权利。

①珍惜生命的存在。生命是属于个人的，是有限的。对自己的生命负责，也就是对社会负责。只有从珍惜自己的生命做起，才能为未来承担社会责任和义务做好准备。大学生学习中的用脑不科学、起居没有规律、身体缺乏锻炼、上网不分昼夜、浪费时间、不讲卫生等问题是大学生对自己的生命没有足够的关心与重视的表现，通过生命教育使现代大学生转变思想观念，从珍惜生命的存在做起，从点滴做起，做一个珍惜生命的人。

②尊重生命的个性。生命是具体的、独特的，而不是抽象的，每一个生命都有其区别于其他生命个体的天赋、兴趣和爱好。每个生命都是独一无二的，具有不可替代性、不可重复性和唯一性。尽管我们有不同的容貌与身材，我们诞生在不同的家庭和地区，但因为都是人，我们便无比伟大、自豪。每一个个体的存在都是一种个性的存在，所以说尊重人归根到底是尊重人的个性，在平等博爱的基础上尊重每一个个体的人格。

③爱惜生命的美好。生活中并不缺少美，只是缺少欣赏美的眼睛。人生的不同阶段都有各种不同的美，形成完全不同的幸福、价值。幼年时父母的疼爱，童年时好奇心的满足，少年时荣誉心的树立，青年时浪漫的爱情，壮年时奋斗的激情，中年时成功的喜悦，老年时受到晚辈尊重以及暮年时回顾全部人生毫无悔恨与羞愧的那种安详和满意的心情。这一切，构成了人生全部可能的幸福，给我们的生活留下了珍贵的回忆。

④维护生命的权利。生命的意义在于权利，生命权是人格权的一部分。生命权的核心是保护自然人生命安全利益的权利。通过生命教育，能使大学生了解生命权的基本内容，就是生命安全的维护权和有限生命利益的支配权。

(2)忧患意识教育。忧患意识是指人们从忧患境遇中体验到生命的伟大及人之为人的意义和价值，并进而以自身内在的生命力量去突破困境、超越忧患，以达到良好的心态。

(3)逆境教育。在每个人的一生中，总会遇到这样或那样的挫折，初涉社会的大学生也不例外。大学生只有科学地认识失败，树立失败的正确观念，才能正确面对挫折和失败，从失败中获得更多的知识和经验，最终走向成功。大学生应该坦然面对失败，面对挫折，树立“失败也是我所需要的”思想。通过挫折教育，引导大学生对事物理解、宽容，提高他们承担来自外界环境的压力和打击的能力，学会理智调控自己的情绪，做情绪的主人，从而更好地适应环境，更好地与社会融合，努力创造幸福人生。

虽然我们不能决定自己生命的长度，但可以拓展它的宽度；虽然我们不能改变容貌，但可以展现笑容；虽然我们不能控制他人，但可以掌握自己；虽然我们不能预知明天，但可以把握今天；虽然我们不能样样顺利，但我们可以事事尽力。

(4)责任教育。生命责任感是指个体为个人、家庭、社会的美好而承担相应的责任，履行各种义务的自律意识和人格素质。作为意义治疗和存在主义分析的创始人弗兰克认为，生命是一连串人终身必须回答的课题，人对于这些课题，必须加以抉择并负起责任，即生命最终表现为一种责任感。无论是对于生命意义的探求还是向生命目标的奋进过程，其根本上都是在生命责任感的驱动下进行的。生命教育站在教育的角度，必须用适当的方法唤醒大学生的生命责任意识，让每个大学生明白其作为生命个体所应有的责任感，担起所应承担的责任。

(5)和谐意识教育。人的存在不是孤立的，人的存在与发展有赖于其他生命和整个世界的和谐，因此，我们要强化“敬畏一切生命”的理念。任何生命都有平等的存在价值。我们不仅对人的生命，而且对一切动物的生命，一切自然生物都必须保持敬畏的态度。

①与自我的和谐。一个和谐的个体生命，总是身心健康的统一体。大学生生命教育要着力帮助大学生形成健康的生活方式和思维方式，正确评价自我，避免自视过高导致自负，或低估带来沮丧的消极情绪。提高大学生自我调节能力，使他们在外部和自我身心不断变化的过程中，保持满意和愉快的心理体验与心境，从而乐观积极地生活。

②与他人、社会的和谐。个体生命的发展离不开社会环境，个体脱离了社会，生命就变得孤寂，个人也无从发展。大学生建立和谐的人际关系，是圆满完成大学学业的重要保证，也是走上社会前的必要准备。

③与自然的和谐。人类是自然界的一部分，其生命肉体必然遵循自然界的内在规律，所以，生命教育还可以从尊重自我，尊重他人，扩展到人与社会、人与自然、人与宇宙的关系之中。让大学生认识到自然不能无限地满足人的欲求，而只能在满足自身自然需要的同时尊重自然，以“自然”的方式实现人的愿望，学会以平等的眼光看待万物，以敬畏的态度善待一切生命，懂得其他生命的意志，并与之休戚与共。

四、真爱生命，培养爱的能力

爱的能力是指和他人建立亲密关系的能力，它对人的一生发展有着重要的意义。具备了爱的能力会引导一个人去真正地爱他人，也真正地爱自己，能真正体验到爱给人带来的快乐和幸福。一个心中有爱的人，才会珍惜自己和他人的生命。

1. 学会爱自己

自爱是人类最基本、最本质的爱，成熟的自爱以及健康的自爱是爱他人的基础。我们要学会爱自己。

如何爱自己？就是让自己获得快乐，有快乐的满足感。它包括：①接受本来的自己；②要有目标和追求，有目标，就会有奋斗，会获得充实感和成就感；③学会和别人分享喜悦；④学会和各种人愉快地相处；⑤学会宽容；⑥不要苛求自己；⑦保持一个好的心态；⑧不要陷入自私的误区。

2. 学会爱他人

健康的爱，在爱自我的基础上将爱转向外界，学会主动关爱他人，尊重别人的界限，培养爱的表达艺术，同时具备接受外界给予的爱的能力等。

一个人只有处处体现出对他人的爱，才具有积极向上的生命活力，才能对生活充满热爱，才能感染自己所爱的人，从而使一种无形的东西在被爱者身上复苏，使被爱者不再悲观和孤独，并将自己的爱也献出来，于是一个人的爱变成两个人的爱，产生了爱的连锁反应，这种爱就叫生产爱的能力。

3. 提升自己被爱的能力

与爱一样，被爱同样是一种能力，但是我们常常只关注了前者而忽略了后者。被爱常常意味着我们在别人眼中具备价值或吸引力，反过来说，一个缺少自我价值感的人，很难感受到真正地被别人所爱和眷恋的感觉，他们常常处在焦虑和担心之中，随时害怕失去对方。精神病学家卡尔·梅宁格说过："爱能拯救人——无论是施与爱的人还是得到爱的人。"因此，培养大学生爱与被爱的能力，应该是我们生命教育中的核心内容。

据调查，人群中大概有一成左右的成年人难以享受被爱的感觉，对他人不信任，经常担心对方是不是真的爱他们，常常怀疑对方想离开，而最后往往因为自己过于强烈的占有欲和控制欲把对方吓跑。健康的爱首先来自于对自我价值的认可，相信自己值得被爱。

被爱的能力源自对自我价值的认可，源自对爱我们的人的欣赏和感激。被爱是一种美好的感觉，但如果不做任何主观努力，任由爱的关系自然发展，任何关系都无法长久。善于欣赏和赞美的人能够更多地得到别人的爱，因为你的积极反馈将提升对方的自尊心和自我价值感。研究表明，这种欣赏和赞美能够慢慢地让对方相信，你是值得爱的，随着时间的推移，提升满足感、信任有助于保持更为持久的关系。

第二节　生命危机与创伤概述

各种迹象表明，伴随着我国改革开放步伐的不断加快，社会变革所带来的快节奏、多风险和强竞争使每个社会成员都面临着或大或小的心理压力，高校学生亦是如此，大学生面临的学习、就业、经济、情感与人际等方面的压力越来越大。面对这些压力，一些相对脆弱的大学生容易陷入心理危机，出现过激行为，导致不良后果。因此，如何帮助大学生渡过心理危机已经成为全社会非常关心的热点问题。

一、大学生心理危机的概述

1. 大学生心理危机的含义

心理危机简称危机，心理危机理论起源于社会精神病理学、自我心理学和行为学习理论。

心理危机不是疾病，而是一种情感危机的反应。心理危机人人会有。如果人所承受的压力超过了自己应对压力的能力，就会出现心理危机。心理危机通常表现为：当个体遇到突如其来的或重大的生活应激或挫折，如亲人死亡、婚姻破裂、交通事故等，个体面对这些难以解决的问题常常会出现精神濒临崩溃的状态，表现出极度紧张、苦恼、焦虑、忧郁，甚至产生轻生的意念。在多数情况下，心理危机可以在6～8周内顺利解决。但也有少数人会处于持续失衡状态，以至于严重影响正常的生活，需要专业的心理帮助。

当事人突然遭受严重的灾难、重大生活事件的伤害或过度强烈的精神压力，使生活状况发生明显的变化，尤其是出现了超出自己的生活条件、知识和经验而难以克服的困难，以至于陷入痛苦、不安状态，常伴有绝望、麻木不仁、焦虑以及躯体症状和行为障碍，这时就很容易产生心理危机。

2. 大学生心理危机的表现

心理学研究表明，大学生面临危机时会产生一系列生理和心理反应，主要表现在躯体、情绪、认知和行为上。

(1)躯体方面：心慌气短、胸闷、呼吸困难或窒息感、头痛、疲乏，失眠、做噩梦、食欲下降、哽塞感、容易受惊吓等。

(2)情绪方面：常出现害怕、焦虑、忧郁、恐惧、悲伤、沮丧、易怒、麻木、烦躁不安、自责、敏感多疑、持续担忧、无助绝望等。

(3)认知方面：常出现注意力不集中、缺乏自信、健忘、效能降低、计算和思考理解困难、对工作和生活失去兴趣等。在危机状态时注意力集中于悲痛之中，从而导致记忆和知觉的改变。

(4)行为方面：呈现社交退缩、沉默、情绪失控、典型行为习惯改变、坐立不安、举止僵硬，没有食欲或暴饮暴食、酗酒、攻击、逃避、易与人发生冲突等行为，严重的甚至出现精神崩溃、自伤等行为。

3. 心理危机的特点

心理危机是伴随着危机事件的发生而出现的一种心理失衡状态。危机事件也称突发事件，包括天灾与人祸。2007年11月1日起实施的《中华人民共和国突发事件应对法》中将“突发事件”界定为“突然发生，造成或者可能造成严重社会危害，需要采取应急处置措施予以应对的自然灾害事故灾难、公共卫生事件和社会安全事件”。危机事件具有突发性、无助性、危险性、紧急性、痛苦性、潜在性和复杂性等基本特征。

(1)突发性。危机常常是出人意料、突如其来的，而且具有不可控制性。如疫情的突发，就给处于疫区的人们造成极大的恐慌。当时正常学习生活秩序的破坏、同学好友的离去、校园的隔离等都使大学生产生严重的心理危机。

(2)无助性。危机事件的降临，常常使人觉得无所适从、不知所措，使人的未来计划受到威胁和破坏。由于先前的应对方式无法应对危机事件，社会支持系统不完善，常常使大学生感到无助、绝望。

(3)危险性。危机之中隐含着危险，这种危险可能影响到个体正常的学习与人际交往等，严重的还可能危及生命。正常人一般都是处于身心平衡的状态，也就是他们的思维、意志、情感体验与生理参数指标都处于某种程度的和谐状态。当有不适当的应激事件发生时，人的原有平衡状态就会受到破坏，这时人就会处在危机状态，会出现思维不清、意志失控、情感紊乱等情况，极端情况下还会出现自杀等行为。

(4)紧急性。危机的出现如同急性疾病的爆发一样具有紧急的特征，它需要人们去紧急应对。

(5)痛苦性。危机在事前事后给人带来的体验都是痛苦的，而且还可能涉及人的尊严的丧失。

(6)潜在性。心理危机常常并非以直接爆发的方式体现，而是潜藏于个体内心，当遭遇特定危机事件时，容易引发心理危机。例如马加爵杀人事件，由于马加爵的不良情绪长期没有得到宣泄，最终与同学打牌过程中被认为作弊这件事情成为导火索，导致他的心理危机爆发，酿成了四名同学被杀害的严重后果。

(7)复杂性。生活中的危机是非常复杂的，它像一张网，个体环境的方方面面(过去的和现在的)都相互交织在一起，对当前的危机反应起着放大作用，很多复杂的问题都需要危机干预者作出系统的考虑和有效的干预。由此可见，学校、家庭和同辈群体都是大学生心理危机干预中的重要资源。

4. 心理危机的类型

根据不同的分类标准可将心理危机分为不同的类型。例如，按表现形式来分，可以分为显性心理危机和隐性心理危机；按心理危机应激源的差异来分，可以分为学业危机、前程危机、人际关系危机、家庭危机、恋爱危机、性心理危机、灾难危机等；根据个人危机的来源，可将危机分为四类，分别是成长性危机、境遇性危机、病理性危机和存在性危机，这是危机研究者较多采用的一种分类方法。

（1）成长性危机。成长性危机也称为发展性或者内源性危机、内部危机。根据埃里克森的理论，人生是由一系列连续发展的阶段组成的，每一个阶段都有其特定的身心发展课题。当一个人从某一发展阶段转入下一发展阶段时，他原有的行为和能力不足以完成新课题，而新的行为和能力又尚未发展起来，这时个体常常会处于行为和情绪的混乱无序状态，容易产生成长性危机。成长性危机是可预见的，因而也被认为是正常的危机。这类危机往往出现在大学生成长过程中某些重大转变的时候，这时外界对个体的要求往往出现重大的改变，如学习、人际交往、与家人分离等。危机时期有两个特点：一是危机时期比较短暂，但变化急剧，表现为容易产生消极情绪，如厌学、人际冲突或情绪冲动等；二是危机时期如果能顺利渡过，将会促进大学生心理发展，获得更大的独立性，人际关系能力也可得到提高。

（2）境遇性危机。境遇性危机又称外源性危机、环境性危机或适应性危机，是指由外部的、看得见的或者超常的、个人无法预测和控制的事件引起的危机。境遇性危机的关键特点在于它是随机的、突然的、震撼性的、强烈的和灾害性的，如遭受突发的外部事件（如亲友突然亡故、父母失业、与同学或老师发生冲突等）而引起的情绪和行为失调，或受到突然的侵犯和恐怖事件（如被抢劫或遭暴力侵犯等）而引起的情绪和行为失调。境遇性危机事件可以是物质的或环境的，如火灾、自然灾害等；也可以是个人的或者身体的，如个人患急重病、交通意外、被绑架等；还可以是人际的或社会的，如亲友死亡、离婚等。

（3）病理性心理危机。病理性心理危机是由大学生的某些生理疾病造成的心理障碍或心理疾病引起的心理危机，如抑郁、焦虑等；也可以是心理失调的行为引发的危机，如品行障碍或违法犯罪等。

（4）存在性危机。存在性危机是指伴随着重要的人生问题，如人生目的、责任、独立性、自由和承诺等出现的内部冲突和焦虑。存在性危机可以基于现实，如一个40岁的人从没做过什么有意义的事，从未对自己所从事的专业或所在的组织产生过独特的影响；也可以基于后悔，如一个50岁的人从未结过婚，从未离开过父母，从没有过独立的生活，到现在已经永远丧失了机会；还可以基于一种压倒性的、持续的感觉，如一个60岁的人觉得自己的生活是毫无意义的，这种空虚很难以有意义的事情来弥补。

5. 心理危机的反应

心理学研究发现，人们在危机当中心理上通常经历三个不同的阶段，即冲击阶段、安定阶段和解决阶段，在每个阶段心理反应也有所不同。

第一阶段为冲击阶段，也称强烈的情绪反应阶段，一般发生在危机事件出现后不久或当时。如果刺激过大，就会使人感到震惊、眩晕、不知所措，也可称为“类休克状态”。如听到四川发生大地震、亲人生死不明、大量灾区民众死伤等消息后，大多数人会表现出惊慌、害怕和震惊，只有少数人能保持冷静与镇定。

第二阶段为安定阶段，也称逐渐接受现实阶段。人们会采取各种措施努力恢复心理上的平衡、控制焦虑和情绪紊乱，恢复受到损害的认识功能，而后采用各种心理防御机制或争取亲人、朋友的支持。如随着政府一系列强有力的措施出台，H7N9疫情得到控制，发病率降低，治愈率增加，各种媒体进行透明报道，人们的恐慌心理逐渐减弱。

第三阶段为解决阶段,也称寻求改变阶段。人们会将自己的注意力转向引发压力的危机,并设法处理它。人们可能采取逃避行为远离引发压力的应激源,如依赖药物、酗酒等,或者提高自己的应对技能,改变策略和行为,直接面对危机、解决困扰。比如,H7N9流行期间,有的人躲在家不出门、不见人,而有的人则在采取积极的预防措施后照常工作等。

个体面对危机时会产生一系列身心反应,包括生理反应、情绪反应、认知反应和行为反应。

(1)生理反应。生理反应主要表现为身体免疫力下降、胸闷、头晕、失眠、食欲缺乏、胃部不适、敏感、紧张等。这是因为,在心理危机状态下,自主神经系统、下丘脑-腺垂体-靶腺轴和免疫系统对身体生理反应的调节功能会发生改变。

首先是自主神经系统。当机体遭受某些刺激的强烈侵袭时,该系统的活动常有明显地增强。处于这种状态下,人的心跳加快,心肌收缩力增强,心排血量增加,血压增高,同时,凝血时间缩短,儿茶酚胺分泌增多,中枢神经系统兴奋性升高,人会变得警觉、敏感。

其次是下丘脑-腺垂体-靶腺轴。下丘脑肽能神经元分泌的神经肽调节着腺垂体的活动,而肽能神经元的活动又受到脑内神经递质和体液中性激素、肾上腺皮质激素与多种代谢产物的调节和控制。腺垂体是人体内最重要的内分泌腺,起着上连中枢神经系统、下接靶腺的桥梁作用。

最后是免疫系统。免疫系统的反应既可以表现为功能减退,也可以表现为功能增强。心理神经免疫学的研究表明,大脑作为环境与免疫系统间的协调者,在调节机体对各种应激源的免疫防御中起重要作用。强烈的情绪活动,特别是消极的情绪,通常会抑制免疫系统的功能,其结果便是降低人的抗病能力。

(2)情绪反应。情绪是人的一种心理活动,是机体对客观事物是否符合其主观需要而产生的态度和体验。陷入心理危机的个体,其情绪反应一般表现为焦虑、恐惧、怀疑、沮丧、悲伤、易怒、绝望、麻木、孤独、紧张、愤怒、烦躁、自责、过分敏感或警觉、无法放松、持续担忧、害怕即将死去等。

(3)认知反应。认知是指人认识客观事物,反映客观事物的特性与联系,并揭示客观事物对人的意义和作用的心理活动。在心理危机状态下,个体感知觉功能可能受损,易出现记忆力减退、思维反应迟钝、认知不合理等现象。此外,认知和情绪之间存在着相互影响的关系。合理的认知会引起适度的、适当的情绪反应,不合理的认知会导致不适当的情绪和行为反应。愤怒、恐惧和抑郁等情绪反应会破坏人的心理平衡,而心理平衡是准确地进行感知、记忆和逻辑思维的前提。消极情绪会与个体消极的自我认知互为因果,或形成恶性循环。此时,陷入心理危机的个体会觉得活着没有价值或意义,丧失了活动的能力和兴趣,甚至自恨、自责或自杀。

(4)行为反应。心理危机中的行为表现是个体为排解和减轻痛苦而采取的一些防御手段。比如,有些人表现出社交退缩、沉默、情绪失控、典型行为习惯改变、过度活动、没有食欲或暴饮暴食、逃避与疏离等行为,容易自责或怪罪他人,不易信任他人,与人易生冲突等;还有些人上课无法集中注意力、不能专心学习,回避他人、逃避困难,发

生对自己或他人的破坏性行为，行为和思维情感不一致，出现过去没有的异常行为，产生物质依赖、吸烟酗酒等。

二、危机理论

1. 基本危机理论

基本危机理论是由林德曼提出的。他认为悲哀的行为是正常的、暂时的，并且可通过短期危机干预技术进行治疗。这种“正常”的悲哀行为反应包括：①总是想起死去的亲人；②认同于死去的亲人；③表现出内疚和敌意；④日常生活出现某种程度的紊乱；⑤某些躯体诉述。林德曼反对把求助者所表现的危机反应当作异常或病态进行治疗这种观点。

2. 扩展危机理论

这一理论主要是从心理分析理论、系统理论、适应理论和人际关系理论中吸取了有用的成分。关于为什么一个事件会发展成为危机，精神分析理论假设某些儿童早期的心理固着可以作为主要的解释。在受到危机影响时，这个理论可以帮助求助者理解其行为的动力和原因；系统理论主要基于人与人、人与事件之间的相互关系和相互影响，而不怎么强调处于危机中个体的内部反应；适应理论认为，适应不良行为、消极的思想和损害性的防御机制对个体的危机起维持的作用，当适应不良行为改变为适应性行为时，危机就会消退，并向积极的功能模式发展；人际关系理论认为，如果人们相信自己，相信别人，并且具有自我实现和战胜危机的信心，那么个人的危机就不会持续很长的时间。

三、大学生心理危机的特征及早期识别

1. 大学生心理危机的特征

(1)个性与共性统一。从一定意义上讲，心理危机是每个人成长过程中都会遇到的事件，它表明个体正在努力抗争，力求保持自身与环境间的平衡。成长性心理危机是不可避免的，然而，其来源可以是内部的，即个体生理和心理的变化和要求，这就具有个性特征。同时，心理危机的程度与生活事件的强度并不一定成正比，而更重要地取决于个体对生活事件的认识，以及个体的应对能力、既往经历和个性等。因此，它体现了个性与共性相统一的特征。

(2)阻力与动力共生。心理危机是个体运用通常应对的方法或机制仍不能处理当前所遇的外部或内部应激时所出现的一种反应。显然，它所带来的焦虑和冲突必然在一定时期内对个体各方面的发展产生不利影响，形成阻力。然而，亦正如中国汉字“危机”二字的表意，“危”代表着危险，“机”则有机会之义。如果心理危机过分严重，威胁到一个人的生活，个体可能采用不恰当的方法应对问题，会导致心理社会功能的下降，甚至出现精神崩溃，这就是危险。如果在危机状况下，个体成功地把握心理危机或及时得到适当有效的干预，个体可能学会新的应对技能，不但重新得到了心理平衡，还获得了心理的进一步成熟和发展，这就是机遇。如果顺利渡过危机，个体的人格就得到成长。每一次发展性危机的成功解决都是大学生朝着成熟和完善迈步的动力。

(3)突发性与持久性并存。成长性心理危机是大学生生命中必要的和重大的转折点,如升学心理危机、就业心理危机等。这些转折点伴随着人的一生,具有持久性。同样,存在性心理危机是大学生因为人生的存在问题而产生的心理危机,如关于“我是谁”的疑问,对生命、自由、死亡等的理解,这也是需要在人的一生中不断探索的问题,具有持久性。而境遇性危机则是指突如其来的、无法预料和难以控制的心理危机,如突发的环境事件或受到突然的侵犯等恐怖事件。这种心理危机具有突发性,对个体的情商是一个极大的考验。

2. 大学生心理危机的早期识别

心理危机的早期识别对危机的发展与结局具有十分重要的作用。对心理危机进行有效的识别,有助于及时发现并预防心理危机。常见的心理危机识别方法有日常行为观察法、面谈诊断法、心理测验法、心理健康普查法等。现以大学生心理危机识别为例,说明几种常见的心理危机识别方法。

(1)从群体宏观角度判断。从宏观方面来说,心理障碍、生理疾患、学习和就业压力、情感挫折、自我期望值过高、在学习上遇到挫折后产生很强的失落感和心理落差、经济压力、家庭变故以及周边生活环境等诸多因素,都会导致大学生出现心理危机。此外,抑郁心理、孤僻性格、自卑心理、抑郁症、精神分裂症等精神疾病,也是引起心理危机、导致自杀等极端行为的主要原因。抑郁心理与孤僻性格往往与人格发展不完善、早期经历不良等因素有关;自卑心理往往与自身缺陷、自我期望过高或过低等因素有关;而抑郁症和精神分裂症是已经危机化了的心理问题,患者随时随地都有可能发生极端行为。

(2)从个体微观角度识别。

①是否存在持续的不良情绪。良好的情绪是心理健康的重要标准之一,不良的情绪体验是个体处于心理危机时的重要表现。异常情绪包括抑郁、焦虑、淡漠、躁狂等。大学生的情绪突然改变、明显不同于往常,出现不良情绪反应,如情绪低落、悲观失望、焦虑不安、无故哭泣、忧郁苦闷、烦恼或喜怒无常等,就表明该学生有可能出现了心理危机。恶劣的情绪也是判定个体发生抑郁症的重要临床表象。

②是否存在明显的行为改变。行为活动正常是一个人心理健康的重要表现之一。当大学生出现行为异常,如饮食、睡眠出现反常,个人卫生习惯变坏(如不讲究修饰),自制力丧失,不能调控自我,孤僻独行时,就要警惕。

③是否存在学习兴趣下降。如学生上课无故缺席,常迟到早退,成绩陡然下降,根本无法进行正常的学习和听课。心理学认为,正常、有效、良好的学习能力是个体心理健康的前提和标准。当个体在智力正常的情况下突然丧失了学习能力时,很有可能是心理状态出现了问题。

④是否存在损坏心爱之物。丢弃或损坏个人平时十分喜爱的物品也是十分典型的心理危机识别依据。如果大学生不能正常有序地学习和生活,把自己平时很喜欢的东西随意丢弃或毁坏,这意味着不正常的心理行为发生了,而且是心理障碍达到危机的程度时,才会出现的情况。

⑤是否流露出有轻生的想法。大学生是否有过自杀意图的流露,如谈论自己的死或与死有关的问题,或写下遗嘱之类的东西。有的学生甚至已经采取过某些手段企图自杀。

四、心理危机的评估

大学生的心理危机是一个动态的过程,其评估也是动态的。在大学生心理危机干预的不同阶段,因评估的条件不同、要求不同,评估的方式方法也不同。

1. 建立良好的咨访关系

与被评估者建立良好的咨访关系是开展评估的基础,如果被评估者存在较大阻抗时,一方面会不配合评估,使评估难以继续;另一方面评估者难以区分被评估者的叙述的真假。

2. 倾听个体自述

心理危机的评估首先要向被评估者了解其心理危机产生的过程,目前的困难,有何意图、计划和行动。可能的情况下,要了解他对家庭环境、成长历程的看法及应对方式。

3. 进行心理评估

有的大学生在心理评估时,会有意无意地回避,甚至欺骗、否认一些问题与想法,因此向大学生本人了解情况后,如条件允许可通过MMPI(明尼苏达多项人格调查表)心理测试、16PF(卡特尔16项人格问卷)、EPQ(艾森克人格问卷)、房树人投射测试等心理测验验证本人的叙述,从中发现一些人格因素。

4. 对被评估者父母、亲友、同学、教师进行访谈

对被评估者较熟悉的社会关系的访谈,是验证个体自述的真实性最直接、有效的方法,是了解、解释其产生心理危机的原因的有效途径。

第三节　大学生心理危机干预与心理咨询

一、大学生心理危机干预

心理学危机干预指对处在心理危机状态下的个人采取明确有效措施,使之最终战胜危机,重新适应生活。心理危机干预的主要目的:一是避免自伤或伤及他人;二是恢复心理平衡与动力。

1. 大学生心理危机干预策略

(1)认识个体差异性。每个人的每个危机境遇都是独特的,危机干预不能用刻板、先入为主和欲解决全部问题的方式。

(2)对自己的评价。危机干预者要时时全面、客观地认识自己,客观地面对和处理危机,如果自己难以处理危机,则应考虑转介。

(3)保证危机学生的安全。危机干预者采取的方式、作出的选择和应用的策略必须时时考虑到危机学生的身心安全,还应考虑有关伦理、法律和职业等方面的措施是否得

当。危机干预的基本原则是“一旦怀疑危机者不安全，应立即予以帮助”，必要时应考虑及时转介，其中包括立即住院治疗等。

（4）给危机学生提供帮助。危机干预者必须无条件地积极接纳所有的危机学生，对危机学生的经历、感受不作评价，并对缺乏支持的危机学生采取关怀、体贴、同情和树立信心的咨询策略。

（5）明确危机学生的问题。危机干预者要从解决问题的角度出发，明确界定危机学生存在的每一个问题。帮助危机学生改变不合理认知，指出其自身问题与事件和环境的关系，并围绕其核心问题将各方面的问题澄清，明确迫切需要解决的首要问题。对有严重问题，同时又高度情绪化或防御的学生，危机干预者必须避开回答离题太远的问题。

（6）考虑可替代的应付策略。在多数情况下，可替代的应付方法是多种多样的，但危机学生看不到还有许多可能的选择。危机干预者应用开放式提问，启发危机学生找出多种选择，尽可能采用合作方式来验证、分析和列出可以考虑的应付方法，最好的变通方法是危机学生自己找到合适的方法。危机干预者应从环境支持、应付机制等方面帮助危机学生找到适合他（她）的解决问题的方法。要注意不要将自己认为合适的方法强加给危机学生，而且所列出的各种选择应该是切合实际的、可行的。

（7）制订行动步骤。危机干预者要协助危机学生制订短期计划帮助其克服目前的危机，以及能适用于长期的应付方法。应付机制一般是具体、积极和实用的，能重新唤起危机学生对生活的信心。开始的干预行动应先采用生理或身体的活动，根据危机学生目前的情绪状态和环境支持制订切实可行的计划，同时还要注意危机学生自主功能恢复的需要，及时予以帮助。

（8）发挥危机学生的应对优势。在干预中，要重视危机学生的自身长处和应付机制。危机事件常常使危机学生暂时丧失通常的应付机制和能力，如果能重新确定、解释和找出这些应付机制，将有助于恢复学生的心理平衡并树立信心。

（9）关注危机学生的迫切需要。如果其感到孤独，要尽量安排人陪伴左右，可以是亲戚、朋友或同学等。当然，也有一些危机学生仅仅需要危机干预者简单的倾听、疏泄有关沮丧、失望或一个特殊的伤害性事件的感觉。

（10）转诊。对一些严重抑郁症、有消极观念或行为的学生，要尽早转介到专科医院治疗，使危机学生的病情迅速得到控制，保证危机学生和周围学生的人生、财产安全，维护学校正常的教学秩序和稳定发展。

（11）建立和使用工作关系网。危机干预不是一个人能单独完成的事，它需要有一个组织性强，专业素质很高的团队才能做好工作。因此，建立和使用有效的工作关系网也是危机干预的一项重要内容，它包括律师、法官、政府人员、精神科医师、学校咨询人员、民政，地方有关的服务人员、危机干预机构的负责人和主要人员、医务人员、警察等。

（12）得到承诺与保证。得到危机学生的承诺与保证可以调动其积极性，鼓励和促进其相信行动步骤的有效性。若干预不能得到危机学生肯定、积极的承诺和保证，那么再好的计划也可能失败。

2. 大学生心理危机的自我调适

心理危机自我调适的目的在于从自身的角度出发来解决危机，调整情绪，使自身的功能恢复到危机前的水平。

(1)寻求滋养的环境，搜集充分的信息。改变环境的第一步就是要充分了解问题之所在。虽然个体在危机中会陷于莫名其妙的恐惧和不知所措的境地，不知道发生了什么事，也不知道将可能发生什么事，但可以肯定的是，个体能够从那些过去有类似经历的人的经验中得到帮助。人们还可以向处理危机问题的专家请教，或从有关书籍中寻找解决问题的办法。

(2)积极调整情绪。危机的出现显然会使人们极度紧张和沮丧，这些情绪反应不仅表现为内在的、强烈的不适感，而且消极的挫折体验将使危机进一步恶化。因此，调整情绪的中心环节就是要培养承受这些痛苦感受的能力。通过调整情绪，将使诸如焦虑导致恐慌、沮丧导致失望等情绪的恶性循环得到控制。当危机超出我们的控制能力以及我们无力改变外部事物时，把握自己的情绪尤为重要，此时，将注意力集中在努力调整自己的情绪上，将会取得很好的效果。

①分散转移。情绪调整包括抑制、分散等回避痛苦的方法，这些方法能转移人的消极思想和情绪，为个体的心理重建赢得时间。抑制在一定程度上是自动的过程，不过，我们也可以有意识地控制它，比如提醒自己“别想它了，想点别的吧”；分散则是指不断地做事，集中注意力于当前的忙碌而不去关注那些痛苦感受。分散活动的主要目的是回避痛苦的现实，只是为了分散痛苦，而不是解决特定问题。抑制法和分散法有其明确的使用范围，特别是在危机的早期阶段。

②找人倾诉。向别人诉说自己的情感、往事和痛苦的经历能使悲伤变得可以忍受，这种一般性的治疗人类疾病的方法是相当有效的。人类是具有社会性的动物，当遇到痛苦时，把痛苦告诉同情你的人将大有裨益。在大多数危机中，需要一遍又一遍地诉说痛苦，以便使开展心理调适工作所需要的信息被个体充分吸收。由于每一次的诉说相当于痛苦的再体验，因此，逐渐地人们就会变得不那么恐惧了。重要的不是给危机学生提供建议或分担痛苦，而是在他们体验极度恐惧和紧张时和他们在一起。这意味着我们可以帮助他人控制情绪，但不要刻意地减弱、伪装情绪或竭力地劝说。

③良性的自我对话。个体使强烈的、痛苦的情感变得可以忍受的一个普通而有效的途径就是“良性的自我对话”。良性的自我对话在帮助人们超越不能忍受的痛苦时非常有用，运用它不会让人感到彻底的崩溃和失控，而且痛苦的感觉越强烈，努力说服自己的自觉性就越高。不过要注意在对话过程中不要采用这些消极的想法：“我过不了这一关。”“这太可怕了，我快疯了。”“我太孤独了，没有人帮助我，理解我。”可以调节沮丧情绪的积极的想法应该是这样的：“我能够解决这个问题。”“我以前也曾遇到过困难的情境，并且最终克服了困难。”“不会再有更可怕的事情了。”这类自我对话的目的是去除灾难性的想法，减少人们承受压力时所耗费的心理资源。

(3)建立良好的人际关系。在危机期间和危机过后，个体都需要与周围的人保持良好的人际关系，不一定是要求他们提供强烈的情感支持，而是与他们保持日常的联系，共同分享经验、共同面对事物。这有助于遭受危机的个体重新适应社会，还可以分散他

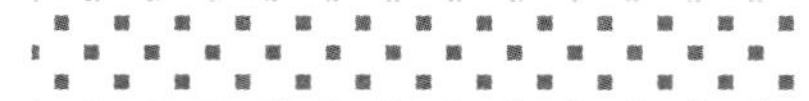

们的注意力，使得他们不再为消极紧张的情绪所困扰。这种良好的关系可以表现为与朋友一起散步、听音乐等。

(4)面对现实，正视危机。在危机的前期，人们习惯于采取积极的态度来应对危机，利用一切可以利用的资源来避免危机带来的损害，但到了危机的后期，当个体积极应对危机的策略失败，个体感到绝望时，他们就会消极地逃避现实，采取退缩的策略来应对危机，他们不愿意承认现实情境，常常歪曲现实情境，以此来避免危机带来的损失。面对现实，正视危机，有利于个体激发自身潜能，动员一切资源来寻求危机的解决办法。在各种危机面前，大学生要接受现实，正视危机，这种方法只要运用得当，对进行积极的心理危机应对是非常有效的。

二、如何应对处于心理危机中的同学

大学生一旦发现周围有同学处于心理危机状态，既不要麻痹大意，也不要过分紧张，通常可以采取以下做法：

(1)保持冷静。自己应尽量镇静，避免慌张和害怕。

(2)确保当事人的安全。对处在危机中的大学生要做好看护工作，不让处于危机中的当事人独处，以免发生危险。

(3)及时与老师联系。如果情况紧急，比如当事人有自杀、他杀或严重精神疾病的危险性，要第一时间报告老师或寻求学校心理健康教育机构的帮助。十分紧急的情况下可以报警。不要尝试自己单独处理，因为危机干预是专业性很强的工作，绝非大学生个人可以胜任。

(4)稳定当事人情绪。陪伴当事人，对其表达关怀和支持；不要说刺激其情绪的话；重视倾听当事人的烦恼；鼓励当事人说出感受以舒缓情绪；鼓励当事人积极参与有关社会活动。这些社会支持对处于危机中的大学生来说是十分宝贵的。

(5)配合老师、学校做好相应的工作，包括做好相应的保密工作。

三、心理咨询

随着国家对大学生心理健康的日益重视，各个高校都设有心理咨询机构。心理咨询在大学校园的开展，有利于提高大学生的心理健康水平，并对预防大学生心理危机的发生具有重要作用。

1. 心理咨询的含义

心理咨询是指咨询教师运用相关的心理学理论和方法，帮助面临一定心理问题的咨询对象找出心理问题产生的原因，探讨化解心理问题的对策，从而缓解心理问题，提高心理危机应对能力，促进健康成长。因此，心理咨询的目的就是帮助咨询者，这里主要是指在校大学生，解决其在学习、生活、人际关系等方面存在的问题，从而促进其在情感、态度和行为等方面能够更好地适应环境，提高心理危机应对能力。

2. 心理咨询的原则

心理咨询的原则既是对心理咨询师的职业要求和工作准则，又是从事心理咨询工作的基本原理，也是做好心理咨询工作的规律和经验总结。心理咨询的原则主要有以

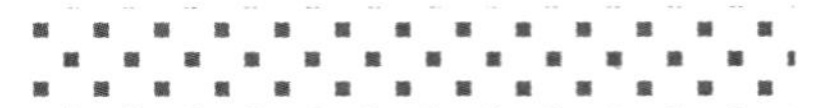

下几条：

(1)接纳原则。心理咨询的接纳原则，是指咨询师要无条件地接纳来访者，无论来访者有何种心理问题、问题的程度如何、观点认识怎样、态度如何，都要热情、得体地接纳与接待。

来访者来到心理咨询室时，他们的心情往往是复杂的，既有对心理咨询师帮助他们解除痛苦的期望，又对心理咨询师存有疑心和戒心；既有向咨询师倾诉内心的愿望，又有害怕泄露个人隐私的担心；既希望自己没有严重的问题，又担心自己存在严重问题。因此，来访者初次进行心理咨询时，其态度往往是拘谨、犹豫和观望的。所以，咨询师首先要无条件地接纳来访者，消除他们的顾虑和拘谨，建立起相互信任的咨询关系。

需要指出的是，咨询师要无条件地接纳来访者，是说咨询师在工作态度上要无条件地接纳来访者，而不是无条件接收一切心理问题和其他问题。对于不属于心理咨询范围的问题、超出自己能力范围的问题，咨询师应当耐心地向来访者说明自己不适合他，并对如何帮助来访者解决问题提出自己的建议。

(2)尊重原则。心理咨询的尊重原则，是指心理咨询师要尊重来访者，尊重来访者的思想、观念、价值观、信仰，保护来访者的自尊。

在现实生活中，不少来访者经常为自己的一些怪异念头或行为感到羞耻，由于一些异常行为受到人们的嘲笑和蔑视，为自己曾经的错误抬不起头来，有很重的思想负担，他们怕被人瞧不起，自尊心受到伤害。对于这样的来访者，尊重他们，是沟通的基础，是做好心理咨询的基础。

尊重原则强调的是尊重来访者的人格，要平等对待来访者，咨询师不要有居高临下的态度，但不是说咨询师一定要赞同和附和来访者的所有观念和行为。对于来访者有问题的观念和行为，心理咨询师要在充分尊重来访者人格的基础上，进行疏导和调适，帮助来访者解除心理痛苦，这其实就是对来访者人格的最大尊重。

(3)保密原则。心理咨询的保密性原则，是指心理咨询师要为来访者的咨询内容保守秘密。为来访者保密是心理咨询师的职业伦理道德要求，是咨询双方建立相互信任的基础。

我国法律规定，公民享有隐私权。个人或机构未经当事人允许，泄露他人信息和隐私的，是违犯法律的行为。

在心理咨询过程中，来访者常常向咨询师暴露自己的隐私，许多隐私是见不得人的丑事甚至坏事，有的隐私是匪夷所思的怪事。对于这些特殊的、离奇的隐私，咨询师要向对待一般咨询内容一样，严格为来访者保守秘密。不能把特殊的、离奇的隐私作为谈资，更不能出于好奇超出咨询工作需要挖掘来访者的隐私。

为来访者保密主要包括以下几方面的内容：第一，除非得到来访者的许可，否则不能将信息透露给任何人。第二，不能在书刊上登载来访者的隐私，进行案例分析要经过适当处理，消除可能暴露个人隐私的内容。第三，如果来访者触犯法律，必须有执法机关的文书，才能调看来访者的心理档案。第四，心理咨询师之间专业交流，只限于报告心理问题，不得涉及来访者个人信息。

必须指出的是，当来访者暴露出如企图自杀、自残、伤害他人、损毁公私财物的某种

特殊心理苗头时，咨询师就要及时与有关单位和人员联系，避免伤害事故的发生。在这种情况下，紧急避险高于为来访者保密。

（4）教育发展原则。心理咨询的教育发展原则，是指咨询师不仅要着眼于来访者现有心理问题的解决，更要着眼于来访者未来的发展，在解决心理问题的过程中，使来访者的心理品质得到提高。

虽然心理咨询不是说教，但是心理咨询是一种帮助人的工作，咨询师不仅要帮助来访者解除心理痛苦，还要帮助来访者正确认识自我，正确认识环境，改变来访者原先的不适应环境的思维方式。只有来访者建立了正确的人生态度，对环境有正确的认识，才可能真正解决问题，才能有效预防问题的发生。所以，心理咨询的过程，既是心理疏导的过程，也是心理教育的过程。

（5）情感中立原则。心理咨询的情感中立原则，是指咨询师在咨询时，不能把个人情感加在来访者身上，不能对来访者叙述的事情表示情感倾向，不能利用咨询之便与来访者建立情感关系。如果来访者向咨询师表示亲近的情感，咨询师要设法解脱，如果难以解脱，要将来访者转介其他心理咨询师进行咨询。心理咨询是直接作用于人的心理的特殊活动，直接与人的认识、情感、行为发生关联，由于心理咨询往往深入到来访者的内心深处，涉及来访者的情感活动，容易激发起来访者的情感反应，来访者很容易把自己的情感转移到咨询师身上。所以，情感中立是确保心理咨询效果的一条重要原则，心理咨询师只有超脱来访者的人和事，才能进行客观的分析和判断，才能有效地帮助来访者解决问题。心理咨询师一旦将个人情感掺杂到来访者的人或事当中，就会妨碍心理咨询的顺利进行。

（6）时间限定原则。心理咨询的时间限定原则，是指心理咨询师在心理咨询的过程中：第一，要注意控制每次咨询的时间。一次心理咨询的时间，一般控制在60分钟以内，保证咨询师有充足的精力从事咨询工作，而且限定时间还会让来访者珍惜时间，促进咨询的效果。第二，要控制整个咨询过程的长度。一般来说，经过多次咨询、咨询过程超过3个月时，可以认为咨询效果已经饱和，这时就应当停止咨询。

3. 大学生心理咨询的内容

大学生心理咨询的主要内容是心理发展问题，包括一般问题的咨询、专业学习咨询、就业指导咨询，大学生常见的心理异常与心理障碍的咨询等四大方面。

（1）大学生心理发展一般问题的咨询。大学生是一个刚刚迈进青年阶段的群体，这是一个大量吸取知识、开发智力潜能、丰富情感、培养良好的意志品质、完善性格，以及确立人生方向和目标的重要阶段，但因其处于幼稚与成熟之间，因此充斥着诸多矛盾。大学生渴求独立，却没有能力自立；渴望认可，却常常出错；自我意识强，却常否定自己；抱负远大、热情充沛，却易于失控；易接受新事物，却由于缺少比较和鉴别而陷入困惑和迷茫。这一系列的矛盾对其成长产生着不可忽视的影响。

因此，大学生心理发展一般问题的咨询的主要内容包括：以年级为单位对不同年龄阶段的学生因心理挫折而导致的心理危机进行心理咨询；对青春期的性心理卫生、异性交往与性心理问题进行咨询；对大学生与老师、同学、家长及其他成人的人际关系问题进行咨询；对家庭、社会给予大学生身心发展的影响问题进行咨询；对不适应行为、不良习惯及问题行为进行矫治，等等。

(2)专业学习咨询。大学的学习是专业性较强的学习,它在一定程度上能决定大学生的前途和命运,因此这部分咨询内容主要包括专业知识的学习方法问题、处理学习本专业知识与拓宽知识面关系的问题和专业定向与爱好冲突的问题。

(3)就业指导咨询。这类咨询往往发生于高年级的大学生当中,主要包括求职应聘的心理准备问题、职业选择的侧重面问题、就业与创业关系的处理问题等。

(4)大学生常见的心理异常与心理障碍咨询。这方面的咨询主要是指对大学生中常见的各种心理与行为障碍的表现的认识和调整对策的掌握。大学生的心理发展处于由不成熟向成熟过渡的重要阶段(即心理断乳期),在此阶段因受诸多因素的影响,大学生心理健康问题日趋突出,同时早期存在的心理与行为障碍也会延续到大学阶段。因此本类咨询的主要内容有学校不适应问题(主要表现为对学习环境和生活环境的不适应)、各类神经症(如神经衰弱、恐惧症、强迫症、抑郁症、焦虑症等)、性心理或性行为异常(如惧物、窥阴、露阴等)、自杀等危机干预问题、人格障碍等。

4. 心理咨询的形式

常见的大学生心理咨询形式主要有以下几种方式:

(1)个别面谈。通过心理咨询师与来访的大学生进行一对一的直接接触,针对来访者的个性特点及问题类型,有针对性地进行心理指导和帮助。

(2)团体咨询。通过有组织的团体活动形式,解决一组具有共同发展课题或拥有同样烦恼的大学生的心理问题。

(3)电话咨询。也可采用匿名并且不见面的电话沟通来接受心理咨询,这种方式有利于为那些正面临心理危机又难以面对面说明问题的大学生及时提供帮助。

(4)信函咨询。处于心理危机中的大学生通过书信的形式来咨询,心理咨询教师根据求助信中提出的问题及困惑,以回信的方式给予解答。

(5)网上咨询。通过网上在线咨询,与心理咨询师直接沟通,探讨有关心理问题。

(6)心理健康调查。每年对大学生进行心理状态普查,对发现有明显心理症状的大学生进行评估,进一步诊断及指导,做到心理问题早期发现、早期干预。

5. 心理咨询的步骤

一个完整的心理咨询活动包括从咨询者提出问题到心理咨询师与咨询者共同分析问题一直到解决问题,所以,大学生心理咨询的基本步骤主要有以下几个部分:

(1)建立关系阶段。咨询双方建立相互信任的关系是心理咨询的第一步,也是贯穿于整个咨询过程的一个重要环节。一开始心理咨询教师就要以平等、友善的态度来接待、关心来访的大学生,要简单介绍心理咨询的性质和原则,特别是保密性原则,消除大学生的紧张情绪和内心顾虑,从而建立来访者对心理咨询教师的初步信任,使来访者在以后的咨询过程中能够以合作的态度来积极配合心理咨询师。

(2)收集信息阶段。心理咨询师主动引导来访的大学生讲述求助咨询的原因和问题,因为了解来访者的情况越多,对于作出正确诊断就越有利,因此收集来访者的资料非常重要,可以说关乎以后进行指导的成败。资料收集主要是通过来访者的诉说和心理咨询师的主动询问。收集的资料主要有来访者的基本情况(即姓名、年龄、性别、年级、籍贯等）、来访者咨询的主要问题及身心状况，以便日后建立心理档案。同时，心理咨询教师要根据来访者的讲述来了解其困扰的主要问题及其已产生的影响、当前行为表现、有无诱因、个性特征、生活习惯、采取过什么措施等，以及来访者的既往史和社会生活背景，必要时可深入了解其家庭及其过去的经历等。在收集资料阶段，心理咨询教师一方面要注意倾听来访者的谈话，对来访者的谈话态度、眼神、手势等进行观察；另一方面注意引导对方的思路，适时适量地提问，以此更完整地获取来访者的信息。

（3）分析诊断阶段。这个阶段的任务主要是根据掌握的来访的大学生的资料，进行系统和认真的分析，判断来访者的问题属于什么类型、性质，程度如何，原因何在，从而针对其所反映的问题进行确诊，为下一阶段的指导帮助来访者化解心理危机打下基础。

（4）指导帮助阶段。心理咨询教师在分析诊断的基础上确立咨询帮助的目标，即确认此次咨询要解决哪些问题，解决到什么程度，采取哪些方法，需要多少时间。在大学生心理咨询中，大多数人通过一两次的心理咨询就能解决问题，少数人则需要进行较长时间甚至持续或定期的咨询。因此，由于咨询过程短，目标的确立有时不太注重。心理咨询的长远目标是使来访者增强应对危机的能力，人格得到健康发展。近期的目标则应该具有针对性，强调效率。咨询目标确定后，就要着手解决问题，这是咨询过程中最重要的阶段。在指导帮助过程中，心理咨询教师的重要职责就是让来访者通过领悟和学习的方式，改变自有的认知结构和行为方式，恢复心理平衡，促进心理健康成长。咨询人员应注意自己只是提供化解危机的方向和方法，最后解决问题要靠来访者自己的努力。

（5）结束咨询阶段。每次咨询结束时，心理咨询教师应总结归纳一下已完成咨询的基本情况，给予来访的大学生积极支持和鼓励，增强其战胜困难的信心。如果需要继续咨询，则约好下次见面的时间。

当经过一段时间的咨询，来访者有了很大进步，咨询目标已实现，可以停止心理咨询。对来访者指出其已取得的成绩，并提出今后注意的问题。咨询结束的一段时间内，为了了解心理咨询的效果，心理咨询教师可以通过电话、信函、回访等形式进行追踪调查，并且询问来访者自身工作是否有哪些需要改进的地方，以便总结经验和更好地提供心理咨询服务。

值得注意的是，心理咨询活动是一个完整的过程，每个步骤之间都是相互联系、不可分割的，是一个完整的活动系统，因此不能够忽略或者轻视任何一个步骤。

6. 大学生心理咨询的意义

大学生心理咨询是现代教育模式中的重要一环。现代教育模式认为，教育不仅仅是为了传授知识、技能，更是为了塑造具备良好心理素质的健全人格。大学生心理咨询不仅是保护大学生的身心健康所必需的，而且是塑造他们健全人格、开发潜能的强有力手段，它有助于大学生人格的成熟，使他们能勇于承担自我责任，充分发挥自己的创造力，防治心理疾患，以乐观、昂扬的精神面貌去接受人生的种种挑战。具体来讲，大学生心理咨询有以下意义：

（1）心理咨询能帮助大学生解决完善自身和适应环境中遇到的心理问题。由于当今大学生面临学习任务重、生活节奏快、人际关系复杂、社会竞争激烈等方面的压力，

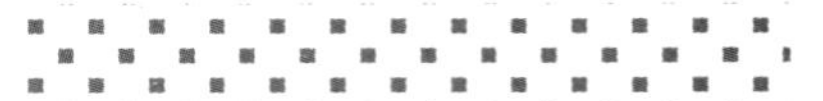

以及新时期新的价值观念未确定所带来的思想困惑，因此他们在能动适应环境或完善自身时容易出现某些不适应或迷茫现象，而这种现象主要表现在学习、环境适应、发展、恋爱、人际交往、择业等方面；如果不能及时地自我调整而又得不到外界有效的帮助，就会加重这些不适应，乃至引起心理障碍。开展心理咨询工作，可为大学生提供一个倾诉和释放内心淤积的烦恼、苦闷、忧虑、痛苦的场所，可借助于心理咨询师的帮助，使大学生能较快地走出困境，朝着正确目标健康地发展。

（2）心理咨询可帮助大学生对自身有个正确的认识，引导他们发现真实的自我。不少前来咨询的大学生最初往往认为他们的问题是由于自身之外的因素造成的，通过咨询，他们可逐渐客观地认识外部世界，认识到只要改变自己的内部冲突，不仅问题可以得到解决，同时也会使自己变得更加坚强，因而能采取积极有效的方式解决其面对的现实问题。还有的大学生对自己感到迷惑不解，不知自己到底是一个什么样的人。通过咨询，他们可以真正地认识自己的需要、价值观、态度、动机、长处和短处等，同时也可以根据自己的心理状况设计自己的行为，从而获得进步。

（3）心理咨询能及时地发现有心理疾病的大学生。有少数大学生在过重的心理负担下会出现某些心理疾病甚至自杀倾向。心理咨询能够及时地发现这些大学生，并有效地对他们进行心理治疗或送医院治疗，避免病情的恶化或自杀事件的发生。

（4）心理咨询能及时了解大学生的思想动态和心理变化，纠正来访学生的某些错误观念，为有针对性地开展思想政治教育提供某些信息。

习　题

（1）大学生出现心理危机之后会有什么样的表现？

（2）如果你身边出现处于心理危机中的同学，你该如何做？

（3）大学生心理咨询的内容包括哪些？

参考文献

[1]谢炳清,伍自强,秦秀清. 大学生心理健康教程[M]. 武汉:华中科技大学出版社,2004.
[2]许建新. 大学生心理健康教程[M]. 武汉:武汉大学出版社,2014.
[3]樊富珉. 大学生心理健康十六讲[M]. 北京:高等教育出版社,2013.
[4]王玲. 高职院校大学生心理健康教育[M]. 西安:西北大学出版社,2015.
[5]徐隽,徐水,张潇. 大学生心理健康教程[M]. 上海:上海交通大学出版社,2017.
[6]王慧. 心理健康与大学生活[M]. 北京:电子工业出版社,2018.
[7]樊玲,唐立,周若愚. 心理健康教育教程[M]. 上海:上海交通大学出版社,2018.
[8]吴汉德. 大学生心理健康[M]. 第2版. 南京:东南大学出版社,2008.
[9]余琳. 大学生心理健康[M]. 武汉:武汉大学出版社,2007.
[10]熊建圩. 大学生心理健康教育[M]. 北京:北京理工大学出版社,2015.
[11]黄学规. 挫折与人生[M]. 杭州:浙江大学出版社,1999.
[12]黄希庭. 大学生心理健康教育[M]. 上海:华东师范大学出版社,2004.
[13]林崇德. 发展心理学[M]. 北京:人民教育出版社,2008.
[14]徐芃,饶东方. 大学生心理健康教育与课程设计[M]. 上海:复旦大学出版社,2014.
[15]唐仁郭,唐文红. 致心灵[M]. 桂林:广西师范大学出版社,2015.
[16]乐国安. 社会心理学[M]. 北京:中国人民大学出版社,2013.
[17]宋德如,张晓旭. 大学生心理健康教育[M]. 南京:江苏人民出版社,2012.
[18]黄小梅. 大学生心理健康教育[M]. 北京:人民邮电出版社,2014.
[19]郑日昌. 大学生心理健康——自主与自助手册[M]. 北京:高等教育出版社,2013.
[20]徐娟,张德兰. 青少年网络成瘾的心理干预[M]. 北京:化学工业出版社,2010.
[21]王恪. 大学生网络成瘾的预防与戒除[M]. 北京:北京航空航天大学出版社,2013.
[22]许维素. 建构解决之道:焦点解决短期治疗[M]. 宁波:宁波出版社,2013.
[23]中国就业培训技术指导中心,中国心理卫生协会组织. 国家职业资格培训教程:心理咨询师(三级)[M]. 北京:民族出版社,2012.
[24]黄占华. 大学生心理健康教育实用教程[M]. 银川:宁夏人民教育出版社,2011.